ein Ullstein Buch

ÜBER DAS BUCH:

Martin Feuchtwangers Erinnerungen sind ein bewegendes Zeugnis der Liebe zu zwei Vaterländern, zu Deutschland zuerst, dann zu Palästina und Israel. Liebevoll beschreibt der 1886 in München Geborene seine Kindheit, den jüdischen Alltag im Elternhaus am Sankt-Anna-Platz zusammen mit seinen acht Geschwistern: Lion, Ludwig, Fritz, Franziska, Bella, Henny, Berthold und Martha. Nach dem Besuch des Gymnasiums und Studien in München und Berlin wird er Feuilleton-, später Chefredakteur der *Saalezeitung* in Halle, kämpft im Ersten Weltkrieg an der Westfront und gerät 1916 in französische Gefangenschaft. Nach seiner Entlassung 1920 gründet er einen eigenen Verlag, hat erste Erfolge. Die Machtergreifung Hitlers zwingt ihn zur Flucht über die Schweiz nach Prag, wo er erneut einen florierenden Verlag gründet. Nach Hitlers Einmarsch in die Tschechoslowakei gelingt ihm die illegale Einwanderung nach Palästina. Im zweiten Teil seines Buches schildert Martin Feuchtwanger sein persönliches Schicksal vor dem Hintergrund des historischen Geschehens der Jahre 1939 bis zu seinem Tod 1952 in Tel Aviv – er beschreibt die wirtschaftliche Not, den Existenzkampf des Neueinwanderers in Palästina, den Kampf der Juden um einen eigenen Staat, den Staat Israel. *Zukunft ist ein blindes Spiel* ist mehr als das Zeugnis eines außergewöhnlichen persönlichen Schicksals, es ist ein Zeit- und Kulturdokument.

Martin Feuchtwanger

Zukunft ist ein blindes Spiel

Erinnerungen

ein Ullstein Buch

Die Fotos dieses Bandes stammen aus dem Privatarchiv von Frau Trude Löbl-Feuchtwanger

ein Ullstein Buch
Nr. 22770
im Verlag Ullstein GmbH,
Frankfurt/M – Berlin
Teil I (1886 bis 1939)
erschien unter dem Titel
Ebenbilder Gottes bei
Edition Olympia, Tel Aviv

Ungekürzte Ausgabe
mit 22 Fotos

Umschlagentwurf:
Hansbernd Lindemann
unter Verwendung einer
kolorierten Aufnahme
(München, um 1900)
Archiv für Kunst und Geschichte,
Berlin

Taschenbuchausgabe mit Genehmigung
von Langen Müller in der F. A. Herbig
Verlagsbuchhandlung GmbH, München

Printed in Germany 1992
Druck und Verarbeitung:
Clausen & Bosse, Leck
ISBN 3 548 22770 8

Juni 1992

Die Deutsche Bibliothek –
CIP-Einheitsaufnahme

Feuchtwanger, Martin:
Zukunft ist ein blindes Spiel:
Erinnerungen / Martin Feuchtwanger. –
Ungekürzte Ausg. – Frankfurt/M; Berlin:
Ullstein, 1992
(Ullstein-Buch; Nr. 22770)
ISBN 3-548-22770-8
NE: GT

Inhalt

Teil I 1886 bis 1939

1 Elternhaus

Eine einfache Geschichte 11 München und die Sankt-Anna-Kirche 12 Wer fürchtet sich vorm schwarzen Mann? 13 Dienstboten 14 Respektspersonen 15 Die Lina 16 Herr Wetzlar und Mariechen 17 Xaver, Seppl und Peter der Kutscher 20 Vaters Bilder 23 Siebzehn Kinder im Garten 24

2 Volksschule und Gymnasium

Volksschule – keine Klassenunterschiede 26 Gymnasium – erste Klassengegensätze 28 Radfahren 29 Ein gutes Fundament 30 Wichtigere Dinge als die Schule 33 Das Poesiealbum 35 Struwwelpeter und Märchen 36 Das Lesen 38 Theaterbesuche 40 Erste Glaubenszweifel 44 Abitur 49 Antisemitische Szenen 50 Raabes »Hungerpastor« 54

3 Die Universität

Studenten und Professoren 56 Die Sorgen des Studenten 58 Liebe 62

4 Redakteur und Journalist

Die Saalezeitung 64 Oberflächlicher Journalismus 65 Theaterkritiker 69 Korrespondent für viele Zeitungen 69 Feuilletonredakteur 71 Der Zionismus 73 Berühmte Journalisten 75

5 Der Krieg

Massenbegeisterung 78 Der Soldat beherrscht das Straßenbild 79 Offiziersaspirantenkompanie 80 An der Front 82 Mühen und Entbehrungen und Strapazen 84 Kämpfe und Schlachten und Tote 87 Sturm und Trommelfeuer 87 Keine jüdischen Offiziere im Traditionsregiment 90 Die Hölle auf Erden 92

6 Französische Kriegsgefangenschaft

Der französische Divisionsgeneral und der deutsche Kriegsgefangene 94 Im Hungerlager 96 Der Mensch ist eine Bestie 99 278 Tage Gefängnis 100 Erzfeindschaft zwischen Reich und Arm 101 Die Tücke der Repressalie 103 Nichtbeachtung internationaler Konventionen 105 Das Comité de secours 108 Vorträge im Gefangenenlager 110 Der Kriegsgefangene wünscht ein Paar Socken 111 Erbitterung gegen Konfession und Nation 113 Christlicher Gottesdienst für einen Juden 114 Fluchtpsychose 117 Flucht aus der Gefangenschaft 119 Böse und gute Gendarmen 121 Im Lazarett 124 Wieder frei 126

7 Inflationszeit

Armut und Verschwendung 128 Alle dünken sich reich 129 Die Neureichen 131 Die Inflation schreitet vorwärts 132 Inflation und Schiebertum 134 Ein hilfreicher Bankier 136 Der Oberammergauer Vikar 137 Wie machten es die Banken in Deutschland? 139 Was dachte sich das Publikum? 141 Inflation über Nacht vorbei 141

8 Verlagserfolge

Arbeitsreiche Jahre 144 Aufschwung 145 Unaufhaltsames Wachstum 147 Das Leben der Reichen 149 Kitschromane 150 Unterhaltungszeitschriften und Massenauflagen 152

9 Nero redivivus

Hitler reckt sich – der Antisemitismus wächst 154 Die Juden lassen die Köpfe hängen 157 Wer waren die Leute Hitlers? 158 Das Unfaßbare wird Wirklichkeit 160 Hitler am Ruder 161 Judenhaß breitet sich aus 164 Naziverhöre 165 Morddrohung 167 Für die Deutschen gibt es keine Entschuldigung 169 Die mutige Stenotypistin 169 »Rassenschande« 170 Flucht 173

10 Atempause in Prag

Hitler vernichtet mein Lebenswerk 175 Erfolge in der Tschechoslowakei 178 Emigrantenleben – Hundeleben 180 Zerstörte Zukunftspläne 183

11 Die Flucht nach Palästina

Die Tschechoslowakei bietet keinen Schutz mehr 185 Einzugsparade in Prag 188 Auswanderungsvorbereitungen 189 Gestapoverhöre 191 Der schrecklichste Tag meines Lebens 192 Illegale Palästinafahrt 194

Teil II 1939 bis 1952

1 Ein schwerer Anfang

Im Gelobten Land 199 Ein erster Anfang – Hausierer und Hausgehilfin 200 Schuhmacher und Fleischer finden Arbeit – Akademiker sind nicht gefragt 202

2 Eine »nationale Heimstätte«

Palästina – ein Rückblick 204 Die Not verjagte die Verfolgten aus der alten Heimat 206 Alte und Neue verstehen sich nicht 208 Der Palästinaführer aus dem Jahre 1886 210 Mit den Juden strömen die Araber ins Land 211 Die Jahre der Zusammenarbeit von Juden und Engländern 212 Wer hat Palästina aufgebaut? 214

3 Der Kampf ums tägliche Brot

Der gelernte Schlosser 217 Harter Existenzkampf 218 Mineralwasserfabrikant – Kaffeehausbesitzer 220 Labile Wirtschaftsverhältnisse 223 Ein bitterer Neubeginn 224

4 Palästina im Zweiten Weltkrieg

Der Krieg bricht aus 231 Eine billige Wohnung in Tel Aviv 232 Monteurlehrling und Modistin 233 Ist das ein Leben? 236 Schlechte Aussichten für Verleger 237 Was ist Reichtum, was ist Geld? 239 Spekulanten haben Hochkonjunktur 240 Ein Palästinaführer 241 Ein Tel Aviv-Führer 243 Der Krieg weitet sich bedrohlich aus – Tel Aviv wird bombardiert 244 Ein großes Heerlager 246 Hochkonjunktur, aber nicht für alle 247 Ein Prachtwerk wird verramscht 248 Das Land blüht auf 251 Weißbuch und Ausgangssperre 252 Auch die Zwangsherrschaft der Engländer wird ein Ende haben 254

5 Klassenunterschiede verschwinden

Die europäische Oseret 256 Die Jemenitin als Oseret 257 Das hübsche Negermädchen 260 Das Gesellschaftsleben der Juden in Palästina 262 Der alte englische Maler 265 Eine neue Welt entsteht 266 Hitlers Siege waren nur Anfangserfolge 267 Ein neuer Nebenberuf: Koch 268 Der private Mittagstisch 270 Wenn Lebensmittel knapp sind 272 Verleger – ein risikoreicher Beruf 274

6 Der Staat Israel entsteht

Das Weißbuch wird nicht annulliert 277 Untergrundkämpfe gegen die Engländer 277 Der Jubelschrei der Befreiung 280 Das Wutgeheul der Araber 281 Die Juden werden zum Krieg gezwungen 282 Der israelisch-arabische Krieg 283 Ernüchterung nach dem Sieg 285 Die kleinen Miseren des Alltags 286

7 Ein schwieriger wirtschaftlicher Anfang

Die UNO hat nicht geholfen 290 Diskussion über die Wirtschaftspolitik 291 800000 Neueinwanderer 294 Die Beamtenschaft wächst und wächst 298 Die Bürokratie hemmt Export und Investitionen 302 Alle leiden Not 304 Die Voraussetzungen für eine leistungsfähige Wirtschaft fehlen 308 Ist die Wirtschaftsnot nur vorübergehend? 309 Entscheidend sind die Menschen 311 Eigenwohl ist Voraussetzung für Gemeinwohl 314 Fleiß allein reicht nicht 316 Jeder hat ein Recht auf angemessenes Entgelt 319 Wenn der Staat rationiert 321 Neue Hoffnung 325

8 Israel – die Heimat der Juden

Die Welt der jungen Menschen 328 Jugend im Kibbuz 331 Es gibt keinen einheitlichen jüdischen Typus 334 Sind die Juden eine Rasse? 336 Viele Ältere sind entwurzelt 340 Die Überlebenden der Vernichtungslager 342 Josef und Benjamin 343 Die Erinnerungen lügen 345 Amerika – ein Paradies? 348 Wo ist die Heimat der Juden? 349

Glossar
352

Teil I

1886 bis 1939

1

Elternhaus

Eine einfache Geschichte

Ich will die Geschichte erzählen, wie ich nach Israel kam. Eine einfache Geschichte. Hitler hat mich hierhergejagt. Eine einfache Geschichte und doch so verdammt kompliziert. Einfache Geschichten sind meist äußerst kompliziert. Sie lassen sich nur so einfach erzählen. Ein Mädchen hat einen Mann aus Liebe geheiratet, und dann hat sich herausgestellt, daß sie ihn nicht liebt, und dann haben sie sich scheiden lassen. Und dann hat sie nie wieder geheiratet, und als sie vierzig Jahre alt war, sagten die Leute von ihr, sie sei eine verbitterte alte Schachtel, und mit fünfzig Jahren starb sie, eine kranke, müde, bettelarme Frau. Eine einfache Geschichte, und wenn Thomas Mann oder Werfel sie erzählen, dann sind wir aufgewühlt von dem Leid dieser einfachen Geschichte. Hitler hat mich nach Israel gejagt. Im Jahr 1939. Eine einfache Geschichte. Wenn man mich früher, etwa 1910 oder 1928, gefragt hätte, ob ich einmal Deutschland verlassen würde, so hätte ich dem Frager erklärt, das sei ausgeschlossen. Ja, für eine Vergnügungs- oder Erholungs- oder Studienreise nach Italien oder Griechenland oder England oder Amerika oder Ägypten, sogar nach Indien oder China, warum nicht? Sehr gern, um dann wieder gemütlich und behaglich in mein Heim nach Deutschland zurückzukehren.

Ich wurde in München geboren, mein Vater wurde in Fürth in Bayern geboren, und sein Vater auch in Fürth und dessen Vater ebenfalls in Fürth. Wahrscheinlich auch der Urgroßvater und wahrscheinlich auch der Ururgroßvater. Mein Vater sprach münchnerisch. Er sagte nicht: »Halte deinen Mund.« Sondern: »Halt die Goschen.« Er sagte nicht: »Was gibt's heute Schönes zu speisen?« Sondern: »Was hammer denn heit zum Essen?« Und genauso münchnerisch wie er sprachen alle Leute in dem Hause, in dem ich meine ersten Lebensjahre verbrachte, verspielte, verweinte, verjauchzte, im Hause Sankt-Anna-Platz Nr. 2. Und genauso münchnerisch wie mein Vater und alle Leute im Hause Sankt-Anna-Platz Nr. 2 sprachen auch alle meine Verwandten, mein Großvater und meine Großmutter und meine vielen Onkel und Tanten, die Onkel Hermann und Moritz und David und Louis und Angelo und Lothar und Eduard und August und die Tanten Fanny und Henriette und Sophie und Anni und Fritzi und die ungezählten Vettern und Basen Feuchtwanger, mit denen ich spielte, Mundi und Heini und Igo und Siegbert und Thedl und Erich und Hedwig und Eva und Frieda und Elisabeth und Rosl. Wir sagten zueinander: »Du, sag einmal Gummi radier.« Der andere wiederholte: »Gummi radier.« Worauf schnell die Antwort kam: »Esel, marschier.« Und alle lachten unbändig über diesen guten Witz. Oder man sagte: »Weißt auch schon, daß heute früh einer ertrunken ist?« »Ja, wer denn?« »Der Zucker im Kaffee.«

Gegenüber unserem Haus am Sankt-Anna-Platz stand die Sankt-Anna-Kirche, und natürlich wußten wir Kinder genau, wann der Gottesdienst begann und wann er aufhörte, wir wußten, zu welchen Messen nur wenige Leute kamen und zu welchen viele. Das war eine unserer wichtigsten Vergnügungen, dem Kommen und Gehen der Kirchenbesucher zuzuschauen. Viele ständige Besucher, meist alte Männlein oder Weiblein, kannten wir genau. Wir beobachteten vom Fenster aus, wie die einzelnen Kirchgänger den heiligen Raum betraten. Es gab Männer, die den Hut vom Kopf nahmen, wenn sie noch zwanzig Schritte vom Kircheneingang entfernt waren, und es gab junge Burschen, die den Hut erst dann abnahmen, wenn sie den einen Fuß schon auf der Schwelle hatten. Für sie und ihre Taktlosigkeit schämten wir uns in der Seele. Und wie inbrünstig oder oberflächlich sich die einzelnen beim Betreten der Kirche bekreuzten, das war ungemein interessant.

Wer fürchtet sich vorm schwarzen Mann?

Hinter dem Haus Sankt-Anna-Platz Nr. 2 gab es einen großen Hof, einen gepflasterten freien Platz. Auf ihm standen die Mülleimer und einige Stangen zum Ausklopfen der Teppiche. Der Hof gehörte uns Kindern, den Kindern des Hauses, und das waren nicht wenig. Hier spielten wir, einige Dutzend Kinder. Im Haus wohnten zahlreiche Familien, Schuster, Subalternbeamte, Offiziere, Kaufleute, hohe Beamte. Große Klassenunterschiede gab es nicht. Alle Kinder trafen sich im Hof und spielten, vor allem »Wer fürchtet sich vorm schwarzen Mann?« Das ging unter ungeheurem Lärm vor sich. Alle acht- bis fünfzehnjährigen Buben spielten mit und auch die Mädchen, wenn sie stark und mutig genug waren. Einer suchte den anderen zu überschreien. Stundenlang brüllte der Hof im Kriegsgetümmel des Spiels »Wer fürchtet sich vorm schwarzen Mann?« Ab und zu rief eine der geplagten Mütter vom Fenster herunter, wir möchten nicht so lärmen, einmal die sanfte Frau des Obersten, einmal die vornehme Frau des Ministerialrats, einmal meine energische Mutter, einmal die gottergebene Frau des Beamten Käs. Dann ruhte der Lärm für eine halbe Minute, um alsdann desto wilder zu toben. Gab es unter uns Kindern Unterschiede zwischen Jud und Christ? Ich glaube nicht. Alle Kinder im Haus wußten, daß die Feuchtwangerbuben am Freitagnachmittag nur bis drei oder vier Uhr spielen durften, denn um diese Zeit mußten sie sich für die Synagoge rüsten. Das war weder etwas Lächerliches oder Komisches, weder etwas Verächtliches noch etwas Absonderliches. Das mußte eben so sein. Oder der Hugo hat jeden Mittwoch von zwei bis vier Uhr Konfirmationsunterricht. Oder die Walli ist jeden Montag im Katechismuskränzchen. Alles selbstverständliche Dinge, über die es kein Nachdenken und keine Diskussionen gab. So selbstverständlich wie das Frühstück am Morgen oder das Schlafengehen am Abend.

Und an der einen Seite des Hauses gab es einen Garten, einen

schöngepflegten Garten, der dem Hausbesitzer gehörte, dem Herrn Lehrer Berger. »Herr Oberlehrer«, sagte man zu dem Mann, der für uns alle der Gipfel des Feinen war. Ab und zu winkte Herr Oberlehrer Berger einen von uns Buben zu sich: Lion oder Martin oder Heinrich oder Bruno. Er zeigte dem Kind Blumen, Sträucher, Bäume, erklärte die Namen, machte auf Knospen, neue Zweiglein aufmerksam. Manchmal durften drei oder vier Knaben oder Mädchen zusammen kommen und ihm helfen, Raupen von den Blättern abzulesen. Auch hier gab es Erklärungen: Das ist die Raupe des Kohlweißlings, die Raupe vom Admiral, vom Pfauenauge. Das war sehr interessant, und man war sehr stolz, wenn man mit Herrn Oberlehrer Berger sprechen durfte. Die Vogelstimmen unterscheiden lernte man auch von ihm. Bisher hatte man nur auf die Glokken der Sankt-Anna-Kirche gehört. Die besaß acht verschiedene Glocken. Eine bimmelte nur, eine war lauter, eine dumpfer, eine klarer, die große, mächtige Hauptglocke ertönte nur zu besonderen Gelegenheiten; vor ihr erschauerte man in Ehrfurcht.
Mein Vater und Lehrer Berger schätzten sich sehr. Wenn sie sich trafen, dann zogen beide den Hut tief voreinander: ehrenwerte, hochachtbare Bürger, Stützen des Staates und der Gesellschaft.
Beide Männer hatten Briefmarkensammlungen, die sie mit großer Sachkenntnis, ernst, sauber, andächtig hegten, pflegten, liebten. Von der Ferne sahen wir Kinder bewundernd zu, wir hörten vom Baseler Täubchen, den Helgoland, den Toskana, den Kirchenstaaten, von der Sachsen-Drei-Pfennig, vom Schwarzen Einser Bayern, von der dreieckigen Kap der Guten Hoffnung, und wir wußten, daß das Raritäten der wunderbarsten Art waren.

Dienstboten

Unsere Mutter hatte andere Interessen. Wir hörten, wie sie sich mit den Nachbarinnen über Haushaltsdinge unterhielt und vor allem über die Schlechtigkeit der Dienstboten. Mit den Dienstboten hatte es seine eigene Bewandtnis. Mutter war an und für sich schon streng, den Dienstmädchen gegenüber aber doppelt streng, und sie ließ ihnen keine Kleinigkeit durchgehen. Der »Abstand« zu den Dienstmädchen mußte immer gewahrt werden. Das war eine

Selbstverständlichkeit der guten alten Zeit, die noch wenig soziales Verständnis hatte. Notgedrungen mußte auch mein Vater den Abstand wahren, aber wenn unsere Mutter gar zu sehr zankte, dann sah man doch am Zucken seiner Augenlider, wie er unter dem Zanken litt. Offiziell hatten auch wir Kinder den nötigen Abstand zu wahren; wir Kinder gehörten zur Herrschaft, und der Unterschied zwischen Herrschaft und Personal war in der guten alten Zeit turmhoch. Unbewacht aber – wenn die Eltern nicht zu Hause waren – waren wir Kinder und die Dienstmädchen die besten Freunde, wir erzählten ihnen von unseren Freuden und unseren Kümmernissen, und sie erzählten uns von ihrem Dorf, ihrem Schatz und vom Tanzen und anderen schönen Dingen. Die Dienstmädchen waren katholisch. Meine Mutter achtete streng darauf, daß sie beichteten, daß sie am Freitag kein Fleisch aßen, kurz, daß sie ihren religiösen Pflichten nachkamen. Es war eine Selbstverständlichkeit, daß die Mädchen vor den vielen jüdischen Riten, die in unserem Hause befolgt wurden, den nötigen Respekt hatten.

Respektspersonen

Den Vater bekamen wir Kinder eigentlich nur am Mittag und am Abend zu sehen. Tagsüber war er im Geschäft, in der von meinem Großvater gegründeten Margarinefabrik, die er und zwei Onkel führten. Ergab sich die Gelegenheit, so durfte man mit ihm einige kleine Besorgungen machen, Blumen kaufen, zur Post gehen. In der Umgebung des Sankt-Anna-Platzes Nr. 2 gab es einige wenige Respektspersonen. Das waren vor allem die Franziskanermönche, die in langen braunen Kutten und Sandalen vom Franziskanerkloster in die Sankt-Anna-Kirche eilten und von der Kirche ins Kloster. War man auf der Straße, so ging man auf sie zu und steckte seine kleine Hand in ihre große. Alle anderen Kinder, die Christenkinder, sagten dazu: Gelobt sei Jesus Christus. Wir dagegen ließen lautlos die Hand in die große Tatze gleiten. Der Mönch blieb dabei nicht stehen, sondern schritt eilig seinen Weg weiter. Hand hinein, Hand wieder heraus, und zum Schluß glitt die Mönchshand liebkosend über den Scheitel, Christenbub oder Judenbub, das war kein Unterschied. Zu den Respektspersonen am Sankt-Anna-Platz ge-

hörte ferner der krummbeinige Kirchendiener. Er fuhrwerkte den ganzen Tag um die Kirche herum mit Besen und Schaufel und kannte alle Kinder vom Sankt-Anna-Platz. Hatte man eine Flasche in der Hand, so sagte er: Paß auf, daß du die Flasche nicht zerbrichst. Lief man mit dem Einkaufsnetz über die Straße: Lauf nicht, geh langsam, sonst verlierst du was und kriegst Prügel von der Mutter. Oder er sagte: Hast ja heute die schönen neuen Schuh an, darfst wohl mit der Frau Mama spazierengehen? Wenn zwei Buben auf der Straße stritten, wenn sie noch so verbissen aufeinander einhieben und sich am Boden wälzten, sie hörten sofort auf, wenn der Kirchendiener befahl: Schluß jetzt, aufhören, beide sofort nach Hause gehen! Eine ganz gewaltige Respektsperson war der Gendarm, der in seiner Uniform und mit einem Säbel in der Gegend herumspazierte. Er hatte ein unnahbares Gesicht, und die Kinder durften ihn nicht grüßen, ebensowenig wie Herrn Heller, den Postmeister der winzig kleinen Sankt-Anna-Post, der in der Post mit zwei Beamten arbeitete und gemeinsam mit ihnen Postpakete auf- und ablud.
Über die sozialen Umstände meines Vaters war ich mir nicht im klaren. Er war eben ein einfacher Mann, ein einfacher Margarinefabrikant, kein so großes Tier wie der Kirchendiener oder der Gendarm oder der Postmeister Heller. Ich konnte es nicht begreifen, warum der Gendarm stehenblieb und ergeben salutierte, wenn er meinen Vater sah, und warum mein Vater nur an die Hutkrempe griff und leutselig dankte: Grüß Gott, Herr Gendarm. Ebenso begriff ich nicht, warum der Kirchendiener vor meinem Vater katzbuckelte und warum der Postmeister seine Arbeit unterbrach und tief grüßte, wenn mein Vater vorbeiging.

Die Lina

Eine Respektsperson ganz besonderer Art war die Lina. Die Lina war seit eh und je das Dienstmädchen beim Onkel Angelo. Meine Eltern hatten neun Kinder, bei Onkel Louis und Tante Sophie gab es acht Kinder, bei Onkel Angelo waren es nur fünf. Manchmal waren alle bei uns, manchmal bei Onkel Louis, manchmal bei Onkel Angelo. Onkel Angelo war genau wie mein Vater tagsüber in seinem Geschäft, in der von seinem Vater gegründeten Bank. Seine Frau, Tante Fritzi, war eine schwerleidende Frau, die fast ständig im Bett liegen mußte. So wurde das Haus Angelo von der Lina geführt, einer Bauerntochter aus dem finsteren und schwarzen Niederbayern. Lina war stark wie ein Bär und resolut wie ein Kosak. Im Haus hatte alles zu gehen wie am Schnürchen, und wenn man ihr nicht parierte, dann fuhr sie einem mit der Faust ins Gesicht. Ihre Familie, das heißt die Familie Angelo Feuchtwanger, liebte sie abgöttisch. Der kleinste Junge der Familie, ein besonders aufgewecktes und gescheites Kind, war körperlich etwas zurückgeblieben. Als er mit sechs Jahren in die Volksschule kam, konnte er noch nicht recht gehen. Lina trug ihn eigenhändig jeden Tag in die Schule, und nach Schulschluß holte sie ihn wieder ab. Am Anfang hatten es einige Schulbuben gewagt, den kleinen Feuchtwanger zu hänseln, Lina aber hatte sie, als sie davon hörte, derartig verdroschen, daß der Lehrer einzugreifen versuchte. Lina bedrohte auch ihn mit Ohrfeigen. Allmählich zitterten sämtliche Lehrer und alle siebzig Schulbuben vor ihr, und der kleine Feuchtwangerbub hatte seine Ruhe. Lina konnte weder lesen noch schreiben, aber sie kannte, da sie ja seit Jahr und Tag im Hause Feuchtwanger war, die jüdischen Gebräuche aufs genaueste. Sie achtete darauf, daß die Kinder ordentlich beteten, ordentlich die Segenssprüche sagten, das Nachtgebet verrichteten. Einmal erzählte sie uns Kindern, als sie noch in ihrem Dorfe zu Hause gewesen sei, habe der Pfarrer gesagt, die Juden seien Teufel, sie hätten Hörner und hinten einen Schwanz. Wir waren entsetzt und sagten: Ja aber wir sind doch alles Juden, Vater und Mutter und wir Kinder. Unsinn, Schmarren, ihr seid Israeliten. Juden gibt es überhaupt nicht mehr, das steht nur in den Büchern. Und jetzt setzt euer Kapperl auf, es ist Zeit für Mincha (das Nachmittagsgebet).

Herr Wetzlar und Mariechen

Eine ständige Erscheinung in unserem Haus war Herr Wetzlar, der jüdische Hauslehrer, von uns Kindern insgeheim respektlos der Wetzilum genannt. Er hatte einen roten Bart und eine Glatze. Er war ein geplagter Mann mit einer kranken Frau und vielen Kindern. Er war gescheit und fleißig und hatte drei Berufe, die vermutlich alle nicht viel einbrachten. Heute behauptet man vielfach, in der guten alten Zeit sei der Kampf um die Existenz ein Kinderspiel gewesen. Das scheint doch nicht der Fall zu sein. Sonst hätte sich der arme Herr Wetzlar wohl nicht so plagen müssen und blieb doch immer arm. Sein Hauptberuf war der des Vorbeters und Kantors in der Kanalsynagoge. Die Kanalsynagoge in der Kanalstraße war unsere Synagoge. Die große jüdische Gemeinde in München hatte ihre eigene große Synagoge, einem Kirchenbau ähnlich, mit Orgel und Frauenchor. Wir, die Frommen, das heißt die zahlreichen Familien Feuchtwanger und Fränkel und einige wenige andere Familien, hatten eine eigene fromme Synagoge, eben die Kanalsynagoge. Hier gab es einen eigenen Rabbiner, einen Oberkantor und für den Alltag einen gewöhnlichen Kantor und Vorbeter, unseren lieben Herrn Wetzlar. Herr Wetzlar hielt sehr wenig von seiner Gemeinde, und seine Gemeinde hielt sehr wenig von ihm. Er, der Sohn eines berühmten rheinischen Rabbiners, war tatsächlich ein gelehrtes Haus, während der größte Teil der Gemeindemitglieder wohl alle orthodoxen Vorschriften beachteten, im übrigen aber Ignoranten waren. Herr Wetzlar verachtete die Gemeinde, und die Gemeinde schimpfte, weil er häufig zu spät zum Gottesdienst kam und den Leuten deutlich zeigte, wie wenig er von ihnen hielt. Herr Wetzlar war nicht nur Kantor, er war auch Juwelier. Er hatte in seiner kleinen dürftigen Wohnung gegenüber der Kanalsynagoge einen kleinen Vorrat von silbernen Löffeln, Eßbestecken, Bechern, und ab und zu verkaufte er das eine oder das andere Stück, vor allem an die zahlreichen Feuchtwanger, die seine Vettern waren, denn Frau Wetzlar stammte aus dem Hause Feuchtwanger. Und zu guter Letzt war er Haus- und Religionslehrer bei allen Feuchtwangerkindern.

Bei uns hielt er sich täglich drei bis fünf Stunden auf und unterrichtete uns Kinder in der hebräischen Sprache, im Thoralesen, später in Raschi und Mischna und in der Gemara. Ich glaube, er war keine pädagogische Leuchte; auf der anderen Seite muß zu seiner Entschuldigung gesagt werden, daß der jüdische Unterricht der damaligen Zeit allgemein äußerst dürftig war. Er unterrichtete folgendermaßen: Bereschit – im Anfang – boro – schuf – Elohim – Gott ... ein stumpfsinniges und langweiliges Übersetzen von Wörtern. An-

genehm war nur, daß ihm der ganze Unterricht ebenso langweilig war wie uns Kindern und daß er sich daher gerne ablenken ließ. Du, Herr Wetzlar, sagte man im Unterricht, heute hat mir der Heinrich Borscht zwei sehr schöne Raupen vom Seidenspinner gegeben, und ich habe ihm dafür zwei Briefmarken Altsachsen gegeben. Und dann unterhielt man sich eine Stunde lang über Schmetterlinge und Raupen und Briefmarken. Und zum Schluß sagte Herr Wetzlar aus seinem schlechten Gewissen heraus: Man kann sich über alles unterhalten, man kann aus allem lernen. In Hebräisch, jüdischer Literatur, jüdischer Geschichte habe ich jedenfalls in zehn bis fünfzehn Jahren äußerst wenig gelernt. Vielleicht lag es an mir und meiner Verträumtheit. Meine Brüder Lion und Ludschi und meine Vettern Igo und Siegbert, die vielfach zusammen mit mir Unterricht hatten, sammelten allmählich reiche Kenntnisse.
Neben Herrn Wetzlar war ein häufiger, ich möchte fast sagen, ständiger Gast in unserem Haus die Näherin Mariechen. Mariechen war eine kleine, verwachsene ältere Person, für die meine Mutter jederzeit Verwendung hatte. Bettwäsche, Tischwäsche, Kinderwäsche, Kleider – Mariechen saß unausgesetzt an der Nähmaschine und trat und trat, und wir Kinder bewunderten und bestaunten die Maschine, die Räder, zwei kleine Eisenmänner, die beim Treten hinauf und hinunter hüpften. Man stelle sich den Haushalt vor: Vater, Mutter, neun Kinder, ein Kindermädchen, ein Mädchen für Küche und Haus, Herr Wetzlar, Mariechen, und dazu fast ständig ein halbes Dutzend anderer Kinder, Vettern, Freunde, Schulkameraden. Erbitterte Gegner waren Mariechen und Herr Wetzlar. Beide hatten niemals Platz. Immer wieder mußte unsere Mutter schlichten. Herr Wetzlar wollte in diesem Zimmer unterrichten, weil es hier nicht so heiß war, Mariechen aber brauchte dasselbe Zimmer, weil es im anderen zu dunkel war. Ein ewiges Ringen dieser beiden Personen. Und wenn es aus irgendwelchen Gründen nicht anders ging, als daß Mariechen im selben Zimmer nähte, in dem Herr Wetzlar unterrichtete, dann freute man sich; denn dann stritten die beiden so verbissen und wütend, daß an einen Unterricht nicht mehr zu denken war. Ich erinnere mich, daß Mariechen einmal gallig ausrief: Sie in Ihrer Bosheit sehen und hören ja nichts mehr, Sie haben nicht einmal gemerkt, daß der Fritz gerade einen

Apfel gegessen hat, ohne die Brocha zu machen. – Mariechen war eine Christin.
Meine Mutter hatte es nicht gern, wenn wir in fremde Häuser gingen. Es war ihr lieber, daß wir unsere Freunde, Vettern, Spielkameraden zu uns brachten. Der Raum war ohnehin beschränkt, so war mitunter jedes Plätzchen in der Wohnung voll Menschen. Kinder aus jüdischen, aber nicht orthodoxen Familien sah mein Vater nicht gerne. Gegen den Verkehr mit Christenkindern dagegen hatte er nichts einzuwenden. Am Freitagabend und am Ausgang des Samstags segnete er uns Kinder. Er legte die Hand auf unseren Kopf und sprach einen hebräischen Segensspruch. Waren befreundete Kinder anwesend, gleich ob Jud oder Christ, so wurden auch sie gesegnet.

Xaver, Seppl und Peter der Kutscher

Wenn ich vorhin erzählte, daß unsere Wohnung häufig voll von Menschen war, daß Herr Wetzlar und Mariechen fast immer anwesend waren, so habe ich vergessen, daß sehr oft auch ein Arbeiter aus der Margarinefabrik unseres Vaters bei uns im Hause arbeitete, Xaver oder Seppl oder Peter. Auch diese drei waren Respektspersonen, alle Arbeiter aus der Fabrik, die schon bei meinem Großvater gearbeitet hatten. Die guten alten Zeiten, sagte ich, hätten nur wenig soziales Verständnis gehabt. In mancher Beziehung aber war es mit den Klassenunterschieden doch besser bestellt gewesen als heute. Xaver, Seppl und Peter, die alten Fabrikarbeiter, sagten zu meinem Vater du. Sie hatten ihn schon als Kind gekannt, und es war beim Du geblieben, auch als er Besitzer der Fabrik geworden war. Er dagegen sagte zu ihnen respektvoll Sie. Wenn an der Wasserleitung, im Klosett, in der Küche etwas nicht in Ordnung war, wenn Nägel einzuschlagen waren, Reparaturen nötig waren an Tischen, Stühlen, Betten, Schränken, dann war es Sache von Xaver, Seppl, Peter, den Schaden zu beheben. Meine Mutter war zu den Dienstmädchen nicht gut, vor Herrn Wetzlar und Mariechen nahm sie sich mehr zusammen. Xaver, Seppl und Peter aber waren Gleichgestellte. In gewissem Sinn standen sie sogar um einen Grad höher. Wir Kinder liebten am meisten den Xaver mit seinem

Schnauzbart und seinen schwieligen Händen und verkrümmten Fingernägeln. Er hatte lustige Augen und wußte immer Nettes zu erzählen. Er schickte uns nie fort, und wir durften ihm manchmal zu viert oder fünft helfen, ein Küchenbrett zu befestigen, Nägel einzuschlagen. Der eine durfte den Hammer halten, der andere die Zange, zwei die Nägel. Dank der Hilfe dauerte die Arbeit auch doppelt so lange. Seppl dagegen war nervös und hatte nie Zeit. Er war ein hagerer Mann mit vorstehenden Backenknochen und bartlos. Nicht daß er stets rasiert gewesen wäre – er hatte niemals einen Bart gehabt. Er hatte keine Zeit für uns Kinder. Ihr steht mir nur im Weg, sagte er, geht weg, geht hinein zum Herrn Wetzlar, ich habe keine Zeit, ich muß zurück in die Fabrik.
Peter, der Kutscher, kam seltener. Für ihn gab es auf der Welt nichts als seine Pferde, dicke, schwere Gäule, die die Margarinefuhrwerke zogen, die großen Wagen mit Kisten, Fässern voll Abfall aus den Schlachthäusern und voll Margarinekübeln. Peter war mit seinen Gäulen groß geworden. Menschen waren ihm uninteressant. Wenn eines seiner Tiere erkrankte, war er traurig und besorgt. Wenn eines einging, weinte er, war untröstlich, und der Nachfolgegaul, zum Beispiel der Hans, konnte sich mit dem verstorbenen, dem Nepomuk, nicht messen, bis allmählich das Verhältnis auch zu Hans besser wurde. Nach einigen Jahren war der Hans ein Prachtvieh, »wie's auf der ganzen Welt kein besseres net gibt«. Als Peter etwa fünfzig Jahre alt war, erschien eines Tages seine Frau bei meinem Vater und weinte über Peter, neuerdings komme er nachts nicht mehr nach Hause zu ihr und zu den Kindern, er bleibe in der Nacht im Stall bei seinen Pferden. Mein Vater redete ihm ins Gewissen. Peter nickte mit dem Kopf, er verstehe, unser Vater habe recht. Nach acht Tagen schlief er wieder im Stall auf Heu. Und so blieb es bis zu seinem Ende. Dreißig, vierzig Jahre später, als mein Vater längst tot war und mein Bruder Fritz Inhaber der Margarinefabrik, tauschten Fritz und ich Erinnerungen aus, wir sprachen von unserem Elternhaus, auch von Xaver und Seppl und Peter. »Der alte Peter«, sagte ich, »wie der seine Pferde und seinen Stall liebte! Wie lange mag er schon tot sein!« »Peter?« antwortete mein Bruder, »Peter lebt, er ist jetzt neunzig Jahre alt und lebt in der Margarinefabrik in der Garage, die an die Stelle der Stallungen gebaut wurde. In der Garage schläft er auf einer Schütte Stroh. Er ist blind, drei-

mal am Tag bringt man ihm einen Napf voll Essen und Brot. Seine Kinder wollten ihn zu sich nehmen, aber er weigert sich, den Ort zu verlassen, wo seine Pferde gelebt haben.« Seppl übrigens war klassenbewußt, er kannte Rangunterschiede. Eines Tages sagte er zu meinem Vater: »Die Kinder sollen zu mir nicht immer Seppl sagen.« »Ja, wie denn?« »Joseph. Ich heiße Joseph.« »Gut. Wenn Sie wollen, Joseph, sagen wir Joseph zu Ihnen.« »Nein, du und Frau Feuchtwanger, ihr könnt schon Seppl zu mir sagen, aber die Kinder, die sollen Joseph sagen.« Einmal stand eine Notiz in der Zeitung unter der Überschrift »Ein weißer Rabe«. In der Margarinefabrik E. Feuchtwanger gebe es fünf Arbeiter, die seit fünfzig Jahren an derselben Stelle arbeiteten. Sie hätten mit fünfzehn Jahren in der Fabrik als Lehrbuben begonnen und seien jetzt, nach fünfzig Jahren, immer noch dort beschäftigt. »Was Interessanteres haben die auch nicht zu schreiben«, sagte mein Vater stirnrunzelnd, als man ihm die Notiz zeigte.

Mein Vater hatte äußerst wenig Interesse für die Fabrik und für die Wirtschaft, ich glaube, er hatte für wirtschaftliche und finanzielle Dinge auch sehr wenig Verständnis. Dagegen hing er mit großer Liebe an seiner Briefmarkensammlung, die für heutige Begriffe ungeheure Werte umfaßte. Ebenso liebte er seine Bibliothek, eine große Sammlung althebräischer Werke, Erstdrucke und Pergamentmanuskripte aus den ältesten Zeiten. Altjüdische Gelehrsamkeit war ihm ungemein interessant, und über spitzfindige mittelalterliche Auslegungen von Bibelstellen konnte er stundenlang diskutieren. Aber auch Goethe, Schiller, Shakespeare waren ihm geläufig, er las Kleist, Grillparzer, Hebbel, Stifter und die damals modernen Emanuel Geibel, Hermann Lingg, Paul Heyse, später auch Gerhart Hauptmann, Max Halbe, Frank Wedekind. Ein seltsames Gemisch. Er konnte uns Kindern am Mittag von der Verschiedenheit der Auslegungen von Hillel und Schamai erzählen und fünf Minuten später von der Tücke der Elisabeth gegenüber der Maria Stuart oder von den Schönheiten der Versunkenen Glocke. Altjüdische Gelehrsamkeit und neue deutsche Literatur in einem Topf.

An den Wänden hingen mehrere Bilder, die uns Kindern höchst wichtig waren und die uns unser Vater immer wieder erläuterte. Da war ein Veilchenstrauß. Der Vater zeigte uns die Farben der Blütenblätter und der grünen Blätter, der Strauß sei so schön und so natürlich, daß man die Veilchen förmlich riechen könne. Dann hing da ein Defreggerbild: ein Bauer mit aufgestützten Armen vor einem Bierkrug. Das Bild hieß »Mensch ärgere dich nicht«. Dann war da ein großes Ölgemälde »Die Opferung Isaaks«. Isaak lag auf einem Holzblock. Vor ihm stand Abraham mit erhobenem Arm, ein Messer in der Hand, aber ein Engel in einer Wolke hielt seinen Arm fest. Für uns Kinder war das ganze Bild zu verschwommen, es fehlten die exakten Konturen. Aber der Vater fand das Bild sehr schön, und es gab ihm immer wieder Gelegenheit, uns biblische Geschichten zu erzählen, von Adam, Eva, der Schlange, von Abraham, Jakob, Moses, dem Berg Sinai, vom Pharao, dem Binsenkörbchen, dem Roten Meer, der Zerstörung des Tempels. Neben den Ölbildern gab es auch eine Lithographie: Lessing, Lavater und Moses Mendelssohn beim Schachspiel. Auch über dieses Bild sprach der Vater immer wieder lange und mit Begeisterung. Er erzählte von Lessing, wie Lessing gelehrt habe, daß alle Religionen, Judentum, Christentum und mohammedanische Religion, gleich wertvoll seien, er erzählte von Nathan dem Weisen und der Geschichte von den drei Ringen. Und an der Intensität seiner Ausführungen erkenne ich in der Rückerinnerung, daß es mit der Gleichheit und der Emanzipation doch noch nicht so weit her war, daß vielmehr der Wunsch der Vater des Gedankens war und daß mein Vater doch irgendwie darunter gelitten haben muß, daß der Jude als Paria angesehen wurde, daß er gelitten haben muß, obwohl er Vermögen und großes Einkommen, eine geachtete Frau, wohlgeratene Kinder, ein angesehenes Haus hatte und obwohl man ihm allgemein mit Achtung entgegenkam. Er fühlte, daß der andere fühlte, daß er nicht ganz dazugehörte, daß er ein Jude war, etwas Minderes.

Im Sommer ging die ganze Familie aufs Land, anfangs nach Starnberg, später nach Kochel. Das ging so vor sich: Auf zwei oder drei großen Wagen wurden Betten, Küchengerät, Eßgeschirr, tausend Kleinigkeiten aufgeladen. Und die Wagen fuhren mit einigen von den Kindern, einem oder zwei Arbeitern der Fabrik nach Starnberg. Und die Mutter und der Rest der Kinder fuhren mit der Lokalbahn hinterher. Der Aufenthalt in Starnberg und in Kochel, das waren selige Zeiten. Man durfte in den Wäldern und in den Bergen herumstrolchen, Eidechsen, Frösche fangen, schwimmen, rudern, und meine strenge Mutter schraubte ihre Strenge um zwei Punkte zurück. Mit den Dorfkindern waren wir natürlich ein Herz und eine Seele. Es war ein großes Bauernhaus, in dem wir wohnten. Der Bauer, der gleichzeitig Bäcker war, hatte ebenfalls eine große Familie. Wir waren neun Kinder, fünf Buben und vier Mädchen, der Bauer hatte acht Töchter, so alt wie wir. Diese siebzehn Kinder tollten auf einem riesigen Rasenplatz unter Obstbäumen herum. Die Bauernkinder erzählten uns vom Pflügen und Dreschen, vom Vieh, vom Melken, wir lernten den Unterschied zwischen Ochs und Stier, zwischen Hahn und Kapaun, zwischen Pferd und Maulesel, und wir erzählten ihnen vom Sankt-Anna-Platz, von unserem Hof, von unserem Garten, und alles, was wir wußten, mußten auch die Bauernkinder lernen. Die Namen der neun Feuchtwangerkinder und die Namen der acht Bauerntöchter am Schnürchen in einem Atem herunterzusagen, war Ehrenpflicht: Lion Ludschi Martin Fritz Franziska Bella Henny Berthold Martha – Stasi Lisi Peppi Anni Fanni Walli Creszenz Marerl. Zuletzt konnten die acht Bauerntöchter wie wir auch die Namen der zwölf Söhne Jakobs herunterleiern: Ruben Simeon Levi Juda Dan Naphtali Gad Asser Issachar Sebulon Joseph Benjamin. Und es entbehrt nicht einer gewissen Komik, daß wir den Starnberger Mädchen auch die Namen der jüdischen Monate beibrachten: Nissan, Ijar, Siwan, Tammus, Aw, Elul Tischri, Cheschwan, Kislew, Tewet, Schewat, Adar. Die jüdischen Monatsnamen waren ihnen zuletzt so geläufig wie das Alphabet.

Acht Wochen blieb man auf dem Land, dann erschienen wieder die großen Wagen mit Peter und den dicken Gäulen, die Starnberger Mädchen weinten, wir Buben verschluckten unsere Tränen, es gab

Abschiedssträuße, und endlich waren wir wieder am Sankt-Anna-Platz. Es begann wieder das alte Lied. Meine Mutter schraubte ihre Strenge wieder um zwei Punkte hinauf, die Kirchenglocken bimmelten wieder, der Kirchendiener schaufelte und fegte, im Hof erdröhnte »Wer fürchtet sich vorm schwarzen Mann?«, und Herr Wetzilum erschien wieder gähnend mit den fünf Büchern Moses und hinter ihm das bucklige Mariechen mit Schere und Nähmaschine und allen Waffen zum Kampf gegen Herrn Wetzlar.

2

Volksschule und Gymnasium

Volksschule – keine Klassenunterschiede

In Bayern gab es eine Einheitsvolksschule. Jedes Kind, das sechs Jahre alt war, kam in die Volksschule. Es gab keine Kirchenschulen, keine Parteischulen, keine bevorzugten und keine benachteiligten Schulen. Ein gesundes System. Die Kinder von Grafen und Baronen neben den Kindern von Arbeitern, Taglöhnern und Waschfrauen, Juden- und Christenkinder, Reiche und Arme, Schwache und Starke. Je siebzig Kinder in einer Schulklasse. Schulgeld gab es nicht. Alles war frei. Die Schulen gehörten dem Staat. Unsere Schule war die Sankt-Anna-Schule. Am ersten Schultag erschienen die Kinder meist an der Hand ihrer Mütter oder Väter. Ängstlich, verschüchtert, verstört, weinend, schluchzend, lachend, beglückt, beseligt, zu Tode betrübt, gleichgültig, neugierig, uninteressiert, frech, bescheiden je nach Temperament. Das Klassenzimmer war ein großer kahler Raum, in der Mitte Schulbänke, immer fünf Kinder auf einer Schulbank, vorne der Katheder mit einer großen Tafel, daneben ein Globus, auf einem Schrank einige ausgestopfte Tiere, ein Eichhörnchen, ein Rabe, ein Specht, eine Ringelnatter in Spiritus, an den Wänden einige Öldrucke: Adam und Eva im Paradies. Adam sah aus wie unser Arbeiter Seppl, Eva wie eine englische Miß in vorgerückten Jahren. Oben auf dem Baum lag tückisch eine Schlange und sah auf Adam und Eva herab wie eine Katze, die einem Sperling auflauert. Das daneben hängende Bild »Der Durchzug der Kinder Israels durch das Rote Meer« zeigte, wie die Fluten über dem wilden Heer Pharaos zusammenschlugen. Bärtige Krieger in mittelalterlicher Ausrüstung, große Kriegswagen, ähnlich den Wagen der Margarinefabrik, und sich wild aufbäumende Pferde. Das Hauptbild war Jesus am Kreuz mit den Initialen INRI, Jesus von Nazareth, König der Juden. In den ersten Schultagen wurden die Personalien aufgenommen: Vor- und Zuname, wann und wo geboren, Wohnung, Beruf des Vaters und Konfession. Das war nicht so einfach, und hätte der Lehrer nicht ohnehin eine genaue Liste vor sich gehabt – denn eine Woche vorher war schon Einschreibung gewesen –, so hätte die Aufnahme der Personalien viele Wochen gedauert. Manche von den Buben wußten, daß sie Hans oder Leopold oder Kaspar oder Eugen hießen, aber sie kannten weder einen Familiennamen noch den Beruf des Vaters, nicht die Wohnung, nicht das Geburtsdatum und nicht die Konfession. Einer kannte nicht einmal seinen Rufnamen, er wußte nur, daß man zu ihm Schnuckerl sagte. Fabrikarbeiter wurde mit Fabrikbesitzer verwechselt, einem Buben hatte man zu Hause das Wort Kupferschmied eingeprägt, er wußte aber nicht, ob das sein Name war oder der Beruf seines Vaters. Bei der Aufnahme der Personalien belehrte uns der Lehrer: Christlich gibt es nicht, entweder katholisch oder evangelisch oder altkatholisch. Jüdisch und mosaisch gibt es nicht, es gibt nur israelitisch. Das erste, was man lernte, war: Wenn der Herr Lehrer die Tür aufmacht, springen alle Kinder auf und rufen zusammen im Chor: Gelobt sei Jesus Christus. Dann antwortet der Lehrer: In Ewigkeit, amen. Aber nur die christlichen Kinder sagen, Gelobt sei Jesus Christus, die jüdischen Kinder springen nur auf und sagen gar nichts. Es dauerte sehr lange, bis das klappte. Einmal blieben einige sitzen, einmal rief auch ein kleiner Judenbub Gelobt sei Jesus Christus, einmal riefen ein paar Buben auch die Antwort In Ewigkeit, amen. Ich glaube nicht, daß die Kinder von armen Leuten anders behandelt wurden als die Kinder von Adligen, Judenkinder anders als Christenkinder. Das Mitbringen von Blumen für den Lehrer war verboten. Ich glaube nicht, daß es damals jemand gewagt hätte, einem Lehrer ein Lebensmittelpaket oder gar Geld zu schicken. Es waren gesunde Schulverhältnisse, und darum gab es damals auch keine Analphabeten.

Der wichtigste Satz, den man lernte und der einen in den Schlaf verfolgte, war: Bayern ist mein Heimatland, weil ich hier geboren und erzogen wurde. Erst viel, viel später wurde ich gewahr, daß in allem, was man lernte, Feindseligkeit gegen die Preußen steckte. Den Preußen betrachtete der Bayer als seinen Hauptfeind. 1866 kämpfte Bayern gegen Preußen. Mein Großvater war Soldat gegen Preußen. Er wurde im Krieg an der Hand verwundet und zeigte häufig stolz seine Narbe. Wir Kinder in der Volksschule merkten nichts von einer feindseligen Gesinnung gegen Juden.

Mit zehn Jahren kam man ins Gymnasium. Das Gymnasium stand allen offen. Auch hier saßen die Söhne von Grafen und sogar Fürsten auf der Schulbank neben den Söhnen von Kaufleuten, Schneidern, Bauern, Handwerkern. Aber hier gab es schon Unterschiede. In der Schule selbst, in der Klasse waren alle Schulkameraden, Kameraden mit den gleichen Interessen: Hoffentlich ist der Lehrer nicht so streng, hoffentlich sind die Prüfungsarbeiten nicht zu schwer. Hoffentlich ist der Lehrer ein Schwächling und man kann ihm auf der Nase herumtanzen und Albernheiten auf seine Kosten verüben. Das war die Schule selbst, aber das Leben außerhalb der Schule verlief in anderen Bahnen. Die Söhne von Grafen, Freiherren, Offizieren waren meist gut erzogen. Man hatte ihnen zu Hause Sauberkeit, Gepflegtheit eingebleut, Eltern, Erzieher, Gouvernanten. Sie waren höflich und hatten die Anfangsgründe der Kunst der Verstellung schon erlernt. Sie hörten zum Beispiel, daß der oder der zehnjährige Bub von Konfession israelitisch war. Sie blickten ihn erschrocken von der Seite an. Aus dem Mienenspiel konnte man die Gedanken lesen: Was, ein Jude, einer von den widerlichen Gesellen, von denen der Vater manchmal gesprochen hat? Komisch, der sieht ja ganz anständig aus, auch nicht anders als alle anderen, ich hatte immer gedacht, ein Jude müsse aussehen wie ein gefährliches Raubtier. Um Gottes willen, er merkt ja, wie ich ihn anstarre, ich muß freundlich lächeln, ich muß so tun, als ob ich ihm durchaus freundlich gesinnt sei. In Zukunft werde ich ihm aus dem Wege gehen. Streit will ich nicht mit ihm haben. Ich könnte mich nicht immer verstellen, und wenn ich mit ihm Umgang hätte, so müßte ich ihm doch die Faust ins Gesicht schlagen. In der Volksschule konnte es Klassen-, Rassen-, Religionsunterschiede noch nicht geben. Es konnte sein, daß ein kleiner Knirps den anderen anstaunte und bewunderte, weil der Held von einem hohen Regal herunterspringen konnte; ja, wer das auch könnte! Daß der bewunderte Held eine zerrissene Hose hatte, daß aus seinen Schuhen die Armut heraussah, das bemerkte man nicht. Daß der Kleine eine krumme Nase hatte, abstehende Ohren, das sah man nicht, das war egal. Hier aber, die Elfjährigen, die Vierzehnjährigen hatten von ihrer Ursprünglichkeit schon manches eingebüßt, sie sahen zum

Teil schon mit den Augen unserer Klassengesellschaft, mit den Augen unserer Lieblosigkeit. Da waren einige wenige Söhne von Kunstmalern, Gelehrten, Redakteuren; man sah, wie sie fast nur unter sich verkehrten, ohne sich bewußt von den anderen abzuschließen. Söhne von Metzgern, Schustern, Schneidern, Installateuren, oft besser und reicher angezogen als die anderen, aber sie blieben abgesondert von den Kindern der Adligen und Offiziere. Natürlich blieben die Judenbuben unter sich. Schon bei diesen zehn- bis fünfzehnjährigen Burschen erkannte man Eigenwilligkeit, Widerspruchsgeist, revolutionäre Gesinnung, Servilismus, Diplomatie. Einer, der zu den Offiziers- und Grafensöhnen gehörte, drängte sich den Judenbuben förmlich auf. Man fühlte, wie er nur widerwillig und finster mit seinen Standeskameraden umging. Der Sohn eines Redakteurs drängte sich den Adligen auf. Der Sohn eines Zuckerbäckers suchte sich bei den Adligen beliebt zu machen, Fußtritte übersah er.
Aber das sind alles nur Kleinigkeiten. Der Tag besteht aus Tausenden von Einzelheiten, die Gedanken und die Gefühle eines einzigen Tages, ja einer einzigen Stunde sind eine ganze Welt. Und diese Standesunterschiede, Klassenunterschiede, Rassenunterschiede bedeuten in einem großen Glas Wasser nur einen einzigen Tropfen. Viel, viel wichtiger sind Dutzende von anderen Faktoren: das Verhältnis zu den Lehrern, zu der Schule, die Tatsache, daß man plötzlich während des Unterrichts wirklich etwas begreift; das Verhältnis zu den Eltern, Geschwistern, Verwandten; Freundschaftsbündnisse; Feindseligkeiten; körperliche Streitereien; Spaziergänge, Touren; Theater, Bücher; Synagoge; Grübeleien über Gott und Religion; die ersten sexuellen Regungen; ehrgeizige Pläne; Phantasieträume.

Radfahren

Eine ungeheuer große Rolle spielte das Radfahren. Bisher hatte es noch keine Räder gegeben. Auf einmal waren sie da, die ersten Fahrräder, große hohe Reifen – zwei- bis dreimal so hoch wie unsere heutigen Räder –, oben saß der Mann und strampelte in Windeseile. Es gab nur einige wenige solcher kunstvoller und komplizierter Dinger. Kuriositäten, und es würden Kuriositäten bleiben. Auf einmal aber entwickelte sich aus dieser Kuriosität unser heutiges, normales Fahrrad. Auf einmal sah man sie dutzendweise, hundertweise. Ein reicher Mann kaufte sich ein Fahrrad, ein ganz Reicher kaufte sogar einige Exemplare für seine Söhne. Die Zeitungen schrieben über das Fahrrad, nicht nur über die Technik der Konstruktion, sondern auch über die Möglichkeit der Entwicklung des Fahrrads als Verkehrsmittel, über Zukunftsmöglichkeiten. Es sei gar nicht ausgeschlossen, daß in einem Land wie Bayern in wenigen Jahren hunderttausend Fahrräder und mehr auf den Straßen zu sehen seien. Die Witzblätter, die *Fliegenden Blätter,* die *Meggendorfer Blätter, Simplizissimus* und *Jugend* griffen diese kuriose Sache auf und brachten unter der Überschrift »Die Straße in zehn Jahren« Bilder, auf denen ein Anstreicher abgebildet war, der mit Pinsel und Farbentopf auf dem Fahrrad zur Arbeit fährt, oder eine Hausfrau, die mit einem Einkaufsnetz zum Markt fährt, ein Bauer mit einer Gans im Arm auf dem Fahrrad. Schon zwei Jahre nachdem die ersten Räder auf der Straße erschienen waren, war es der Traum jedes Buben, ein Fahrrad zu besitzen. Und es dauerte auch nicht lange, da hatte fast jeder seinen Wunsch durchgesetzt. Das Fahrrad stand im Mittelpunkt des Interesses. Jede freie Minute radelte man. Man machte an den freien Nachmittagen Radtouren, an den Sonntagen, nach Schulschluß. Schwimmen, Schmetterlingesammeln, Theaterbesuch, Bücherlesen – alles trat zurück hinter dem Radfahren. Auch die Klassen-, Rassen-, Standesunterschiede. Wenn es galt, eine große Radtour zu machen, nach Tölz, Schliersee, Tegernsee, Kochel, Walchensee, Garmisch, Mittenwald, dann waren alle Kameraden willkommen. Wenn einer nur Ausdauer hatte! Man strampelte mit den Beinen bis zur Bewußtlosigkeit, in Schweiß gebadet, keuchend, zu Tode erschöpft. Und kam man hundemüde nach Hause, so mußte man sich hinsetzen und Schularbeiten machen, denn das Gymnasium nahm auf das Radeln keine Rücksicht.

Ein gutes Fundament

Im Gymnasium herrschte eine eiserne Disziplin. Der Rektor war ein uraltes Männchen mit einem zerfurchten Gesicht und einer gewaltigen Höckernase, ein Adliger, ein getaufter Jude, angetan mit einem vornehmen Gehrock und einem spiegelblanken Zylinder. Zu Schulbeginn versammelte er alle Professoren und die tausend Gymnasiasten in der Aula. Er betrat den Saal und sagte mit einer krächzenden Fistelstimme: Ruhe! Dann ließ er eine Pause von zwei Minuten eintreten und weidete sich an der lautlosen Stille in der Aula, an der Reglosigkeit der tausend Köpfe und Körper. Und dann verlas er die Statuten, eine von Staatsmännern, Pädagogen und Kirchenmännern konstruierte Verfassung, völlig uninteressant für die Schüler. Nur ein Satz ließ die Schüler aufhorchen und machte sie stolz: Es ist den Schülern streng verboten, einen Revolver zu besitzen oder gar in die Schule mitzubringen. Das war ein erhebender Satz, ein Satz, der bewies, daß man kein Kind mehr war. Es hatte natürlich nie einer einen Revolver besessen, aber die Tatsache, daß die Erwachsenen mit der Möglichkeit rechneten, es könnte ein Schüler einen Revolver besitzen, das war ein wahrhaft erhebender Faktor.

Viele Erwachsene schwärmen von ihrer Schulzeit, andere erinnern sich ihrer nur mit Unlust. Von mir will ich nicht gerade sagen, daß mir die Schule lästig oder gar widerlich war, aber sie langweilte mich. Ich hing meinen Gedanken und Träumereien nach. Ich wußte, daß ich eigentlich zuhören mußte, wenn der Professor vortrug, aber ich konnte mich nur schwer von meinen eigenen Gedanken trennen. Ich war kein guter Schüler. Nur wenn es auf die Prüfungen zuging, setzte ich mich acht oder vierzehn Tage lang hin und fing an, mit höchster Konzentration nachzuholen, was ich monatelang versäumt hatte. So kam ich schließlich immer mit leidlichen Zeugnissen davon.

Man hat früher auf die Individualität des Schülers nur wenig Rücksicht genommen und hat nicht wie heute mit Liebe und Verständnis das Seelenleben des Kindes beobachtet. Man steuerte unerbittlich auf das Ziel los, und wer dabei auf der Strecke blieb, der mochte zusehen, wo und wie er weiterkam. Erst später merkte man, daß es ein gesundes System war und daß die Grundlagen, die einem eingetrichtert wurden, sehr wertvoll waren und ein dauerhaftes Fundament darstellten. Der Aufsatz: Was waren die Themata doch langweilig! Wie mußte man sich den Kopf zergrübeln, um vier oder acht Seiten zu füllen! Allmählich aber merkte man, was das Ganze zu bedeuten hatte und wie gesund die Methode war. Du sollst lernen, dich auszudrücken, zu erzählen, zu berichten. Du sollst ein System in deine Gedanken und in deine Ausdrucksweise bekommen. Dein Bericht sei ein geordneter Garten. Es ist nicht nötig, daß der Garten aus gezirkelten Beeten besteht. Es darf Durcheinander herrschen. Aber das Durcheinander sei geschmackvoll, überlegen, leicht und duftig. Und die Literatur: Man bemühte sich nicht, den Schülern Verständnis für Gedichte, epische Darstellung, dramatische Wirkung beizubringen. Man wußte, daß es hoffnungslos war, in fünfzig verschiedenen Seelen Liebe zur Literatur zu wecken. Aber was man tun konnte, das tat man, den jungen Leuten Tatsachen einzubleuen. Man brachte ihnen die Grundlagen der Metrik bei. Sie hatten zu wissen, was ein Vers ist, ein Jambus, ein Trochäus, Daktylus, Hexameter, Pentameter, Distichon, ein Sonett, was fünffüßiger Jambus bedeutet. Man gab ihnen einen Überblick über die Geschichte des Romans, man gab ihnen eine Erklärung über die Bedeutung der griechischen und der lateinischen Klassiker, sie hatten zu wissen, wer Sophokles, Platon, Aristophanes, Euripides, Cicero waren, was für die Literatur die Bibel und der Koran bedeuten, was die deutschen Klassiker Lessing, Goethe, Schiller, Klopstock, Herder, Wieland schrieben und wann sie lebten, sie hatten zu wissen, daß Shakespeare der größte Dramatiker aller Zeiten war, wann er lebte und was er schrieb. Sie lernten, wer Molière, Voltaire, Racine, La Fontaine waren, Cervantes, Dante, Dickens, Byron, Hebbel, Grillparzer, Hoffmann, Otto Ludwig, Jean Paul, Jeremias Gotthelf, Ibsen, Björnson, Strindberg, Poe, Stevenson, Puschkin, Gogol, Dostojewski, Tolstoi. Um ihnen einen Begriff vom Epos zu geben, ließ man sie *Hermann und Dorothea* lesen oder *Reineke Fuchs;* damit sie das Drama kennenlernten, ließ man sie Shakespeares *Julius Caesar* lesen oder Goethes *Iphigenie* oder Kleists *Zerbrochenen Krug* oder Lessings *Nathan der Weise* oder Schillers *Wallenstein.* Nicht anders war es in der Mathematik, die Grundelemente der Arithmetik, der Geometrie, der Trigonometrie wurden erbarmungslos eingetrichtert, die Grundelemente der Physik und der organischen und der anorganischen Chemie. Die Hauptsache waren Sprachen. Die deutsche Grammatik und Orthographie mußten aus dem Effeff beherrscht werden. Latein wurde so lange und so gründlich gepaukt, daß schließlich auch der

Dümmste jedes Verbum konjugieren konnte, daß schließlich auch der Dümmste Cornelius Nepos, Cäsar, Cicero, Livius, Vergil verstehen konnte und daß schließlich auch der Dümmste einige Dutzend lateinischer Sprüche auswendig kannte, sie sich so eingeprägt hatte, daß er sie auch noch als alter Mann herunterleiern konnte. Nicht schlecht bestellt war es mit dem Griechischen, wenn man auch nicht so in die Tiefe eindrang wie im Lateinischen. Man brachte den Buben Englisch, Französisch oder Italienisch bei, man trichterte ihnen historische Daten und Zusammenhänge ein und einige geographische Tatsachen. Man konnte sie nicht zu gebildeten Menschen machen, aber man konnte ihnen in vier Jahren Volksschule und neun Jahren Gymnasium das Fundament geben zum Studieren. Und das tat man so systematisch, gründlich und energisch, daß es späterhin jedermann anerkennen mußte, ob ihm die Schule damals verhaßt war oder gleichgültig oder ob er sie liebte.

Wichtigere Dinge als die Schule

Das Kind kann in den ersten Jahren nicht allein essen, es kann nicht stehen, nicht sitzen, nicht gehen, nicht sprechen, keine Farben unterscheiden, nicht zählen. Mit fünfzehn Jahren kann jeder essen, trinken, stehen, sitzen, gehen, laufen, sprechen, zählen, Farben unterscheiden. Der Mensch erinnert sich an tausend Dinge aus seiner ersten Jugend, aber das Erlernen von Essen, Trinken, Stehen, Sitzen, Gehen, Laufen, Springen, Zählen, das war bedeutungslos, das lief nebenher. Eine Selbstverständlichkeit. So ist es auch mit der Schule. Diese dreizehn Jahre waren vielfach lustig oder komisch, vielfach langweilig oder lästig, vielfach dumpf, auch drückend oder sorgenvoll. Sie füllten enorm viele Stunden, aber sie waren nicht das Primäre für die Entwicklung und das Seelenleben des jungen Menschen.

Das Radfahren zum Beispiel und alles, was damit in Zusammenhang stand, war viel wesentlicher. Und dann: Sport, Turnen, Turnspiele – Natur, Ausflüge, das Gebirge – Sammeln von Briefmarken und anderen Dingen – das Poesiealbum – Lesen – Theater – Religion, religiöse Gebräuche, Zweifel an religiösen Dingen – erotische und ehrgeizige Träume. Zweifelsohne bedeuteten auch die

Klassen-, Rassen-, Religionsunterschiede nicht wenig, aber doch nur ein Minimum im Vergleich zu den anderen Faktoren, die das Fühlen und Denken ausfüllten.
Turnen und Turnspiele gab es auch in der Schule. Freiübungen, Laufübungen, Dauerlauf, Turnen am Barren, am Reck, am Pferd, an den Kletterstangen. Es gab fünfzehnjährige Burschen, die am Reck turnten wie Trapezkünstler. Für die Mehrzahl der Schüler war die Turnstunde eine Schulstunde wie jede andere auch, ein notwendiges Übel. Für eine Reihe von Schülern aber waren die Turnstunde, das Handballspiel, der Turnverein, das Schwimmen, das Rudern alles. Die anderen hörten verlegen lächelnd den Berichten zu.
Ausflüge dagegen, Touren bedeuteten wohl allen sehr viel. Parkanlagen, Wälder, Wiesen, Flußufer, Seen – man sprach nicht darüber, es war eine andere Welt, aber jeder empfand ihre Schönheit, der eine bewußt, der andere unbewußt. Für mich und meine Geschwister und meine Freunde war das Herumstrolchen in Wäldern, das Bergsteigen, die Beobachtung von Tieren, das Schwimmen etwas Beglückendes, etwas Befreiendes, eine schönere Welt.
Eine schöne und interessante Welt war für mich auch das Briefmarkensammeln. Die Zeichnungen, die Farbtöne, alles was mit den Briefmarken zu tun hatte, war schön, sauber, erfreulich. Alte Ägypter, alte Franzosen, Thurn und Taxis, Parma, Modena – das waren stolze, vornehme, innerlich gefestigte Monumente, die man viertelstundenlang bewundernd anstarren konnte. Das Bewußtsein, daß sich die Sammlung gestern um die schwarze Marke ungezähnt mit dem Kopf der Königin Victoria vergrößert hatte, war beglükkend. Man wäre gern in der Nacht zu der Sammlung geschlichen und hätte sich das Stück nochmals angeschaut, aber in der Nacht aufstehen, Licht machen, wo im selben Zimmer noch drei schliefen und nebenan weitere vier und daneben das Zimmer der Eltern ... Aber in der Frühe, barfuß noch, war der erste Weg selbstverständlich zu der Seite Britannien im Briefmarkenalbum. Andere Schüler hatten eine Schmetterlingssammlung, eine Käfersammlung, Münzensammlung, ein Herbarium oder ein Terrarium und konnten immer wieder von ihrer Sammlung schwärmen, verständnislos der Tatsache gegenüber, daß der andere stumm blieb.

Das Poesiealbum dagegen war eine Sache, die alle gleichmäßig fesselte. In das Poesiealbum mußte sich jeder Erreichbare eintragen, Vater, Mutter, Onkel und Tanten, Lehrer und vor allem alle Schulkameraden. Es existieren Hunderte von Versen, Albumversen, belehrend, wichtigtuerisch, erhaben, albern, lustig, man studierte alte und neue Gedichte auf ihre Eignung für das Poesiealbum hin. Manche klebten Bilder neben den Vers, Rosensträuße, Veilchen, Vergißmeinnicht, Kätzchen, Hunde, Enten, ein Lämmlein. Und darunter: Zur ewigen Erinnerung an Deinen Freund Eusebius Schnipper. Oder: Das wünscht Dir für Dein Leben Deine Cousine Fanny.

Rosen, Tulpen, Nelken,
Alle Blumen welken,
Nur die eine welket nicht,
Diese heißt Vergißmeinnicht.

Segle ruhig weiter,
Wenn der Mast auch bricht,
Gott ist Dein Begleiter,
Er verläßt Dich nicht.

Wer auf Gott vertraut,
Der hat auf festen Grund gebaut.

Zweifle an der Sonne Klarheit,
Zweifle an der Sterne Licht,
Zweifl', ob lügen kann die Wahrheit,
Nur an meiner Liebe nicht.

Und auf die letzte Seite schrieb man:

Und wer Dich lieber hat als ich,
Der schreibe sich noch hinter mich.

Herrlich war es, wenn einer zeichnen oder gar malen konnte. Er mußte unter oder neben seinen Vers eine Zeichnung setzen, je bunter, desto schöner. Das Album hatte vierzig Blätter, sechzig Blät-

ter. War eines voll, dann wurden der Vater oder irgendein Onkel so lange um ein neues angebettelt, bis ein neues erschien. Vier ganze Poesiealben voll, das war das Höchste. Oft kannte man die Leute kaum, die man um einen Vers im Poesiealbum bat, aber das war gleich, die Hauptsache war: schöne Seiten und recht viele.
Und dann das Lesen. Erst der *Struwwelpeter*, die Märchen von Grimm, Andersen, Bechstein, und kleine Verschen und Abzählreime. Enerle – benerle – sikerle – sar – riperde – raperde – knoll. Eins, zwei, drei, vier, auf dem Klavier sitzt eine Maus und du bist raus.

Steigt ein Büblein auf den Baum,
O so hoch, man sieht es kaum.
Steigt von Ast zu Ästchen
Bis ins Vogelnestchen.
Ei da lacht es,
Ei da kracht es,
Bums, da liegt es unten.

Hoppe, hoppe, Reiter,
Wenn er fällt, dann schreit er.
Fällt er in den Graben,
Fressen ihn die Raben.
Fällt er in den Sumpf,
Macht der Reiter plumps.

A, b, c,
Die Katze lief in'n Schnee.
Und als sie wieder nach Hause kam,
Da hat sie weiße Stiefel an.

Struwwelpeter und Märchen

Ob man als Kind den *Struwwelpeter* verstand oder nicht, das war nicht wichtig. Es war herrlich, wenn die Erwachsenen wichtigtuerisch, voll Pathos oder schmunzelnd vorlasen und begeistert deklamierten, abwechselnd die häßlichen Bilder, abwechselnd das staunende Kindergesicht anstrahlten:

»Konrad!« sprach die Frau Mama,
»Ich geh aus, und du bleibst da.
Sei hübsch ordentlich und fromm,
Bis nach Haus ich wieder komm'.«

Und Mienz und Maunz, die Katzen,
erhoben ihre Tatzen.
Sie drohen mit den Pfoten:
»Der Vater hat's verboten.
Miau! Mio! Miau! Mio!
Laß stehn! Sonst brennst du lichterloh!«

Der Kaspar, der war kerngesund,
ein dicker Bub und kugelrund,
Er hatte Backen rot und frisch,
die Suppe aß er hübsch bei Tisch.
Doch einmal fing er an zu schrein:
»Ich esse keine Suppe! Nein!
Ich esse meine Suppe nicht!
Nein, meine Suppe ess' ich nicht!«

Die Jahre glitten hinüber zu den Märchen vom *Dornröschen,* vom *Schneewittchen,* vom *Gestiefelten Kater,* dem *Wolf und den sieben Geißlein, Hänsel und Gretel, Goldmarie und Pechmarie.* Grauenhafte Dinge passierten. Der Menschenfresser kam mit Riesenschritten und brüllte: Ich rieche, rieche Menschenfleisch. Man mußte die Augen schließen vor unsagbarem Grauen. *Hänsel und Gretel* war mehr lustig als traurig. Gewiß, es war recht traurig, daß die armen Kinder von der bösen Hexe mit der langen Nase gefangengehalten und Hänsel in den Stall gesperrt wurde. Aber es war doch sehr lustig, daß die schlauen Kinder die dumme Hexe so überlisteten. Steck einmal den Finger heraus, sagte die Hexe zum Hänsel, damit ich sehen kann, ob du schon fett genug bist zum Braten. Und der pfiffige Hänsel steckte ein Knöchelchen heraus, und das war der Hexe zu mager. Zu lustig und zu fein, so eine Geschichte. – Traurige Geschichten waren genauso schön wie lustige. Die arme Stieftochter, die den ganzen Tag Wäsche waschen mußte am kalten Bach, während die böse Stiefmutter und die häßliche Stiefschwester in Samt und Seide und mit Goldschuhen herumstolzierten und Kakao tranken und die feinsten Sachen aßen.

Spieglein, Spieglein an der Wand,
Wer ist die Schönste im ganzen Land?
Frau Königin, Ihr seid die Schönste hier,
Aber Schneewittchen über den Bergen
bei den sieben Zwergen
Ist noch tausendmal schöner als Ihr.

Aber auch das Märchen vom Fischer und seiner Frau war wunderschön.

Manntje, Manntje, Timpe Te,
Buttje, Buttje in der See,
mine Fru, de Ilsebill,
will nich so, as ik wol will.

So eine dumme Pute, diese Frau, kriegt nie genug, geschieht ihr also recht, daß der Fisch sie wieder zurückverwandelt in die arme Fischersfrau.

Das Lesen

Und man wurde größer und bekam die Märchen von Hauff zu lesen, die wunderbare Geschichte vom *Kleinen Muck* mit dem großen Rock und den großen Stiefeln und die herrliche Geschichte vom *Zwerg Nase*. Ja, man konnte lesen und man las, was einem in die Hand kam. Man las einen Satz, zwei Sätze, immer weiter, aber meist verstand man nichts. Und wenn man zufällig etwas in die Hand bekam, das man wirklich verstand, dann war man begeistert, etwa eine Erzählung von Berthold Auerbach oder Hebels *Schatzkästlein* oder etwas von Heinrich Seidel. Das Lesen, das war schon eine herrliche Sache, und man verstand nicht, wieso es unter den Schulkameraden welche gab, die zum Beispiel das Spielen mit einer Eisenbahn interessanter fanden als das Lesen. Dann kamen

Robinson Crusoe und *Sigismund Rüstig* und Sagen und patriotischer Kram, und von allem war man begeistert. Ein dankbares Publikum, diese Kinder. *Onkel Toms Hütte – Helenes Kinderchen* – Felix Dahn – Gustav Freytag, und man glitt hinüber zu Kitschromanen, zu Romanen aus der *Gartenlaube,* von Wilhelmine Heimburg, E. Werner, und wieder war man begeistert, über die wunderbare Reinheit der Frauen aus diesen Romanen und die abgrundtiefe Tücke der Gegenspieler, die die Infamie begingen, die Keusche, den Engel in Menschengestalt sage und schreibe küssen zu wollen. Die Mutter ließ das Lesen der Kitschromane durchgehen, aber der Vater sagte verächtlich: Erbärmlicher Kitsch! Und Herr Wetzlar bestätigte: Dummer Unsinn, ja, siehst du denn nicht, was das für ein elender Kitsch ist? Und man las und las, man begann die Gedichte von Schiller zu verstehen, Balladen von Goethe, Erzählungen von Kleist, Hebbel, einzelne Sachen von Gottfried Keller, und allmählich dämmerte einem die Erkenntnis, was Kitsch war und was nicht. Man träumte sich selbst in die Helden hinein, man wurde beim Lesen gescheit und erhaben, reich und mächtig, demütig und gut. Man vollbrachte in rührender Bescheidenheit Heldentaten und sehnte sich nach der Möglichkeit zur Entfaltung seiner ungezählten Talente. Vater, der alles las, wissenschaftliche Bücher neben talmudischen Schriften, das *Nibelungenlied* neben Heines *Harzreise,* Shakespeare und Frank Wedekind und Björnson, las neuerlich mit Begeisterung Karl May und Jules Verne. Und wir jungen Burschen begeisterten uns mit und freuten uns, daß auf einmal alle Welt voll war von Karl May und daß auch alle Lehrer und Schulkameraden, ob sie sonst dem Lesen freundlich oder gleichgültig gegenüberstanden, Karl May verschlangen und die arabischen Heldentaten und die indianischen Großtaten fieberhaft in sich aufnahmen.

Auch der junge Mensch, der Gymnasiast, war mitunter tief betrübt, zu Tode traurig über Verbote seitens der Eltern, über Ungerechtigkeiten in der Schule, über Streitereien mit den Geschwistern – das beste und radikalste Heilmittel waren Spaziergänge und Bücher. Schon begann man, die Gedichte von Heine zu verstehen, begeistert studierte man den *Kaufmann von Venedig, König Lear, Othello, Maria Stuart, Die Braut von Messina, Die Jungfrau von Orleans, Götz von Berlichingen, Tasso, Egmont, Minna von Barn-*

helm, Novellen von Theodor Storm. Ja, es gab viele schöne Dinge auf der Welt: Radtouren, Ausflüge, Klettertouren im Gebirge, Lesen – eines war schöner als das andere.

Theaterbesuche

Und vielleicht das Allerschönste war das Theater. Mein erster Theaterbesuch allerdings verlief nicht schön. Ich habe schon gesagt, daß mein Vater am Mittag nicht nur vom bösen Pharao, vom armen Hiob, dem reichen König Salomon zu erzählen pflegte, sondern auch vom Apfel des Wilhelm Tell oder vom Zauberlehrling oder von Chamissos alter Waschfrau oder von Maria Stuart. So hatte ich auch gehört, daß die Maria Stuart hingerichtet worden war. »Was ist das, hinrichten?« »Hinrichten ist töten, die Königin Maria Stuart wurde von der Königin Elisabeth getötet, es wurde ihr der Kopf abgehauen.« Für mich war das so etwas wie ein Märchen von Grimm. – Eines Abends, ich mag etwa fünf Jahre alt gewesen sein, hörte ich, wie meine Mutter meinem Vater in die Fabrik sagen ließ, er solle von der Fabrik aus allein ins Theater in *Maria Stuart* gehen, sie habe starke Kopfschmerzen und könne nicht mitkommen. »Aber du hast doch dein Theaterbillett, Mama?« »Ja, da kann man nichts machen, der Platz bleibt leer.« »O Mama, Mama, Mama, ich bitte dich, bitte, bitte, bitte, laß mich ins Theater gehen.« »Du bist wohl nicht gescheit, kleine Kinder gehören nicht ins Theater.« »Mama, du hast gestern selbst gesagt, ich bin kein kleines Kind mehr. Mama, bitte, bitte, laß mich ins Theater gehen.« Meine großen Brüder Lion und Ludschi, sieben- und sechsjährig, mischten sich ein: »Wenn einer ins Theater gehen darf, dann natürlich wir, wir sind die größeren.« »Nein, ich, ich habe es zuerst gesagt.« »Schluß, keiner geht.« »Mama, bitte, ich will immer alles tun, was du sagst, du wirst sehen, Mama, du mußt es erlauben, ein einziges Mal nur.« Kurz und gut, meine Mutter scheint keinen energischen Tag gehabt zu haben. Ich wurde in meinen Matrosenanzug gesteckt. Der Köchin Anna wurde genau erklärt, wo in der Maximilianstraße das Hoftheater steht, wie sie dem Logenschließer das Theaterbillett und mich selbst zu übergeben hatte ... Anna mit mir an der Hand zog los – ich glücklich, betäubt, verwirrt. Zweimal gingen wir um den Theaterbau herum, bevor wir uns hineintrauten. Dann stammelte Anna vor dem betreßten Logenschließer, die gnädige Frau habe sie mit dem Bua da hergeschickt und da sei das Billett und der Herr Papa sei schon drinnen im Theater und ich, der Bua, würde bestimmt nichts Schlimmes anstellen im Theater. Und der würdige Logenschließer winkte der Anna ab, ließ sie nach Hause gehen und nahm mich an die Hand. »Drinnen ist es stockfinster. Wenn ich aufschließe und dich hineinschiebe, bleibst einfach an der Tür stehen und rührst dich nicht vom Fleck. Wenn es später hell wird, kommt der Papa oder ich.« Ich wurde durch einen Türspalt hineingeschoben und stand im Theater. Wo es hell war – auf der Bühne – tat sich allerhand. Männer in eleganten Kleidern, mit Trikothosen, Baretten, Rüschen, Degen, Frauen mit Schleppen und Hauben und Perücken schritten vor und zurück, warfen sich in die Brust, verbeugten sich, lispelten, brüllten, erhoben die Hände und gebärdeten sich total anders als die Erwachsenen, mit denen ich es sonst zu tun hatte. Was sie sprachen, was sie deklamierten, das verstand ich nicht, ab und zu einmal ein Wort oder einen halben Satz, für mich mehr oder minder sinnlos. Gerne hätte ich gewußt, welche die Maria Stuart war, aber ich konnte es nicht herausbekommen. Nach einiger Zeit rauschte der Vorhang herunter, es wurde blendend hell, die Leute klatschten und sprangen auf von ihren Sitzen, und alles eilte hinaus. War es aus? Aber die Maria Stuart war doch gar nicht hingerichtet worden. Ich wagte es, einen vorübergehenden Herrn zu fragen: »Ist das Theater schon aus?« »Nein, es ist nur Pause.« Da sah ich auch schon meinen Vater, er wußte nicht, ob er sich über diesen ungehörigen Theaterbesuch ärgern solle oder schmunzeln. Während des zweiten Teils der Vorstellung suchte er mir mancherlei zu erklären, aber ich verstand kaum etwas. Zum Schluß wußte ich nur, daß Maria Stuart nicht hingerichtet worden war, jedenfalls nicht auf der Bühne: Das war eine große Enttäuschung.

Dagegen war mein erster wirklicher Theaterbesuch eine herrliche Sache. An einem Sonntagnachmittag sagte unsere Mutter: »Papa, ich bitte dich, nimm die vier großen Buben und mache mit ihnen einen Ausflug. Ich will zu Hause bleiben bei den Kleinen, ich bin müde.« Mein Vater hatte wohl keine große Lust zu einem Ausflug, er ging mit uns vier Buben in die Sonntagnachmittagsvorstellung des Volkstheaters, man spielte den *Protzenbauer* von Philomena Hartl-Mitius. Es war das herrlichste Stück, das jemals geschrieben worden ist. Der Protzenbauer war ein dicker, gemeiner, reicher Bauer mit einer goldenen Uhrkette. Er kommandierte immerzu, und alle hatten ihm zu gehorchen. Seine Tochter dagegen war ein bildschönes Mädchen mit blonden Zöpfen und einem roten Mieder. Sie weinte bitterlich, weil sie einen jungen Burschen gar so lieb hatte und weil auch er sie gar so lieb hatte und weil der ekelhafte Protzenbauer die beiden nicht heiraten ließ, nur weil der brave Bursche so arm war. Es war fürchterlich, der Protzenbauer verlangte, daß das brave Mädchen seinen Freund heirate, einen gräßlichen alten Kerl, genauso ekelhaft wie der Protzenbauer selbst. Man hätte heulen und schreien können vor so viel Unglück und vor so viel Schlechtigkeit. Aber, Gott sei Lob und Dank, es kam anders. Auf einmal stellte es sich heraus, daß der Kerl, den das Mädchen hätte heiraten sollen, ein Verbrecher war, den die Gendarmen mit Handschellen abholten. Und zudem wurde das brave Mädchen sterbenskrank vor Kummer. Da wurde das Herz des Protzenbauern weich wie Butter, er fiel in die Knie und betete und gelobte Besserung. Und das Mädchen wurde gesund, und der Protzenbauer segnete seine Tochter und ihren Schatz und legte ihre Hände ineinander. Wieder hätte man weinen mögen, diesmal aber vor Glück, und man mußte ordentlich schlucken, um nicht weinen zu müssen. »Und was war das Allerschönste?« fragte mein Vater. Jeder fand etwas anderes das Allerschönste. Ich antwortete: »Das Schönste war, daß es wie gar kein Theater war, sondern wie die Natur selbst, wie auf dem Land. Die Leute haben nicht ausgesehen wie Schauspieler. Und so etwas Natürliches und Selbstverständliches! Während vorne der Protzenbauer seine Tochter anschrie: ›Das duld ich nicht, daß du den armen Schlucker heiratest, den Habenichts, ich, der Protzenbauer‹, während er dies schrie, gingen hinten zwei Stallmägde vorbei mit Milcheimern und achteten gar nicht auf das, was vorne vor sich ging. Sie hätten gar nicht vorbeigehen müssen, es gehörte nicht zum Stück. So natürlich war alles.« Die Mutter schüttelte den Kopf, als wir nach Hause kamen. Die Kinder erzählten und überschrien sich, sie konnten vor Aufregung nichts essen. »Sie sind noch zu klein für das Theater«, sagte die Mutter, »sie fiebern ja alle vier.« So durfte man sich im Bett nur flüsternd von all den Schönheiten des Theaters unterhalten, damit von seiten der Mutter künftigen Theaterbesuchen nicht der Riegel vorgeschoben werde. Einen so herrlichen Theaterbesuch wie den des *Protzenbauer* gab es kaum noch einmal, aber bis ins Mannesalter hinein waren die Theaterbesuche köstlich. Es folgte ein Märchenspiel *Die Galoschen des Glücks,* Nestroys Posse *Lumpazivagabundus,* Schillers *Wilhelm Tell,* Lessings *Minna von Barnhelm,* die Märchenoper *Hänsel und Gretel,* Wagners *Tannhäuser,* Shakespeares *Was Ihr wollt.* Man legte insgeheim Listen an über seine Theaterbesuche, sammelte die Theaterprogramme, schrieb die Inhaltsangaben nieder. Wir Kinder hatten um acht Uhr zu Bett zu gehen. Aber wenn einer von uns im Theater war, dann konnte man nicht einschlafen, man wartete auf den Theaterbesucher, und dann saßen alle auf dem Bettrand, und der Glückliche erzählte den Inhalt des wunderbaren Stücks. Ich erinnere mich daran, wie der zwölfjährige Ludschi uns stundenlang Kienzls *Evangelimann* rekapitulierte und wie er flüsternd versuchte, uns vorzusingen: Selig sind, die Verfolgung leiden ..., und wie der zwölfjährige Lion uns die *Zauberflöte* erklärte und uns vorzusingen versuchte: Ein Mädchen oder Weibchen wünscht Papageno sich. – Was im Theater gespielt wurde, das wurde in München am Samstagnachmittag bekanntgegeben. Um vier Uhr nachmittags erschien die Abendausgabe der *Münchner Neuesten Nachrichten.* In ihr war das Programm für die ganze kommende Woche abgedruckt. Man lauerte auf den Zeitungsausträger, und dann stürzte man sich auf die Zeitung, um das Theaterprogramm anzusehen. Natürlich kannte man allmählich alle Schauspieler, selbst die Statisten. Der große Possart war der Liebling aller Münchner. Man sprach in der Schule von ihm, jeder Trambahnkutscher wußte: Heute abend spielt Possart den Franz Moor oder den alten Wurm oder den Advokaten Berendt in Björnsons *Ein Bankrott.* Im Theater gab es außer Parkett noch Logen und drei Ränge und ganz oben die Galerie. Die Galerie – vor allem Galeriestehplatz –, das war der Platz für den Gymnasiasten, für den Studenten, die kleine Büroangestellte, den besseren Arbeiter. An der Kasse stand man stundenlang, um einen Galeriestehplatz zu ergattern. Wenn aber etwas Besonderes los war, etwa ein großes Possart-Gastspiel oder eine Ring-Festvorstellung, dann standen die Leute, da die Kasse vormittags neun Uhr geöffnet wurde, am Vortag von nachmittags um fünf Uhr an vor der Kasse. Ein großes Schutzmannsaufgebot sorgte für die Ordnung, Brezel- und Süßigkeitenverkäufer machten die ganze Nacht hindurch gute Geschäfte. Wenn die große Oper zu Ende war, dann tobte das Publikum in Begeisterung und Verzückung einige Stunden lang, und die Logenschließer konnten tief in der Nacht nur mit Mühe und Gewalt den Zuschauerraum leeren. Am Bühneneingang setzten sich die Ovationen fort, man spannte Possart die Pferde aus und trug ihn im Triumph auf den Schultern in seine weitabgelegene Villa. In der Frühe konnte man dann in der Zeitung lesen, daß sich die Ovationen vor seinem Haus bis gegen Morgen fortgesetzt hätten. Generalintendant Professor Dr. Ernst Ritter von Possart – das war sein offizieller Name. Man sagte von ihm, er sei ein Jude oder ein getaufter Jude, alle Münchener waren stolz auf ihn, die Juden ganz besonders. Von manchem Schauspieler und Sänger sagte man, er sei ein Jude, und darauf waren alle Juden stolz, und die Nichtjuden neideten es ein wenig den Juden, daß der große X. ein Jude war. Die Liebe zum Theater und das Interesse für die Bühne nahmen mit den Jahren zu, für die siebzehn- bis neunzehnjährigen Schüler der obersten Klassen, der Unterprima und der Oberprima, war es eine Selbstverständlichkeit, daß sie jede Woche mindestens einmal ins Theater gingen. Der Besuch der modernen Theater wie des Schauspielhauses oder der Kammerspiele war den Schülern an und für sich untersagt, aber bei den Primanern drückte man ein Auge zu. Sie konnten sich Stücke wie Holz/Jerschkes *Traumulus,* Halbes *Jugend,* Dreyers *Die Siebzehnjährigen,* Wildes *Salome,* sogar Stücke von Wedekind ansehen, ohne daß die Schulleitung einschritt. Man begann, sie als Erwachsene zu betrachten.

Erste Glaubenszweifel

Zu den Dingen, die mich während der Gymnasialzeit beschäftigten, stark bewegten, mir mitunter große Sorgen und Qualen bereiteten, gehörten auch die Fragen der Religion, des Glaubens, die unzweifelhaft nicht nur mich stark bewegten, sondern auch manche Mitschüler, während die Mehrzahl davon nur wenig berührt wurde. Von Kindheit an wußte ich es nicht anders, als daß Gott der

Herr der Welt ist. Was wir tun, tun wir ihm zu Ehren, ihm dienen wir, wir bemühen uns, ihm zu gefallen, wir wissen, daß er und nur er unser Leben in der Hand hat, uns straft und uns belohnt und daß er jede unserer Taten und jeden unserer Gedanken verzeichnet und daß unser Heil oder Unheil nach dem Tode, im jenseitigen Leben, die Belohnung oder Bestrafung für das ist, was der liebe Gott in seinem Hauptbuch notiert hat. Der liebe Gott fordert von uns, daß wir gute und fromme Juden sind. Wir haben unseren Nächsten zu lieben wie uns selbst. Wir dürfen nicht stehlen, morden, rauben, nicht neidisch sein auf den Besitz des Nachbarn. Aber nicht nur diese allgemeinen Dinge. Um Gott gefällig zu sein und um ihm zu dienen, müssen wir möglichst viel beten, möglichst viel in der Synagoge sein, Talles und Arbakanfot tragen, Tefillin anlegen, nur koschere Speisen essen, nur von solchen Säugetieren Fleisch essen, die Wiederkäuer sind und gespaltene Klauen haben, also das Fleisch von Schweinen, Hasen, Kaninchen nicht essen. Nur solche Fische essen, die Schuppen und Kiemen haben, also keinen Aal, wir dürfen Hummer, Langusten, Austern, Schnecken, Muscheln, Froschschenkel nicht essen. Und weil es heißt, daß wir das Böcklein nicht in der Milch der Mutter kochen sollen, müssen wir streng unterscheiden zwischen Milchigem und Fleischigem. Das Fleisch darf nicht in Butter gebraten werden, und das Brot darf nicht mit Wurst *und* Butter belegt werden. Das Mittagessen ist entweder milchig oder fleischig. Ist es milchig, dann dürfen Fleisch und Wurst nicht auf den Tisch kommen. Ist es fleischig, dann dürfen die Suppe, der Salat nicht mit Sahne zubereitet werden. Dann darf die Nachspeise nicht mit Butter zubereitet sein, dann darf es als Nachspeise nicht Käse, Vanilleeis, Milchkaffee geben. Hat man fleischig gegessen, dann muß man drei Stunden warten, ehe man etwas Milchiges zu sich nehmen darf. Vor jeder Mahlzeit muß man sich bedeckten Hauptes die Hände waschen, zwischen Händewaschen und Beginn des Essens darf man nicht sprechen, während des Händewaschens sagt man diesen Segensspruch, vor dem ersten Bissen Brot jenen. Der Segensspruch vor Wein ist anders als der vor Fleisch, der Segensspruch vor dem Wassertrinken anders als der vor dem Obstessen. Jeder Löffel, jede Gabel, jedes Messer, jeder Topf, jeder Teller im Haus ist entweder fleischig oder milchig. Du kannst nicht etwa in ein beliebiges Geschäft gehen und dir ein Stückchen Käse kaufen, nicht jeder Käse ist koscher. Die Seife muß koscher sein und der Wein, und die Kuh muß unter gläubiger jüdischer Aufsicht gemolken werden, wenn die Milch koscher sein soll. Wenn drei Männer bei Tisch sitzen, ist das Tischgebet anders, als wenn ein Ehepaar mit seinem Kinde bei Tisch sitzt. Das Morgengebet ist am Sabbat anders als am Werktag und an jedem Feiertag wieder anders. Für Sabbatausgang gibt es eigene Zeremonien und für Sabbateingang. Eigentlich solltest du täglich beim Frühgottesdienst sein, beim Nachmittagsgottesdienst und beim Abendgottesdienst. Und bist du es aus irgendeinem Grunde nicht, so mußt du alle vorgeschriebenen Gebete für dich allein verrichten. Am Sabbat – der Sabbat beginnt im Winter Freitagnachmittag vier Uhr – darfst du nicht schreiben, keine körperliche Arbeit verrichten, nicht kochen, kein elektrisches Licht anknipsen, nicht rauchen, kein Fahrzeug benutzen, du darfst auf der Straße nichts tragen, und auch in der Tasche darfst du nichts haben, sie muß leer sein. Ist das alles? Nein, das ist ein winzig kleiner Ausschnitt aus dem Kodex, der aus Tausenden und Abertausenden von Vorschriften und aus Tausenden und Abertausenden von Verboten besteht. Und es gibt kein Deuteln und kein Tüfteln. So und nicht anders ist es, und jeder kleinste Verstoß gegen die Regeln ist Sünde und wird schwer bestraft. Eine asketische Religion, und wer sein Leben lang orthodox bleibt, dem sind sehr viele Genüsse entgangen, aber es bleiben ihm sehr viele Kümmernisse erspart, denn er hat wahrhaft gelernt, Herr seiner selbst zu sein, sich zu bescheiden. Der fromme Jude ist ein Dulder, schweigend erträgt er es, daß die Menschen, junge und alte, Christen und Juden, über ihn spotten und über ihn lächeln. Sie lächeln über ihn, den Dummkopf, den Zurückgebliebenen. Er aber schweigt, er weiß, daß er seine Gebetsriemen im Dienste des Herrn anlegt und daß nicht er der Arme ist, sondern der Spötter. Mit Feuereifer haben wir Kinder alles beobachtet, mitgemacht, mitgehalten, mitgefastet, uns mitgefreut. Der Freitagabend war ein Fest, eine heilige Handlung. Wenn die Thorarolle am Sabbat »ausgehoben« wurde, war man feierlich gestimmt. Wenn der Vater am Rosch Haschana, am Jom Kippur sein Sterbegewand anlegte, die Schuhe auszog, wenn die Gemeinde auf den Boden fiel, wenn die Stirnen die Erde berührten, dann zitterte man in Ehrfurcht. Die Schofartöne schienen aus den Wolken, von Gott selbst zu kommen. Am Freitagabend das *Lecha dodi likrat kalla*, von Herrn Oberkantor Löwy mit Schmelz gesungen, vom Synagogenchor mit Begeisterung hinausgeschmettert, der Himmel war offen. Der Vater erläuterte die einzelnen Melodien des *Lecha dodi*. Trauerzeit, Einkehrzeit, und der Gesang ertönte getragen, wehmutsvoll, und man war traurig. Dagegen die Freudenfeste, Purim, Simchat Thora und Chanukka – ach wie ist da alles schön und lustig. Sieben verschiedene Kuchen gibt es schon in der Frühe, und vier Stück darf man sich aussuchen. Die Wahl ist sehr schwer: Streuselkuchen und Zwetschgenkuchen und Schaumrollen, auf keinen wollte man verzichten. Und zu Purim schicken alle Freunde und Verwandten sich gegenseitig Geschenkpakete. Uns Kinder interessieren die Braten, das Geflügel, das Obst weniger als die wirklichen Kindersachen wie Schokoladezigarren, Marzipanfiguren, Lebkuchen, gefüllte Schokoladetafeln. Das schönste Paket ist jedes Jahr das von Herrn Wetzlar, denn er kennt die Wünsche jedes Kindes besser als die anderen Großen, und am Purim bereut man es, daß man ihn so oft geärgert hat. Simchat Thora – die Welt ist ein Narrenhaus geworden, alles lacht und tanzt. Sämtliche Thorarollen werden hervorgeholt, die Gemeindemitglieder mit den Thorarollen im Arm ziehen in langer Prozession kreuz und quer durch die Synagoge. Männer mit langen Bärten, Männer, von denen man nur weiß, daß sie beten und beten und sich schütteln und immer ernst und traurig sind, drehen sich mit der Thorarolle herum und lachen und singen. Und an uns Kinder werden in der Synagoge und zu Hause Lebkuchen verteilt und Fähnchen. Die Lebkuchen teilt man sich genau ein. Vierundzwanzig Stück hat man bekommen, kleine und riesengroße, bis Chanukka muß der Vorrat reichen. Aber es ist schwer, sich zu beherrschen, immer wieder muß man ein Stückchen abbeißen, und am Abend hat man sich den Magen verdorben. Am Chanukkafest, dem Lichterfest, werden nicht nur die Kerzen angezündet – jedes von uns Kindern hat seinen eigenen Leuchter –, es wird nicht nur das herrliche Lied *Maos zur jeschuati* gesungen, sondern es wird auch gespielt. Vater spielt mit, und Mutter spielt mit, und wir brauchen nicht vor zehn, elf Uhr zu Bett zu gehen. Eine ganze Woche lang wird gespielt, Glocke und Hammer vor allem. Aufregend, nervenzerreißend. Dem zehnjährigen Lion stehen die Tränen in den Augen, er knirscht mit den Zähnen: So ein

Pech hat die Weltgeschichte noch nicht gesehen, der sechsjährige Fritz wirft sich auf den Boden, heult und strampelt mit den Füßen. Vater und Mutter aber sorgen dafür, daß zum Schluß jeder einzelne gewonnen hat. – War ein großes Fest im Haus, etwa eine Bar-Mizwa-Feier oder eine Berit-Mila-Feier, dann nahmen an dem Festmahl bis zu hundert Familienmitglieder teil. Auf den langen Tischtafeln sah man Weinkaraffen, Silber, Kristall, Blumen und Torten, Schalen mit Obst und Konfekt. Salm und Geflügel und Makronentorte, die Männer im Frack, die Frauen in großer Toilette, die Kinder in Matrosenanzügen. Ich habe als Kind immer gedacht, selbst der König könne seine Hoftafel nicht so schön, vornehm und feierlich gestalten wie meine Mutter unsere Festtafeln.
Reale und doch erhebende Angelegenheiten waren die Stiftungen, die die einzelnen Personen machten, wenn sie beim Vorlesen der Thora aufgerufen wurden. Wenn der Thoraabschnitt verlesen war, dann wurde der hebräische Name des Mannes genannt, der aufgerufen worden war, er wurde gesegnet, und dann neigte sich der Vorbeter zu seinem Mund, und der Gesegnete flüsterte ihm den Betrag zu, den er spendete, und der Betrag wurde dann bekanntgegeben. Kleine Leute gaben eine Kleinigkeit, reiche Leute Riesensummen für unsere Kinderbegriffe: zwei Mark, drei Mark, fünf Mark, und wenn ein ganz Nobler, meist ein Ausländer, sich zu zwanzig Mark verstieg, dann ging ein Raunen der Bewunderung durch die Gemeinde. Als Kind habe ich mich danach gesehnt, reich zu werden, nur um nach dem Segen an der Thorarolle recht viel stiften zu können. Ich träumte davon, wie ich in die Welt zog und nach einigen Jahren als reicher Mann zurückkehrte. Ganz bescheiden würde ich auftreten, aber wenn ich zur Thora aufgerufen würde, dann würde ich mit möglichst schlichter Miene eine Riesensumme nennen: zwanzig Mark, dreißig Mark, noch mehr. Ich sonnte mich in der Vorfreude über das Staunen der Gemeinde. Auch nach Jahren noch, als ich schon längst meinen kindlichen Glauben verloren hatte, nahm ich mir noch immer vor, recht viel zu stiften. Sicherlich war die Triebfeder dieses Traumes nicht Gebefreudigkeit, sondern der Wunsch, bewundert zu werden.
Die Zweifel setzten ein, und schon war es vorbei mit dem Glauben. Der Gott der Welt, groß und erhaben, unvorstellbar gewaltig, wünscht, daß man ihn besingt und belobt? Tausend kleine Vor-

schriften soll er erlassen haben und darauf achten, daß man sie einhält, nach diesem Gebet drei Schritte rückwärts gehen und bei diesem Spruch sich auf die Brust klopfen? Undenkbar fast bei solcher Größe. Was hat die Beobachtung von Formeln und Riten mit dem Charakter zu tun, mit der Güte oder Bosheit des Menschen? Kann man nicht ein guter Mensch sein, auch wenn man am Sabbat den Bleistift in der Hand hat? Kann man nicht ein schlechter Mensch sein, obwohl man betet und koscher ißt? Die Zweifel waren da, und wenn man Herrn Wetzlar gegenüber Andeutungen machte, dann bekam man solch lahme Erwiderungen, daß die Zweifel noch stärker wurden. Man sah, daß auch die Brüder und die Vettern dieselben Zweifel hatten. Wir alle, alle Brüder und Schwestern und die Vettern, waren ungläubig geworden. Wenn wir weiter, widerwillig, in die Synagoge gingen, so taten wir es dem Vater zuliebe und aus Feigheit. Insgeheim aber vergingen wir uns hundertfach gegen die Gebote, und natürlich sickerte die Tatsache unseres Abfalls allmählich durch. Mein Vater war tief traurig, aber er machte nicht den Versuch, uns zu bekehren.

Abitur

Abgeschlossen wurde das Gymnasium mit dem Abitur. Wochenlang wurde man schriftlich und mündlich in allen Fächern daraufhin geprüft, ob man würdig und reif sei, das Abgangszeugnis zu erhalten. Man war ungemein streng, denn man wollte erreichen, daß Unbegabte vom Universitätsstudium ausgeschlossen seien. An den wochenlangen Prüfungen nahmen sämtliche Professoren und zahlreiche hohe Regierungsbeamte teil, natürlich auch katholische und evangelische Geistliche, auch der Rabbiner. Für die jungen Leute waren die Prüfungen eine Qual, und die Strenge dieser Prüfungen erreichte keineswegs, daß die Intelligenten von den Unintelligenten geschieden wurden. Es gab Ungerechtigkeiten zum Vorteil oder Nachteil, je nach der Geistes- und Seelenverfassung der Prüfenden. Waren zweihundert Kinder als Neunjährige in die erste Klasse des Gymnasiums eingetreten, so verließen nach neun Jahren höchstens zwanzig Achtzehn- bis Neunzehnjährige das Gymnasium als Abiturienten. Zuvor hatte man bekanntgegeben, welchen

Beruf man wählen wolle. Und im gedruckten Jahresprogramm des Gymnasiums stand dann zu lesen: Von den zwanzig Abiturienten wollen acht Offiziere werden, fünf Richter, drei Ärzte, zwei Advokaten und so weiter. Es war eine Seltenheit, daß einer – wie ich – angab, er wolle Journalist werden.

Antisemitische Szenen

Bis zum Verlassen des Gymnasiums war von Antisemitismus nur wenig zu verspüren gewesen. Und das wenige war so bedeutungslos, daß es auch den Empfindlichsten nicht für die Dauer beeinflussen konnte. Einige antisemitische »Exzesse«, die mich nachdenklich machten, traurig stimmten, tief verletzten, sind mir in Erinnerung geblieben. Einmal war mein Onkel Louis mit fünf oder sechs Kindern auf dem Oktoberfest, darunter auch ich, vielleicht zehn, zwölf Jahre alt. Das Oktoberfest in München ist ein Volksfest, an dem die ganze Bevölkerung Bayerns teilnimmt. Auf der Theresienwiese fanden Pferderennen statt, Ochsen wurden am Spieß gebraten, Hendl und Heringe auf Kohlenfeuern gebraten, es gab Hunderte von Karussells, Teufelsrädern, Riesenrädern, Luftschaukeln, Menagerien; es gab Schaubuden mit Zwergen, Riesen, Menschen mit Vogelköpfen, den dicksten Damen der Welt, Damen ohne Unterleib, Rechenkünstlern, dressierten Flöhen, Affen- und Papageienvorstellungen; es gab Verkaufsstände mit Lebkuchen, Limonade, heißen Würstchen, Kokosnüssen, Süßigkeiten der komischsten Art, und die Hauptsache waren die Riesenbierzelte, die Tausende von Menschen faßten. Jede Brauerei hatte ihr eigenes Zelt, Hofbräu, Löwenbräu, Thomasbräu, Hackerbräu, Franziskanerbräu. Drinnen dröhnte die Musik einer Bauernkapelle, und die Menschen brüllten und grölten dazu: Solang der alte Peter am Petersplatz noch steht, solang stirbt die Gemütlichkeit in München nimmer aus. – Mein Herz, das ist ein Bienenhaus, die Mädchen sind darin die Bienen. Kellnerinnen mit zehn Bierkrügen in jeder Hand und mit einer Riesenschürze voll Brezeln und Salzstangen eilten zwischen den Tischen durch. Es gab nur eine Halbe oder eine Maß. Das heißt, einen halben Liter Bier oder einen ganzen. Zehn Tage dauerte das Oktoberfest, und für Tausende war es Ehrensache, jeden Tag einige Stunden dort zu verbringen. In den vorgerückten Stunden war alles angeheitert oder besoffen. Vierzig, fünfzig Personen saßen an jedem Tisch, einer umarmte den anderen, die Bierseligkeit erfüllte alle Herzen. Auch Onkel Louis war lustig, sang und schwang den Bierkrug. Da kam ein junger, besoffener Mensch auf ihn zu, klopfte ihm auf die Schulter und rief: »Bist auch da, alter Jud mit der krummen Nas, komm her, Prosit!« Der Onkel verfärbte sich, er war so tief erschrocken, daß selbst der Besoffene nüchtern wurde und stotterte: »Was hast denn? Ich hab dir doch nichts getan.« »So eine Gemeinheit, so eine bodenlose Gemeinheit, einen Jud zu beschimpfen auf der Oktoberwiese, ins Gefängnis müßte man den Kerl stecken.« »Geh, sei doch nicht so fad, ich hab's doch nicht bös gemeint, geh her, stoßen wir an zusammen.« Onkel Louis blieb verstört, und auch wir Kinder waren getroffen, wir brachen auf, gingen nach Hause.

Eine andere Szene war die: Wir Buben waren im Ungererbad, einem großen Flußbad in München, wo es immer laut, lustig, lärmend zuging. Wir Buben waren in bester Stimmung, alles Judenbuben, hauptsächlich Feuchtwangerbuben. Neben uns auf der Wiese vergnügte sich ein anderer Trupp von Buben, ein wenig älter als wir, lärmender, ausgelassener, mehr turnerisch veranlagt als wir. Allmählich mischten sich die beiden Bubengesellschaften, wir lachten zusammen, sprangen zusammen ins Wasser, liefen zusammen. Auf einmal tuschelten zwei große Buben miteinander, sahen auf mich, sprangen auf mich zu, packten mich. »Um den Kerl ist's wirklich schade.« Sie tauchten mich ins Wasser und riefen: »Ich taufe dich im Namen des Vaters, des Sohnes, des Heiligen Geistes.« Mit unserer Fröhlichkeit und Harmlosigkeit war es vorbei.

Und ein dritter Vorfall: In den beiden obersten Klassen des Gymnasiums gab es sechs jüdische Schüler. Der Schuldiener erschien eines Tages in den Klassen und übermittelte den Befehl: Die Schüler Feuchtwanger und A und B und C – nämlich die sechs jüdischen Schüler – sofort aufs Rektorat. Der Rektor nahm eine Liste und sagte zu uns in scharfem Ton: »Ich bin mit meinen israelitischen Schülern in letzter Zeit höchst unzufrieden. Bei allen sechs sind die Leistungen in den letzten drei Wochen stark zurückgegangen. Die israelitischen Schüler sollten besonders auf sich halten und gute Schüler sein. Ich hoffe, daß sich das bessert. Abtreten!« Wir gingen zu unserem Oberrabbiner und erzählten ihm den Vorfall. Am nächsten Tag schon sah man in der Pause den Rabbiner die Treppen zum Rektorat hinaufsteigen, in Zylinder und Gehrock. Alle Gymnasiasten traten ehrfürchtig zur Seite, vor dem Rabbiner hatte man großen Respekt. »Du, euer Bischof ist gekommen, zum Rex. Ist was los?« Wieder erschien der Schuldiener: »Feuchtwanger und A und B und C sofort aufs Rektorat!« Nebeneinander standen der Oberrabbiner und der Oberstudienrat, und der Rektor hielt an uns eine Ansprache: »Ich habe Sie sechs gestern rufen lassen und Ihnen erklärt, daß Ihre Leistungen sehr zurückgegangen sind und daß ich mit Ihnen sehr unzufrieden bin. Das hat sich nicht geändert, und ich hoffe sehr, daß Sie sich gehörig anstrengen, damit Sie wieder zu den besten Schülern gehören. Ihr Rabbiner und ich wünschen das gleiche. Ihr Rabbiner war mit Recht stets stolz auf Sie. Israelitisch, katholisch, evangelisch, das ist völlig egal. Einer wie der andere. Für mich und alle meine Professoren und alle unsere Schüler gibt es keinen Unterschied. Das wissen Sie so gut wie ich. Abtreten!« Wir grinsten und hatten den Beweis in der Hand, daß doch ein Unterschied da war, diesmal vielleicht nicht im Bösen, aber der Unterschied war da.

Und dann eine weitere Szene: Das war in meiner allerersten Jugend, ich war noch ein ganz kleiner Junge. Wir vier Buben sind zu Besuch bei den Großeltern, Lion, Ludschi, ich, Fritz. Wir Kinder saßen auf vier kleinen Schemeln, vor uns der Großvater auf einem Stuhl, und er erzählte uns allerlei, daß Onkel Hermann nur deshalb so reich geworden sei, weil er seinen Vater über die Maßen geliebt und geehrt habe. Wenn der Vater müde nach Hause gekommen sei, habe er ihm immer die Stiefel ausgezogen, noch als er ein angesehener Mann gewesen sei. »In der Thora steht: Du sollst Vater und Mutter ehren, auf daß es dir wohl ergehe auf Erden. Und darum ist Onkel Hermann so reich und groß geworden. Reich ist nicht einmal das Wichtigste«, sagte der Großvater, »die Hauptsache ist das Ansehen, der Ruf. Es gibt reiche Leute, denen man aus dem Weg geht, weil sie wuchern und betrügen, und es gibt arme Leute, vor denen jedermann Respekt hat, weil sie so ehrlich sind und überall Gutes tun.« Er erzählte uns von seinem Urgroßvater, der noch mit dem Sack über dem Buckel über Land gezogen sei und alte Sachen verkauft habe. Dann erzählte er uns, wie sparsam man früher gewesen sei. Sie selbst seien achtzehn Kinder gewesen, und seine Eltern hätten immer darauf geachtet, daß sich die Kinder keine so großen Stücke vom Laib Brot abschnitten. Neue Kleider für Kinder, das habe es früher nicht gegeben, alte Flicken wurden aufgetragen und immer wieder zusammengenäht. Und der erwachsene Mann habe früher im ganzen Leben nur zwei Paar Schuhe gehabt, ein Paar für den Alltag und ein Paar für gut, dickstes, stärkstes Leder, und diese zwei Paar hätten bis zum Tode ausgereicht. Und dann erzählte er uns etwas sehr Trauriges: »Früher haben es die Juden sehr schlecht gehabt. Sie durften nur im Getto leben und durften nicht in der Stadt inmitten der anderen Leute wohnen. Sie wurden geschlagen, getreten, geprügelt, und jeder durfte ungestraft den Juden hauen. Zu meiner Zeit hatte sich das schon geändert. Zu meiner Zeit war das Getto schon aufgehoben, wir wohnten schon mit den anderen Menschen zusammen. Aber es war doch keineswegs so, wie es heute ist. Der Jude war noch immer verachtet, und er mußte sich vor den anderen fürchten. Wir Kinder zum Beispiel gingen mit den anderen Kindern zusammen in die Schule, aber wir saßen gesondert für uns, und wir durften uns nicht mucksen. Einmal sagte der Lehrer: ›Kinder, heute ist Fasching, heute ist ein lustiger Tag, heute wollen wir alle lustig sein. Juden, macht einmal alle einen Hopser.‹ Da mußten wir Judenbuben einen lustigen Hopser machen, damit die anderen Kinder etwas zu lachen hatten. So traurig für die Juden war es früher. Und wenn einer auf der Straße zu einem sagte: ›Judenbub, mach einmal die Hand auf, damit ich hineinspucken kann‹, so machte man traurig die Hand auf, und der andere spuckte hinein, denn hätte man es gewagt, sich zu widersetzen, so wäre man durchgeprügelt worden, und kein Mensch hätte einem geholfen. Ja, Kinder, es wurde von Jahr zu Jahr besser und von Jahrzehnt zu Jahrzehnt, und ihr Kinder könnt ja keine Ahnung davon haben, wie schlimm und traurig es früher für die Juden war. Heute sind wir alle genau wie die anderen, und wir wollen hoffen, daß nie wieder schlimme Zeiten für die Juden kommen.«

Als wir zu Hause dem Vater von dem berichteten, was der Großvater erzählt hatte, antwortete er: »Ich weiß, Großvater hat mir das alles auch schon erzählt, und von meinem eigenen Großvater, eurem Urgroßvater, weiß ich noch viel schlimmere Dinge. Gott sei

Dank sind diese Zeiten vorbei. Die Kultur und die Humanität schreiten vorwärts, so unmenschliche und barbarische Dinge können nicht wiederkommen, so wenig wie die viehischen Bestialitäten der altrömischen Kaiser. In den Ländern, in denen die Kultur noch nicht fortgeschritten ist, vor allem in Rußland und in Rumänien, sind die Juden auch heute noch unterdrückt und leben und schuften wie Sklaven, und der Jude ist rechtlos und machtlos, und immer wieder liest man von Pogromen. Wir aber haben eine Verfassung. Der Jude ist geschützt und geachtet wie jeder Bürger. Die Kultur schreitet weiter, die Entwicklung bekämpft die Dummheit und die Ungerechtigkeit. Das Rad geht nicht rückwärts. Was vorbei ist, ist vorbei, und die Zeiten der Unkultur und der Barbarei werden nie wiederkommen.«
Meinem Vater ist Hitler erspart geblieben, er starb während des Ersten Weltkrieges im Jahre 1916.

Raabes »Hungerpastor«

Einer der ersten Romane, die ich las, als ich verständiger war, war Wilhelm Raabes *Hungerpastor*. Er schildert am Anfang das schwere Leben in einer armen deutschen Kleinstadt, in der der Hunger zu Hause ist. Alle Gestalten dieses Romans leiden an Hunger, der brave Schuster Unwirrsch, seine lebenstüchtige Frau, der philosophische Gevatter Grünebaum und die wackere Base Schlotterbeck, der arme Lehrer Silberlöffel und der arme brave Trödeljude Samuel Freudenstein. Am Anfang wird in Raabes nüchternem Erzählerton geschildert, was die Zoll- und Stadtwache am Tore des Städtchens zu tun hat. Zoll zu erheben und alles zu registrieren, was Einlaß in die Stadt begehrt. Hafer und Gerste und Kartoffeln und Spezereien und Tuche und Leder und Enten. Und – für uns Kinder das Erschütterndste – die Juden wurden nicht in den Listen der einlaßbegehrenden Menschen, der Beamten, Bauern, Knechte geführt, sondern in den Listen des hereinkommenden Viehs: zwei Ochsen, vier Kühe, fünf Schweine, zwei Juden, zwanzig Gänse. Man spürt, wie erschüttert Wilhelm Raabe über die Tatsache ist, wie ihn die Grausamkeit und die Ungerechtigkeit dieser alten vergangenen Zeiten anwidert und wie er – genau wie unser Vater – denkt und fühlt: So eine Zeit kommt nie wieder. Auch er hat Hitler nicht mehr erlebt. Er ist 1910 gestorben. Man liebt Raabe wegen seiner Einstellung und ist traurig darüber, wie er die Geschichte der zwei Haupthelden des Romans gestaltet, die Geschichte des Hans Unwirrsch und die Geschichte des Moses Freudenstein. Hans, der weniger Intelligente, hat den »wahren, echten Lebenshunger«, und Moses, der Gescheite, der Schlaue, den Hunger nach Ehre und Reichtum. Hans, der Hungerpastor, wird nie reich und nie groß, aber seine innere Güte und seine Menschenliebe machen ihn glücklich, während Moses unter dem Namen Theophile Stein in Paris als Journalist äußerem Glanz nachjagt und schmählich untergeht. Mich, den jungen Menschen, hat kaum eine Zurücksetzung von Juden, eine Bosheit, Gehässigkeit den Juden gegenüber so berührt und geschmerzt wie der *Hungerpastor*, gerade weil ich das Gefühl hatte, daß Raabe gerecht sein wollte.

3

Die Universität

Studenten und Professoren

An der Universität traten die Unterschiede zwischen Christen und Juden viel deutlicher in Erscheinung als auf dem Gymnasium. Die Universitätsverfassung und die Universitätseinrichtungen waren freiheitlich, fortschrittlich, aber es gab Kreise, die den Fortschritt machtvoll bekämpften, erbitterte Gegner aller sozialen Bestrebungen, der Gleichberechtigung der Juden; das war an der Universität München ebenso wie an der Universität Berlin. Ich studierte abwechselnd in Berlin und in München. Unter den Professoren waren die Mehrzahl Wissenschaftler, die jeder Politik aus dem Weg gingen, die insbesondere von Parteipolitik nichts wissen wollten, die den politischen Hader als etwas Minderwertiges, Unwürdiges ansahen. Einige wenige unter den Professoren waren Führer der Reaktion, sie betrachteten studentischen Rummel, studentische Trinkgelage mit Wohlgefallen, wollten aber von handgreiflichen Auseinandersetzungen zwischen reaktionären Studenten und »revolutionären« Studenten nichts wissen. Und schließlich war ein großer Teil der Professoren liberal, fortschrittlich gesinnt, meist allerdings ohne in Streitigkeiten zwischen Studentengruppen eingreifen zu wollen. Unter den Professoren gab es nicht wenige jüdische Gelehrte, aber wie es unter den Staatsbeamten und Richtern nur selten Juden gab, die auf höchste Posten gelangten, blieben die jüdischen Professoren meist Privatdozenten und Extraordinarien, während man ihnen nur selten ein wichtiges Ordinariat einräumte. Deutschland war frei von Antisemitismus, aber die Juden wurden nicht Offiziere und nur in Ausnahmefällen hohe Beamte oder ordentliche Universitätsprofessoren. Dagegen legte man ihnen keine Hindernisse in den Weg, wenn sie Ärzte, Rechtsanwälte, Industrielle, Kaufleute, Angestellte, Handwerker waren. Handwerker waren in Deutschland – im Gegensatz zu Österreich – nur wenige Juden.

Die Streitigkeiten unter den Studenten waren nicht etwa alltägliche Erscheinungen. Nur wenn Wahlen stattfanden, zum Beispiel 1909, als jede Universität drei Studenten als Abgesandte zu den Feiern anläßlich des hundertfünfzigsten Geburtstags Schillers nach Weimar zu schicken hatte, fanden Versammlungen statt, erlebte man Streitereien. In den Hörsälen und Seminaren sah man nichts von solchen Differenzen. Ich hörte in erster Linie literarische Kollegs, bei Roethe, Muncker, Kutscher, von der Leyen, Hermann, von der Pforten, auch einige philosophische Vorlesungen und nationalökonomische Kollegs bei Lujo Brentano, von Mayr, Wagner, Sehring. Die meisten Vorlesungen waren langweilig und trocken. Man hatte mehr davon, wenn man die Werke der Professoren still für sich studierte. In den nationalökonomischen Kollegs hörte man reale und positive Dinge, namentlich historischen Charakters. Über die Entstehung der Familie, der Sippe, der Gemeinschaften, der Staatengebilde, über Nomadentum und Seßhaftigkeit, über Akkerbau, Viehzucht, Entstehung der modernen Wirtschaft. Dagegen waren die ausgetüftelten Lehren vom Geld und seinem Wesen, von der Finanzwirtschaft, der politischen Ökonomie und ökonomischen Politik vielfach heller Unsinn, ausgeklügelte Theorien ohne Sinn und Verstand, und die Zeiten von 1914 bis 1950 haben bewiesen, daß die Lehren der Professoren zu Anfang des zwanzigsten Jahrhunderts Seifenblasen waren. Viele von den Professoren waren Gelehrte, die dem Leben ahnungslos gegenüberstanden und die Baustein auf Baustein setzten und dabei den Überblick verloren. Ich erinnere mich an einen alten, sehr berühmten Geographieprofessor, in dessen Kolleg ich aus Versehen geraten war. Er war neunundachtzig Jahre alt und zu berühmt und zu bedeutend, als daß man ihn hätte pensionieren können. In den ersten Vorlesungen waren mit mir fünf Studenten anwesend. Der alte Herr setzte sich, schob die Brille auf die Stirn, zog einige Blätter und Karten aus der Tasche, hielt sie sich dicht vor die Augen und murmelte dann unverständliche Sätze vor sich hin. Zu der vierten Vorlesung erschien außer mir nur ein Hörer.

Der Professor lud uns am Schluß seiner Vorlesung ein, auch sein Seminar zu besuchen. Der andere und ich, wir waren zu höflich, um nein sagen zu können. Das Seminar war genau dasselbe wie die Vorlesung. Mein Kollege pflegte Zeitung zu lesen, der Professor war zu kurzsichtig, um es zu bemerken. Ich selbst döste vor mich

hin. So ging es ein ganzes Semester hindurch. Am Schluß des Semesters bekam ich von dem berühmten Mann ein Attest, daß ich sein Seminar mit dem größten Erfolg besucht hätte, daß ich ein hervorragender Geograph sei und daß er mich allen geographischen Institutionen und Gesellschaften aufs wärmste empfehlen könne. Einigermaßen erfreulich waren die Vorlesungen des berühmten Nationalökonomen Lujo Brentano. Er war ein schöner alter Herr, äußerst gepflegt, ein vollendeter Kavalier. Mit beißender Ironie berichtete er vom Sozialismus alter Zeiten, vom schweren Leben der Arbeiter. Er geißelte die damaligen Gesellschaftseinrichtungen, betonte aber immer wieder das Primäre der menschlichen Triebe und das Sekundäre der Wirtschaft. Am erfreulichsten waren die literarischen Seminare. Die Literaturprofessoren liebten ausnahmslos nicht nur ihr Handwerk, sondern mehr noch die Literatur, und manche verstanden es, einem neue Schönheiten zu erschließen. Das Seminar zum Beispiel von Professor Hermann – Gerhart Hauptmanns Regiebemerkungen – versprach ungemein langweilig zu werden und wurde zu einer Quelle der Freude und der Anregungen.
Seltsam: Es gab Realisten, die von Naturschönheiten, Musik, Theater, Literatur, Kunst nichts wissen wollten, die auf die Wirklichkeit, das Reale im Leben pochten: einträglicher Beruf, Geldverdienen, Geschäfte, Wirtschaft. Literaturstudium? Sie runzelten die Stirn: Phantasterei. Nationalökonomie? Ja, das ist doch etwas Vernünftiges, etwas Positives, Reales. Und heute weiß ich, daß das meiste, was in dieser Nationalökonomie gelehrt wurde, keinen Bestand hatte, während Shakespeare Shakespeare bleibt, Molière Molière und Heines Gedicht »Leise zieht durch mein Gemüt liebliches Geläute« seinen Schmelz und seinen Hauch niemals verlieren kann, mögen grausame Diktatoren die Menschheit mit Füßen treten, mag der Chauvinismus noch so geifernd toben gegen den lieben Nächsten.

Die Sorgen des Studenten

Auf der Universität ist es wie auf dem Gymnasium: Das Studium ist letzten Endes nicht das Wesentliche für die Entwicklung. Es läuft nebenher, das notwendige Muß, die Selbstverständlichkeit. Viel wichtiger ist: Du hast selbst deine Tageseinteilung vorzunehmen, du führst deine eigene Wirtschaft. Du bist dein eigener Herr, du bist ein Erwachsener, du fühlst deine Kräfte wachsen. Man versucht wohl noch, Einfluß auf dich zu nehmen, aber die Entscheidung bleibt dir überlassen.

Das Korpsstudententum ist die Freude derer, die nicht selbständig sein wollen und können. Manche wehren sich dagegen, vielen bedeutet es die Quelle der Erholung, der Freude, ihr Herdentrieb wünscht sich nichts Schöneres. Die Juden sind davon ausgeschlossen. Es gibt da oder dort einen Renommierjuden oder einen unermeßlich reichen Juden, dessen Reichtum über das Judsein hinwegsehen läßt, oder es gibt studentische Korporationen, die nicht viel gelten und die auch Juden aufnehmen. Aus Opposition und aus Trotz und weil sie zum Teil genauso den Herdentrieb haben wie die anderen, gründen jüdische Studenten eigene Korporationen, die sich ihrer Lächerlichkeit nicht bewußt sind. Sie waren jüdische Korporationen, protestierten aber energisch dagegen, daß sie jüdische Korporationen seien, sie seien konfessionslos. Alle Gebräuche der Korpsstudenten imitierten sie aufs genaueste, sie waren päpstlicher als der Papst, die Burschen waren elegant bis dorthinaus, es waren lächerliche, widerliche Affen. Wenn sie einen armen christlichen Schlucker zum Eintritt in ihre Korporation bewegen konnten, dann behandelten sie ihn wie einen Fürsten. Dann gab es jüdische Korporationen, die sich als solche bekannten und die für ihre Mitglieder recht erfreulich sein mochten. Und dann gab es nationale, nationalistische und zionistische Organisationen, die geladen waren von Idealismus und die nun umgekehrt von allem Nichtjüdischen nichts wissen und nichts sehen wollten. Mitunter höchst streitbarer Natur. Mitunter direkt gefährlich. Immerhin tausendfach erfreulicher als die Feiglinge, die Vogel-Strauß-Politik trieben und taten, als ob sie nichts sähen und nichts hörten davon, daß der Korpsstudent sie als Dreck behandelte. Ein Viertel aller Studenten waren Korpsstudenten, drei Viertel waren nicht inkorporiert, Studenten wie in allen Ländern. Die meisten hatten Stipendien oder einen Monatswechsel von zu Hause. Der Monatswechsel war häufig recht minimal. Die Beamten in Deutschland waren schlecht bezahlt und konnten ihren Söhnen für das Studium keine namhaften Beträge zukommen lassen. Söhne von Offizieren, Richtern, Verwaltungsbeamten, kleinen Kaufleuten, Handwerkern waren auf Stipendien angewiesen; denn was sie von ihren Eltern oder sonstigen Verwandten bekamen, war so wenig, daß sie damit nicht das Studium und ihr Leben bestreiten konnten. Den Korporationen standen häufig reiche Mittel zur Verfügung, namentlich den katholischen Verbindungen. Es gab viele Studenten, die das Verbindungsleben nicht mochten, die aber trotzdem in eine Korporation eintraten, eigentlich nur der materiellen Hilfe wegen, die ihnen von der Verbindung geleistet wurde.

In München führte man als Student ein leichtes Leben. Wenn es die Vorlesungen zuließen, ging man vormittags zum Frühschoppen, nachmittags ging man ins Café und saß dort stundenlang. Dort diskutierte man über philosophische Probleme, über Gott und die Welt, über Kunst, Bergbesteigungen, Theater, Bücher, Professoren. Dort nahm man neue Beziehungen auf, dort wurden häufig auch die ersten Liebeserlebnisse und Liebesabenteuer angebahnt, mitunter erfreuliche, schöne, erhebende Beziehungen, mitunter häßliche, abstoßende, freudlose, beschämende Abenteuer. Und vor allem wurde im Café Karten gespielt. Im Café Orlando di Lasso, Europa, Luitpold, in den vielen Cafés im Schwabinger Viertel saßen die Studenten und spielten Karten, Tisch an Tisch. Angefangen beim harmlosen Tarock über Poker zum gefährlichen Ecarté, Chemin de Fer, Baccara. Häufig hatte der Spielteufel die armen Kerle in seinen Krallen. Die Einsätze wurden immer höher. Man spielte um Riesenbeträge, die in keinem Verhältnis standen zu den schmalen Monatswechseln des Studenten. Man stellte Schuldscheine aus, die Schulden wuchsen. Der Student lebte allmählich nur mehr von Brot. Gurke, Kaffee. Oft führte das Spiel zu Tragödien, wenn von dritter Seite Mitteilung an die Eltern gemacht wurde. Meist waren die Eltern ahnungslos; wenn der Student in den Ferien nach Hause kam, abgehetzt, übermüdet, ausgehungert, dann wurde er von der Mutter bemitleidet und ermahnt, nicht gar soviel zu studieren. Gewöhnlich nahm die Spiellust wieder ab und machte anderen Vergnügungen Platz. Leben konnte man, wenn man es richtig einteilte, sehr billig. Es gab die Mensa academica, einen ungemein billigen Mittagstisch für die Studenten, es gab gute und billige vegetarische Restaurants, und in Berlin gab es Aschinger Bierrestaurants, in denen man für wenige Groschen nicht nur Bockwurst mit Kartoffelsalat, sondern auch Gulasch und sonstige schöne Dinge bekam. Aber man hatte andere Ausgaben und Sorgen. Man mußte auf Bälle gehen, man mußte nicht nur Theater, Konzerte und Cabarets und Varietés besuchen, sondern auch Lebemänner-Tanzlokale, man mußte irgendein Mädchen zu einem vornehmen Souper einladen. Touren kosteten viel Geld, unbedingt mußte man sich diese Weste kaufen oder jene Krawatte. Man kam aus den Sorgen nicht heraus. In der Nacht lag man wach und grübelnd im Bett und zermarterte sich das Gehirn, woher das Geld nehmen für die Handschuhe, die man sich zum morgigen Ball kaufen mußte. Man erwog alle Möglichkeiten. Die Wirtin anpumpen, das ging nicht, sie war in letzter Zeit ohnehin ungemütlich wegen der nicht bezahlten Miete. Die Freunde waren alle, soweit sie Geld hatten, schon angepumpt, die meisten hatten noch weniger als man selbst. Wertgegenstände waren schon ins Versatzamt gewandert. Nochmals eine Depesche nach Hause schicken? Unmöglich, Vater war bei dem letzten Telegramm schon wütend geworden. Man erwog alle Möglichkeiten, nur auf den Ausweg kam man nicht: auf den Ball zu verzichten. Der Mensch kommt aus den Sorgen nicht heraus. Der kleine Junge muß unbedingt auf dieses Geländer klettern, aber die Eltern erlauben es nicht. Er strampelt mit den Füßen, wirft sich zu Boden, heult und ist unglücklich, er darf auf das Geländer nicht klettern. Und das kleine Schulmädchen ist blaß vor Sorge und Kummer, weil es die häßliche Haarschleife hat, während die Freundinnen so schöne Schleifen haben. Der Halbwüchsige weiß sich keinen Rat, wie er das Geld für das Fahrrad auftreiben kann, und er möchte die morgige Radtour für sein Leben gern mitmachen. Die Sorgen des Kaufmanns, der seinen Wechselverpflichtungen nicht nachkommen kann, des Politikers, der sich nicht durchsetzen kann, der jungen Ehefrau, die ihren Mann auf Seitenwegen mutmaßt, des Schauspielers, der keine Rolle bekommt, des Erfinders, den man totschweigt, des Arbeiters, dem man gekündigt hat – welche Not und welche Sorge ist am größten? Tag und Nacht lösen sich ab, Regen und Sonnenschein lösen sich ab, Leid und Freude lösen sich ab. Aber mancher sieht nur die Nacht und den Regen und das Leid. Glücklich, wer das Schöne erkennen, erfühlen und sich daran freuen kann.

Die Sorgen des Studenten waren mannigfach, Sorgen über versäumte Kollegs, Spielsorgen, finanzielle Sorgen, Sorgen über Mädchengeschichten, auch die Sorge über die Nichtachtung der Juden, aber die Freuden waren tausendmal größer, elementarer, packender. Du kletterst auf das Zuckerhütl, über dir der Himmel tiefblau und makellos, ringsherum Eis und Schnee, leuchtend weiß, unermeßlich weite Flächen. Du bist erschüttert über solche Größe, Reinheit, Erhabenheit. Kann es auf der Welt etwas Schöneres geben? Und du bist im Theater und siehst dir Ludwig Thomas *Magdalena* an, und die Brust tut dir weh vor Glück und Ergriffenheit, Gerhart Hauptmanns *Rose Bernd,* es verschlägt dir den Atem, Possart rezitiert das »Lied von der Glocke«, und das ganze Weltgeschehen rollt an dir vorüber. Kann es auf der Welt etwas Schöneres geben? Und du liest Jakob Wassermanns *Gänsemännchen* und vergißt über so viel Wahrheit und Gerechtigkeit dein eigenes Leben. Du liest Thomas Manns *Buddenbrooks,* und das Herz tut dir weh vor so viel Kummer. Kann es auf der Welt etwas Schöneres geben als Knut Hamsuns *Hunger* oder Knut Hamsuns *Pan?*

Liebe

Ja, es kommt immer etwas noch Besseres und etwas noch Schöneres. Du mußt es nur packen können, du mußt es nur erfassen. Flirts, Liebeleien, Liebeserlebnisse, Liebesfreuden mit erfreulichem und mit bitterem Nachgeschmack hast du schon in erklecklicher Zahl gehabt, aber auf einmal ist die richtige Liebe da. Sie kann lachen, ernst sein oder traurig, im eleganten Kleid oder im Arbeitskittel, gepflegt oder nicht – für dich ist sie die Schönste. Was sie tut und sagt und fühlt, ist das Richtige. Und du siehst, daß sie dich genauso liebt wie du sie. Kann es auf der Welt etwas Schöneres geben? Alles, was bisher wichtig war und groß, wird auf einmal unwichtig und klein angesichts deiner Liebe. Nur was mit deiner Liebsten in Zusammenhang steht, interessiert dich, und du möchtest von nichts anderem sprechen als von ihr. Es ist schon fast Mitternacht, da kommt dir im Bett der Gedanke, du mußt offiziell um sie anhalten, du mußt jetzt, in der Nacht noch, zu ihrer Mutter eilen und ihr mitteilen, daß du das Mädchen so schnell wie möglich heiraten willst. Natürlich schlummert im Hintergrund die Gier, bei dieser Gelegenheit das Mädchen sehen zu dürfen. Erst hält man dich für verrückt. Jetzt, mitten in der Nacht? Hat das nicht Zeit bis morgen? Nein, bei Gott nicht, es hat nicht eine Minute Zeit. Ich muß sofort die Antwort haben, das Jawort. Und welche Mutter würde nicht glücklich sein und strahlen, wenn sie sieht, wie heiß und innig man ihre Tochter begehrt! Bis gegen Morgen sitzt man beim Wein zusammen und ist glücklich und schmiedet Pläne.

4

Redakteur und Journalist

Die Saalezeitung

Es war mir vor allem klar, daß ich mein Studium abbrechen und einem Beruf nachgehen müsse. In einem Zeitungskatalog studierte ich die Liste der liberalen Zeitungen in Universitätsstädten. Ich wollte doch lieber in eine Universitätsstadt, um eventuell nebenher noch studieren zu können. So schrieb ich an etwa zwanzig bis dreißig Zeitungen, ob man mich als Volontär brauchen könne. Ich wies auf mein Studium hin und darauf, daß ich schon für Zeitungen und Zeitschriften geschrieben hatte. Schon mit vierzehn oder fünfzehn Jahren war ich Mitarbeiter von Witzblättern. Mehrere Skizzen und Novellen waren in Zeitungen erschienen, einmal eine Novelle in sechs Fortsetzungen in den *Münchner Neuesten Nachrichten.* Der Briefwechsel mit der *Saalezeitung* in Halle a. d. Saale führte zum Abschluß. Ich wurde als Redaktionsvolontär engagiert, ohne Gehalt. Und wenn man mit mir zufrieden sei, dann würde ich nach einem halben oder nach einem ganzen Jahr Gehalt bekommen.

In Halle mietete ich mir ein möbliertes Zimmer und begab mich dann in das Gebäude der *Saalezeitung.* Sie gehörte dem Verlag Otto Hendel, einem bedeutenden, zweihundert Jahre alten Buchverlag. Es war ein riesenhafter Gebäudekomplex. Die *Saalezeitung* war liberal, daneben erschien im selben Verlag die *Hallesche Allgemeine Zeitung,* eine neutrale Zeitung, die großenteils dasselbe Material brachte wie die *Saalezeitung,* nur was parteipolitisch gefärbt war, mußte wegbleiben. An seine Stelle kamen allgemeine Aufsätze, primitive Sachen, denn die Zeitung wurde hauptsächlich auf dem Land gelesen. Außer diesen beiden Zeitungen erschienen bei uns noch siebenundzwanzig Kopfblätter, die *Weißenfelser Allgemeine Zeitung,* die *Nordhäuser Allgemeine Zeitung,* die *Halberstädter Allgemeine Zeitung, Sangerhäuser Allgemeine Zeitung* und so fort. In den Städten Weißenfels, Zeitz, Halberstadt und so weiter saß nur je ein Lokalredakteur, das übrige Redaktionsmaterial wurde von uns in Halle »gemacht« und expreß in Matern gesandt. Ich staunte anfangs über diesen Riesenbetrieb, über die Unmengen von Maschinen, über die aufgestapelten Papiervorräte, riesigen Rotationsmaschinen und vor allem über die Tausende von Büchern, die im Buchverlag erschienen waren und die umbrochen in Blei in hundert Meter langen Sälen auf riesenhohen Regalen lagerten. Die Büchervorräte selbst schienen mir unübersehbar. Das Ganze gehörte zwei Männern, einem Juden namens Lehmann und einem Christen namens Paalzow. Lehmann hatte dichterische Ambitionen. Er schrieb Lyrik in Prosa, philosophische Gedichte, mitunter wirklich dichterisch beschwingt. Paalzow spielte Karten, betrieb das Kegelspiel und war Vorstand von hundert wohltätigen und geselligen Vereinen. Was die Zeitungen betrifft, so interessierten sich beide Herren für den Inseratenteil. Mit der Werbeabteilung und der Inseratenabteilung konnten sie stundenlang konferieren, der redaktionelle Teil war ein notwendiges Übel. Die Redakteure waren für sie Zigeuner, ein Bohemienpack, dem man möglichst aus dem Wege ging. Es waren auch eigenartige Wesen, die auf den Redaktionssesseln ihr Wesen und Unwesen trieben. Jeder hatte andere Ziele und Bestrebungen, einer verachtete den anderen, einen Tag war man aufs innigste befreundet, am nächsten Tag war man so verfeindet, daß man mit allen Sinnen danach trachtete, den anderen hereinzulegen, auch auf Kosten der Zeitung.

Oberflächlicher Journalismus

Ich war mir über die Oberflächlichkeit des Journalismus schon früher im klaren gewesen, aber was ich hier erlebte, das war so haarsträubend, daß man darüber, wenn man nicht davonlaufen wollte, lachen mußte. Mein erster Tag als Redaktionsvolontär bleibt mir unvergeßlich. »Ich habe heute leider keine Zeit für Sie«, sagte der Chefredakteur, »kommen Sie heute abend um acht Uhr zum Nachtdienst.« Am Abend sah er mich geistesabwesend an. »Was wollen Sie? Ach so, setzen Sie sich in ein leeres Zimmer und schreiben Sie einen Leitartikel über Griechenland. Eine bis eineinhalb Spalten. Bis elf muß er fertig sein.« Um Gottes willen, ich hatte von den politischen Verhältnissen in Griechenland keine Ahnung. Ich fand kein leeres Zimmer. Überall lümmelten Volontäre, junge Redakteure, Journalisten herum. Schließlich ließ mich ein junger Telefonstenograf in sein Zimmer. Er hing stundenlang an der Telefonschnur und stenografierte. Wenn er keine Telegramme aufnahm, tippte er auf der Schreibmaschine. »Was sollen Sie denn schreiben?« fragte er mich. »Über Griechenland.« »Das ist doch ganz einfach. Nebenan ist das Archiv. Sehen Sie unter Griechenland nach. Ich glaube, gestern war ein Ministerwechsel. Warten Sie, da sind auch einige Depeschen.« Er warf mir einige sich widersprechende Mitteilungen hin. Stöhnend und schwitzend hatte ich, der sich niemals mit Politik befaßt hatte, um halb elf Uhr meinen Leitartikel fertig geschrieben. Ich brachte ihn dem Chefredakteur. Der saß auf einem Stuhl und starrte in die Luft. »Was bringen Sie mir Schönes?« fragte er mich. »Den Leitartikel über Griechenland.« Er nahm meine Blätter in die Hand, zerknüllte sie und warf sie in den Papierkorb. »Solche Übungen«, sagte er, »sind auf alle Fälle gesund. Morgen in der Frühe kommen Sie um fünf Uhr und helfen die *Sangerhäuser Zeitung* zusammenstellen. Und am Abend können Sie das Referat des Verkehrsvereins übernehmen. Baurat Soundso spricht über den Plan einer neuen Bahn von Merseburg nach Zeitz. Baurat Soundso ist unser Freund, also sehr ausführlich, zwanzig bis dreißig Zeilen und sehr lobend.« Am Anfang hatte ich fortwährend die langweiligsten Referate: das Konzert eines Männergesangvereins, die Generalversammlung des Verschönerungsvereins, einen Vortrag über Kirchengesang, einen kommunalpolitischen Diskussionsabend. Schrieb ich dreißig Zeilen, dann sagte man mir, fünf Zeilen hätten genügt. Schrieb ich kurz, meinte man, über eine so wichtige Sache müßte ich eine ganze Spalte schreiben. Allmählich durfte ich über Varietévorstellungen berichten und über kleine Konzerte und literarische Abende. Ein paarmal vertrat ich den Schauspielreferenten der *Allgemeinen Zeitung*. Meine Kritiken schienen zu gefallen, denn auf einmal übertrug man mir endgültig das Schauspielreferat der *Allgemeinen Zeitung*. Das brachte mir am Anfang die Feindschaft der jüngeren Redakteure, aber die Feindschaft hörte auf, als die Herren sahen, daß ich mich nicht großtat mit meinen Kritiken, sondern sie als das nahm, was sie waren, Lappalien. Das war der Außendienst. Der Innendienst war grauenhaft. Ich war zum Beispiel einige Wochen dem Lokalredakteur zugeteilt, einem Herrn, der für alles in der Welt Interesse hatte, nur nicht für die Zeitung und insbesondere nicht für den Lokalteil. »Merken Sie sich das eine, junger Mann«, das war seine Eröffnungsrede, »der lokale Teil der Zeitung ist der wichtigste und der langweiligste. Der Lokalredakteur müßte von Rechts wegen das doppelte Gehalt haben wie die anderen Redakteure. Was im Stadtparlament vor sich geht und was die Stadträte sagen, ist das Wichtigste.« Er selbst besuchte das Stadtparlament aber niemals, er hatte einen Referenten, der das Stadtparlament regelmäßig besuchte und dessen Berichte er ungelesen in Satz gab. »Sehen Sie, das ist mein Verdienst, junger Mann«, erklärte er mir, »den Bericht dieses Journalisten brauche ich nicht zu lesen. Ich weiß, daß er nur das schreibt, was ich haben will, und ich brauche das langweilige Zeugs nicht zu lesen.« Jede Woche war Pressekonferenz beim Oberbürgermeister, jede Woche Konferenz beim Polizeipräsidenten, Pressekonferenzen beim Schuldezernenten, beim Direktor des Zoologischen Gartens, beim Direktor des Gesundheitsamts, beim Direktor des Bauwesens, beim Verkehrsdirektor – der Lokalredakteur hatte für alle Konferenzen seine Leute. Er las niemals eine Zeile von den Berichten. »Mein Verdienst« – er warf sich in die Brust –, »daß meine Leute wissen, was sie zu schreiben haben.« Dann war er auf eine Reihe von Lokalkorrespondenzen abonniert. Das waren Berichte von drei bis hundert Zeilen über moderne Methoden des Geflügelbratens, über die erschreckende Überhandnahme der Sittlichkeitsverbrechen, über den Ersten Mai, über die Wichtigkeit des Touristenverkehrs in unserer Stadt, über die Gesundheit des Badens schon bei einer Wasserwärme von sechzehn Grad, über neue Diebestricks, über die Gefährlichkeit des Anknipsens des elektrischen Lichts mit feuchten Händen. Die Korrespondenzen wurden in Leipzig zusammengestellt und in Berlin, Stuttgart, Hannover oder Bielefeld. Nie war eine Stadt genannt, es hieß immer nur: In unserer Stadt. Der Lokalredakteur erklärte: »Ich brauche zweihundertsechzig Zeilen, einen Artikel von hundert Zeilen, zwei zu je vierzig Zeilen und noch zehn bis fünfzehn kleine Notizen.« Er zählte die Zeilen, schnitt die Artikel und Notizen aus den Korrespondenzblättern heraus, schrieb auf einige »Muß« und warf alle in den für die Setzerei bestimmten Korb, der jede Viertelstunde von der Setzerei abgeholt wurde. Gesetzt wurde alles. Manuskripte, die mit dem Vermerk »Muß« versehen waren, mußten erscheinen, die anderen konnten zurückgestellt oder wieder abgelegt werden. Lokalreporter gingen ein und aus, die meisten abgehetzte, servile Jammergestalten, die um die Aufnahme jeder Zeile bettelten. Der Lokalredakteur behandelte sie je nach Laune. »Sehen Sie«, sagte er gutgelaunt zu einem Lokalreporter, »gestern haben Sie uns einen wirklich guten Artikel gebracht, den über die Gefährlichkeit des Wegwerfens von Bananen- und Orangenschalen auf der Straße. Schön dramatisch haben Sie uns geschildert, wie die arme Frau hinstürzte, wie ihre Eier zerbrachen und wie die Ambulanz die treffliche Alte davonfuhr. Sehen Sie, der Artikel gefällt immer wieder. Seit zehn Jahren bringen Sie uns den Artikel alle drei Monate, und er gefällt immer wieder. Wenn wir Ihnen Ihren Prachtartikel zum fünfzigsten Mal abkaufen, dann werden wir Ihnen anläßlich des Jubiläums ein Extrahonorar zahlen.« Als einmal in der Zeitung eine Notiz erschienen war, daß eine Frau unter Lepraverdacht ins Krankenhaus eingeliefert worden sei – sie habe sich einen falschen Zopf gekauft, und die falschen Zöpfe würden vielfach aus chinesischen Haaren hergestellt –, als diese Notiz erschienen war, kannte die Wut des Lokalredakteurs keine Grenzen. Er brüllte den Reporter an: »So eine Infamie, so eine Gemeinheit, mir dieses Kuckucksei ins Nest zu legen. Vierzig Publikumsbriefe sind eingelaufen: Man solle den Verkauf von Zöpfen und Perücken verbieten. Die Friseur- und Perückenmacherinnung droht mit Klage wegen Verleumdung und Klage auf Ersatzanspruch. Solch eine blöde Notiz zu schreiben! Wenn Sie kein Talent zum Journalisten haben, dann werden Sie doch Schuster oder Geistlicher.« Der Lokalredakteur war ein Gegner der Kirche. »Ja, haben Sie denn die Notiz nicht zuvor gelesen?« wagte der Reporter einzuwenden. »Das fehlte mir gerade noch, Ihren Mist auch noch zu lesen.«

Der Oberfaktor der Druckerei, ein alter Herr, der seit einigen Jahrzehnten an der Zeitung arbeitete, der die Redakteure nicht ernst nahm und sich auch nicht genierte, ihnen ob ihrer Wichtigtuerei ins Gesicht zu lachen, kam mit einem Stoß von Manuskripten in die Redaktionskonferenz. »Für die heutige Abendausgabe habe ich zweitausendfünfhundert Zeilen Platz. Hier sind über siebentausend Zeilen mit ›Muß‹. Die Herren Redakteure amüsieren sich, und ich, ich mache den Redakteur.«

In allen Abteilungen wurde gleich oberflächlich und verantwortungslos gearbeitet. Ich als Volontär wurde schonungslos ausgenutzt, vom Auslandspolitiker, von der innenpolitischen Redaktion, der Feuilletonredaktion, der Gerichtsredaktion, der Sportredaktion. Ich arbeitete mit Feuereifer. Um fünf Uhr in der Frühe half ich die Kopfblätter zusammenstellen, am Abend machte ich Nachtdienst, wenn ich nicht Theaterreferat hatte. Die Kritik über die Theateraufführungen mußte im Anschluß an die Vorstellung geschrieben werden, da sie schon in der Morgenausgabe zu erscheinen hatte. Das Theater war um halb zwölf Uhr zu Ende, dreiviertel zwölf Uhr saß man in der Redaktion, und man konnte nicht in Ruhe schreiben, denn die Setzerei drängte rücksichtslos. Der Oberfaktor kam einem schon entgegen: »Haben Sie die Kritik mitgebracht?« »Das Theater ist doch eben erst zu Ende.« »Na und wenn schon! Sie hätten doch die Kritik zuvor schreiben können und bei den Schauspielern einsetzen: War gut oder war nicht so gut, wie wir es sonst von ihm gewöhnt sind.« »Also bitte, lassen Sie mich eine halbe Stunde in Ruhe. Wenn ich in Ruhe gelassen werde, bin ich in einer halben Stunde fertig.« »Aber keine Minute länger als eine halbe Stunde.« Während der halben Stunde erschienen zehnmal Setzer und Metteure und Faktoren und wollten einem die Manuskriptblätter unter der Hand wegreißen. Und dann begann der Kampf wegen der Unleserlichkeit des Manuskripts. »Mit Ihrer Sauklaue! Ich habe keine Setzer, die das lesen können. Diktieren Sie in die Maschine.« »Es ist doch keine Stenotypistin mehr da.« »Diktieren Sie dem Telefonstenografen. Ob der die Mistdepeschen für den Papierkorb aufnimmt oder nicht, ist egal.« Das Kritikschreiben war keine reine Freude.

Korrespondent für viele Zeitungen

Ich arbeitete mit Übereifer in der Redaktion, immer gut gelaunt, interessiert, oft begeistert. Ich fühlte mich, es ging vorwärts. Nach einem halben Jahr schon bekam ich Gehalt, und nicht einmal wenig. Reportagen aller Art wurden mir übertragen: Überlandflug

Halle-Leipzig, Großfeuer in der Sangerhäuser Malzfabrik, Eröffnung einer neuen Überlandzentrale, Bericht über einen Hungerkünstler, Gerichtsbilder von einem sensationellen Mordprozeß. Als ich zufällig einen Auftrag von den *Leipziger Neuesten Nachrichten* bekam und als ich sah, daß dieser gut honoriert wurde, bewarb ich mich bei den *Leipziger Neuesten Nachrichten* um die ständige Berichterstattung für Halle und Umgebung. Allmählich wurde ich Korrespondent für die Provinz Sachsen und Thüringen für das *Berliner Tageblatt*, für die Zeitungen des Verlags Ullstein – *B. Z. am Mittag, Vossische Zeitung, Berliner Morgenpost* –, für die *Norddeutsche Allgemeine Zeitung*, die *Tägliche Rundschau*, den *Hannoverschen Courier*, die *Münchner Neuesten Nachrichten*, den *Fränkischen Courier* in Nürnberg, das *Hamburger Fremdenblatt, Hamburger Nachrichten* und *Hamburger Correspondent*. Es war natürlich ein Ding der Unmöglichkeit, das alles allein zu bewältigen. Wir arbeiteten zu dritt, ich, der Handelsredakteur unserer Zeitung und der Lokalredakteur einer anderen Halleschen Zeitung, des *Generalanzeigers*. Die fünfzehn großen Zeitungen, für die wir arbeiteten, mußten telefonisch und telegrafisch bedient werden; Eilbotenbriefe nur in seltenen Fällen. Das Telefonieren besorgte meine Frau. Man stelle sich das nicht so einfach vor: Fernamt, bitte dringende Pressegespräche an Mosse Berlin, Scherl Berlin, Ullstein Berlin, *Tägliche Rundschau* Berlin, *Deutsche Allgemeine Zeitung* Berlin, *Leipziger Neueste Nachrichten, Hannoverscher Courier, Hamburger Fremdenblatt, Hamburger Correspondent, Hamburger Nachrichten, Fränkischer Courier* Nürnberg, *Münchner Neueste Nachrichten*. Stundenlang saß meine Frau am Telefon und diktierte. Später kamen noch *Kölnische Zeitung, Düsseldorfer Nachrichten, Königsberger Allgemeine Zeitung, Königsberger Hartungsche Zeitung, Neues Stuttgarter Tageblatt* und *Schwäbischer Merkur* in Stuttgart hinzu, gelegentlich auch *Frankfurter Zeitung, Kölnische Volkszeitung, Breslauer Neueste Nachrichten*.

Wie gearbeitet wurde: Werschen-Weißenfelser Braunkohlenaktiengesellschaft hatte eine außerordentliche Generalversammlung. Der Handelsredakteur ging hin, kam nach zwei Stunden aufgeregt zurück: Höchst wichtige Sache. Erhöhung des Aktienkapitals um vier Millionen, Ausgabe neuer Vorzugsaktien in Höhe von drei Millionen, Fusion mit dem Petschekkonzern in Prag und Anlage von neuen Kohlenschächten bei Bitterfeld. Bericht von circa fünfzig Kurzzeilen. Fünfzehnmal telefonieren und dazu in vier verschiedenen Fassungen; denn die Fassung des *Berliner Tageblatts* mußte anders sein als die der *Vossischen Zeitung*, beide hatten ja eigene Sonderkorrespondenten. – Oder: Professor Abderhalden, Ordinarius für Physiologie an der Universität Halle, hat einen Ruf als Ordinarius für Physiologie an die Universität Bern erhalten. Ob er annehmen wird, steht noch nicht fest. – Oder: Bericht von der Fertigstellung der Renovierungsarbeiten des Quedlinburger Doms, in dem mehrere deutsche Kaiser begraben liegen. – Oder: Drohung des Halleschen Theaterintendanten, zu schließen, wenn städtische Subvention nicht erhöht wird. Oder: Spurloses Verschwinden zweier japanischer Studenten.

Feuilletonredakteur

Noch vor Ablauf meines Volontärjahres war ich verantwortlicher Feuilletonredakteur der *Saalezeitung* geworden, der bisher verantwortliche Feuilletonredakteur hatte einen Ruf als Feuilletonredakteur des *Leipziger Tageblatts* erhalten und angenommen. Leider hatte der Tag nur vierundzwanzig Stunden, und einige davon mußte man doch auch schlafen. Die Feuilletonredaktion der *Saalezeitung*, die Theaterkritik der Zeitung, Vertreter von etwa zwanzig großen Zeitungen – dazwischen mußte ich zu besonderen Uraufführungen oder Festvorstellungen für das *Berliner Tageblatt* und andere Zeitungen nach Gera, Gotha, Greiz, Weimar, Jena, Erfurt, Lauchstädt, selbst Schwerin und Braunschweig fahren. Wichtig waren die Lauchstädter Festspiele und die Weimarer Goethewochen. Der literarische Teil der *Saalezeitung* lag mir so am Herzen, daß ich mich nicht dazu entschließen konnte, etwas abzudrucken, das ich nicht zuvor gelesen hatte und das ich nicht billigte. Die Literaturbeilage hatte acht Seiten und erschien wöchentlich. Literarhistorische Studien, Skizzen, Essays, populärwissenschaftliche Aufsätze, Novellen, Plaudereien. Der literarische Teil hatte schon seit Jahrzehnten einen guten Namen. Außerdem erschien in der *Saalezeitung* fast täglich eine Bücherecke. Und ich konnte mich nicht dazu bringen, die Bücher nur von dritter Seite besprechen zu las-

sen. Neue Romane von Hermann Hesse, Ricarda Huch, Friedrich Huch, Felix Moeschlin, Paul Ilg, Otto Stoessl, Soyka, Beradt, Behrend, Viebig, Löns besprach ich selbst. Lesen, schreiben, redigieren, Theater besuchen, telefonieren, telegrafieren, ich war zufrieden, glücklich, begeistert häufig. Auch meine Einkünfte nahmen rapid zu. Meine Bücherei wuchs und wuchs. Der größte Teil der Verleger schickte alle Neuerscheinungen und Neuausgaben der *Saalezeitung,* und ich, der Feuilletonredakteur, suchte mir aus dem täglichen Eingang – etwa hundert Bücher, darunter bedeutende Werke, Gesamtausgaben – das heraus, was mir behagte. In meinem Privatleben, in meiner jungen Ehe war ich restlos zufrieden, in jeder Beziehung glücklich. Mitunter schüttelte jemand über mich den Kopf: Der hat doch kein Privatleben. Was ist das für ein erbärmliches Leben, von morgens fünf Uhr an schuften, fast ohne Unterbrechung bis Mitternacht, gejagt, gehetzt und in jeder freien Minute noch lesen. Ich verstand die Leute nicht. Konnte es etwas Schöneres geben als dieses Leben? Selbst die Hetzerei schien mir etwas Beschauliches in sich zu schließen.
Ich weiß nicht, ob ich, gefangen in der tausendfältigen Kleinarbeit, den Blick für das Weite, Große, das Gesamtbild verlor. Veränderungen der mannigfachsten Art waren vor sich gegangen. Das Erscheinen des Fahrrads hatte auf mich seinerzeit einen gewaltigen Eindruck gemacht. Inzwischen hatte man aufgehört, Petroleumlampen und Kerzen zu brennen, erst kam das Gaslicht, dann das elektrische Licht. Die Pferdebahn war verschwunden, durch die Städte fuhren elektrische Bahnen, aus den Bummelwagen der Eisenbahn waren Expreßzüge geworden. Die Hygiene und der Luxus breiteten sich aus, Parteien und Politik, die im Hintergrund gestanden hatten, rückten in den Vordergrund, plusterten sich auf und begannen das Leben zu vergiften. Noch waren die Währungen fest. Es konnte vorkommen, daß man beim Umwechseln von deutschem, österreichischem, französischem, amerikanischem Geld in Zürich ein oder eineinhalb Prozent mehr oder weniger bekam als in Ragusa, aber letzten Endes war alles stabil. Wenn man in ein anderes Land reisen wollte, ließ man sich am Tage zuvor durch einen Boten Eisenbahn- und Schiffskarte besorgen und durch denselben Boten die Visumstempel auf den Paß. Geldwechseln war nicht nötig. Die Gegensätze in der Politik arteten nicht zum Gezänk, zur Verleum-

dung, gar zum Kampf aus. Unzweifelhaft war der Antisemitismus gewachsen. Aber es ging nicht so weit, daß es etwa ein Kurort oder ein Hotel gewagt hätte anzuschreiben: Juden unerwünscht. Das wäre so geschmacklos gewesen, so amoralisch, wie wenn jemand auf offener Straße die Hose ausgezogen hätte.

Der Zionismus

Die breite Öffentlichkeit dürfte zu dieser Zeit noch kaum etwas vom Zionismus gehört haben, auch zahlreiche Juden hatten noch kaum etwas davon vernommen, obwohl die Presse aller Welt über die Zionistenkongresse berichtete, obwohl die zionistischen Organisationen und Studentenvereine laut und mitunter wild Propaganda machten und hemmungslos diskutierten. Die Erziehung in meinem Elternhaus brachte es mit sich, daß ich mich für alles interessierte, was mit Juden in Zusammenhang stand. Für meinen Vater war die jüdische Religion die Welt. Orthodox zu sein, den Zaun nicht zu durchbrechen, hielt er für eine selbstverständliche Pflicht. Fromme Christen schätzte er genauso hoch wie fromme Juden. Fortschrittliche Juden – neologe Juden, wie er sie nannte – waren ihm unbehaglich. Synagogen mit einer Orgel, unbeschnittene Juden – das war für ihn ein Greuel. Und doch war er stolz auf Heinrich Heine, auf jüdische Schriftsteller, Maler, Schauspieler, Professoren, große jüdische Industrielle und Bankleute, auch wenn ihm bekannt war, daß sie allen rituellen Dingen ablehnend gegenüberstanden, stolz auf den ganz langsam einsetzenden Ruhm seines Sohnes Lion. Wenn ich zu Besuch nach München kam, dann sah ich, daß in der elterlichen Wohnung neuerdings neben dem Veilchenstrauß, dem Bauern »Mensch ärgere dich nicht«, der Opferung Isaaks und den schachspielenden Mendelssohn, Lavater und Lessing auch ein Herzl-Bild hing. Ich sprach mit meinem Vater darüber, und er äußerte sich ungefähr dahin: Die Rückkehr nach Jerusalem, nach Zion ist für uns Juden unsere große Sehnsucht. Die Rückkehr ist unser Ziel. Wir beten um Erfüllung dieses Wunsches immerzu, täglich, es ist für uns das Heilige Land, ich habe einige Säckchen Erde aus Jerusalem immer in meinem Schrank, ich will, daß mein Kopf nach meinem Tod auf heiliger Erde ruhe, einige

Handvoll dieser Erde gebe ich immer, wenn jemand stirbt, der mir lieb war. Mit dem Beten allein ist nicht gedient, man sollte tätig sein, um das Ziel zu erreichen, man sollte für dieses Ziel arbeiten. Es hat immer tüchtige und energische Juden gegeben, die das getan haben; namentlich in Rußland, Polen, Rumänien arbeiten Tausende unserer Brüder mit Liebe, Ausdauer, Kenntnissen an diesem Ziel. Theodor Herzl ist kein Jude in meinem Sinn. Als er seine Broschüre *Der Judenstaat* herausbrachte, als seine ersten Aufsätze erschienen, staunten ich und sehr viele Kenner der Situation über seinen Mangel an Kenntnissen. Er glaubte, er sei der erste, der den Wunsch hatte, die Juden nach Palästina zurückzubringen. Von all den Bestrebungen der letzten Jahrzehnte, von den umsichtigen Vorarbeiten, Palästinareisen und Palästinabüchern vieler großer Männer hatte er keine Ahnung. Aber das sind letzten Endes Kleinigkeiten, die nachgeholt werden können. Was an Herzl groß ist, das ist das lodernde Feuer, das aus ihm glüht, die Inbrunst, mit der er für die Verwirklichung unseres Ziels streitet. Er ist ein wahrhaft Großer, ein König, berufen zum Lenker. Für ihn gibt es keinen persönlichen Ehrgeiz. Gewiß sind unter seinen Anhängern, in seinem Gefolge Tausende hohler Schreier, phrasenhafter Propagandisten, unüberlegter Polterer. Aber es haben sich auch schon sehr viele große Männer gefunden, die Seite an Seite mit ihm arbeiten, fähige Köpfe, Helden, möchte man sagen. Jedenfalls hat man die Pflicht, Herzl zu helfen, wo man kann.

Die deutsche Presse brachte kurze Berichte über die Zionistenkongresse, sie brachte auch gelegentlich einmal einen sich wissenschaftlich gebärdenden Aufsatz über den Zionismus, im übrigen aber ging man dem Thema Zionismus aus dem Wege, wie jedem Thema, das zu hitzigen Diskussionen zu führen angetan war. Später, als der Antisemitismus sein Haupt schon frech emporhob und seinen Geifer wild um sich spritzte, wurde behauptet, die deutsche Presse sei verjudet, überall seien Redakteure und Journalisten Juden. Das war in gewissem Sinne wahr. In den Redaktionen einer Reihe großer Zeitungen saßen Juden als Verlagsdirektoren, Redakteure, Journalisten. Die Zeitungen der Mosse-, Scherl-, Ullsteinhäuser hatten viele jüdische Angestellte, obwohl zum Beispiel die Scherlblätter rechtsstehend, konservativ, deutschnational waren. An der *Frankfurter Zeitung*, der *Breslauer Zeitung*, dem *Hambur-*

ger Fremdenblatt, überall saßen Juden, mitunter waren fünfundzwanzig Prozent der Redakteure Juden. Die kleineren Zeitungen dagegen hatten fast nie jüdische Redakteure, und auch die Zeitungen in mittleren Städten, Städten von fünfzigtausend bis dreihunderttausend Einwohnern, hatten fast nie Juden. Wenn der Journalistenverband von Mitteldeutschland seine Sitzung hatte und die Redakteure von Magdeburg, Halle, Erfurt, Weimar, Jena, Braunschweig, Eisenach zusammenkamen – zweihundert, und mehr –, dann fiel mir auf, daß außer mir kaum ein Jude anwesend war.

Berühmte Journalisten

Am *Berliner Tageblatt* war der tüchtige, kenntnisreiche und überlegte Theodor Wolff Chefredakteur, und Pinner, ein Jude, war Chef des Handelsteils, aber die Chefredaktion des Feuilletons hatte Paul Block, ein Nichtjude, und die Theaterkritik hatten Alfred Kerr, Victor Auburtin, Paul Schlenther, die beiden letzteren Nichtjuden. Bei der *Frankfurter Zeitung* waren die Redakteure mehr Wissenschaftler als Journalisten. Jude oder Nichtjude war nicht wichtig. Bei Scherl und Ullstein wimmelte es von Juden, Könnern und Nichtskönnern, Schlaufüchsen, Zynikern, aber auch von vorbildlichen Journalisten. Georg Bernhard zum Beispiel, einer der berühmtesten deutschen Journalisten, der Chefredakteur der *Vossischen Zeitung,* war ein wunderbarer Organisator. Er hat den Nachrichtendienst der deutschen Presse neu gestaltet. Er war mein eigentlicher Lehrmeister. Als mich Ullstein – ich war ein noch ganz junger Journalist, Anfänger – zum Berichterstatter für die Provinz Sachsen machte, erhielt ich ein von Bernhard verfaßtes Merkblatt, vielleicht zwanzig Seiten stark, in dem der Dienst genau erläutert wurde. Es wurde unter anderem erklärt, selbstverständlich solle nicht verschwendet werden, aber das Hauptaugenmerk sei auf Pünktlichkeit und Schnelligkeit zu legen, auch wenn diese mit hohen Kosten verbunden seien. Nichts dürfe übersehen werden. Über außergewöhnliche Vorgänge müßten schnellste Informationen eingezogen werden. Und auf alle Fälle sei immer auf raschestem Weg zu berichten. Am besten dringende Pressegespräche, und nur wenn die Leitungen überlastet seien, Telegramme. Acht Tage lang telefonierte ich täglich mehrere Male, ich meldete große Einbruchsdiebstähle, einen Mordversuch, totgefahrene Kinder, einen Eisenbahnunfall. Es fiel mir auf, daß weder die *Vossische Zeitung* noch ein anderes Blatt des Ullsteinkonzerns eine von meinen Meldungen veröffentlichten. Nach acht Tagen erhielt ich ein Telegramm: Zu Ullstein fahren. Meldung bei Georg Bernhard. Er lächelte mich freundlich an: »So jung und pausbäckig und unerfahren habe ich Sie mir auch vorgestellt. Wenn in einer so großen Stadt wie in Halle an der Saale an einem Tag einmal keine tödlichen Verkehrsunfälle vorkommen, keine Einbruchsdiebstähle, keine Leute ertrinken, keine Selbstmorde begangen werden, dann melden Sie es uns. Sie sollen uns nicht das Normale, Tägliche melden, sondern das Anormale, Ungewöhnliche. Ich muß wirklich ein zweites Merkblatt verfassen und Ihre Telegramme als Musterbeispiele für Sachen aufnehmen, die nicht gemeldet werden sollen.« Bernhard wurde mir im Laufe der Jahre ein guter Freund, er gab mir viele Anregungen, und ich glaube, er schätzte mich auch sehr. Ich bin später auch gesellschaftlich mit ihm zusammengekommen; er pokerte sehr gerne, war aber ein ebenso schlechter Pokerer, wie er ein guter Journalist war. Sehr zu Dank verpflichtet war ich auch einem anderen Herrn bei Ullstein, dem Feuilletonleiter der *B. Z. am Mittag*, Norbert Falk. Ein ungarischer Jude. Ein glänzender Theaterkritiker. In Weimar bei einer Goethefeier hielt er mir einmal einen eindringlichen Vortrag. »Sie wissen, daß ich Ihre Berichte, Ihre Feuilletons und Ihre Bücherbesprechungen mag, sonst würde ich sie nicht so oft abdrucken, meist ungekürzt und ohne Änderungen. Aber es gefällt mir nicht, daß Sie auch für den *Vorwärts*, den *Börsencourier*, für alle möglichen und unmöglichen Zeitungen schreiben. Sie scheinen mir ein Nimmersatt zu sein. Sie schreiben zum Beispiel für uns einen Aufsatz über eine Karl-Hauptmann-Uraufführung im Harzer Bergtheater. Ein wirklich bemerkenswerter Aufsatz. Ich lese einen ähnlichen Aufsatz in der Börsenzeitung: A. E. Natürlich sind Sie das auch. Glauben Sie wirklich, daß es für Ihre Gesinnung und Ihre Geistesverfassung gut ist, daß Sie über die Sache in vier verschiedenen Fassungen schreiben, glauben Sie, daß es Ihnen auf die Dauer bekommt, wenn Sie auf die Konzentration verzichten und wenn Ihnen nichts zu dumm ist, um darüber zu schreiben, wenn Sie nur wissen, daß Ihre Zeitungen es honorieren? Sind Sie geldgierig? Nein, denn dann wären Sie nicht Theaterkritiker geworden. Haben Sie krankhaften Ehrgeiz? Nein, Sie wissen, wie belanglos dieser Tageserfolg ist. Nein, wirklich, besinnen Sie sich auf sich selbst, gehen Sie mehr in die Tiefe als in die Breite.«

Amüsant war Manuel Schnitzer, der Feuilletonleiter bei Scherl. »Gut Schabbes, Herr Feuchtwanger«, sagte er, als ich bei ihm eintrat. »Am Schabbes fahren Sie zu dem trefenen Lokalanzeiger, statt in die Synagoge zu gehen?« Er machte sich über die Überorganisation seines Verlags lustig. »Darf ich Ihnen Herrn Dr. Meinecke vorstellen«, sagte er, »einen der tüchtigsten unserer vierzig Feuilletonredakteure. Er ist Botaniker von Haus aus, und er vertritt unsere botanischen Belange. Seine Sehnsucht gehört dem Tod eines beliebigen Ordinarius für Botanik an einer unserer Universitäten. Denn dann, und nur dann, hat er zu schaffen und zu wirken. Er darf dann den Nachruf für den verdienten und berühmten Botaniker schreiben. Aber leider endet sein Wirken fast immer mit einer großen Enttäuschung. Man räumt ihm für den Nekrolog erst zwanzig Zeilen ein, dann schrumpfen sie auf zehn zusammen, und zuletzt wird es die übliche Notiz von drei Zeilen, denn Raummangel ist unsere chronische Krankheit.« Berühmt waren die Modeberichte des Lokalanzeigers mit Abbildungen. Überall wurde erklärt, sie seien das Beste auf diesem Gebiet. Die Verfasserin sei die geborene Modeschöpferin, sie ahne die Mode voraus, ihr Geschmack sei unvergleichlich. Herr Schnitzer stellte mir die Dame vor, ein altes, müdes Weiblein mit krummem Rücken, angezogen wie eine Gemüseverkäuferin. »Ich habe ja seit meiner frühesten Jugend geschrieben«, sagte sie zu mir. »Routine bekommt man, wenn man vierzig Jahre für Zeitungen schreibt. Schreiben ist leichter, viel leichter als Hausarbeit, als Sticken, als Kochen. Früher habe ich hauptsächlich über Pädagogik, Kindererziehung, über die Ehe geschrieben. Da muß man doch mehr überlegen, vorsichtiger sein. Aber Modesachen? Den hysterischen Weibern gefällt jeder Schmarren. Je ausgefallener und grotesker die Berichte sind, desto mehr sind die Frauen entzückt.«

5

Der Krieg

Massenbegeisterung

Als im Sommer 1914 der Krieg ausbrach, änderte sich das Leben, das Jahrzehnte hindurch stabil geblieben war, mit einem Schlag. Mit der Möglichkeit eines Krieges hatte man eigentlich nicht gerechnet. Vier Wochen lang drohte die Kriegsgefahr, aber jedermann war überzeugt davon, daß sich diese Gewitterwolken ebenso wieder verziehen würden, wie sie gekommen waren. Länder mit so ausgebildeter Technik, mit Tausenden von großen, bedeutenden Gelehrten, Schriftstellern, Künstlern, Länder mit so durchdachten Gesetzgebungen und Gesetzbüchern, Länder wie Deutschland, Österreich, Frankreich, England, Rußland und die vielen kleineren ebenso gesunden Länder wie Holland, Belgien, Schweiz, Italien – es war ausgeschlossen, daß es zu einem Krieg, zu einem widersinnigen Abschlachten unter modernen Staaten kommen könne. Und dann war der Krieg da. Die Propaganda sorgte für die Berauschung der Millionen. Die Begeisterung der Massen, aller Bevölkerungsteile, der Reichen und der Armen, der Starken und der Schwachen, der Alten und der Jungen, der Städte und der Dörfer, der Gebirgsbewohner und der Küstenbewohner, der Juden und der Christen, der Deutschnationalen und der Sozialdemokraten – diese Begeisterung war nicht etwa der Ausfluß beschwingter Gefühle und reifer Gedanken, sie war ein künstlich erzeugter Rauschtaumel, der nicht anhalten konnte.

Für mich war es vorbei mit allem Schönen, mit meinem Beruf, den ich so sehr liebte, mit meiner Ehe, mit der Freude am Großwerden meines fast zwei Jahre alten Sohnes. Und ich war nicht traurig darüber, so wenig wie die anderen sechzig Millionen. Was war mein Beruf, was war die Kunst, die Literatur, das Theater, was waren alle Menschen, die ich liebte und schätzte, meine Frau, mein Sohn, ich selbst – was waren wir alle, gemessen an diesem gewaltigen Krieg, an diesem für das Weltgeschehen und den Weltfortschritt so notwendigen Krieg? So dumm und berauscht und benebelt waren wir

alle, die Dummen und die Gescheiten, die Gelehrten und die Ungelehrten. Die Ernüchterung setzte nach zwei, drei Monaten ein und wuchs rapid. 1916 bereits sprach man nicht mehr vom »Krieg«, sondern von der »Scheiße«. Ich selbst war erst Armierungssoldat, dann normaler Rekrut.
Ich wurde mit einigen hundert anderen regelrecht gedrillt. Man lehrte uns Rekruten, waschen und Zähne putzen, Füße pflegen, Stiefel wichsen, Kochgeschirr reinigen, Knöpfe annähen, Decken exakt zusammenlegen, wir lernten gehen, marschieren, laufen, springen, sich hinwerfen, wieder aufstehen, kehrtmachen, grüßen durch Anlegen der rechten Hand an die Kopfbedeckung, man lehrte uns schießen, das Bajonett aufpflanzen, den Tornister pakken, gegen den Feind anstürmen, vor allem das Gewehr reinigen, man unterrichtete uns in Kasernen, auf Schulhöfen, im freien Gelände und auf Truppenübungsplätzen. Der Unterricht und die Lehrmethoden waren vielfach erschreckend primitiv und dumm, aber man sah über alles hinweg, denn man war überzeugt davon, daß alles so sein müsse. Die Unteroffiziere und Feldwebel, die uns unterwiesen, waren Reserveunteroffiziere und Reservefeldwebel, alles aktive Militär stand längst an der Front. Auch die Offiziere waren Reserveoffiziere, zum Teil gebildete Männer, die sich still für sich amüsierten, wenn der Unteroffizier lehrte: Ein Soldat, der ungeputzte Stiefel an den Füßen hat, kann draußen im Feld nicht ordentlich kämpfen. Nur Soldaten mit geputzten Stiefeln sind gute Kämpfer. Oder: Das Gewehr ist das Wichtigste für den Soldaten. Das Gewehr muß ihm viel wichtiger sein als die Braut.

Der Soldat beherrscht das Straßenbild

Es war Krieg, und der Soldat beherrschte die Szene. Die Straßen in den Städten und in den Dörfern waren voll von Soldaten, die Theater, Restaurants, Kneipen, Straßenbahnen, Eisenbahnen – Soldaten, Soldaten. In den Geschäften wurden sie vor den anderen bedient, in der Eisenbahn hatten sie den Vortritt. Die Zeitungen berichteten nur mehr vom Krieg, die Theater spielten Kriegsstücke, die Ansichtspostkarten waren Kriegskarten, man sang Kriegslieder, die Schulen und die Universitäten, die Kirchen und die Synagogen, alles diente dem Militär und dem Krieg. Kriegslieder der blödsinnigsten Art kamen auf, Dichter und Gelehrte schämten sich nicht, den Krieg zu verherrlichen, ihn als ein Gottesgericht, ein Naturelement hinzustellen. Die Rangordnung wurde aufs sorgfältigste gewahrt. Zwischen einem Universitätsprofessor und einem Ochsenknecht gab es keinen Unterschied mehr: Der Oberst hatte vor dem General in Ehrfurcht zu ersterben, der Major vor dem Oberst, der Hauptmann vor dem Major, der Oberleutnant vor dem Hauptmann, der Leutnant vor dem Oberleutnant, der Feldwebel vor dem Leutnant, der Unteroffizier vor dem Feldwebel, der Gefreite und der gemeine Soldat vor dem Unteroffizier. Wenn ein Unteroffizier ein Lokal betrat, sprangen sämtliche anwesenden Soldaten wie von der Tarantel gestochen von ihren Sitzen auf und nahmen stramme Haltung ein, bis der Unteroffizier ihnen gnädig abwinkte. Ich war als Soldat, als Rekrut bei meiner Mutter zu Besuch. Wir saßen, zehn bis fünfzehn Personen, im Zimmer und unterhielten uns, als ein junger Vetter in Leutnantsuniform hereinkam. Daß ich und zwei andere Vettern als einfache Soldaten aufsprangen und stramme Haltung einnahmen, war für alle Anwesenden selbstverständlich. In den Predigten in der Kirche und in der Synagoge betete man für das Heer und den siegreichen Ausgang des Krieges, die Predigten der Geistlichen und der Rabbiner waren erfüllt von dem Gedanken, daß Gott den Krieg gewollt habe. Die Hetzreden in der Öffentlichkeit hatten das Volk davon überzeugt, daß die Russen auf einer Kulturstufe ständen ähnlich der der Kannibalen und daß Engländer und Franzosen Räuber und Verbrecher mit viehischen Instinkten seien.

Offiziersaspirantenkompanie

In Eisenbahnzügen wurden die fertig oder fast fertig ausgebildeten Soldaten an die Front transportiert. Begeisterung, Jubel, Geschrei, Gesang auf den Bahnhöfen. Die Soldaten wurden mit Blumen und Zweigen geschmückt, sie wurden mit Bier, Kaffee, Kakao, Würstchen, Schokolade, Zigaretten traktiert, die Züge rollten durch Mitteldeutschland, Westdeutschland, über den Rhein, in die eroberten Gebiete Frankreichs. Überall Jubel, Begeisterung, Gesang, überall

so viel Geschenke, Lebensmittel, Getränke, daß man Mühe hatte, sich ihrer zu erwehren. In den Standquartieren hinter der Front wurden noch mal die Personalien aufgenommen, die Erkennungsmarken, die man um den Hals tragen mußte – Hunde- oder Todesmarken von den Soldaten genannt –, überprüft, und dann wurden die Soldaten, die mindestens sechs Klassen eines Gymnasiums oder einer Realschule besucht hatten, von den anderen geschieden und abtransportiert, es waren etwa einer oder zwei unter hundert. Diese Abgesonderten, darunter auch ich, wurden in Kompanien eingeteilt, sogenannte Offiziersaspirantenkompanien.
Hier waren die Unteroffiziere und Feldwebel nicht mehr Ochsenknechte, Maurer, Metzgergesellen, Trambahnschaffner, Müllkutscher, sondern Lehrer, Beamte, Geistliche, Kaufleute. Und die Offiziere waren großenteils recht gescheite Männer. Vor allem wurde uns erklärt, daß der oberste Grundsatz – keine Klassen-, Standes-, Berufsunterschiede – oberster Grundsatz sei und bleibe, für Kaiser, Reich, Länder, für das Volk, für alle. Wenn wir hier abgesondert seien von den anderen, wenn wir hier eine Spezialausbildung erhielten, so geschähe es deshalb, weil das Heer vor allem Offiziere brauche. Es sei größter Mangel an Offizieren, und sechs Jahre Gymnasium oder Realschule oder Handelsschule befähigten uns, Offiziere zu werden. Und dann begann der Drill von neuem. Einerseits freute man sich darüber, daß man den Titel Offiziersaspirant erhielt und die Chance eines schnellen Avancements, auf der anderen Seite aber war man enttäuscht darüber, daß man noch immer nicht an die Front durfte. So dumm war man damals, so eindringend ist die Massenpsychose. Zwei bis drei schöne Drillmonate als Offiziersaspirant. Bei der Ausbildung als Rekrut unter Leuten, die total andere Begriffe vom täglichen Leben hatten als wir, deren Sprachschatz erschreckend dürftig war, die jede Phrase bewunderten und die der Druck der Armut mißtrauisch und pfiffig gemacht hatte, unter diesen Leuten hatte ich mich wohl gefühlt. Ich hatte mir eingeredet, daß ich zu ihnen gehörte, daß ich mich unter ihnen wohl fühlte. In der Offiziersaspirantenkompanie aber sah ich, daß ich mir etwas vorgemacht hatte, daß ich unter den normalen Rekruten ein Fremder geblieben war, während ich unter diesen Offiziersaspiranten doch viel mehr zu Hause war. Nicht daß die Gespräche der Offiziersaspiranten über Literatur und Psychologie,

über Berufsaussichten und Krieg und Politik interessanter für mich gewesen wären als die Späße und das Räsonieren und das Auf-den-Tisch-Hauen der Rekruten – aber das äußere Gehabe der Offiziersaspiranten war wohltuend nach der langen Zeit der Ausbildung unter den Rekruten. Bei den Rekruten durfte der eine dem anderen ins Gesicht rülpsen, man putzte sich die Nase mit der Hand, man stocherte mit den Fingern in den Zähnen und in den Ohren, man drückte sich an den anderen, körperliche Berührung war etwas Selbstverständliches. Man nahm keine Rücksicht auf den anderen. Wenn einem einer im Wege stand, dann stieß man ihn beiseite, man ließ sich gehen, man kannte nicht Scham noch Zurückhaltung. Nicht etwa, daß es in der Offiziersaspirantenkompanie elegant, vornehm, gesellschaftlich zugegangen wäre. Junge Burschen, direkt hinter der Front. Primitiv, derb, laut, lärmend, aber gemessen an dem Gehabe der Rekruten doch eine Wohltat.

An der Front

Nach vollendeter Ausbildung, die vornehmlich aus Gewehrschießen, Pistolenschießen, Handgranatenwerfen und Säbelfechten bestand, hatte man sich durch das Gelände an die Front vorzuarbeiten. Ich hatte mich als Unteroffizier und Offiziersaspirant beim Kommandeur des 160. Infanterieregiments zu melden. Der ließ mir durch seinen Schreiber im Unterstand sagen, ich solle mich beim Kommandeur des 1. Bataillons des Regiments melden. Dieser ließ mir durch seinen Schreiber im Unterstand sagen, ich sei der 1. Kompanie des 1. Bataillons des 160. Infanterieregiments zugeteilt. Der Kompaniechef übergab mich dem 1. Zug, und der Leutnant, der den 1. Zug führte, übergab mir die Leitung der 9. Gruppe. Die 9. Gruppe hatte einen Vizefeldwebel, zwei Unteroffiziere, zwei Gefreite und achtzehn Musketiere. Wirklich erfreut über meine Ankunft waren der Vizefeldwebel, die beiden Unteroffiziere und die beiden Gefreiten. Niemand war gerne Gruppenführer. Der Gruppenführer war für alles verantwortlich, er hatte bei jedem Angriff an der Spitze zu sein. Alles Schimpfen, Wüten, Schikanieren der Offiziere richtete sich gegen ihn. Als ich zum 160. Regiment kam, lag dieses in Reservestellung an der Somme. Man lag in Unterständen.

In der Höhle, die meinen Unterstand darstellte, war es stockdunkel. Ich sah nur einige Pünktchen, die Lichter von Karbidlampen, hergestellt aus alten Konservendosen. Es roch nach verfaultem Stroh, Modererde, Schweiß, Stiefelfett. Man hörte das Lärmen und Schimpfen und Lachen von Kartenspielern. Die meisten Leute lagen schlafend oder dösend auf ihren Pritschen, angezogen, in Uniform, mit den schweren Soldatenstiefeln. Alles im Unterstand war feucht und naß. Nur mürrisch rückte man auf der Pritsche ein wenig zur Seite, damit auch ich Platz hatte. Widerwillig gab man mir zwei Nägel an einem Querbalken, an die ich Tornister und meine Sachen hängen konnte. Das meiste seiner Sachen hatte man auf der Pritsche unter dem Kopf, unter dem Strohsack. Man war abwechselnd zwei bis drei Wochen an der vordersten Front und dann zwei bis drei Wochen in Reservestellung. Gab es an der Front schwere Kämpfe, Stürme, Schlachten, dann wurde man auch mal für vierzehn Tage oder drei Wochen in eine bessere Reservestellung geschickt, eine ziemlich weit hinter der Front, eine Stellung, in der man nicht in Unterständen lag, sondern in Scheunen, Strohschobern, Baracken, Pferdeställen, eine Stellung, in der man sich waschen konnte, an der Luft atmen. Die Leute waren müde, kaputt, mürrisch, meist gleichgültig. Die Disziplin hatte sich schon sehr gelockert. Man sagte zu dem Unteroffizier du, man folgte ihm wohl, aber nicht schnell und bereitwillig, sondern mit verbissener Miene und erst nach gutem Zureden. Für mich hatte man nicht das geringste Interesse, allenfalls ein wenig hämischen Spott darüber, daß ich Gruppenführer war. Die Reservestellung war dem feindlichen Feuer ausgesetzt, und tagsüber konnte man sich nur durch den verschlammten, nassen Graben und durch Laufgräben bewegen. Wenn ein Offizier einen Befehl ausgab, dann mußten sich die Gruppenführer durch den Schlamm des Grabens arbeiten, um im Unterstand des Offiziers den Befehl entgegenzunehmen. Alles wimmelte von Ratten. In der Nacht verhüllte man seinen Kopf mit Decken, aber man fühlte fortwährend die Ratten über die Decken huschen. In manchen Stellungen, Unterständen, Gräben gab es Flöhe, in anderen Läuse. Gab es gerade Flöhe, so sehnte man sich nach den Läusen, gab es Läuse, dann zog man Flöhe vor. Wenn es Läuse gab, dann war jeder Kampf gegen die Laus ein lächerliches Unterfangen. Wenn einer auf der Pritsche sitzend sein Hemd auszog und beim Licht der Karbidlampe stundenlang Läuse und Lauseier knipste, dann konstatierte er, wenn er das Hemd wieder anzog, nach einer Stunde schon, daß alles wieder von Läusen wimmelte, obwohl er vor kurzem mehr als zweitausend Stück getötet, geknipst hatte. Die Flöhe stechen heftiger, die Flöhe zerren an den Nerven. Natürlich bekommt man Routine. Spürt man den Flohstich, dann ist die Hand im Bruchteil einer Sekunde an der Stelle des Stichs, und mit Daumen und Zeigefinger dreht man den Floh zusammen, so daß er nicht mehr springen kann, man tötet ihn krachend mit dem Nagel. Der besonders Empfindliche fühlt ihn schon krabbeln und erwischt ihn, noch bevor er stechen kann. Läuse und Flöhe vertragen sich nicht. Sie sind Erzfeinde. Wie sie sich gegenseitig umbringen, ist mir rätselhaft. Kommt man völlig verlaust – bedeckt mit Myriaden von Läusen und Lauseiern – in eine Flohstellung und streckt sich dort auf der Pritsche aus, so hat man schon nach einer Viertelstunde keine Läuse mehr, sondern nur mehr Flöhe.

Mühen und Entbehrungen und Strapazen

Die Arbeiten in einer Reservestellung sind dazu angetan, einem jede Lebensfreude zu nehmen. Unteroffizier Feuchtwanger mit zwanzig Mann und zwei Gefreiten heute nacht ab acht Uhr Stacheldraht holen, aus Stellung X. Um acht arbeiten sich die dreiundzwanzig Soldaten in dicken Uniformen, schweren Soldatenmänteln, bewaffnet mit Gewehren und Handgranaten, versehen mit reichlich Munition, aus dem metertiefen Graben heraus. Das ist keine Kleinigkeit. Die Erde ist nasser Lehm. Es gießt in Strömen, es ist so dunkel, daß man die Hand vor den Augen nicht sieht. Man hört Zähneknirschen und Fluchen. Fortwährend rutschen die Leute an der triefenden Grabenwand wieder herunter. Das Gelände ist übersät mit Granattrichtern, tiefen und tiefsten, manche so groß wie ein kleiner Teich. Erst einem Teil der Leute ist es gelungen, aus dem Graben herauszuklettern, schon stöhnen einige verzweifelt, sie seien in einen mit Schlammwasser gefüllten Granattrichter gestürzt. Sie müssen sich aus dem Granattrichter herausarbeiten. Der Regen peitscht auf uns herab. Das Ausgleiten und der

Regen, der Schlamm – wir sind bedeckt mit Erde und Lehm, wir bekommen die schweren Stiefel kaum heraus aus dem Lehmboden. Es ist eiskalt, aber der Schweiß läuft uns in die Augen. Dabei blitzt es unausgesetzt, vor uns, hinter uns, rechts und links, Maschinengewehrfeuer, Granaten, Minen. Die Stellung X, aus der wir den Stacheldraht holen sollen, ist sechshundert Meter weit entfernt. Normalerweise zehn Minuten hin und zehn Minuten zurück. Ich bin überzeugt davon, daß wir die ganze Nacht hindurch arbeiten werden, ich bin noch lange nicht überzeugt davon, daß es uns gelingen wird, Stacheldraht mitzubringen, ich fürchte, daß uns die Morgendämmerung – sieben Uhr – auf offenem Gelände überraschen wird. Du kannst keine Taschenlampe aufblitzen lassen, du würdest das Feuer des Feindes auf dich lenken. Dreiundzwanzig Soldaten – es ist nahezu unmöglich, die Leute zu zählen. Einer liegt bewegungslos im Schlamm. Ich beuge mich zu ihm. Er flüstert: »Ich glaube, ich habe mir den Fuß gebrochen.« Einer hockt verzweifelt da: »Ich gehe keinen Schritt weiter. Schießt mich tot, mir ist alles wurst.« Die Nacht ist stockdunkel, und du kannst den Kompaß nicht benutzen. Du siehst in der Regennacht weder Mond noch Sterne. Granattrichter und tausendfach aufgewühltes Gelände. Du weißt nicht, wo Osten, Westen, Norden, Süden ist. Nach einem halbstündigen Herumtappen, Herumfallen, Herumstürzen merken wir, daß wir wieder an unserem Grabenrand angelangt sind. Es ist zum Verzweifeln, jede Minute ist eine Strafe, eine Qual. Und doch, kurz nach Mitternacht sind wir in Stellung X angelangt. Wir finden den Stacheldraht, auf Querstangen aufgerollt, schwere, große Radrollen. »Kinder«, sage ich, »wir wollen versuchen, zehn Rollen mitzunehmen. Immer zwei Mann zusammen eine Rolle, mit mehr kommen wir nicht vorwärts.« »Bist verrückt«, antwortet einer, »mindestens eine Rolle jeder. Sonst geht morgen nacht die Scheiße von neuem los.« »Hanswurst, blöder«, sagt ein Dritter, »nicht zehn Stück tragen wir alle zusammen in den Graben. Ohne Stacheldraht sind wir kaum vorwärtsgekommen, mit Stacheldraht wird es gar nicht gehen.« Um sechs Uhr in der Frühe stolpern wir über unsere Grabenwand. Mit sechs Stacheldrahtrollen, vier Stück sind uns unterwegs in Granattrichter gefallen. Außerdem haben wir drei Gewehre verloren, Munition und Handgranaten. Die Leute sind erschöpft, ausgepumpt, mit ihren durchnäßten Kleidern, Mänteln und ihren mit Lehmklumpen bedeckten Stiefeln fallen sie auf die Pritsche. – Dem Hauptmann, dem ich Bericht erstatte und der mir antwortet: »Die Leute sind doch verdammte Tölpel«, darf ich nicht an die Gurgel fahren.

Das ist eine Nacht. Eine Nacht wäre erträglich, wenn die anderen Nächte normal wären. Aber jeder Tag und jede Nacht sind grauenhaft, qualvoll, jede Nacht glaubt man, weiße Haare bekommen zu müssen. Essenholen in der Nacht – aus der Reservestellung in die Ruhestellung und von der Ruhestellung wieder in die Reservestellung, mitten durch mörderisches Feuer, quer über ein zerklüftetes, aufgewühltes, zerschossenes Gelände, triefend, überschwemmt, verschlammt, mit schweren Töpfen voll Kaffee, Suppe, Fleisch – manchmal kommt man nach einer grauenhaften Nacht mit leeren Töpfen zurück. Nächtliches Ausheben von Gräben, nächtliches Überbringen von Meldungen, Schanzarbeiten – und kein Ende und kein Ende und keine Aussichten auf Frieden. Nichts als Schmutz und Dreck und Gestank und Ratten und Flöhe und Läuse und Schlamm und dazwischen Minen und Granaten, so grauenvoll und wuchtig jede einzelne, daß der Atem aussetzt. Wenn der Heeresbericht dann spricht von dem heldenhaften Mut und der bewundernswerten Ausdauer der Truppen, möchte man ausspucken vor so viel Lug, Trug, Gemeinheit.

Reservestellungen, Ruhestellungen? Kinderspiel gegen die Stellung selbst. Das Wachestehen im vordersten Graben an der Aisne, an der Somme, das Hinüberrudern auf umkämpften Flußinseln, das Patrouillegehen – fast täglich und nächtlich Verwundete und Tote und niemals aus den Kleidern heraus und nie aus den Stiefeln heraus und nie Ruhe und keine Friedensaussicht. Der Dreißigjährige Krieg hat dreißig Jahre gedauert, dieser wird hundert Jahre dauern. Totschießen müßte man sie alle, alle Kaiser, Könige und Fürsten und Präsidenten und Minister und Abgeordneten, diese Dreckschweine, diese verfluchten. Was, es geht um die Ehre? Was heißt Ehre? Ehrlos sind sie, die Dreckskerle, die dieses Elend geschaffen haben, um uns zu quälen, uns, das Volk.

Reservestellung, Ruhestellung, Wache im vordersten Graben – alles Kinderspiel gegen die Schlacht selbst, gegen den Sturm, gegen das Trommelfeuer. Einmal das mitgemacht, und man hat alle Sünden seines Lebens gebüßt. Aber man hat nicht *eine* Schlacht mitgemacht, sondern Dutzende, und wenn man wie durch ein Wunder lebend aus einer herauskam, dann wurde man in die nächste geschickt. Mein alter deutscher Militärpaß sagt ganz harmlos: Mitgemachte Gefechte: 5.IX.15–5.VII.16 Kämpfe an der Aisne – 10.VII.16 bis 23.VII.16 Schlacht an der Somme – 25.VII.16 bis 23.IX.16 Kämpfe an der Aisne – 26.IX.16 bis 2.X.16 Schlacht an der Somme. Ganz harmlose Sachen, so ein paar Kämpfe und Schlachten, nicht? Aber dieser harmlose und brave Militärpaß sagt nicht, daß in diesen Schlachten an der Somme und an der Aisne mehr als eine halbe Million Soldaten den Tod gefunden haben. Man zähle einmal bis zehntausend, bis fünfzigtausend, bis einhunderttausend, bis fünfhunderttausend. – Fünfhunderttausend Leichen für nichts und wieder nichts. Ein geradezu lächerlicher Zufall, daß ich nicht eine von den fünfhunderttausend Leichen bin, sondern immer noch herumlaufe als Lebender und in der Zeitung lese, daß Nicht-Hebräisch-sprechen-Können eine Kulturschande ohnegleichen sei.

Sturm und Trommelfeuer

Am Tage bevor das Regiment eingesetzt wird, wird ein Tagesbefehl, eine Schlachtordnung für den nächsten Tag bekanntgegeben. Es werden Fässer angerollt mit Schinken, Würsten, Käse, man bekommt Zigaretten und Schnaps, soviel man will. Aber man will gar nichts, jedem ist der Appetit gründlich vergangen. Leben heißt leben wollen. Der Verbrecher, der weiß, daß er am nächsten Tag hingerichtet wird, sieht nichts vor Augen als seinen Tod. Der Tagesbefehl aber heißt: Du bist zwar kein Verbrecher, aber wahrscheinlich, höchstwahrscheinlich wirst du morgen abgeschlachtet, die Sonne hat für dich ausgeschienen, vor dir der Tod, das Grauen, das Grab. Lach dabei und iß Schinken und Wurst. Die Leute schimpfen nicht mehr, sie fluchen nicht mehr, sie geben ihrer Verzweiflung keinen Ausdruck. Sie sind bleich und starren vor sich hin. Mit jedem Meter, den man nach vorne rückt, sieht es grauenhafter aus. Pferdekadaver überall, mit hervortretenden Gedärmen, Soldatenleichen auf dem Rücken, auf dem Bauch, auf der Seite, zusammengekrümmt, zum Teil angefressen von Geiern. Leichengeruch überall. Die grauenhaftesten Bilder habe ich immer im Herbst gesehen. Der Herbstgeruch, der Geruch der modrigen Erde und der fallenden Blätter mischte sich mit dem Geruch der verwesenden Leichen. Noch heute, nach Jahrzehnten, bekomme ich, wenn ich durch eine Wald-Herbstlandschaft gehe, den Leichengeruch in die Nase. Wenn dir Soldaten entgegenkommen, in Trupps mit oder ohne Offiziere, dann fragst du nicht mehr, wie es in der Schlacht aussieht. Sie sind fahl und gelb, sie starren mit glasigen und erloschenen Augen vor sich hin, sie gehen taumelnd, wie Besoffene. Die Fetzen hängen ihnen vom Leib. Sie sind wie Leichen, die aus dem Grab herausgestiegen sind. Ist es tatsächlich möglich, daß diese Menschen, die schon im Grabe lagen, die minutenlang, stundenlang, tagelang den Tod vor Augen sahen, denen die Todesqual das Herz zupreßte, daß diese Menschen, wieder auferstanden, je wieder Interesse bekommen können für solche nichtigen Bagatellen wie Parteienzwist und Nationalhader? Das Feuer wird stärker und stärker. Wenn man die Mine hört, ist sie schon vorbei. Die Granaten von einer Urgewalt, die im Bruchteil einer Sekunde das Leben in Tod verwandelt, sausen tiefer und tiefer. Der Atem vergeht dir, du siehst nicht mehr und hörst nicht mehr, haushoch spritzt die Erde in die Höhe, Steine, Balken, Erdschollen, Lehmboden, Eisenstücke fliegen, stürzen, die Erde hebt sich, die Erde senkt sich, du liegst auf dem Bauch, das Gesicht in Erde gepreßt oder Gras oder auf den Stiefel eines anderen Soldaten ... du bist mitten im Trommelfeuer, vor dir, hinter dir, von allen Seiten ... Wo ist vorne, wo ist hinten ... Wenn es einigermaßen ruhiger wird, nach einer halben Stunde, nach vielen Stunden, nach zwei Tagen – die Zeit hat aufgehört, Zeit zu sein –, muß etwas passiert sein. Entweder haben wir gesiegt, oder die Franzosen haben gesiegt. Es scheint, daß wir gesiegt haben. Das Trommelfeuer ist viel ruhiger geworden, nein, es ist überhaupt kein Trommelfeuer mehr. Aus den Massen liegender, lebender und toter Menschen lösen sich

Hunderte los, sie stürzen vorwärts, mit erhobenen Händen. Es sind Franzosen, an den Uniformen sieht man es. Ihre Gesichter sind wie die Gesichter der Deutschen, die aus der Schlacht kamen, tot, erloschen, fahl, verzerrt. Sie torkeln uns entgegen, und schon springen welche von uns auf und legen auf diese auferstandenen Toten an. So haben sie es gelernt: Franzosen, also auf sie schießen. Ich aber und andere mit mir schreien ihnen zu: Nicht schießen, das sind ja Gefangene. Schon ist der Spuk vorbei, schon setzt neues Trommelfeuer ein. Als es wieder ruhiger wird, nehme ich meinen Spaten vom Körper und grabe, wühle mich in den Erdboden ein, rechts und links die Soldaten machen es ebenso, wir verbinden unsere Löcher miteinander, die Leichen schieben wir beiseite, allmählich haben wir einen neuen Graben. Über uns Sterne, es ist Nacht geworden. Haben wir eigentlich gesiegt? Ach, es ist egal. Ist jemand von meiner Gruppe am Leben? Es ist still geworden, nur Raketen leuchten auf, und vereinzelte Schüsse unterbrechen die Ruhe und das heisere Gekreisch von Vögeln, wahrscheinlich Aasgeiern. Schon öffnet ein Soldat in meiner Nähe eine Konservenbüchse und grinst verlegen: Mordshunger nach einem solch mistigen Tag. Mit den Fingern holt er sich das Corned beef aus der Dose und läßt dazu dicke, süße kondensierte Milch in seine Gurgel rinnen. Ich frage nach rechts und nach links nach Namen, Regimentern, Kompanien der Leute im Graben. Die Stimmung ist nicht schlecht. Ein großer Teil der Leute ist gefallen, die am Leben geblieben sind, freuen sich darüber, daß es nicht regnet und die Nacht sternenklar ist. Nur der Durst quält die Menschen entsetzlich, die Feldflaschen sind längst leer. Ich überlege mir: Etwas muß doch geschehen, wir können doch hier nicht so liegenbleiben. Durch Umfrage nach rechts und links erfahre ich, daß Offiziere nicht anwesend sind. Ich melde nach rechts und links, daß ich den Befehl übernommen habe. Wie lange werden wir hier liegenbleiben? will man wissen. Wenn wir lange bleiben, setzt das Trommelfeuer von neuem ein. Ich beschließe: Wir bleiben den ganzen morgigen Tag liegen. Sowie es dunkel wird, kriechen wir heraus – zurück –, suchen Fühlung mit unserem Regiment. Einer sieht aus unserem Graben heraus und verkündet: »Da liegt ein Toter, ich glaube, einer von den Unseren, mit vollem Tornister. Ich krieche heraus, nachsehen, ob im Tornister was zu trinken ist.« Kaum hat er den Graben verlas-

sen, pfeift von drüben eine Kugel, und der Durstige sinkt tot vornüber. Trotzdem kriecht nach einigen Stunden ein anderer Durstiger aus dem Graben, um den Tornister zu untersuchen. Er kehrt unversehrt zurück, hat aber im Tornister nichts gefunden.
Am nächsten Abend, sowie es dunkel geworden ist, kriechen wir aus dem Graben und wenden uns nach hinten. Unterwegs treffen wir eine Kompanie, die nach vorne rückt, uns abzulösen.
Januar 1916 bekomme ich ein Telegramm: »Vater liegt im Sterben, erwarten dich.« Mein Gesuch um Urlaub wird abgelehnt. Zwei Tage später ein weiteres Telegramm: »Vater gestorben, erwarten dich zur Beerdigung.« Ein Urlaub von zwei Tagen wird mir bewilligt. In der gewaltigen Menge der Leidtragenden am Grabe meines Vaters sieht man sehr viele Uniformen. Zu Hause – nach einem gründlichen Bad – ziehe ich einen Zivilanzug an. Mein dreijähriges Söhnchen sieht mich im Anzug, er lacht und strampelt vor Vergnügen über diesen guten Witz: Vater in einem Anzug! Er kennt mich nur in Uniform. Ich trage den Anzug nur eine Stunde, dann kommt ein dringendes Heerestelegramm: »Sofort zurück zum Regiment.« Natürlich sind schon wieder erbitterte Kämpfe im Gang.
In der Osterzeit, zu Pessach, wurden alle jüdischen Soldaten und Offiziere an der Westfront nach Laon geschickt, dort Pessach feiern. Die kleine Stadt war voll von jüdischen Soldaten aller Waffengattungen, Feldrabbiner, hohe und höchste Offiziere, Unteroffiziere, Soldaten, alles Juden. Schöne Menschen und häßliche Menschen, prachtvolle Gestalten und mickrige Gestalten, alles in allem eine erfreuliche Truppenschau. Als Festessen gab es Rindsgulasch mit Kartoffeln, und weil Pessach war, erhielt jeder Mann zu seinem Kommißbrot drei Mazzot.

Keine jüdischen Offiziere im Traditionsregiment

In meiner Kompanie war ein junger Unteroffizier, der mich häufig in meinem Unterstand aufsuchte und der sich bemühte, mir näherzukommen. Ein stiller, aufrechter Mensch, der mir nicht schlecht gefiel. Eines Tages schüttete er mir sein Herz aus: Sein um zwei Jahre älterer Bruder sei bei unserem Regiment, dem 160. Infanterieregiment aus Bonn, Leutnant gewesen. Eines Tages habe er hinter der Front einer Mädchengeschichte wegen Streit gehabt. Im Laufe dieses Streits sei er von einigen Soldaten zu Boden geworfen worden und habe Ohrfeigen erhalten. Der Oberst des Regiments habe ihm am nächsten Tag erklärt, ein Offizier, der eine Ohrfeige bekommen habe, sei ehrlos. In Friedenszeiten hätte er die Uniform ausziehen müssen, in Kriegszeiten sei das nicht möglich. Der junge Offizier bat um Versetzung und kam in ein Regiment an die Ostfront. »Ich weiß«, fuhr der junge Unteroffizier fort, »daß diese Ehrensache für mich von weittragender Bedeutung ist und daß ich in unserem Regiment nie Offizier werde.«

Kurze Zeit später ließ unser Regimentskommandeur, ein altadliger Feudalherr, den jungen Unteroffizier und mich zu sich kommen und hielt uns eine Rede: Wir seien beide von unserem Bataillonskommandeur zu Offizieren vorgeschlagen worden, beide schon zum zweiten Mal. Es tue ihm außerordentlich leid, daß er zwei so fähige und tüchtige Unteroffiziere nicht befördern könne, aber wir seien beide so vernünftige Soldaten, daß wir einsehen müßten, die Verhältnisse seien stärker als er. Das 160. Infanterieregiment sei eines der vornehmsten deutschen Regimenter. Die Tradition des Regiments sei unverrückbar, und er persönlich sei Seiner Majestät dem Kaiser verantwortlich dafür, daß diese Tradition hochgehalten werde. Wenn ein junger Mann auf so schmähliche Art ehrlos geworden sei wie der Bruder des Unteroffiziers, dann sei es für das Regiment unmöglich, den Bruder zum Offizier zu machen. »Und Sie, lieber Unteroffizier und Offiziersaspirant Feuchtwanger«, fuhr er fort, »ich weiß, was Sie in den letzten Kämpfen geleistet haben, ich weiß, was für ein befähigter Soldat Sie sind. Ich bin auch über eine Reihe von Gesprächen zwischen Ihnen und Offizieren unseres Regiments unterrichtet. Aber ich brauche Ihnen die Gründe nicht zu nennen, die es mir unmöglich machen, Ihnen das Offizierspatent verleihen zu lassen. Seit dem Bestehen des Regiments war noch nie ein Jude Offizier des Regiments; es gehört zur Regimentstradition. Ich weiß, daß heute schon zahlreiche Juden Offiziere geworden sind, sogar hohe Offiziere, und daß das Offizierskorps stolz auf sie ist. Aber nicht das 160. Regiment. Ich bin alles eher als ein Judengegner, aber ich habe die Pflicht, die Tradition hochzuhalten. Es ist keine Schande, ein Jude zu sein, und zudem können Sie das ja jeden Tag ändern. Ich habe Sie beide rufen lassen, um Ihnen zu empfehlen, sich in ein anderes Regiment versetzen zu lassen. Ich verliere Sie beide sehr ungern, aber ich halte es für meine Pflicht, Ihnen Ihr Fortkommen zu erleichtern. Bitten Sie um Ihre Versetzung. Ich werde dafür sorgen, daß Sie in ein Regiment versetzt werden, in dem Sie schnell befördert werden.«

Seltsame Psyche damals! Wir beide ärgerten uns nicht, wir waren nicht erbost, verärgert, ergrimmt, wir fanden die Haltung und die Stellungnahme des altadligen Feudalherrn sehr schön und vornehm.

Die Hölle auf Erden

Zu einer Versetzung ist es nicht mehr gekommen. Wenige Tage nach der Traditionsrede des Regimentskommandeurs kam unser Regiment in die Schlacht bei Sailly-Sailliselle. Und diese Schlacht beendete unser beider Karriere, die meines Kameraden und die meine. Die meines Kameraden durch den Tod, die meine durch Gefangennahme. In unserer Reservestellung, in der wir erst seit einigen Tagen weilten, wurde es eines Tages besonders ungemütlich. Man war in der Reservestellung gewöhnt, das Feuer dumpf und gleichmäßig, aber aus weiter Entfernung zu hören. Es wurde lauter und lauter, lebendiger und lebendiger, die Kaliber schienen immer größer zu werden, und auch unsere Reservegräben erhielten fortwährend Treffer. Die Fliegertätigkeit wurde stärker und stärker. Am Abend wurde uns der Befehl bekanntgegeben: Das 160. Infanterieregiment wird heute nacht noch eingesetzt werden. Wir verfärbten uns. Vor wenigen Tagen erst waren wir aus der Schlacht gekommen. Kaum war unser Regiment aufgefüllt, wurden wir wieder in die Schlacht geschickt. Konnte und wollte man nicht zulassen, daß einige von uns noch am Leben waren? Der Befehl fuhr fort: Der Ort Sailly-Sailliselle muß genommen werden, unter allen Umständen, sei es unter noch so großen Opfern. Die feindlichen Stellungen werden achtundvierzig Stunden lang bombardiert. Das stärkste Trommelfeuer der schweren Artilleriegeschütze wird die feindlichen Stellungen zermürben. Unmittelbar nach Verstummen des Trommelfeuers werden die Stellungen gestürmt. Voran die Flammenwerferregimenter Nummer, Nummer ... endlose Zahl.

Dann Infanteriesturm in siebenundzwanzig Wellen, und zwar Regimenter Nummer, Nummer ... eine unübersehbare Anzahl von Regimentern, darunter auch aktives Infanterieregiment Nummer 160. Nach zwei Stunden schon, mitten in der Nacht, rückten wir vor. Der Feind wartete nicht auf das Einsetzen unseres Trommelfeuers. Das Trommelfeuer war beiderseitig. Die Hölle hatte sich aufgetan und spie Feuer und Eisen aus tausend Schlünden. Einmal schien es mir, daß wir an einer Flußböschung lagen, umtobt von dem Blitzen und Donnern der Granaten, Bomben und Minen. Dann war ich mitten in der Erde, entweder in einem Graben oder einem zusammengeschossenen Graben oder in einer Ansammlung von Granattrichtern, jedenfalls ein tausendfach gepflügtes Gelände, gepflügt von großkalibrigen Granaten. Ringsum Leichen, auch verweste Leichen, stöhnende und stumme Verwundete. Hier mußte die Schlacht seit Tagen schon toben, vielleicht seit Wochen. Man war bewußtlos, benebelt, man wurde emporgeschleudert, zurückgeschleudert, auf Erde, Ausrüstungsgegenstände, Holz, auf Balken, auf Leichenteile. Manchmal hörte man nichts, man war taub geworden, manchmal fuhr man aus der Bewußtlosigkeit auf und wollte schreien, aber man schien die Sprache verloren zu haben. Manchmal fiel man auf oder neben einen lebenden Soldaten und wollte mit ihm sprechen. Aber beide konnten nur stammeln, und im nächsten Augenblick war man schon wieder auseinandergerissen. Ich habe auch nach Jahren noch nicht herausbekommen können, wie lange die Schlacht dauerte, einen Tag oder zwei Tage oder vier oder fünf. Ich weiß nur das eine: Ich schlug die Augen auf, über mir Dämmerung, später Abend, kein Trommelfeuer mehr, Stille. Und überall laufende Soldaten und Offiziere: Franzosen. Französische Gefangene? Nein, französische Sieger. Da sah ich auch schon Soldaten in deutscher Uniform laufen, mit erhobenen Händen. Ich stürzte mit ihnen vorwärts. Immer noch pfiffen vereinzelte Kugeln. Die Franzosen pfiffen durch die Zähne, lachten und riefen: Vite, vite! Ab und zu sah ich, wie ein französischer Soldat den Gewehrkolben erhob und auf den Kopf eines deutschen Soldaten einhieb.

6

Französische Kriegsgefangenschaft

Der französische Divisionsgeneral und der deutsche Kriegsgefangene

Man war gefangen, aber es war noch zweifelhaft, ob man am Leben blieb. Das Maschinengewehrfeuer hatte noch nicht aufgehört, und man war der Gnade oder Ungnade des Siegers ausgesetzt. Schon waren es ganze Haufen von gefangenen Soldaten, die durch das zerklüftete und zerschundene Gelände stolperten. Schon machte es den Eindruck, als gelange man allmählich hinter die Front. Französische Offiziere befahlen französischen Soldaten, uns zu folgen, uns zu bewachen. Von allen Seiten strömten Gefangenentrupps zusammen, abgerissene, abgehetzte Menschen mit angstverzerrten Gesichtern. Schließlich standen einige hundert, vielleicht einige tausend Kriegsgefangene dicht beisammen, ohne sich zu rühren, ohne aufzublicken, verängstigte Schafe, ringsherum lachende und fröhliche französische Soldaten, bewaffnet, vergnügte bissige Wachhunde. A quatre, riefen sie. Wir sollten Viererreihen bilden, Soldaten neben Offizieren, Kleine neben Großen. Auf einmal wurde kommandiert: Offiziere und Akademiker zur Seite treten. Ein junger französischer Soldat fragte mich in gebrochenem Deutsch nach meinem Beruf. Ich entgegnete: Journalist, Redakteur. Einige französische Offiziere tuschelten, dann wurde ich in einen tiefen, geräumigen Unterstand geführt, den Unterstand eines Divisionsgenerals. Im Gegensatz zu unseren erbärmlichen deutschen Unterständen gepflegt, gut abgedichtet, hell erleuchtet. Außer dem General waren noch zehn bis zwanzig Offiziere anwesend. Ich bemühte mich, ein gefaßtes Gesicht zu machen, obwohl mir elend zumute war, denn ich fürchtete, man würde mich aus irgendwelchen Gründen zum Tod verurteilen. Ein Offizier verhörte mich, die anderen hörten zu. »Est-ce que vous parlez français?« »Oui, un peu.« Nach einer Minute sagte er in fließendem Deutsch: »Wir wollen lieber deutsch sprechen, Ihr Französisch ist nicht gut. Antworten Sie: Zu welchem Regiment gehören

Sie?« »Muß ich das sagen? Ich will kein Verräter sein.« Der Offizier lachte: »Was könnten Sie uns schon groß verraten? Sie haben doch keine Ahnung, worum es geht. Sie haben doch keine Ahnung vom Krieg und von der Strategie. Sie sind Kanonenfutter, sonst nichts, und man hat Ihnen eingetrichtert, wie groß Sie, die Deutschen, seien und wie klein wir, die Alliierten, die Franzosen, Engländer, Russen und so weiter. Man hat Ihnen einen Tagesbefehl bekanntgegeben, in dem es heißt« – er las vor –: »Der Ort Sailly-Saillisell muß genommen werden, unter allen Umständen, sei es unter noch so großen Opfern. Die feindlichen Stellungen werden achtundvierzig Stunden lang bombardiert. Das stärkste Trommelfeuer der schweren Artilleriegeschütze wird die feindlichen Stellungen zermürben. Unmittelbar nach Verstummen des Trommelfeuers werden die Stellungen gestürmt. Voran die Flammenwerferregimenter Nummer ... Nummer ... Dann der Infanteriesturm in siebenundzwanzig Wellen, und zwar Regimenter Nummer ... Nummer ...« »Ich bin von der 1. Kompanie des 1. Bataillons des Infanterieregiments 160.« »Schön. Und nun sagen Sie uns offen und ehrlich: Wer wird nach Ihrer Meinung den Krieg gewinnen?« »Wenn ich ehrlich sein soll, wir, die Deutschen.« »Das sagen Sie, ein gebildeter Mensch, der studiert hat? Wie verblendet muß erst das arme Volk sein! Aus dem Tagesbefehl wissen Sie etwas vom Sturm der Infanterieregimenter. Von Ihrer Artillerie haben Sie keine Ahnung. Sie wissen nicht, wo sie steht, Sie wissen nicht, wie stark sie ist. Ich will Ihnen verraten, daß sie verdammt schwach ist, jedes einzelne Geschütz ist eingebaut und camoufliert, damit wir nicht merken, wo die einzelnen Geschütze stehen. So sinnlos wird bei Ihnen gearbeitet. Als ob wir nicht genau die Stellung jedes einzelnen Geschützes kennen würden! Haben Sie, als man Sie zu diesem Unterstand führte, nicht gesehen, wie unsere Geschütze stehen, auf offenem Feld, hundertweise, unübersehbar? Sie besitzen nicht den zehnten Teil davon. Trotzdem befehlen Sie: Muß genommen werden, unter allen Umständen, sei es unter noch so großen Opfern. Sie lassen Ihre Infanterie zusammenschießen, wie man Hasen auf einer Treibjagd zusammenschießt. Als ob das Menschenmaterial nicht auch unersetzlich wäre. Wir sind Ihnen heute turmhoch überlegen an Menschenmaterial, an Kriegsmaterial, an wirtschaftlicher, finanzieller Potenz. Und in einigen Monaten wird auch Amerika in den

Krieg eintreten. 1914, als ihr den Krieg anzetteltet, da war das noch zu verstehen. Unüberlegter Größenwahn, größenwahnsinniger Ehrgeiz – aber was ihr heute macht, den Krieg weiterführen, das ist Verbrechen, schwerstes Verbrechen, nicht an uns, sondern an eurem Volk. Jeder von euch, der geopfert wird, wird sinnlos geopfert. Ein grausames und sinnloses Morden. Sehen Sie das ein?« »In einem Krieg gibt es Imponderabilien. Niemand kann den Ausgang voraussagen.« »Glauben Sie, glauben Sie wirklich, daß, wenn Sie in diesem Unterstand sich auf uns stürzen, daß Sie uns überlegen sein werden? Sie, der einzelne unbewaffnete Mann gegen siebzehn bewaffnete Männer? Es wäre Ihr Tod. Sie selbst wissen nichts von unserer Überlegenheit, aber Ihre Führer kennen unsere Überlegenheit sehr genau. Indes in ihrer niederträchtigen Feigheit wollen sie das Unvermeidliche so lange wie möglich hinausschieben, auch wenn das deutsche Volk inzwischen zu Hause halb verhungert, auch wenn inzwischen noch Hunderttausende eurer Männer fallen werden. Wenn ich unsere französischen und englischen Zeitungen lese, so staune ich immer wieder über die Primitivität, mit der hier über Krieg, Strategie, Kriegswirtschaft gesprochen wird. Aber wenn ich eure deutschen Zeitungen lese« – er warf einen Stoß deutscher Zeitungen auf den Tisch –, »dann muß ich den Kopf schütteln über so viel Unsinn und Dummheit und Ahnungslosigkeit. Das Erwachen bei euch wird sehr bitter sein. Man nannte euch einmal das Volk der Dichter und Denker. Damals war es noch besser bestellt um euch. Das Marschieren und das Siegen tut euch nicht gut. Nun, Sie sind ja jetzt Kriegsgefangener, für Sie ist der Krieg zu Ende.«

Im Hungerlager

Unendlich lange Kolonnen von Kriegsgefangenen wurden nach rückwärts abtransportiert. Man hätte glauben sollen, daß aus diesem mörderischen Feuer, das den Edboden tausendfach aufgewühlt hatte, kein Mensch lebend herauskommen konnte. Aber immerhin, Tausende waren am Leben geblieben. Von meinem Regiment allerdings – hörte ich später – waren fast alle gefallen. Regen setzte ein, wir hatten Hunger und Durst. Die berittenen französischen Soldaten, die uns eskortierten, waren finster und stumm. Wenn man zu ihnen etwas sagte, dann stießen sie mit dem Fuß und befahlen: Silence! Ihre Pferde ließen sie ab und zu an Brunnen am Straßenrand trinken, mit uns hatten sie kein Mitleid. Schließlich, nach mehrstündigem Marsch, sahen wir vor uns eine dichtgedrängte Menschenmenge hinter Stacheldraht: Kriegsgfangene. Auch wir wurden durch eine Öffnung hinter diesen Stacheldrahtverhau geschoben. Die Menschen standen so dicht auf morastigem Boden, daß niemand mehr Platz hatte, aber die Kolben und die Bajonette der französischen Soldaten sorgten dafür, daß sie noch enger zusammenrückten. Da standen wir nun, mitten in der Nacht, bei strömendem Regen, frierend, zitternd, hungernd, dürstend, wie ein wogendes Getreidefeld, wie eine riesengroße Schafherde. Außerhalb des Stacheldrahts hörte man das Stapfen der wachehaltenden französischen Soldaten und ihr Fluchen. Alle paar Stunden schüttete man über unsere Köpfe einige Eimer voll Schiffszwieback. Das meiste fiel in den Schlamm. Wir stritten uns um die Stücke wie verhungernde Wölfe, man riß sich die Stücke aus den Händen und vom Mund weg. Seine Notdurft verrichtete man im Stehen, inmitten des Regens, auf den Nachbarn, auf den Schlamm. – Man schlief stehend, man döste, an den Nachbarn gelehnt, man fieberte, man träumte. Man hatte noch immer den Kanonendonner im Ohr. Man freute sich darüber, daß für einen der Krieg zu Ende war, daß man am Leben war. Oder blieb man nicht am Leben? Waren wir zum Tode verurteilt? Ließen die Franzosen uns hier verhungern, verrecken? Als der Morgen dämmerte, erschien eine Kolonne französischer Sanitätssoldaten, bahnte sich einen Weg durch die zitternde und frierende Gefangenenherde und nahm die, die zusammengesunken im Morast lagen, Tote und Halbtote, mit sich. Ließ man uns hier tatsächlich verrecken? Holte man täglich die Toten heraus, jeden Tag mehr, bis keiner mehr am Leben war? Mit der Möglichkeit einer Kriegsgefangenschaft hatte man nicht gerechnet. Man hatte nie daran gedacht. Man hatte auf leichte Verwundungen gehofft, auf Urlaub, auf Kriegslazarett, auf Lazarett in der Heimat, man hatte mit Sorge und Furcht an schwere Verstümmelungen gedacht, an Arm- und Beinamputationen, an Blindwerden, an Gehörverlieren, an Verstümmelung der Geschlechtsteile. Wer war auf den Gedanken gekommen, daß man in Kriegsgefangenschaft geraten könnte? Und wie würde es nun werden? Würde man in Häuser kommen, in Dörfer, in Baracken? Würde man Bücher lesen, schreiben, würde man seine Angehörigen verständigen können? Würden sie einen tatsächlich hier verrecken lassen? Man war schwach und elend, man konnte nicht denken, man träumte, phantasierte. – Man hörte Kommandorufe, Soldaten erschienen, beritten, wir wurden aus dem Stacheldraht herausgetrieben, in Kolonnen eingeteilt, abtransportiert. Nach mehrstündigem Marsch kamen wir in ein großes Zeltlager. Auf glitschigem, morastigem Gelände hatte man einige hundert kleine Zelte aufgestellt. In jedes dieser Zelte mußten acht Menschen kriechen, das war ihre Wohnung. Der Boden war Morast, innen war nichts, keine Decke, kein Brett, kein Stroh. Das war eines der vielen sogenannten Hungerlager direkt hinter der Front. Hier blieben wir zehn Tage. Man konnte entweder stehen oder im Morast liegen, schlafen. Man bekam nichts, nicht Löffel, Gabel, Messer, Kochgeschirr, nicht Becher, nicht Seife, nicht Handtuch. Dreimal am Tag erhielt jedes Zelt eine große Schüssel voll Essen. Reis in Wasser. Die Schüssel wurde auf die Erde gestellt, die acht Mann mußten sich ringsherum auf den Bauch legen und aus der Schüssel schlürfen, wie Hunde. Die Wachmannschaften – sadistische Soldaten – standen daneben und hielten sich den Bauch vor Lachen über die Gier und die Streitereien der schlürfenden und fressenden deutschen Kriegsgefangenen. Mit der Hand in die Schüssel fahren und Reiskörner herausklauben war verboten. Machte man den Versuch, so schlugen die Wachmannschaften mit Stöcken. Es war System, wir sollten fressen wie die Hunde. Wir waren noch immer, wie wir aus der Schlacht herausgekommen waren, der eine mit Mantel, der andere ohne, einer mit Stahlhelm, einer mit Soldatenmütze, einer ohne Kopfbedeckung. Ungewaschen, unrasiert, verwahrlost. In diesem Hungerlager erst fiel mir ein, daß ich früher schon Kriegsgefangene gesehen hatte, russische Kriegsgefangene, arbeitend auf Truppenübungsplätzen, russische Kriegsgefangene in einem Gefangenenlager bei Halle. Wenn auf dem Truppenübungsplatz Gefangenenkolonnen an uns vorbeigeführt wurden, dann hatten wir ihnen die Zunge herausgestreckt, sie ausgelacht, ihnen höhnisch zugerufen: Rußland kaputt, Rußland aus, verloren. Jetzt erst sah ich, wie niederträchtig, nichtswürdig, gemein, ehrlos unser Verhalten den wehrlosen Menschen gegenüber gewesen war. Und gar das Kriegsgefangenenlager bei Halle. Die Bevölkerung von Halle strömte zu Tausenden zu diesem Gefangenenlager, wie zu einer Tierschau. Man pflanzte sich vor dem Stacheldraht auf, verhöhnte und verlachte die armen Kerle, beschimpfte sie, weil sie so verwahrlost aussahen, warf ihnen mitleidig kalte Kartoffeln, Erdnüsse über den Stacheldraht und amüsierte sich köstlich darüber, daß die halb verhungerten armen Teufel sich auf diese Brocken stürzten. Der Mensch ist eine elende Bestie.

Der Mensch ist eine Bestie

Daß der Mensch eine elende Bestie ist, das sah ich tausendmal während der dreieinhalb Jahre meiner französischen Kriegsgefangenschaft. Ich war in mehr als einem Dutzend von Arbeitslagern, hauptsächlich in der Gegend von Reims, in und bei Le Havre, in und bei Rouen. Ich war in mehr als einem Dutzend von Arbeitsabteilungen, ich saß insgesamt zweihundertachtundsiebzig Tage im Gefängnis. Ein großer Teil der französischen Gefängnisse hat mich beherbergt. Die Gefangenenlager waren ausnahmslos miserabel, zum Teil menschenunwürdig. Man hatte nur äußerst dürftige Waschgelegenheit, man schlief auf Brettern, selten auf Stroh, nur wenn einem die Fetzen vom Leib hingen, bekam man eine Hose oder einen Rock, grasgrün, lächerliche Kleidungsstücke, entweder zu groß oder zu klein, Holzschuhe oder Sandalen, so gut wie keine Wäsche. Die Ernährung meist grauenhaft, fast nur wurmiger Reis, madige Bohnen, mit Sand untermischtes Schwarzbrot; wenn es Fleisch gab, dann Pferdefleisch von alten Kleppern, zäh wie Leder. Die Gefangenen mußten schwere und schwerste Arbeit verrichten, die deutschen Unteroffiziere, Sergeanten und Feldwebel hatten die Leute anzutreiben, und wenn sie sich weigerten, wurden sie wegen Gehorsamsverweigerung ins Gefängnis gesperrt. Ich war zum Teil Arbeiter, zum Teil Dolmetscher, zum Teil Aufsichtsführender. Obwohl die Arbeit schwer und drückend war, war mir das Arbeiten lieber als das Dolmetschen und das Beaufsichtigen der Arbeit. Mein Französisch war äußerst mangelhaft, trotzdem konnten es die Franzosen nicht lassen, mich immer wieder als Dolmetscher zu verwenden. Wir arbeiteten in Brikettfabriken, in Gefrierhäusern, als Hafenarbeiter, auf Rangierbahnhöfen, in Munitionsfabriken, beim Straßenbau, in Steinbrüchen, bei der Müllabfuhr, in Krematorien, beim Roden von Wäldern, bei Entwässerungen, beim Beladen von Kohlenwaggons. Im Laufe dieser dreieinhalb Jahre habe ich Hunderte von verschiedenen Arbeiten gemacht.

278 Tage Gefängnis

Die meisten Franzosen, mit denen wir es zu tun hatten, waren gleichgültig. Sie sahen, daß wir gequält und schikaniert wurden, aber es betrübte sie nicht. Viele waren grausam und sadistisch, manche ihrer Natur und Charakteranlage entsprechend, manche aus Dummheit. Die Dummen glaubten der Staatspropaganda noch mehr als die weniger Dummen; sie hatten gehört und gelesen, daß die Deutschen grausame Bestien seien, daß sie kleinen Kindern die Bäuche aufschlitzten, daß sie die Frauen schändeten und nach vollzogener Notzucht umbrachten. Sie raubten, mordeten, sengten. Mußte man diese Bestien nicht grausam behandeln? Strafen, Essensentzug und Gefängnisstrafen waren an der Tagesordnung. Die Gruppe hatte den Befehl erhalten, bis abends sieben Uhr zehn Waggons vollzuladen. Bis sieben Uhr waren erst acht Waggons geladen. Jeder zehnte Mann und der Aufsichtsführende acht Tage Gefängnis wegen Gehorsamsverweigerung, die übrigen Leute vierundzwanzig Stunden kein Essen. – Oder: Die Leute hatten aus dem Schiffsbunker Kisten mit Corned beef herauszutragen. Man fand einen Gefangenen beim Essen aus einer Dose: vierzig Tage Gefängnis wegen Diebstahls militärischen Eigentums. Der krasseste Fall: Ein Gefangener hatte Säcke mit Haferflocken zu schleppen. Ein Sack hatte ein Loch, Haferflocken rieselten heraus. Der Gefangene klaubte einige Flocken vom Boden auf und steckte sie sich in den Mund. Ein französischer Offizier ließ ihm Handschellen anlegen und ihn abführen. Wir sahen den Mann nicht wieder. Nach einigen Wochen gab uns der Offizier bekannt, das Militärgericht habe den Mann wegen Diebstahls militärischen Eigentums zu vier Jahren Gefängnis verurteilt. Der Offizier war ein notorischer Lügner, ich glaube es zu Ehren des Militärgerichts nicht. Die Methode, die man mit uns Unteroffizieren und uns Dolmetschern anwandte, war höchst grausam. Der französische Offizier sagte zu dem Dolmetscher: »Sagen Sie zu den Leuten, sie sollen mit den Säcken auf dem Rücken schneller laufen.« Der Dolmetscher zu den Leuten: »Der Offizier wünscht, daß ihr schneller lauft.« Der Offizier: »Nein, Sie sollen nicht sagen, daß der Offizier es wünscht, Sie sollen es von sich aus befehlen.« »Das kann ich nicht, die Leute sind schlecht ernährt, noch schneller laufen, das übersteigt ihre Kräfte.« »Wenn Sie es nicht befehlen, dann ist es Gehorsamsverweigerung.« Auf diese Weise habe ich insgesamt zweihundertachtundsiebzig Tage Gefängnis bekommen. Aber die Tage im Gefängnis waren durchaus nicht schlechter als die Tage im Gefangenenlager. Im Gegenteil, im Gefängnis zu sitzen hat auch seine Annehmlichkeiten.

Auf jedem Kleidungsstück, das man trug, waren groß und dick mit Ölfarbe zwei Buchstaben aufgemalt: P. G. – Prisonnier de Guerre. Jeder Mensch, der uns sah, sollte sofort wissen, daß er einen Kriegsgefangenen vor sich hatte. Und außerdem sollten diese ominösen Buchstaben jeden Fluchtversuch vereiteln.

Erzfeindschaft zwischen Reich und Arm

In den dreieinhalb Jahren meiner Kriegsgefangenschaft habe ich die Menschen gründlich kennengelernt. Eine Reihe von Faktoren unseres täglichen Lebens war ausgeschaltet. Es fehlte die Freiheit. Gewiß, heute, da Demokratien nur dem Namen nach bestehen, da Pässe, Visumzwang, Währungsbeschränkung und Zensur das Leben vergiften, kann von Freiheit nicht mehr die Rede sein. Aber dem Kriegsgefangenen fehlte ja jegliche Art der Freiheit, er konnte sich nicht einmal frei bewegen. Er war ohne Frau. Und das Wichtigste: Der Gefangene war aus dem Wirtschaftsleben eliminiert. Da hatte er zu schlafen, diesen Fetzen hatte er anzuziehen, jeden Morgen wurde ihm mitgeteilt: Das hast du zu arbeiten, ob es dir gefällt oder nicht, ist unwichtig. Wenn er in der Arbeit besondere Leistungen vollbringt, kein Mensch dankt es ihm. Ein Leben ohne Freiheit, ein Leben ohne Frau, ein Leben ohne Wirtschaft, ohne Selbständigkeit, ohne Anteilnahme an den Dingen, die die Allgemeinheit, die Öffentlichkeit angehen – ein solches Leben macht aus dem Menschen, der bislang eine eigene Wirtschaft führte, der eine Frau hatte oder wenigstens die Möglichkeit, eine zu haben, der sich selbständig bewegen konnte, dem nicht vorgeschrieben war, wann er zu stehen hatte und wann zu liegen, einen anderen Menschen, einen ursprünglicheren. Die Berechnung, die Schläue, die Pfiffigkeit, die Tücke, die Verlogenheit, die Verstellung fallen von ihm ab, die Nachdenklichkeit, die Phantasie, die Selbstbesinnung, die Beschaulichkeit wachsen. Die Menschen, mit denen ich die dreieinhalb Jahre der Kriegsgefangenschaft verlebte, standen mir sehr nahe. In dieser engen und engsten Gemeinschaft, wo Körper an Körper lag, konnten Differenzen und Streitigkeiten, Prügeleien und Diebstahl nicht ausbleiben, aber es bestand überall in der Gefangenschaft ein Gemeinschaftsgefühl, Hilfsbereitschaft dem anderen gegenüber, Freundschaft und Verständnis. Es gab Arbeitslager, in denen zwölftausend Gefangene zusammenlebten, immer vierhundert in einer Baracke, es gab Arbeitsgruppen von nur vierzig Menschen. Letzten Endes führten sie alle das gleiche Leben. Leibliche Genüsse gab es gar nicht oder nur in bescheidenstem Maß. Die falsche Scham fiel von den Menschen ab, der Kamerad war einem innerlich zugetan, man brauchte sich vor ihm nicht zu genieren, man konnte ihm die geheimsten Gedanken und Gefühle anvertrauen und wußte, daß man nicht ausgelacht wurde, daß man auf Verständnis stieß. Die primitivsten Dinge kamen zum Vorschein. Einer sagte zu mir: »Du, ich muß dich etwas fragen. Ich habe schon so oft etwas von einem Nachthemd gehört. Was ist das eigentlich? In dem lustigen Buch, das ich jetzt lese, steht auch etwas von einem Nachthemd. Ich, bei mir zu Hause in Pfaffenhofen, ich ziehe jeden Sonntag ein frisches Hemd an. Aber ein Nachthemd? Am Abend, wenn ich ins Bett gehe, ziehe ich meinen Rock und meine Hose und meine Stiefel aus und lege mich ins Bett.« Ich erklärte ihm, daß es viele Leute gebe, die vor dem Schlafengehen nicht nur Rock, Hose und Stiefel auszögen, sondern auch das Hemd und für das Bett ein eigenes Hemd anzögen, eben das Nachthemd. »Ja, ist das genauso ein Hemd wie jedes Hemd?« »Nein, es ist ein langer Kittel, bis herunter zu den Füßen.« »Komisch, also wie ein Frauengewand. Komische Sachen machen die Reichen.«

An Tausenden von Bemerkungen, Fragen, Äußerungen, Erzählungen erkannte ich, wie groß und erbittert der Haß war gegen die Rei-

chen und wie verständnislos der Reiche der Psyche des Armen gegenübersteht. Es gibt keine Erzfeindschaft zwischen Negern und Weißen, zwischen Japanern und Chinesen, zwischen Deutschen und Franzosen, zwischen Nichtjuden und Juden, die Rassegefühle, die Nationalgefühle, der Rassenhaß, der Nationalitätenhaß sind künstlich erzeugt und künstlich aufgepulvert, aber zwischen Reich und Arm besteht Erzfeindschaft.
Das Gefühlsleben entwickelte sich. Äußere Genüsse gab es nicht, mehr und mehr suchte man nach inneren Genüssen. Ungesellige wurden geselliger, Stille und Schweigsame mischten sich in Gespräche und wurden allmählich offenherziger, gesprächiger. Leute, die seit ihrer Schulzeit niemals eine Zeile gelesen hatten, begannen, ein Witzblatt zu studieren, Kalendergeschichten zu lesen. Lesen und Suchen nach Büchern wurden zusehends populärer.
Aber natürlich war das äußere Leben nach wie vor das Wichtigste. Die Frage nach dem Brot, ob in dem Brot, das morgen verteilt würde, wieder soviel Sand stecke wie in dem gestrigen, die Frage nach der Genießbarkeit von Bohnen und Reis, die Wut über schlechte Arbeitsplätze, die Erbitterung über schikanöse Wachtposten, Behandlung im Gefängnis, Behandlung im Lazarett, die Möglichkeit, sich statt der durchlöcherten Sandalen ein Paar Holzschuhe zu beschaffen – diese Dinge standen im Vordergrund.

Die Tücke der Repressalie

Setzten außergewöhnliche Schikanen ein, dann wurde meist bekanntgegeben, das seien Repressalien. Der deutsche Staat – so hieß es in einer Bekanntmachung – habe in zwei Gefangenenlagern den Gefangenen die Benutzung von Wasser verboten. Als Repressalie dürften wir bis auf weiteres die wenigen schwachen Wasserhähne des Lagers nicht benutzen. Oder: Es sei festgestellt worden, daß der deutsche Staat, der verpflichtet sei, seinen Gefangenen täglich soundso viele Kalorien zu geben, ihnen nur vier Fünftel der vorgeschriebenen Anzahl liefere. Daher bekämen wir bis auf weiteres täglich statt eines ganzen Kommißbrotes nur mehr zwei Drittel. Man durfte alle vierzehn Tage einen Brief in die Heimat schikken, eine Seite lang. Der Brief wurde streng zensiert. Bemerkungen wie »Ich bin mit meiner Lage unzufrieden« oder »Ich leide an Hunger« hatten nicht etwa zur Folge, daß der Brief nicht befördert wurde, sie brachten dem Briefschreiber meist Gefängnis oder zum mindesten Briefschreibverbot für mehrere Monate. Nicht einmal Nachrichten wie »Ich habe mir einen Bruch zugezogen« oder »Ich habe mir den Fuß gebrochen« waren erlaubt. Bekam man einen Brief aus der Heimat, so hatte man einen Freudentag. Die Briefzensur auf deutscher und auf französischer Seite hatte allerdings dafür gesorgt, daß in den Briefen niemals etwas stand. Immer hieß es, alle seien gesund und munter und man freue sich auf das Wiedersehen. Immerhin erfuhr man aus den Briefen aus der Heimat, wenn sich ein Verwandter verheiratet hatte, wenn ein Kind zur Welt gekommen war, wenn ein Freund gestorben war. Aber auch das Briefschreiben und das Briefempfangen wurden immer wieder durch Repressalien unterbrochen. – Es ist festgestellt worden, daß den französischen Gefangenen in mehreren Kriegsgefangenenlagern ihre Post nicht ausgeliefert worden ist. Als Repressalie wird daher die seit vierzehn Tagen eingelaufene Post verbrannt. Und wir mußten zusehen, wie die Heimatbriefe in Flammen aufgingen. Am häufigsten erstreckten sich die Repressalien auf Pakete aus der Heimat. Die Pakete aus der Heimat waren die Lichtpunkte im Leben des Gefangenen. Tee, Marmelade, Honig, geräucherte Wurst, Ölsardinen, Schokolade, Briefpapier, Bleistifte, auch Kleidungsstücke, ein Hemd, ein Paar Socken, eine Leinenhose, eine Handarbeit vom Töchterchen des Gefangenen, das der Mann seit vielen Jahren nicht mehr gesehen hatte, von der Braut gestickte Pantoffeln. Natürlich wurde der Inhalt des Pakets von der Zensur eingehendst studiert, und die Freude über das Paket wurde fast immer mit Erbitterung über die Härte der Zensur gemischt. Am schlimmsten war es einige Monate hindurch in einem großen Arbeitslager, in dem die Paketzensur von zwei gemeingefährlichen Sergeanten ausgeübt wurde. Es wurde bekanntgegeben, daß die zweiundfünfzig Kriegsgefangenen Pakete entgegennehmen könnten. In einer langen Reihe hatten die Leute anzutreten, ein Tuch, einen Sack, einen Fetzen in der Hand. Der eine der beiden Sergeanten öffnete das Paket, vor ihm stand der Gefangene mit ausgebreitetem Tuch. Wurst. Der Sergeant stocherte in der Wurst herum, säbelte einige Stücke ab, schnitt die Wurst entzwei und warf die Stücke und Brocken in das offene Tuch. Ein Päckchen Tee. Er öffnete das Päckchen und schüttete den Tee in das Tuch, auf die Wurst. Eine Dose Marmelade. Er schüttete die Marmelade auf Tee und Wurst, darauf Zigaretten, darauf das Hemd, Honig, Pfeifentabak. Mehr als einmal ist es vorgekommen, daß der Gefangene in einem Wutausbruch das Tuch mit den Geschenken dem Sergeanten vor die Füße warf. Er mußte seinen Wutausbruch mit schweren Strafen bezahlen. Während der Sergeant Wurst, Seife, Marmelade, Tee durcheinandermischte, beobachtete der zweite Sergeant das Mienenspiel des Empfangenden. Eine zornige Grimasse, und schon fragte der Sergeant drohend: Paßt Ihnen etwas nicht? Man hatte schnell und demütig zu erwidern: Nein, Herr Sergeant, wollte man Gefängnis oder Essensentzug vermeiden. Wegen der Heimatpakete gab es immer wieder Repressalien. Einmal hieß es, die Deutschen hätten die Pakete für ihre Gefangenen mit Petroleum übergossen, einmal hieß es, die Pakete seien so lange zurückgehalten worden, bis der Inhalt verfault war. Zweimal in der Woche war Paketempfang. Immer wieder gab es der Repressalien wegen Unterbrechungen, manchmal monatelange. Einmal wurden als Repressalie vor unser aller Augen ganze Berge von Paketen verbrannt.

Nichtbeachtung internationaler Konventionen

Ich selbst war schon fünf Monate lang in Gefangenschaft, ohne ein Wort von den Meinen zu hören. Erst im sechsten Monat erhielt ich Nachricht. Ich erinnere mich daran, wie ich an einem Geburtstag, dem ersten Geburtstag in Gefangenschaft, in meinem Zelt lag und bitter dachte, daß mir niemand Glück wünsche, daß ich vergessen sei. Nach Jahren, als ich wieder in Deutschland war, hat man mir erzählt: Im Oktober 1916 kamen Briefe und Karten, die man an mich ins Feld schickte, mit dem Vermerk zurück: Vermißt. Man erkundigte sich beim 160. Infanterieregiment, bei der Kommandantur in Halle, beim IV. Armeekorps in Magdeburg, und zuletzt erhielt man die Mitteilung, daß nicht anzunehmen sei, daß einer vom 160. Infanterieregiment noch am Leben sei. Mein Sohn war erst vier Jahre alt, aber meine Frau und meine Mutter haben viele bittere Wochen

Schicksalswalten

Unser ausgezeichneter Mitarbeiter, Unteroffizier Martin Feuchtwanger, im Frieden Chefredakteur der Saalezeitung zu Halle, hat zu Anfang September dieses Jahres in der Kriegs-Zeitung der 7. Armee eine Skizze aus den Kämpfen an der Somme »Der Gefangene« veröffentlicht. Der Verfasser erzählte darin von einem tapferen Franzosen, der einen Sackgraben bis zum letzten Augenblick unerschrocken verteidigte. Als der Feind schliesslich allein vor den heranstürmenden Deutschen stand, erhob er gelassen die Hand und sagte: »Pardon messieurs«. Da er als schneidiger Soldat gehandelt, hat ihn Feuchtwanger gegen teilweisen Widerspruch seiner Kameraden, und obwohl der Franzmann den in der Kompagnie besonders beliebten Gefreiten »Josef« kurz vorher gefällt hatte, gefangen genommen. Feuchtwanger schloss seine Schilderung mit den Worten: »Der arme Josef war ein Prachtkerl. Aber der Franzmann, der ihn erschlagen hatte, musste trotzdem nicht sterben, auch er war ein Ehrenmann und ein guter Soldat. *Ich glaube, er hätte im umgekehrten Fall ebenso gehandelt wie wir.«*

Eine Berliner Zeitung, die den »Gefangenen« Feuchtwangers nachdruckte, glaubte aus der Ferne an dem Verhalten des Sommekämpfers Feuchtwanger abfällige Kritik üben zu sollen und meinte, dass angesichts der häufigen Grausamkeiten der Franzosen Schonung nicht am Platz gewesen sei. Ein Deutscher hätte im gleichen Fall sicher keine Gnade vor den Franzosen gefunden.

Feuchtwanger, dem wir das betreffende Berliner Blatt zusandten, schrieb darauf der Schriftleitung der Kriegszeitung:

»Ich hätte gewiss ebenso rechtlich gehandelt, wenn ich den Franzosen erschossen oder mit dem Bajonett niedergemacht hätte, wie ich recht handelte, als ich ihn gefangen nahm. Ich habe mit der Gefangennahme eben eine echt deutsche Gesinnung bekundet. Mögen die Feinde getrost über unsere Gutmütigkeit spotten. Unsere Gutmütigkeit ist tausendmal mehr wert als feindliche Bösartigkeit oder Grausamkeit. Trotz dieser Gutmütigkeit oder vielleicht gerade ihretwegen werden wir die Feinde besiegen und ihnen beweisen, dass Güte über Niedertracht triumphiert. Wenn ich übrigens so optimistisch bin, anzunehmen, der Feind hätte im umgekehrten Falle ebenso gehandelt, so werde ich im Laufe dieses Krieges wohl auch Gelegenheit gehabt haben, edle Taten des Gegners zu sehen.«

Sechs Wochen nach diesem Briefwechsel erhielt die Schriftleitung aus dem Sommegebiet einen an Feuchtwanger gerichteten Brief zurück mit dem Vermerk: »Vermisst«. Sofort sprangen unsere Gedanken unruhig zu jenem Erlebnis des »Gefangenen«, und unsere tiefen Wünsche flehten, es möchte doch dem Kameraden das damals so gross und sicher ausgesprochene Vertrauen nicht zu Schanden werden. Feuchtwanger hat Recht behalten. Es ist ihm Gleiches mit Gleichem vergolten worden. In diesen Tagen erhielten wir die Kunde, dass Unteroffizier Feuchtwanger lebt und sich in französischer Gefangenschaft in Saint-Aubin befindet. Gewiss hat er sich genau so tapfer gewehrt wie seinerzeit der von ihm pardonnierte Gegner, und darum ist er auch als ehrenvoll Unterlegener nicht ermordet worden! –

Ist das nicht ein schönes und freudiges Stück aus den millionenbunten Zufälligkeiten des Lebens! Und ein Zeugnis einer »immanenten Gerechtigkeit« inmitten dem Chaos von Not und Tod, von Heldenmut und Härte, von Mord und Menschlichkeit!

Dem Leser sei überlassen, sich auszumalen, was der Franzose im deutschen Gefangenenlager und der Deutsche im französischen immer und immer wieder durchdenken muss. Wäre es eigentlich unmöglich, dass sich gar einmal die Beiden an einem seligen und blühenden Friedenstag zusammenfänden? – –

durchgemacht, bis sie nach endlosem Warten die Nachricht erhielten, daß ich nicht tot, sondern in Gefangenschaft geraten sei.
Es gibt internationale Konventionen, genaueste Vereinbarungen über die Behandlung der Kriegsgefangenen. Sie müssen normale Arbeiten verrichten, angepaßt ihren Kräften, angepaßt den Verhältnissen des Landes. Sie müssen sauber, hygienisch untergebracht sein, angepaßt den Verhältnissen des Landes, sie müssen gut und kräftig ernährt werden, natürlich richtet sich die Ernährung nach den Verhältnissen des Landes. Sie müssen von dem Staat, der sie gefangenhält, gekleidet werden. Ein ganzes Buch voll Vorschriften. Unsere Zeit kennt leider keine Großzügigkeit, keine Noblesse, keine Menschenliebe. Daß man die Gefangenen in Frankreich so schlecht behandelte, so grausam, so unwürdig, so verächtlich und erniedrigend, das stellt dem Frankreich dieser Jahre ein schlechtes Zeugnis aus. Auch in Deutschland wurden die französischen, englischen und russischen Kriegsgefangenen, soweit sie in Lagern interniert waren, schlecht, zum Teil erbärmlich behandelt. Dagegen sollen in Deutschland die Gefangenen, die privat und auf Bauernhöfen arbeiteten, gut, wie normale Arbeiter, wie Familienangehörige behandelt worden sein. In Rußland war es wie in Deutschland. Öffentliche Arbeitslager: miserabel. Die Gefangenen, die in England interniert waren, hatten ein gutes Leben. Darüber waren die Meinungen nicht geteilt. Sie wurden behandelt wie die englischen Soldaten selbst. Sie erhielten dieselbe Verpflegung, dieselbe Kleidung, dieselbe Toilettenseife, Zahnpasta, Unterwäsche. In den Lagern gab es Bücher, Zeitungen, Zeitschriften, Fußballspiel, Arbeit war freiwillig und wurde bezahlt. Der Engländer nahm von Repressalien Abstand. Er kämpfte an der Front, gegen die bewaffneten Soldaten, nicht gegen die wehrlosen Gefangenen. Was helfen Vereinbarungen, wenn die Partner sie nicht einhalten?

Das Comité de secours

In einem großen Kriegsgefangenenlager in Le Havre, in dem mehr als zehntausend Gefangene untergebracht waren, wurde einmal einem neuen internationalen Vertrag zufolge, den die kriegführenden Staaten in der Schweiz geschlossen hatten, ein Comité de secours gegründet, ein Hilfskomitee. Dieses Comité de secours wurde von den Gefangenen selbst gewählt, es durfte die Wünsche der Gefangenen der Lagerverwaltung mitteilen, es sollte für die Aufrechterhaltung von Ordnung und Hygiene im Lager sorgen, für Unterhaltung und Belehrung der Gefangenen. Der Lagerleiter war ein harter Mann, der das Lager wie ein Gefängnis verwaltete, nicht wie ein modernes Gefängnis, sondern eines der alten Schule. Seine Offiziere und Unteroffiziere hatten hart und grausam zu sein, und die meisten waren grausam und mitleidlos aus ganzer Seele. Als die Verträge geschlossen waren, ernannte der Lagerleiter einen französischen Offizier zum Verbindungsoffizier, zum Vermittler zwischen dem Comité de secours und ihm selbst. Die Insassen des Lagers wählten zehn Leute in das Comité de secours, ich wurde zum Vorsitzenden gewählt. Fast zehn Monate hatte ich dieses Amt. Es war meine beste Zeit während der Gefangenschaft. Ich bekam dreißig Leute für den Innendienst. Es wurde uns erlaubt, Latrinen zu bauen, Badeeinrichtungen, Waschanstalten. Holzabfälle, altes Brettermaterial, altes Baumaterial wurden uns zur Verfügung gestellt, die Leute waren sehr geschickt, und es wurden sehr anständige und erfreuliche Bauten inmitten des verkommenen Lagers errichtet. Nur in bezug auf die Ernährung und die ärztliche Behandlung war und blieb der Lagerkommandant unerbittlich. Wenn ich dem Verbindungsoffizier sagte, daß das Essen vielfach wirklich ungenießbar sei, so lächelte er verlegen, er tue sein Möglichstes, aber es gebe höhere Instanzen als ihn, und gegen die könne er nicht aufkommen. Ich sprach mit ihm immer wieder von dem schlechten Gesundheitszustand im Lager. Die Leute litten unter Dysenterie, Durchfall, Ruhr, eine Folge der minderwertigen Ernährung. Wer sich in der Frühe krank meldete, wurde in die Sanitätsbaracke geführt, hier aber nicht dem Arzt vorgestellt, sondern Fieber wurde von einem Sanitätssoldaten gemessen. Hatte er weniger als achtunddreißig Grad Fieber, dann wurde er nicht dem Arzt vorgeführt, sondern mußte sich den Arbeitskolonnen anschließen. Es war häufig vorgekommen, daß sich ein Mann in der Frühe krank gemeldet hatte, Kopfschmerzen, Leibschmerzen, Schwindelanfälle. Es wurde gemessen, weniger als achtunddreißig Grad Fieber – nach wenigen Stunden schon wurde er vom Arbeitsplatz getragen; er war zusammengebrochen und wurde ins Lazarett transportiert. Es war sogar vorgekommen, daß sich ein Mann in der Frühe krank gemeldet hatte, daß er seiner Temperatur wegen nicht krank geschrieben wurde, daß er zur Arbeit geschickt wurde und daß er am selben Tag noch gestorben war. Ich bat den Verbindungsoffizier immer wieder, zu bedenken, daß die Temperatur doch nicht in allen Fällen ausschlaggebend sei. Der Verbindungsoffizier erklärte immer wieder, der Arzt sei selbständig, niemand habe ihm Vorschriften zu machen, und alles blieb beim alten.

Vorträge im Gefangenenlager

Dagegen hatte der Verbindungsoffizier großes Verständnis für unsere Bemühungen um Unterhaltung, Zerstreuung, Unterricht, Belehrung. Man überließ uns leere Baracken, Tafeln und Kreide. Wir organisierten Lehrkurse in verschiedenen Sprachen, für Rechtschreibung, für technische Fragen, Geographie, wir organisierten Zeichen- und Malkurse, wir veranstalteten Theateraufführungen, und wir hielten Vorträge. Natürlich war das alles äußerst primitiv, es fehlten uns Bücher, es fehlte uns der Kontakt mit der Welt. Ich selbst habe in den zehn Monaten nicht weniger als zweihundert Vorträge gehalten. An und für sich bin ich ein miserabler Vortragender. Ich bin verlegen, hilflos und suche nach Kontakt mit den Zuhörern. Aber diese Vorträge machten mir allmählich viel Freude. Es waren eigentlich keine Vorträge, sondern Plaudereien. In der Baracke saßen vierhundert bis sechshundert Menschen. Ein Thema war nicht genannt. Die Leute durften sagen, was sie hören wollten. »Du, erzähl uns heute einmal etwas von Büchern, vom Bücherschreiben, wie das so gemacht wird.« Oder: »Kannst du heute davon sprechen, wie die Menschen früher gelebt haben, vor hundert oder tausend Jahren, wie es noch keine Eisenbahn und keine Autos gab?« Oder: »Im gestrigen Vortrag hast du gesagt, es gibt keine guten und es gibt keine schlechten Menschen. Davon mußt du uns heute mehr erzählen.« Man verlangte aber auch Belehrungen über Maschinen- und Schiffskonstruktionen oder Erörterungen über Kunst- und Naturdünger. Dann ließ ich andere sprechen. Die Vorträge machten mir deshalb viel Freude, weil ich fühlte, wie mir das Sprechen leichter und leichter wurde, wie es mir allmählich gar keine Anstrengung mehr verursachte, und dann auch deshalb, weil ich sah, wie verständnisvoll und empfänglich die Leute waren. Verständnisvoll und empfänglich, obwohl mir einmal einer meiner ständigen Hörer sagte: »Ich schaue dir auf den Mund. Eine ganze Stunde und noch länger geht der Mund auf und zu. Das bewundere ich wirklich; was du sprichst, ist ja nicht so wichtig.«

Der Kriegsgefangene wünscht ein Paar Socken

Vorbei mit meinem Comité de secours war es, als eine internationale Kommission zur Prüfung der Lagerverhältnisse erschien. Zwei Tage vor Erscheinen der Kommission wurde uns bekanntgegeben, daß die Kommission kommen werde und daß wir berechtigt seien, unsere Wünsche durch das Comité de secours zu äußern. Die Lagerverwaltung erwarte von den Lagerinsassen, daß sie sich mustergültig führten, daß sie der Kommission zeigten, daß sie disziplinierte kriegsgefangene Soldaten seien. Im Lager fanden erregte Debatten statt, man beschloß, fünf Mann vom Comité de secours sollten der Kommission auseinandersetzen, wie grauenhaft, unwürdig die Zustände im Lager seien, wie miserabel das Essen, wie mangelhaft die Bekleidung, wie drückend die Arbeit, wie niederträchtig und haltlos die ständigen Bestrafungen. Die Kommission erschien, die internationale neutrale Kommission, sie bestand aus sechs amerikanischen Herren. Sie fuhren in eleganten Autos vor und wurden von einer großen Gruppe – vielleicht zwanzig Mann stark – eleganter, fröhlicher, gutaussehender französischer Offiziere empfangen und mit Beschlag belegt. Diese große, vornehme Gesellschaft schritt durch die Hauptstraße des Lagers dem Kasino der französischen Offiziere zu. Wir Gefangenen standen an unseren Barackentüren; ein- und ausmarschierende Arbeitskolonnen wurden auf Seitenwege verwiesen. Die vornehmen Herren sahen nicht nach rechts, nicht nach links, wir waren nicht vorhanden. Das Festessen im französischen Kasino dauerte sehr lange. Ich bin überzeugt davon, daß es weder madige Bohnen noch verfaulten Reis gab. Nach einigen Stunden teilte uns der Verbindungsoffizier mit, die Herren Amerikaner wünschten jemanden von uns zu sprechen. Die Fünferkommission trat vor. »Nein, nein«, sagte der

Verbindungsoffizier, »die Herren sind ermüdet, überanstrengt, nur einen Mann.« Also wurde ich in die vornehm eingerichteten Gasträume geführt. Da saßen die französischen Offiziere und die Herren Amerikaner in Klubsesseln und vor Schreibtischen. Der französische Verbindungsoffizier stellte mich, den Prisonnier de Guerre Feuchtwanger, vor, und die Herren Amerikaner nickten mir wohlwollend zu, wie einem braven Dienstboten. Fünf von den Amerikanern öffneten den Mund nicht, solange ich anwesend war. Der Sprecher war ein feister Herr mit einem gutmütigen Gesicht, ein Mann, dem man ansah, daß er es nicht liebte, mit häßlichen Dingen etwas zu tun zu haben, ein Freund der Gepflegtheit und der Sauberkeit. Schmutzige, erniedrigende Dinge – Hände weg! Er sprach nur Englisch, ich nur Deutsch, die französischen Offiziere dolmetschten. »Ich freue mich über das Lager«, sagte der internationale, neutrale, vornehme Amerikaner. »Ich freue mich, daß die Herren Offiziere mit Ihnen zufrieden sind, sie haben uns berichtet, wie nett der Gesellschaftsverkehr im Lager ist, wie schön und erfreulich die Theaterabende, die Konzerte, Malkurse, Vorlesungen, Vorträge. Ich habe die Herren Offiziere kennengelernt, tüchtige, verständnisvolle Menschen. Ich bin überzeugt davon, daß Sie miteinander gut auskommen. Ist die Stimmung im Lager gut, sind die Leute zufrieden? Sie haben ja ein Leben ohne Sorge.« »Leider muß ich Sie enttäuschen, mein Herr«, erwiderte ich, »die Leute sind durchaus nicht zufrieden.« Das Gesicht des Amerikaners bekam unwillige Falten. »Natürlich«, er lächelte nachsichtig. »Sie sind Kriegsgefangene. Ein hartes Los. Sie entbehren die Heimat, die Familie. Und der Krieg dauert lange. Ich kann mir vorstellen, daß Sie verbittert sind.« »Nein, mein Herr, davon spreche ich nicht. Ich spreche davon, daß die Lagereinrichtungen miserabel sind, es fehlt an Stroh, die Pritschen sind zu klein und zu eng, das Essen spottet jeder Beschreibung, die Kleidung besteht aus Fetzen, die Arbeit ist schwerste Sklavenarbeit, für nichts und wieder nichts bekommen die Leute härteste Strafen ...« Während des Sprechens sah ich mir die französischen Offiziere an. Zeigt sich ihre Wut auf ihren Gesichtern? Nein, sie lächeln freundlich und nachsichtig, wie man einem armen Kranken seine Launen vergibt. Der Amerikaner hielt mir eine lange Rede: »Lieber Herr Kriegsgefangener, Sie sind doch ein gebildeter Mann, Sie dürfen doch nicht übersehen, daß Krieg ist.

Jeder kriegführende Staat arbeitet mit vollem Einsatz für den Krieg, für den Sieg. Dabei muß die Heimat, das Hinterland versorgt werden. Es fehlt die Zeit, das Material, die Möglichkeit, aus den Gefangenenlagern schöne und gepflegte Klubräume zu machen. Die Herren Franzosen verstehen etwas von der Bequemlichkeit und vom Luxus, aber sie müssen sich nach den bestehenden Verhältnissen richten. Genauso ist es mit der Verpflegung. Schmackhafte Suppen, nahrhafte Braten, pikante Saucen, gute Fische, schöne Salate – es fehlt an der Zeit, es fehlt am Material, Sie müssen einsichtig sein, Sie müssen das verstehen, Sie dürfen in Ihrer Verbitterung nicht ungerecht werden. Denken Sie über all das nach, und Sie werden mir recht geben. Noch etwas. Sie sprechen von der Kleidung. Bleiben wir bei Ihnen persönlich, Ihr Anzug sieht nicht schlecht aus. Haben Sie Wünsche hinsichtlich der Wäsche?« »Ja, um ein Beispiel zu nennen, ich besitze nur dieses eine Paar Socken.« »Na, sehen Sie, das ist doch etwas Reales.« Er nahm einen Notizblock: »Ich werde dem Internationalen Roten Kreuz schreiben, daß der Kriegsgefangene Feuchtwanger ein Paar Socken wünscht, nein, sagen wir, drei Paar Socken ...« »Mein Herr, ich spreche hier nicht für mich, ich spreche für das Lager.« »Gut, ich werde hinzufügen, daß es vom Roten Kreuz schön wäre, wenn es eine große Sendung von Socken schicken würde, da auch andere Lagerinsassen unter Mangel an Socken leiden.«
Ich war entlassen. Kaum hatte ich in der Baracke begonnen, zu erzählen, da erschienen ein französischer Offizier und ein Sergeant: »P. G. Feuchtwanger, sofort die Sachen packen, Sie sind versetzt.« Sie sahen zu, wie ich meine Kiste packte. Sie ließen mich nicht eine Minute allein mit meinen Kameraden, ich wurde sofort abtransportiert in ein anderes Lager.

Erbitterung gegen Konfession und Nation

Der Mangel an äußeren Genüssen, sagte ich, hatte zur Folge, daß die Menschen mehr lasen, über das Gelesene nachdachten und diskutierten, daß sie Freundschaften pflegten und hochhielten, daß ihr Innenleben, ihre Phantasie lebendiger wurden. Man sollte meinen, daß auch die patriotischen und religiösen Gefühle sich vertieften. Aber das Gegenteil war der Fall. Die Länge des Kriegs und der Kriegsgefangenschaft schuf allmählich Mißtrauen und schließlich Erbitterung gegen Deutschland. Die Repressalien taten das Ihre. Vielfach war man überzeugt davon, daß die Repressalien nur ein Vorwand seien für Schikane und Grausamkeit, auf der anderen Seite traute man den Deutschen Grausamkeiten gegen die Gefangenen durchaus zu. »Die tun sich leicht in der Heimat«, sagte man, »sie selber lassen es sich gutgehen, und die Gefangenen quälen sie. Daß die Gemeinheiten auf uns zurückfallen und daß wir sie büßen müssen, das ist ihnen egal. Ein elendes Pack! Erst jahrelang seine Haut zu Markte tragen, und dann nichts als Undank!« Genauso wuchs auch die Erbitterung gegen die Kirchen und gegen die Religion. Die meisten der Leute – sie waren teils katholisch, teils evangelisch – waren zu Hause nicht sonderlich fromm gewesen, immerhin waren sie kirchlichen Einrichtungen gegenüber nicht feindlich eingestellt. Hier aber, in der Kriegsgefangenschaft, gab es nichts als Spott über die Religion, wenn nicht sogar Haß. Differenzen zwischen Katholiken und Evangelischen hatten gänzlich aufgehört. Juden gab es nur wenige, zwischen Juden und Nichtjuden waren keine Unterschiede. Wenn ich gelegentlich gesprächsweise einfließen ließ, daß ich Jude sei, so hörte man kaum hin, wie etwa, wenn jemand erzählt, er habe heute Kopfschmerzen. Für viele Leute war Jude ein Begriff. »Unsereiner muß sein Leben lang schuften und bleibt doch arm«, sagten sie, »es ist egal, ob die Konservativen am Ruder sind oder die Sozialisten, ob der Staat selbständig ist oder abhängig. Und die Reichen, die Grafen und die Barone und die Juden, denen wird es nie schlecht gehen.« »Ich bin doch auch ein Jud.« »So schaust du aus. Ja, für die Konfession oder für den Religionsunterricht. Ich meine die wirklichen Grafen und Juden, die Reichen, die im Auto fahren und Dienerschaft haben und eine Villa, die Bankdirektoren und Gutsbesitzer.«

Christlicher Gottesdienst für einen Juden

Zweimal in der Gefangenschaft hatte ich mit französischen Geistlichen zu tun. Der erste Fall: Ich hatte eine Gruppe von ungefähr vierzig Mann, die in einem Steinbruch bei La Sandouville arbeiteten. Sprengen, Steine klopfen und behauen, Steine in Loren laden, die Loren zu Eisenbahnwaggons bringen, die Waggons laden. Mit dem französischen Wachkommando hatten wir fast nichts zu tun. Die Wachsoldaten sprachen mit uns nicht, sie standen mit aufgepflanztem Bajonett und bewachten in der Nacht unsere Baracke. Die Arbeit war nicht schlecht, und die Leute waren zufrieden. Die Baracke hatte ein kleines Abteil, in dem ich schlief und meine Aufzeichnungen machte: Wie viele Loren – was für die Schmiede benötigt wurde – Bestand an Sprengstoff ... Die Leute und ich, wir standen ausgezeichnet miteinander. Bei Differenzen und Diskussionen hatte ich die Entscheidung, nicht weil ich die Arbeit einteilte, sondern weil mich die Leute gern hatten. Eines Tages erschien bei mir in Begleitung eines Sergeanten ein französischer Geistlicher, ein lutherischer, nahm auf einem Schemel vor meiner Pritsche Platz und fragte mich, ob meine Leute nicht Verlangen nach Seelsorge hätten. Er sei gerne bereit, jeden Sonntag für uns Gottesdienst zu halten. Ich kannte meine Leute genau und antwortete, sie seien von der Arbeit müde und wollten am Sonntag schlafen. Er bat mich, die Leute selbst zu fragen. Schallendes Hohngelächter. »Der Pfaffe soll uns den Buckel herunterrutschen, wir brauchen ihn nicht. Das vollgefressene Schwein, und wir hungern, er soll abhauen.« Dabei war der Geistliche jung und mager, er machte einen dürftigen und braven Eindruck. Am nächsten Sonntag erschien er wieder und brachte Schokolade, Orangen, Gebäck für die Leute mit. »Ach, er will sich mit seinen Fressalien unsere Seelen erkaufen«, riefen die Gefangenen. »Da ist er aber schief gewickelt. Her mit den Fressalien, und der Pfaffe soll nach Hause gehen.« Am nächsten Sonntag setzte mir der Geistliche auseinander, er würde auch für zwei oder drei Leute Gottesdienst halten, ich möchte fragen, ob nicht einer bereit sei, mit ihm zu beten. Die Leute nahmen wieder die mitgebrachten Sachen, waren aber nicht bereit, den Geistlichen anzuhören. »Tut es mir zuliebe«, bat ich, »der Mann ist so anständig, er bekommt doch nichts dafür. Wenigstens zwei oder drei Mann können wirklich kommen.« Es fand sich keiner. »Laß doch du dir von ihm vorbeten«, höhnten die Leute. »Ich bin doch ein Jude.« »Das ist egal, der betet auch für Juden.« Die Leute hatten recht. Am nächsten Sonntag erschien er wieder und erklärte mir, er wolle für mich allein Gottesdienst halten. Ich hätte ihm gesagt, daß ich Jude sei. Er habe Gebete und Sprüche und Psalmen ausgesucht, die allen Religionen heilig sein mußten. Was sollte ich machen? Er las mir vor, er deklamierte mir vor, er sang mir vor. Mein Französisch war nach wie vor dürftig, und ich verstand das meiste nicht. Dabei hörte ich, wie die Leute drinnen in der Baracke über das Singen und Deklamieren spotteten. Er fragte mich, ob er mir auch Stellen aus dem Neuen Testament vorlesen dürfe, und so las er abwechselnd aus dem Alten und aus dem Neuen Testament vor. Die Leute waren unzufrieden mit mir. »Bist ein schlapper Hund und ein Feigling«, sagten sie zu mir, »statt daß du dem Kerl einen Tritt in den Arsch gibst, läßt du dir von ihm Hokuspokus vorgreinen.« Zehn Sonntage hintereinander hielt der wackere Mann für mich Gottesdienst.

Der zweite Fall, von dem ich erzählen will, war tragischer. Es war unmittelbar vor unserer Entlassung aus der Kriegsgefangenschaft. Es war alles eingeleitet: Diese fünfhundert Mann verlassen in acht Tagen Frankreich und werden nach Deutschland transportiert. Im letzten Augenblick kamen die Franzosen mit einer gefährlichen Sache: Wir brauchen Leute zum Auflesen und Abtransport von Minen und Granaten. Freiwillige Arbeiter werden gesucht. Es sind immer Fachleute, Fachoffiziere bei der Arbeit anwesend, trotzdem ist die Sache unter Umständen gefährlich. Die Sache wird sehr hoch bezahlt: fünfzig Francs täglich. Ich warnte die Leute, ich riet dringend ab. Trotzdem meldeten sich fünfzig Mann. Ich machte einen letzten Versuch. »Eure Leute in der Heimat sind verständigt, sie erwarten euch jeden Tag. Nachdem ihr die vielen Jahre des Kriegs und der Gefangenschaft überstanden habt, wollt ihr euer Leben jetzt, im letzten Augenblick, aufs Spiel setzen? Es ist tatsächlich lebensgefährlich. Die lausigen paar Francs sind keine Entschädigung.«

Der erste Tag ging gut vorüber, am Abend bekamen die Leute ihr Geld, und sie lachten mich aus. Auch der zweite Tag verlief ohne Zwischenfall. Am Mittag des dritten Tages brachte man vier Verwundete auf Tragbahren, drei wurden sofort ins Lazarett weitertransportiert, dem vierten war ein Bein weggerissen, ein Splitter war in die Brust gedrungen. Während ich mich zu ihm niederbeugte und die Decke lüftete, schlug er die Augen auf und wieder zu, dann öffneten sie sich von selbst, er war tot. Das Granaten- und Minenarbeiten wurde abgeblasen. Am Nachmittag erschien ein Geistlicher und besprach mit dem französischen Lagerkommandanten und mit mir die Begräbnisfeier. Der Verunglückte wurde im Wald hinter dem Lager begraben. Sämtliche Lagerinsassen waren anwesend. Ich hielt die Trauerrede, schilderte die Tragik dieses Unglücksfalls. »Der Mann war seit 1914 im Feld. Er hatte fünf Kinder. Jetzt endlich erhält die Familie die frohe Botschaft, der Mann kommt zurück, nach sechs Jahren Krieg und Gefangenschaft kehrt er gesund zurück zu seiner Frau und zu seinen fünf Kindern. Um seiner Frau und seinen Kindern eine Freude zu bereiten, ihnen ein Geschenk mitbringen zu können, übernimmt er eine lebensgefährliche Arbeit, und dabei ereilt ihn der Tod. Es ist schmerzlich, daran zu denken, daß jetzt, in diesem Augenblick, die Frau und die fünf Kinder das Haus für den Heimkehrer schmücken, daß sie Gott dafür danken, daß er die sechsjährige Ausdauer und Geduld durch die Heimkehr belohnt. Die arme Frau, die armen Kinder, wenn sie wüßten, daß wir ihren Mann und Vater jetzt ins Grab legen!« Der französische Geistliche sprach ein französisches Notre Père, ein Kamerad sprach ein deutsches Vaterunser, und viele von meinen harten Leuten weinten.

Fluchtpsychose

1917 war die Gefangenschaft härter und drückender als 1916. 1918 wurde sie unerträglich. Das war ja ein Dauerzustand. Der Krieg hörte nie wieder auf. Man sehnte sich nach schweren Gebrechen, denn ab und zu wurden schwerkranke Kriegsgefangene auf dem Wege über die Schweiz ausgetauscht. Anfang 1919 sickerte es allmählich durch, daß überhaupt kein Krieg mehr war, daß längst ein Waffenstillstand geschlossen war. Wir waren abgeschlossen von aller Welt. Den Franzosen war es streng verboten, mit uns Kriegsgefangenen zu sprechen, auch den Wachmannschaften. Zeitungen irgendwelcher Art waren verboten. Durch eingeschmuggelte französische, englische und holländische Zeitungen erfuhren wir nun, daß Deutschland geschlagen, besiegt war, daß Deutschland eine Republik geworden war, daß der Kaiser geflohen war, daß Deutschland am Abgrund stand und daß etwa hunderttausend Gefangene in Frankreich zurückbehalten würden als Geiseln, sie waren das Pfand, daß Deutschland seinen Verpflichtungen nachkam. Unsere Wut kannte keine Grenzen. Deutschland besiegt, der Kaiser geflohen, Deutschland am Bettelstab – alles sehr traurig. Aber die Tatsache, daß Deutschland so gemein war, dem zuzustimmen, daß man uns als Geiseln zurückhielt, das schlug doch dem Faß den Boden aus. Warum denn gerade wir? Vier Jahre hatten wir den Krieg mitgemacht, den grausamsten und lausigsten aller Kriege, und jetzt konnten sich alle im Frieden sonnen, nur wir nicht, ausgerechnet wir, die wir ohnehin die Stiefkinder waren. Die Franzosen, die solche gemeinen Bedingungen stellten, die Deutschen, die solche gemeinen Bedingungen annahmen – Gott und die Welt, die solches Unrecht zuließen –, wir haderten mit dem Schicksal. Eine Fluchtpsychose setzte ein. Fliehen, fliehen, das war die einzige Rettung. Man sprach von nichts anderem mehr als von der Flucht und von Fluchtmöglichkeiten. Vor allem mußte man entsprechende Kleidungsstücke besitzen. Wo alte Fetzen herumlagen, wo ein alter Rock, alte Hosen, Stiefel aufzutreiben waren, da stürzte man sich auf sie. Die Kleider waren der Anfang. Dann wurden Karten studiert und gezeichnet und ein Plan entworfen. Ans Meer mußte man gelangen, an die Küste, sich in der Nacht auf einen Dampfer schleichen oder unentgeltlich, nur gegen Verpflegung, auf dem Schiff arbeiten. Nein, nach Belgien oder nach Holland und von dort aus nach Deutschland. Oder an die spanische Grenze. Oder über den Rhein schwimmen. Monatelang mühselige Vorbereitungen, meistens völlig sinnlos. Viele sind auf der Flucht umgekommen, erschossen worden. Einigen ist die Flucht tatsächlich gelungen, den meisten dadurch, daß sie sich in Waggons einschmuggelten und sich unter Kohlen oder zwischen Kisten und Ballen verbargen. Die Franzosen verstärkten alle Maßnahmen zur Verhütung der Flucht, die Wachmannschaft wurde verdoppelt, verdreifacht. Immer wieder flohen Leute, immer wieder erlebte man das traurige Schauspiel ihrer Gefangennahme und ihres Rücktransports mit gefesselten Händen. Ich wußte, daß Flucht sinnlos war, trotzdem begann ich im Juli 1919, gemeinsam mit drei Kameraden, die Flucht vorzubereiten. Wir sammelten abgetragene Zivilkleider, wir sammelten Essensvorräte und machten Tauschgeschäfte, es lag uns vor allem an Schokolade, geräuchertem Speck, Schiffszwieback, Tee, Zucker und Brennspiritus. Wir verschafften uns rucksackartige Gebilde, Streichhölzer, Lunte, einen Kompaß.

Flucht aus der Gefangenschaft

In der Nacht vom 30. September 1919 zum 1. Oktober um elf Uhr durchschnitten wir den Stacheldraht unseres Lagers, krochen in die Freiheit. Unser Ziel war, nordöstlich quer durch Frankreich bis nach Belgien zu kommen. Belgien war ein anderes Land. Von hier aus kamen wir wohl weiter. Wir hatten beschlossen, nur nachts zu wandern, wir wollten unendlich vorsichtig sein, niemals eine Straße benutzen, immer nur durch Wälder, Wiesen, Stoppelfelder, gegen Morgen zu wollten wir uns ein Versteck suchen, uns in einem Wald verbergen, in einem Steinbruch, hinter Felsblöcken, uns in die Erde eingraben, tagsüber schlafen, und wenn es dunkel war, weiterwandern. Wir waren außerhalb des Lagers, die Wache hatte unsere Flucht nicht bemerkt. Wir krochen auf dem Bauch und auf den Knien weiter, durch Buschwerk, über Erdschollen, über Zäune. Die Nacht war kalt, aber wir schwitzten. Plötzlich – wir erstarrten vor Schreck – *Halte, qui vive?* Wir waren an einem anderen Kriegsgefangenenlager angelangt. Schon fielen Schüsse. Alarmglocken ertönten, von allen Seiten wurde geschossen, man hörte Laufschritte und Kommandorufe und immer wieder Schüsse. Zwei von uns vieren fielen, wir zwei anderen krochen weiter, weiter, verzweifelt, zu Tode erschrocken. Wir steckten in einem Drahtverhau, wohl dem Drahtverhau, der ein Lager umgab. Zerrissen und zerschunden, aber in der Todesangst krochen wir weiter, blutüberströmt. So blieben wir mitten im Drahtverhau reglos liegen. Wir merkten, daß man die beiden Toten ins Lager trug. Die Franzosen nahmen wohl an, daß es sich nur um diese zwei Mann handelte. Vorsichtshalber aber schritten sie nochmals den ganzen Drahtverhau ab, gelegentlich mit dem Bajonett hineinstoßend. Wir rührten uns nicht. Als alles wieder still geworden war, blieben wir noch eine Stunde liegen. Dann arbeiteten wir uns aus dem Verhau heraus und krochen weiter. In einem Wäldchen machten wir halt, untersuchten und verbanden unsere Wunden, im Dunkeln natürlich.

Am schlimmsten sahen meine Beine aus, zerschunden und zerfetzt, es war nicht festzustellen, welche Wunden vom Stacheldraht herrührten und welche von Bajonettstichen. Die Nacht war schon vorgerückt, trotzdem beschlossen wir weiterzuwandern, da wir noch zu nahe an unserem Lager waren. Sechs grauenvolle Wochen folgten. Herbst, Herbstwind, Herbstregen, alles feucht und naß, wir jede Nacht durch das Gelände, überall Zäune, überall Gehöfte, Häuser, Lichter, Hundegebell, und wir immer gehetzt und gejagt in der Angst vor Menschen. Schon nach Mitternacht begannen wir immer, ein Versteck für den Tag zu suchen. Das war das schwerste. Man erkennt Dinge, Konturen in der Nacht nur ungenau. Wir hielten zum Beispiel ein Gestrüpp für sicher. Als es gegen Morgen lichter wurde, sahen wir, daß unweit des Gestrüpps ein Bauernhof stand. Der beste Aufenthalt waren Wälder, wo wir uns in faulendes Laub einbuddelten. Aber auch in den Wäldern blieb es den Tag über nicht ruhig. Alte Weiber und Kinder suchten Holz, Förster und Jäger gingen durch die Nacht, das schlimmste waren Hunde. Wir waren immer in Todesangst, und mehr als einmal hielten wir uns für verloren. Mein Begleiter, ein etwa dreißigjähriger Bauer aus der Lüneburger Heide, war ein ausgezeichneter Kamerad. Ohne ihn wäre ich verloren gewesen. Ein rotes, gedunsenes Gesicht mit einer langen spitzen Nase. Dümmer als er kann man nicht aussehen. Und war so schlau und so pfiffig, so unendlich schwerfällig im Denken und so bewundernswert praktisch. Er teilte unsere Lebensmittelvorräte ein. Wir nährten uns fast ausschließlich von Kochschokolade und von Speck. Zwischendurch fanden wir in einem Feld stehengebliebene Rüben, Krautköpfe. Rohe Kartoffeln sind ungenießbar, Feuer machen war unmöglich. Einmal stahlen wir aus einer Hütte, die unbewohnt war, einen Laib Brot. Wir sprachen nicht viel, langsam und bedächtig berichtete er mir manchmal etwas von seinem Hof, von seinen Pferden, von seinen Ackergerätschaften und wie er sie zu reparieren pflegte. Wenn er nicht schlief, dann arbeitete er. Er stopfte unsere Strümpfe, flickte unsere Hemden und Kleider, er trocknete meine Sachen, einmal mußte ich mir eine Decke um meinen Bauch wickeln, einmal ein Hemd um die Beine. Mit Liebe und Sorgfalt pflegte er unsere Wunden. Die meisten wurden besser, einige aber eiterten und fraßen sich tiefer. Unsere Stimmung war nicht schlecht. Wir waren schon mehr als fünf Wochen gewandert. Wenn wir jede Nacht zwanzig bis dreißig Kilometer zurücklegten, hatten wir vielleicht schon tausend Kilometer hinter uns. Es war möglich, daß wir schon in Belgien waren. Obwohl wir ein Hundeleben führten, waren wir voll Hoffnung. In einer Nacht mußten wir einmal eine Straße überqueren. Wir sahen einen Pfeiler, vermutlich einen Wegweiser. Wir kletterten hinauf, buchstabierten und stellten fest, daß wir tatsächlich nicht mehr in Frankreich, sondern in Belgien waren. Wir jubelten innerlich, wir hielten uns für gerettet. Wir waren in der Nähe von Philippeville. – Nach unserer Meinung konnten die Belgier an deutschen Kriegsgefangenen kein Interesse haben, immerhin wollten wir es vermeiden, mit Menschen zusammenzutreffen.

Böse und gute Gendarmen

In der darauffolgenden Nacht goß es in Strömen. Mußten wir uns wieder durch Wälder, über Felder, mitten durch das Gelände den Weg bahnen? Nein, wir konnten es riskieren, die Landstraße zu benutzen. Es war stockdunkel, wer würde uns mitten in der Nacht bei strömendem Regen auf der Landstraße begegnen? Wir schritten munter vorwärts, als – drei Uhr nachts – zwei belgische Gendarmen vor uns standen, wie aus dem Boden gestampft. Der Herzschlag setzte aus – wir waren verloren. Die Gendarmen ließen eine Taschenlampe aufblitzen. Gendarmen, in schwarzen Uniformen, mit schwarzen Regenmänteln. »Wo wollt ihr hin?« »Nach Philippeville«. »Was wollt ihr in Philippeville?« »Arbeit suchen.« »Was für Arbeit?« »Egal, jede Arbeit, man ist nicht wählerisch.« »Zeigt eure Papiere.« »Papiere? Papiere? Wir haben keine.« Mein Kamerad, der Lüneburger Bauer, sagte kein Wort, er verstand kein Wort Französisch, sein dummes Gesicht sah noch viel dümmer und harmloser aus als sonst. Plötzlich packte mich einer der Gendarmen am Kragen, riß meinen Rock auf und lachte: »Naturellement, prisonniers de guerre.« Wir wurden gefesselt und von den Gendarmen zur nächsten Gendarmeriestation gebracht, in eine dunkle Zelle gestoßen, in der ein halbes Dutzend Gefangene lagen, Gelbe, Schwarze, Deserteure. Am nächsten Morgen um acht Uhr wurden wir zu einem Gendarmeriewachtmeister zum Verhör gebracht. Das Verhör begann damit, daß der Wachtmeister vor mich hintrat und sagte: »Prisonniers de guerre?« Er gab mir eine Ohrfeige, so gewaltig, daß ich einige Meter weit an die Wand flog, meine Brille in Scherben. Ich hätte nie gedacht, daß eine Ohrfeige so wuchtig sein könnte. Ich hatte bisher in meinem Leben noch nie eine Ohrfeige bekommen und hatte immer gedacht, daß eine Ohrfeige mehr eine symbolische Bestrafung sei. Ich war fast besinnungslos, verstört. Als der Ohrfeigenwachtmeister mich ansah, sagte er, anscheinend etwas verlegen: »Ist ja auch wahr, Kriegsgefangener, statt froh zu sein, daß er gut untergebracht ist, nimmt er sich die Frechheit heraus, zu fliehen und uns Arbeit zu machen!« Mein Kamerad, der Lüneburger Bauer, bekam keine Ohrfeigen und wurde kaum beachtet. Später meinte er, ich solle mich über die Ohrfeige nicht wundern, ich selbst sei daran schuld. Er verstehe meine Dummheit nicht. In einer solchen Situation – wenn man zum Verhör geführt werde –, dann mache man ein harmloses Gesicht. Aber eine vornehme, beleidigte, gebildete Miene, noch dazu mit einer Brille auf der Nase, das fordere ja geradezu heraus zu Prügeln.

Sechs Wochen hatte unsere Flucht gedauert, es war Mitte November geworden. Vier Wochen dauerte der Rücktransport in das Lager, aus dem wir geflohen waren. Der Rücktransport vollzog sich so, daß wir immer von berittenen Gendarmen, gefesselt, zwischen Pferden, von einer Gendarmeriestation zur nächsten gebracht wurden. Die Gendarmen, warm und wohlig angezogen, gut genährt, saßen bequem und feist auf ihren Pferden. Und wir dazwischen. Voran ein berittener Gendarm, dann, direkt hinter dem Pferdeschweif, wir zwei Gefangenen, mit Handschellen zusammengebunden, und hinter uns der zweite berittene Gendarm, der Pferdekopf direkt hinter unserem Rücken. Manchmal ging es so sechs Kilometer, manchmal nur vier, manchmal auch zwanzig Kilometer. Auf diese Weise lernte man einen großen Teil der belgischen und der französischen Gendarmeriestationen kennen. Die Wanderung von Station zu Station war schlimmer als der Zellengewahrsam. Es war Winter geworden, unsere Kleidung war mehr als dürftig, das Schuhwerk war allmählich so zerfetzt, daß wir es wegwarfen. Auf den Märschen zwischen den Pferden, gefesselt, auf nassem, kotigem Boden, manchmal sogar auf Schnee und Eis, wickelten wir un-

sere Füße in alte Sackleinwand ein, aber da war das Gehen so mühsam, daß wir zuletzt nur mehr barfuß dahintorkelten. Das hört sich einfach an, ist aber eine verdammte Schweinerei; man war immer froh, wenn man am Ziel anlangte und in die dunkle Zelle geworfen wurde. Die Zellengenossen, Mitgefangenen waren ein Kapitel für sich: die Nachhut des großen Krieges, Hottentotten, Zulukaffern, Hindus, Indochinesen, Koreaner, Japaner, Marokkaner, Tunesier, natürlich auch Franzosen, Belgier, auch Kriegsgefangene, Deserteure, Marodeure, Einbrecher, Diebe, Mörder, Leichenfledderer, Landstreicher. Die Verständigung: französische Laute, englische Laute, Zeichensprache. Man sprach miteinander nur von den Gendarmen, von den Freßtöpfen, von Tabak und vom Tascheninhalt. Ein Neuankömmling in einer Zelle war nur dann interessant, wenn er etwas zum Fressen oder zum Rauchen mitbrachte. Die Gendarmen waren sehr verschieden, manche grausam, gemein, hinterhältig, dumm, manche gleichgültig, einige gutmütig, einige brave und mitleidige Menschen. Wohl der dümmste war ein belgischer Gendarm, der mich wie ein Stier anbrüllte: »Die Deutschen sind die größten Schweine der Weltgeschichte. Sie haben den Krieg geführt, nur um morden und rauben zu können. In jedem eroberten Dorf zogen sie lärmend und jubelnd durch die Straßen mit aufgespießten Kinderleichen auf ihren Bajonetten. Du glaubst es mir wohl nicht, du verdammtes deutsches Schwein? Ich habe es mit eigenen Augen gesehen, unzählige Male, ich habe gesehen, wie sie den Frauen die Brüste abschnitten und ihnen die Bäuche aufschlitzten. Die Alliierten sind ja so dumm, daß sie nicht die ganze Nation mit Haut und Haaren vernichten, mit Stumpf und Stiel!« Solch ein Mann durfte Gendarm sein und Gefangene bewachen.
In einer Station blieben wir vier Tage. Die Frau des Gendarms holte uns in der Frühe heraus, ließ uns Holz hacken, auf dem Feld arbeiten und gab uns gutes und reichliches Essen. Am Abend, bevor uns der Gendarm einschloß, fragte sie uns: »Contents?« »Oui, madame, merci bien.« Vier Tage hatten wir es gut, am fünften in der Frühe teilte uns der Gendarm mit, er habe versucht, uns noch länger zu halten, aber es gehe leider nicht. Er schenkte jedem von uns ein Paar Socken, und wir wurden zur nächsten Station gebracht. Auf einer Station ließ uns ein gutmütiger Gendarm beim Birnenlesen helfen. »Ihr könnt essen, soviel ihr wollt«, sagte er. Lei-

der fraßen wir so viel, daß wir einige Tage Leibschmerzen und Durchfall hatten und die Zelle verunreinigten, unter Hohngelächter und Schimpfen der Mitgefangenen. Einmal hatten wir einen Gendarm, der immer kommandierte und schimpfte, an dem mir aber seine gütigen Augen auffielen. Am späten Abend, als er jedem der Zelleninsassen ein Eßgeschirr voll Suppe brachte, drückte er mir ein Päckchen Tabak und eine Schachtel mit Salbe in die Hand, er hatte meine eitrigen Wunden gesehen. Am nächsten Morgen zischte er mir zu: »Pas de mot!«

Im Lazarett

Ende Dezember 1919 kamen wir, geführt von zwei französischen Gendarmen, gefesselt, im Lager an, aus dem wir geflohen waren. Der Lagerkommandant, die Lageroffiziere und die Wachmannschaften standen frohlockend zusammen, als man ihnen die beiden Jammergestalten übergab. Erst wurden wir nackt ausgezogen, dann gab man jedem eine Unterhose; so steckte man uns in einen Keller, Ende Dezember. Vierundzwanzig Stunden blieben wir ohne Nahrung. Als wir herausgeholt wurden und der Kommandant mich sah, abgezehrt, abgemagert, schwankend, mit eitrigen Wunden bedeckt, befahl er, mich ins nächste Lazarett zu bringen. Das war mein Glück und hatte die Beendigung meiner Gefangenschaft zur Folge. Es wurde ein Leiterwagen angespannt mit zwei Pferden. Vier junge französische Soldaten hatten mich zu eskortieren, lustige, blutjunge, ahnungslose Kerle. Ich wurde auf eine Strohschütte in den Leiterwagen gelegt. Die Soldaten bekamen reichlich Proviant, Weißbrot, Schokolade, Fleisch, einige Flaschen Rotwein und eine Ledertasche mit meinen Papieren und anderen Dokumenten, die sie im Spital abzugeben hatten. Der Wagen fuhr los, unterwegs unterhielten sich die Soldaten mit mir, klopften mir auf die Schulter und waren froh, in mir einen Cher bon vieux kennenzulernen – ich war dreiunddreißig Jahre alt. Vor der nächsten Kneipe machten sie halt, mir gaben sie Decken gegen die Kälte. Obwohl das Lazarett nicht sehr weit entfernt war, hielten sie in drei Kneipen Einkehr. Zuletzt waren alle vier stark benebelt. Die Ledertasche mit meinen Papieren und anderen Dokumenten lag unter

dem Stroh. Während die Burschen im Wirtshaus kneipten, holte ich die Ledertasche hervor, nahm meine Papiere heraus und versteckte sie unter meinem Hemd.
Als wir im Lazarett ankamen und die Burschen die Ledertasche abgaben, sah man die Dokumente durch. »Von dem Gefangenen fehlen die Papiere«, sagte man im Lazarett, »meldet das, man soll sie nachliefern.« Sie wurden natürlich nie nachgeliefert.
Dieses große Barackenlazarett mit einigen tausend Kranken war ausgezeichnet. Für mich war die Hauptsache, daß ich in eine Badewanne kam, daß ich auf einer Matratze mit einem richtigen weißen Leinentuch liegen durfte, angetan mit einer Spitalshose und einem Spitalskittel, Genüsse, die ich seit fast sechs Jahren nicht mehr kannte. Alle Hautfarben waren vertreten, alle Krankheiten; zusammengeschossene, zusammengeflickte Menschen, Lungenkranke, Magenkranke, eine unüberschaubare Krüppelsammlung. Alles war für mich schön in dem Lazarett, ich war begeistert. Schön war es, daß es überhaupt keine Unterschiede gab. Der Hindu wurde genauso behandelt und verpflegt wie der Aschanti, der Siamese, der Franzose, der Engländer und der deutsche Kriegsgefangene. Das Essen war für meine damaligen Begriffe ein Gedicht: weißes Brot und Milch und gute Suppe und Fleisch, ah, was war das Leben so schön! Die Wunden wurden fachgemäß behandelt, wenn man keinen Stuhlgang hatte, bekam man einen Einlauf, man war auf einmal wieder ein richtiger Mensch, ein Mensch, dessen Leben kostbar war und erhalten werden mußte, kein Vieh mehr, das eigentlich reif war fürs Krepieren. Das Sanitätspersonal bestand aus Franzosen und aus deutschen Kriegsgefangenen, die ärztliche Behandlung lag in der Hand von vielen französischen Ärzten, denen einige Dutzend deutsche kriegsgefangene Ärzte assistierten. Die französischen und die deutschen Sanitäter waren brav, geduldig, arbeitsam, tadellos zu uns Kranken. Die deutschen Ärzte waren schlicht und ordentlich, aber fast durchwegs miserable Ärzte, junge Leute ohne abgeschlossene Ausbildung. Wenn leitende französische Chirurgen kamen und sich die schweren Fälle anschauten, dann schüttelten sie häufig den Kopf über den Mangel an Kenntnissen der deutschen Ärzte und über falsche Diagnosen. Sie waren gutmütig und klopften den Ärzten auf die Schulter: »Wenn Sie wieder zu Hause sind, müssen Sie erst einmal richtig studieren.«

Da bei meiner Einlieferung meine Papiere gefehlt hatten, wurden im Büro meine Personalien neu aufgenommen: Max Fischer, geboren in Köln. Es hieß nämlich, daß Frankreich mit dem Rheinland liebäugele und sich mit der Absicht trage, die aus dem Rheinland stammenden Kriegsgefangenen in die Heimat zu entlassen. So war aus dem P. G. Martin Feuchtwanger der P. G. Max Fischer geworden. Meine Wunden heilten schnell, mein Körper wurde kräftig und gesund. Mit den Kameraden stand ich wieder ausgezeichnet, mit den Kranken sowohl wie mit den Genesenden. Ich sah wieder die unüberbrückbare Kluft zwischen Reich und Arm, ich hörte wieder bittere und haßerfüllte Worte über die vollgefressenen Barone und Juden. Unter den kriegsgefangenen Kranken gab es auch Juden, aber keine, die bei den Leuten als Juden galten. Einen, einen jungen Viehhändlerssohn aus Hessen-Nassau, fragte ich einmal, ob er während seiner Kriegszeit etwas von Antisemitismus gemerkt habe. »Unsinn«, erwiderte er, »unsereiner hat weiß Gott andere Sorgen.« Auch mit einem jungen Arzt, von dem ich hörte, daß er Salomon hieß, sprach ich einmal über dieses Thema. »Ja« sagte er, »im Gymnasium und auf der Universität habe ich mich verschiedentlich über die Zurücksetzung von Juden geärgert. Aber der Krieg und die Kriegsgefangenschaft waren doch so gewaltige und einschneidende Ereignisse, daß Dinge wie der Antisemitismus zu Bagatellen wurden.«

Wieder frei

Mitte Januar 1920 wurde ich aus dem Lazarett entlassen und kam in eine Rheinländer-Gefangenenkompanie, deren Rücktransport nach Deutschland bevorstand. Am 30. Januar 1920 wurden wir von französischen Soldaten, Negern, über die Grenze gebracht und deutschen Soldaten übergeben, die uns in ein großes Kriegsgefangenenrückkehrlager bei Griesheim unweit von Darmstadt brachten. In diesem Lager sah ich zum ersten Mal, was aus Deutschland geworden war. Ich hatte das Deutschland von 1890 bis 1914 gekannt, ein gediegenes, sauberes, gepflegtes, fortschrittliches, diszipliniertes, fleißiges Deutschland, in dem der Beamte unbestechlich war, der Richter vorbildlich, in dem Lug und Betrug verachtlich waren. Ein reiches Deutschland, sparsam, solide und ordnungsliebend. In diesem neuen Deutschland gab es ein Gefangenenrückkehrlager, in dem die Soldaten die Feldwebel und Offiziere schlecht und ungerecht behandelten und anschrien, in dem weder Ordnung noch Sauberkeit herrschten, in den Magazinen Überfluß an Kleidungsstücken und Wäschestücken, aber die Kleidungsstücke und Wäschestücke waren so hundsmiserabel, wie sie früher keine Weberei und keine Fabrik hergestellt hätten. Es wurde verschwenderisch umgegangen mit Kochgeschirren, Löffeln, Messern, Gabeln, Tellern, aber alles war erbärmlichster Schund. Tische, Stühle, Matratzen, Decken, erstaunlich, welch ungeheure Mengen minderwertiger Waren hergestellt wurden. Das Essen bestand aus Kohlrüben und aus minderwertigem Dörrgemüse. Schokolade war Ersatzschokolade, Honig war Ersatzhonig, Kaffee Ersatzkaffee, Tabak Ersatz, Tee Ersatz. Die Wurst war verschimmeltes Brot mit verfaultem Fett, Marmelade eine Mischung aus gekochten Rüben und Saccharin.

7

Inflationszeit

Armut und Verschwendung

Als ich aus dem Lager herauskam, war der erste Mensch, der mich ansprach, ein junger Bursche, der mich anbettelte. »Ich komme aus der Kriegsgefangenschaft«, sagte ich zu ihm. »Na ja, dann können Sie mir doch gewiß etwas geben, mindestens eine Zigarette.« Im Rückkehrlager hatte ich einen Packen von Marken erhalten, die mich dazu berechtigten, Brot, Kunsthonig, Kunstbutter, Dörrgemüse und so weiter zu kaufen, ich hatte einige hundert Mark Entlassungsgeld erhalten und einen Schein für die Eisenbahn, eine vierzehn Tage lang geltende Fahrkarte für sämtliche Strecken innerhalb Deutschlands. Ich war ein schwerfälliger, bedächtiger Mann geworden, abhold allem äußerlichen Gehabe, abhold der Phrase und der Unwahrhaftigkeit, abhold dem Schein und dem Tand. Ich fuhr in der Eisenbahn nach Halle an der Saale in einer schlechten Militäruniform mit den Buchstaben P. G. und einem langen, dicken, weiten Soldatenmantel, mit schweren Soldatenstiefeln, auf dem Buckel eine Kiste mit meinem Hab und Gut, in der Hand einen Sack mit Wäsche und allerhand Kleinigkeiten. Die Eisenbahn war, wie alles in dem neuen Deutschland, überfüllt, die Abteile waren verschmutzt, die Fenster waren zerbrochen, die Klosetts funktionierten nicht, Fahrplan und Fahrzeiten hatten miteinander nicht das geringste zu tun. In den Bahnhofsrestaurants rauften sich die Leute um schlechten Kuchen, schlechten Kaffee, schlechte Würstchen und zahlten dafür jeden Betrag. Die Menschen waren elegant herausstaffiert, aber die Eleganz war schäbig. Die Menschen waren laut, lärmend, schlecht genährt und hatten flackernde Augen. Ich freute mich auf Halle an der Saale und hoffte, dort bei meiner Frau und meinem Sohn, der inzwischen acht Jahre geworden war, einen Hort des Friedens und der Einkehr zu finden. Mein Sohn sprang an mir hoch, wie man es ihn gelehrt hatte, und küßte mich und begrüßte mich. Meine Frau erzählte mir von den Verhältnissen in meiner Familie, von den Zuständen an der *Saalezeitung*, von der Erziehung des Kindes, ich fragte und fragte, und alles war mir so unendlich fremd, und ich dachte mir, daß ich nie wieder zu diesen Menschen würde gehören können. Meinem Söhnchen war ich unheimlich, ein so ernster, verschlossener Mann. Und er hatte gedacht, Vater, das müsse ein lustiger, netter Gesellschafter sein. Bisher hatte er mit seiner Mutter ein so behagliches, trautes Leben geführt, und da platzte nun dieser finstere Geselle herein. »Du, Vater«, sagte er nach einiger Zeit, »weißt du auch schon, daß wir, Mutter und ich, Israeliten sind?« Er wußte, daß Israeliten nicht so recht angesehen waren, und er hoffte, daß er eventuell aufgrund dieser Mitteilung diesen unheimlichen Gast, den Vater, wieder loswerden könne.

Alle dünken sich reich

Meine Frau erzählte mir, daß einem Gesetz zufolge jeder Rückkehrer in seine alte Stellung eintreten könne und daß ich, wenn ich mich erholt hätte, wieder Redakteur an der *Saalezeitung* werden könne. Sie erzählte mir von dem Gesellschaftsleben in Halle, daß sie mit sehr vielen jüdischen Familien verkehre und daß in den nächsten Tagen viele Leute kommen würden, um mich zu begrüßen. Sie erzählte mir von neuen Theaterstücken und Operetten und Revuen, daß überall und immer getanzt würde, lauter neue Tänze, wie Foxtrott und English Valse und Rumba und Charleston, und daß alle Welt Tanzunterricht nehme, selbst Ehepaare von sechzig Jahren, daß viele Leute fast täglich den Smoking trügen. Der Ekel in mir nahm überhand. Am nächsten Tag fuhr ich in Begleitung meiner Frau und meines Sohnes nach München, meine Mutter zu begrüßen. Meine Mutter war recht alt geworden, sie lächelte nachsichtig über die neue Zeit, ließ aber deutlich merken, daß sie von der Unsolidität und der Haltlosigkeit dieser neuen Zeit überzeugt sei, daß der Bestand dieser neuen Zeit nach ihrem Dafürhalten nur sehr kurz sein werde. Im Hause meiner Mutter traf ich zahlreiche Brüder, Schwestern, Schwäger, Schwägerinnen, Vettern, Neffen, Nichten, Onkel, Tanten. Man fragte mich aus, tat nett und freundlich und kameradschaftlich und war erschrocken über diesen finsteren, täppischen, schweigsamen, unheimlichen Bruder

und Vetter, alle Welt hatte irgendwie ein schlechtes Gewissen. Alle waren gehetzt, hatten furchtbar viele überflüssige Dinge zu tun, immer fiebrig erregt, alle sprachen von Clearing, Valuten, Inflation, Deflation, Dingen, von denen ich bis dahin nie etwas gehört hatte. Preise und Geld spielten die Hauptrolle, alle dünkten sich reich, alle sahen Aussichten und Möglichkeiten, waren von ihren Fähigkeiten durchdrungen. Die wichtigsten Dinge nach Preisen und Geld waren die Vergnügungen, moderne Kleider, Tanzdielen, Varietés, Cabarets. Der Schnitt des Smokings war lebenswichtig, ob das Gesellschaftskleid bis zum Knie reiche oder bis unter das Knie, darüber diskutierte man stundenlang. Mir riet man, nicht wieder Redakteur zu werden. Mit geistigen Berufen sei nichts mehr los, ich hätte jetzt lange genug gedarbt. Ich würde schon in richtige Geschäfte und Unternehmungen hineinkommen. Ein Schwager meinte, er könne mir mit einigen Dutzend Paar Schuhen an die Hand gehen, damit sei enorm viel zu machen. In Halle zeigte mir meine Frau meine Wäsche, Kragen, Anzüge. Ich deutete ihr an, daß ich nicht die Absicht hätte, je wieder so etwas wie einen Kragen oder einen Smoking zu tragen. Als ich zur *Saalezeitung* kam, traf ich dort dieselbe Stimmung wie überall, man war sehr nett zu mir, man war peinlich berührt von diesem finsteren Mann, der in dem gemütlichen und fortschrittlichen Redakteur- und Journalistenkreis empfindlich stören würde. Es war Pech, daß ausgerechnet ich zurückkehren mußte; man durfte beileibe nicht zeigen, wie gerne man mich wieder losgeworden wäre.
Das dauerte alles nicht lange. Allmählich hatte ich mich an die Zivilkleidung gewöhnt, an die oberflächliche Art des gesellschaftlichen Verkehrs, an die Oberflächlichkeit des Betriebs in der *Saalezeitung*. Ich fing wieder an zu schreiben, mit wachsender Lust, mit Eifer. Ich schrieb große Aufsätze für die Ullstein-Zeitungen über den Aufbau in Frankreich, über deutsche und französische Mentalität, ich schrieb Feuilletons in unübersehbarer Menge für *Berliner Tageblatt, Vorwärts, Kölnische Zeitung,* für Dutzende von Zeitungen in Deutschland, Österreich, der Schweiz, für deutschsprachige Zeitungen in Amerika und in Argentinien. Ich schrieb über die Gefangenschaft, über Gesellschaftseinrichtungen, über Erziehung, über die ungesunde Zeit. Ich schrieb oft wütend und kampfbereit, das Schreiben machte mir viel Vergnügen. Weniger die Honorare.

Langsam und bedächtig schritt die Inflation vorwärts. Was im Januar 10 Mark kostete, das kostete im Februar 12 Mark und im Mai 20 Mark, im Dezember 100. Und wenn der Verlag Scherl im Mai mit mir abrechnete über die Monate Januar, Februar und März, so erhielt ich so wenig, daß es lächerlich war.

Die Neureichen

Es gab noch allerhand zu kaufen in den Geschäften. Ging man zu einem Fleischer, so sah man da nebeneinander liegen zwanzig verschiedene Wurstsorten, darunter die allerfeinsten. Unsereiner konnte sich von dem Honorar für ein Feuilleton kaum ein viertel Kilo Wurst kaufen, die Reichen ließen sich ein Paket Wurst einpakken: Von jeder Sorte ein Achtel, und sie warfen Geldscheine auf den Tisch und achteten nicht auf das, was sie herausbekamen. Achtzehnjährige Burschen fuhren in Autos, spielten Salonlöwen in Tanzdielen. Akademiker zu sein war lächerlich. Jeder wollte Schieber sein, Schieber war kein Schimpfwort. Es war eine lächerliche, eine schmähliche Zeit. Alle Werte hatten ihr Ansehen verloren, alles Primitive, Oberflächliche wurde geschätzt und geachtet. Dort ist echtes Porzellan zu haben, Nippesfiguren. Protzige Schieber und Schieberfrauen von siebzehn bis siebzig Jahren kauften, was sie ergattern konnten, sie kauften Porzellanvasen und Porzellanteller, Porzellanschüsseln, Porzellantanzfiguren, Elefanten aus Porzellan, Kristall jeder Art, groß und klein, Ölgemälde und Antiquitäten, sie kauften Bücher meterweise und getriebenes Silber nach Gewicht. Wenn sie hörten, daß Klubsessel mit Gobelinbezug eleganter seien als Klubsessel mit Lederbezug, dann ließen sie ihre Möbel umarbeiten, die Böden ließen sie mit Plüsch belegen, auf den Plüsch legten sie schwere Perserteppiche und über die Teppiche Brücken. Die Gilde der Neureichen wurde verachtet von den verarmten Adligen und den hungernden Akademikern, beneidet und bewundert von dem nach Genüssen dürstenden Volk. Dollars waren die Sehnsucht aller. Tschechenkronen, Schweizer Franken, holländische Gulden, belgische Francs, in allen Währungen wurde gehandelt. Bis auf den Kern waren die Menschen verfault, der Irrsinn hatte alle Kreise erfaßt, einmal schien es, daß die Bauern die schlimmsten waren, dann wieder, daß die Industriellen an der Spitze marschierten, die Kaufleute, auch Beamte und Arbeiter, Juden und Christen, bayrische Gebirgsbauern und Mecklenburger Viehzüchter. Der eine spekulierte in Gurkensamen, der andere in getrockneten Pflaumen, einer in Nägeln, einer in Packpapier, in Sohlenleder, in Sperrholz, in Ansichtspostkarten, in Gebetbüchern, in Haferflocken, Altpapier, silbernen Bechern. Das Hasardspiel blühte, Schlager wurden gegrölt, Bordelle und bordellartige Unternehmungen florierten.

In der Redaktion der *Saalezeitung* war mir aufgefallen, daß ein großer Teil der Korrespondenzen auf sehr tiefem Niveau stand, weniger die politischen Korrespondenzen als die Feuilletonkorrespondenzen. Wenn ich aus irgendwelchen Gründen eine Novelle, eine Skizze, eine Humoreske, ein Feuilleton einer Korrespondenz entnehmen wollte, dann erschrak ich über die Minderwertigkeit der Beiträge. Das brachte mich auf den Gedanken, selbst eine Feuilletonkorrespondenz zu gründen, die wöchentlich einmal erscheinende Feuilletonkorrespondenz *Unterm Strich*. Von jungen Journalisten und Schriftstellern, die ich kannte und schätzte und die noch nicht berühmt waren, erwarb ich Manuskripte, ich brachte die ersten Nummern meiner Korrespondenz heraus. Mit außergewöhnlich großem Erfolg. Ich bekam sofort nach Erscheinen der ersten Nummern Telegramme von führenden Zeitungen, ich möchte ihnen die Korrespondenz reservieren für Hannover, Braunschweig, Breslau, Krefeld. Pekuniär war es wie mit allem in der Inflationszeit. Gezahlt wurde nachträglich, und der Geldwert sank und sank.

Die Inflation schreitet vorwärts

An der *Saalezeitung* waren Veränderungen vor sich gegangen. Die beiden ehemaligen Verleger waren ausgeschieden, sie hatten dem tüchtigen und energischen Werbechef Fink weichen müssen. Dieser war jetzt alleiniger Inhaber. Er scheffelte Geld mit seinen Zeitungen, seiner Reklame, seiner Druckerei, seinem Buchverlag. Was die Redaktion betrifft, so wußte er, daß der Lokalredakteur und ich in den Arbeitsmethoden und in den Anschauungen so verschieden waren wie nur möglich. Das veranlaßte ihn dazu, uns beide zu Chefredakteuren zu machen. »Honorarnoten gelten nur«, sagte er, »wenn sie von beiden Herren gezeichnet sind, Entlassungen gelten nur, wenn beide Herren die Entlassung wünschen, Neuengagements können nur von beiden Herren gemeinsam vorgenommen werden.« Tatsächlich hörten die Differenzen von da ab auf. Der Verleger Fink, ein blühender Vierziger, wurde plötzlich krank. Die Ärzte konstatierten Typhus, er starb binnen wenigen Tagen. Seine Erben verkauften den ganzen Verlag nebst Zeitungen an den Höchstbietenden. Die neuen Herren waren eine Gruppe Deutschnationaler. Wir Redakteure bekamen Einschreibebriefe, in denen man uns kündigte. Man zahlte uns ein Vierteljahr Gehalt – und adieu. Aber wir klagten. Die Sozialdemokraten standen damals an der Spitze des Staates, und die Gewerbegerichte, vor denen derartige Prozesse verhandelt wurden, hatten sozialistische Gewerkschaftsbeamte zu Richtern. Der Prozeß war eine Farce. Wir, die Redakteure, waren Märtyrer, Helden, denen man den Stuhl vor die Türe setzen wollte, nur weil sie ihrer Gesinnung treu blieben. Jedes Gegenargument des Angeklagten wurde als Niedertracht hingestellt. Der Beklagte wurde verurteilt, jedem Redakteur ein volles Jahresgehalt auszuzahlen, dem Lokalredakteur zwei Jahresgehälter, mir drei Jahresgehälter. Ich beschloß, keinen Redakteurposten mehr anzunehmen, nur mehr zu schreiben, meine Korrespondenz *Unterm Strich* zu führen und eine zweite Korrespondenz zu gründen: *Die Frau und ihre Welt*.

Die Schritte der Inflation wurden größer und größer. Tausendmarknoten waren bereits wertlos, ein Laib Brot kostete mehrere hundert Mark. Alle acht Tage erschienen neue Briefmarken, denn das Briefporto für einen Inlandsbrief, das ehemals zehn Pfennig gekostet hatte, dann zwanzig Pfennig, fünfzig Pfennig, eine Mark, zehn Mark, kostete jetzt hundert Mark. Wenn mir eine Zeitung für das Monatsabonnement auf *Unterm Strich* hundert Mark gezahlt hatte, so erhöhte ich es im nächsten Monat auf vierhundert Mark, und wenn gezahlt wurde, waren die vierhundert Mark nichts mehr wert. Die Lebensmittel wurden immer minderwertiger, die Industrieerzeugnisse waren ein Hohn, man schob und betrog und tanzte und flirtete und hurte und erkannte nicht, daß Mehrdruck von Banknoten keine Heilung bringen konnte. Die Städter zogen, bewaffnet mit Koffern, Pappkartons und Rucksäcken, hinaus aufs Land, um Lebensmittel zu hamstern, Butter, Schinken, Eier, Mehl, Kartoffeln. Aber die Bauern waren viel schlauer als die Städter. Sie rückten nur minderwertige Lebensmittel heraus und nahmen als Entgelt dafür nur Ware. Fünf Kilo Butter – einen neuen Anzug, zwanzig Sack Kartoffeln – ein ganzes Klavier, ein Huhn – drei Pyjamas. Die Bauern kauften mit Vorliebe Klaviere, elegante Möbel, Teppiche, Ölgemälde, Porzellan.

Inflation und Schiebertum

Politische Parteien schossen wie die Pilze aus dem Boden. Alle Extreme fanden Anhänger, alle Parteien hatten Freiheit, Gesundung des Volkes, Gesundung des Staates auf ihr Panier geschrieben und arbeiteten an nichts als an der Bekämpfung der anderen Parteien. Die Sozialdemokratie war verachtet, man spottete über sie und spuckte vor ihr aus. Was war das für ein Regime, das Deutschland ausgepowert hatte, das keine Autorität besaß, das in der Justiz und in der Verwaltung nicht unparteiisch schaltete und waltete, sondern nach dem Grundsatz: Gehörst du zu mir, dann hast du recht, gehörst du nicht zu mir, dann bist du zu bekämpfen. Um den Glanz des Regimes zu erhöhen, baute man Gewerkschaftshäuser, Krankenkassengebäude, sozialistische Verwaltungsprunkbauten, die neue Verbitterung schufen angesichts der Ernährungssituation, angesichts der Tatsache, daß Kohlrüben und Dörrgemüse die Hauptnahrungsmittel des Volkes waren. Die Beamten, Ministerialräte, Provinzialräte, Oberpräsidenten, Staatssekretäre, die jahrzehntelang der Partei treu und redlich gedient hatten, in gerader Gesinnung, aufopfernd, unter Entbehrungen, mit minimalsten Gehältern, angefeindet und ungerecht behandelt, wollten sich jetzt, da sie am Ruder saßen, schadlos halten für all das Leid und all die Entbehrungen der letzten Jahrzehnte. Ihre Autos konnten nicht elegant genug sein, ihre Villen nicht vornehm genug, die Dienerschaft vermehrte sich zusehends, sie wurden faul, bequem, dick und fett. Und die jungen Beamten und ihre Frauen taten es ihnen nach. Und das wirtschaftliche Chaos wuchs, die Inflation blähte sich immer mächtiger auf, die alte Zehnpfennigmarke kostete bereits tausend

Mark. Aus Liebe war Geilheit geworden, aus fortschrittlicher Gesinnung lüsterne Neugier, aus Schönheitssinn ein trunkener Taumel, aus Arbeitseifer Freude am Betrug. Das Ausland sah zu und schwieg. In innere Angelegenheiten einmischen durfte man sich nicht. Außerdem: Deutschland war selbst schuld, es hatte den Krieg angezettelt, mochte es sehen, wie es aus dem Sumpf wieder herauskam. Man war ohnehin nobel und großzügig, denn eigentlich müßte Deutschland Reparationen über Reparationen zahlen, aber von dem Bettelstaat konnte man nichts bekommen. In der Welt wußte man, daß das Pfund, der Dollar, der französische Franc, der holländische Gulden, der Schweizer Franken, die Tschechenkrone, das japanische und das chinesische Geld und das argentinische, jugoslawische, spanische in Deutschland begehrt waren wie funkelndes Gold. Die Folge davon war, daß die Ausländer Deutschland überschwemmten, Nordamerikaner und Südamerikaner, Afrikaner, Neuseeländer, Australier, Ägypter, Chinesen, Japaner, Inder, Tschechen, Schweizer, Holländer, Spanier, Engländer, Portugiesen und Schweden, Weiße und Gelbe und Braune und Schwarze. Mit einem Ausländer etwas zu tun zu haben, war höchstes Glück. Mit einer Dollarnote konnte der Amerikaner eine Woche in Saus und Braus leben, für hundert Dollar verkaufte man an ihn Villen und Fabriken, für eine Zehnpfundnote verkaufte die Frau ihre Ehre und der Mann seine Frau. Die wertvollsten Gemäldesammlungen und Bibliotheken traten den Weg ins Ausland an. Die Ausländer, Weiße und Farbige, traf man in den Großstädten und in Kleinstädten, an der Küste, im Gebirge, im Harz, im Riesengebirge und an den Märkischen Seen. Und überall liefen ihnen die Menschen nach und boten ihnen alles an, was sie besaßen, für Dollars und für Franken. Juden und Christen? Nein, das war wirklich gleichgültig, uninteressant. Gesellschaftskreise, Gesellschaftsschranken, das hatte aufgehört. Ob der Neureiche früher ein Erdarbeiter gewesen war oder ein Bierausfahrer, ein Eisendreher oder ein Hausierer, ein galizischer Lumpenhändler, ein italienischer Gipsfigurenhausierer, ein Gelegenheitsdichter, ein Friseur, ein Wanderprediger, ein Trödler oder ein Hundezüchter, das war völlig gleichgültig, so schnuppe, wie es war, ob jemand in abgedroschenen Phrasen Unsinn sprach oder in überlegten Sätzen gute Gedanken ausdrückte. Ich habe – nicht nur einmal – den Gesprächen von Geistlichen zugehört, die sich über nichts anderes unterhielten als über den Handel mit Fahrrädern und Gummischläuchen und Kunstdünger und Papierscheren. Ich habe einen Gymnasialprofessor gekannt, der seinen Beruf nur deshalb nicht aufgab, weil man nicht wissen konnte, wie alles einmal kommen würde, sich im übrigen aber nur für Dreschmaschinen interessierte, deren Kauf und Verkauf er vermittelte. Der Teil des Publikums aber, der der Inflation und ihren Folgen mit Erbitterung und Wut zusah, dem widerlichen Höllengetriebe eines irrsinnig gewordenen Volkes, dieser Teil des Publikums, der entweder nicht mitmachen konnte oder nicht mitmachen wollte, der legte den Grundstock zu einer tausendfach entsetzlicheren Krankheit, dem Hitlerismus. Sie führten den Irrsinn der Inflation auf die Vaterlandslosigkeit zurück und schrien: Macht euch frei vom Ausland, frei müßt ihr sein und unabhängig, stolz müßt ihr sein auf euer Vaterland, ihr braucht keine Amerikaner und keine Engländer und keine Franzosen und keine Gelben und keine Neger und vor allem keine Juden. Aber sie waren noch so in der Minderheit, diese Schreier und Rufer, daß man ihrer nicht achtete, sie entweder auslachte oder ihnen aus dem Wege ging.

Ein hilfreicher Bankier

Für mich war das Leben in Halle unerträglich geworden. Obwohl ich schreiben konnte, soviel und was ich wollte, obwohl meine Feuilletons überall erschienen, obwohl meine beiden Korrespondenzen sich ausgezeichnet entwickelten, lebte ich nicht etwa von dem, was ich verdiente, sondern von Inflationsgewinnen. Viele Freunde und Bekannte, die blühende Inflationsgeschäfte betrieben, suchten mir zu helfen, indem sie mir Beteiligungen und Geschäfte vorschlugen, aber ich wies alle solchen Angebote zurück. Jedoch die Hilfe der Bank, mit der ich seit Beginn meiner journalistischen Tätigkeit arbeitete, nahm ich an. Das war das Bankhaus Reinhold Steckner, später Dresdner Bank, Filiale Halle. Der Seniorchef, der alte Geheimrat Steckner, bat mich eines Tages zu sich und sagte zu mir: »Ich möchte Ihnen dringend raten, einige Kyffhäuseraktien zu kaufen. Ich garantiere Ihnen, daß sie in den nächsten Tagen gewaltig steigen werden.« Ich wandte ein, daß ich erstens kein Geld für so große Unternehmen hätte und daß ich zweitens jeder Art von Spekulation abhold sei. In wenigen Minuten hatte er mich umgestimmt: »Sie kaufen die Aktien auf Kredit, ich räume Ihnen diesen Kredit ein. Sie können diese zehn Aktien heute für ungefähr eine halbe Million haben, übermorgen sind sie das Dreifache wert. Dann können Sie sich die Differenz an der Kasse auszahlen lassen, besser noch, Sie lassen sich die Differenz nicht auszahlen, sondern sprechen jeden Tag mit meinem Neffen Leo Steckner, der Ihnen Rat geben wird, was zu kaufen und was zu verkaufen ist.« Er wehrte jeden Dank ab, die Bank beobachte mich und meine Arbeit seit mehr als zehn Jahren, er lese stets und mit größtem Vergnügen meine Aufsätze, er wisse, was ich mitgemacht hätte. »Darf ich nicht auch einmal helfen? Ich versichere Ihnen, daß es mir mehr Freude macht als Ihnen, und es kostet mich überhaupt nichts.« So besaß ich Aktien und Obligationen, manchmal von kleinen Gesellschaften Hunderte von Aktien. Was ich mit meinen Aufsätzen, Artikeln und Korrespondenzen verdiente, war ein Witz gegenüber meinen Gewinnen an der Börse, von der ich nach wie vor nichts verstand. Ein paarmal besuchte ich die Börse selbst, einen Saal voll schreiender, schwitzender, gestikulierender und wild kämpfender Männer, mir höchst unsympathisch und fremd.

Der Oberammergauer Vikar

Und dann packte ich meine Koffer, nahm meine Siebensachen und meine Familie und übersiedelte nach Oberammergau, einem schmucken kleinen bayrischen Gebirgsort, weltberühmt durch die Oberammergauer Passionsspiele. Zu den Passionsspielen, in denen die Oberammergauer die Gestalten des Neuen Testaments darstellten, erschienen Gäste aus allen Teilen der Erde; die Passionsspiele waren weltberühmt, sie fanden alle paar Jahre statt. Sonst war Oberammergau ein Gebirgsdorf wie alle anderen, idyllisch, schlicht, wunderbar eingebettet zwischen den herrlichsten Bergen. In Oberammergau bewohnten wir eine kleine Villa, ich schrieb Artikel und redigierte meine Korrespondenzen, verschickte meine Manuskripte und Korrespondenzen, wir waren ständig auf der Fahndung nach Lebensmitteln und Kohlen und

Holz und Toilettenartikeln. Sonst machten wir Spaziergänge und Klettertouren, im Winter stapften wir durch Schnee und Eis auf die Gipfel und fuhren auf Skiern. Trotz der Inflation war es eine herrliche Zeit. Wir konnten uns täglich viele Stunden mit unserem Söhnchen abgeben und nahmen beglückt an seiner Entwicklung teil. Unweit Oberammergau liegt Ettal, ein altes Kloster. Anfangs ließen wir unseren Sohn Klaus von einem Ettaler Mönch unterrichten, später nahm ihn der Oberammergauer Vikar, der Gehilfe des Oberammergauer Pfarrers, in seine Obhut. Der Vikar war der beste Mensch, den ich je gesehen habe. Er wurde von dem Pfarrer und seiner Köchin bis aufs Blut gequält; wenn die Oberammergauer Bauern verärgert waren, ließen sie ihre Wut an ihm aus, denn an den Pfarrer, der höchst streitbarer Natur war, trauten sie sich nicht heran. Von diesem armen Vikar erhielt unser Klaus Unterricht in Deutsch, in Latein, Mathematik, Geschichte. Der Vikar versicherte uns immer wieder, für ihn gebe es kein größeres Vergnügen als diesen Unterricht. Dabei wurde er von Klaus genauso schikaniert wie von allen anderen Menschen. Eine Szene aus dieser Unterrichtszeit bleibt mir unvergeßlich. »Ich muß Ihnen leider eine sehr betrübliche Mitteilung machen«, sagte der Vikar. »Ich habe Ihren Sohn Klaus, unseren sonst so braven Klaus, eingesperrt. Er hat seine lateinische Hausaufgabe nicht gemacht. Seit vierzehn Tagen bitte ich ihn, die Hausaufgabe zu machen. Er hat sich immer wieder geweigert. Gestern sagte ich ihm, wenn er mir die Aufgabe heute nicht bringe, würde ich ihn einsperren. Er hat sie nicht gemacht und mir zur Antwort gegeben, er habe Wichtigeres zu tun. Ich habe ihn für zwei Stunden in sein Zimmer eingesperrt. Sie dürfen mir glauben, daß ich unter der Strafe selbst schwer leide. So ein armes Kind! Bei diesem herrlichen Wetter! Aber was sollte ich machen?« Klaus war in einem Parterrezimmer eingesperrt worden, und was tat der Vikar? Er ging vor dem Zimmer auf und ab, in der Sonnenglut. Wenn der arme Junge in der Gefangenschaft schmachtete, dann wollte er, der Vikar, mitleiden. Als er das Zimmer nach zwei Stunden aufschloß, war Klaus verschwunden. »Um Gottes willen, das arme Kind, es muß aus dem Fenster gestiegen sein, es wird sich doch nichts angetan haben, das wäre mein Tod.« Ich kannte Klaus genau und hatte keine Angst. Nach stundenlangem Suchen fand der Vikar seinen Schüler im Wald, auf dem Bauch

liegend, ein Buch lesend. Klaus lächelte verlegen, und dem Vikar standen die Tränen der Freude und der Rührung in den Augen.
In Oberammergau gab es auch häufig Ausländer, die in das Dorf kamen, um aufzukaufen: Wälder, Villen, Holzbestände, Steinbrüche, auch Restbestände aus Läden. Ein fetter Chinese hielt sich wochenlang in Oberammergau auf und freute sich über die Bewunderung, die man seinen Dollars zollte.
Sonst war es in Oberammergau genauso elend und hoffnungslos wie im übrigen Deutschland. Die Gemeinde war verpflichtet, einige Waggons Kohle herbeizuschaffen, um für den Winter jeder Familie einen Sack Kohlen liefern zu können, sie war verpflichtet, einige Waggons Kartoffeln zu beschaffen, zur Verteilung an die Einwohner. Der Bürgermeister und die Gemeinderäte fuhren überall herum, konnten aber weder Kohle noch Kartoffeln erhalten. Sie baten mich, ihnen zu helfen, und auch ich fuhr herum, ebenfalls ohne Erfolg. Da sagte der Bürgermeister erbost zu mir: »Und Sie wollen ein Jud sein! Sie sind genauso ein Dummerjan und Tölpel wie wir, ein Zeitungsschreiber, aber kein Jud.«
Wenn in Oberammergau die Bimmelbahn aus München gegen Mittag einlief, dann standen immer vierzig bis fünfzig Oberammergauer am Bahnhof, Gewerbetreibende, größere Bauern, Kaufleute, der Bürgermeister, Gastwirte, auch ich, und wir begleiteten den Mann, der die Postsäcke fuhr, zur Post, und von der Post zur Bank. In der Bank warteten wir, und der Bankdirektor zählte und berechnete und verkündete uns dann: Jedem kann ich insgesamt soundsoviel Millionen oder Milliarden geben, mehr nicht, ich bedaure.

Wie machten es die Banken in Deutschland?

Wie machten es die Banken in Deutschland damals? Sie machten es so: Jeder Kunde erhielt vierteljährlich seine Abrechnung. Die Abrechnung begann mit den Worten: Die Beträge auf Ihrem Kreditkonto und auf Ihrem Debetkonto bis zum 20. Februar haben wir gestrichen. Denn hier hatte es sich um Beträge von 16000 Mark gehandelt oder 9000 Mark oder 10800 Mark, inzwischen aber rechnete man nur mit Hunderttausendern. Die nächste Abrechnung begann mit der Erklärung: Die Beträge auf Ihrem Kreditkonto und auf Ihrem Debetkonto bis zum 15. April haben wir gestrichen, denn hier hatte es sich um Beträge von 265.000 Mark gehandelt, von 790.000 oder 980.000, inzwischen aber rechnete man nur mehr mit Millionen. In der nächsten Abrechnung wurden die Millionen gestrichen, denn man rechnete nur mehr mit Hunderten von Millionen. Dann wurden auch die Hundertmillionen gestrichen, denn man rechnete nur mehr mit Milliarden und schließlich nur mehr mit Billionen. Mein Sohn Klaus erstand einmal in Oberammergau für eine Milliarde eine Schachtel Streichhölzer und erzählte mir nach vierzehn Tagen stolz, er könne jetzt für die Schachtel schon zweieinhalb Milliarden bekommen. Einmal wollte ich eine Schreibmaschine kaufen. Ein Geschäftsinhaber in Oberammergau wollte sie mir verschaffen. Er stand an der Spitze eines Konsortiums, das vierzehn Tage an der Beschaffung der Schreibmaschine arbeitete. Aber aus dem Unternehmen wurde nichts, einmal scheiterte es daran, daß das verkaufslustige Konsortium 76 Milliarden haben wollte, wenn man den Betrag bis nachmittags 4 Uhr zahle. Als aber der Sack mit den 76 Milliarden zur Stelle war, wollte das Konsortium 95 Milliarden haben, und zwar bis zum Abend, und solche Berge von Banknoten waren bis zum Abend nicht aufzutreiben. Auch die Arbeiten zweier anderer – Münchener – Konsortien, die tagelang an dem Kauf der Maschine arbeiteten, scheiterten an der Schnelligkeit der Inflationsmaschinerie.

Die lächerlichsten Unternehmen aber waren die Aktiengesellschaften. Die kleinsten Unternehmen wurden in Aktiengesellschaften umgewandelt, Handwerkerbetriebe mit fünf oder sechs arbeitenden Menschen, kleine Hefefabriken, Waffelbäckereien, Konfektionsschneidereien, lausige Lumpensortieranstalten, lächerliche Druckereien mit einem Tiegel. Diese Pinscherbetriebe wurden Aktiengesellschaften mit einem Generaldirektor, Aufsichtsräten, und sie gaben Tausende von Aktien aus, und an der Börse handelte man mit diesen Aktien, die natürlich immer stiegen. Da hatte einer 20 Aktien von dieser Gesellschaft, 25 Aktien von jener, 80 Stück von einer dritten und ein ganzes Paket – 3000 Stück – von einer vierten Aktiengesellschaft. Und sie wähnten sich steinreich und besaßen real nicht den Wert einer Zimmereinrichtung.

Was dachte sich das Publikum?

Was dachte sich das Publikum, was dachte sich der Staat? Das Publikum dachte sich gar nichts. Der Arbeiter freute sich darüber, daß er diese Woche fünf Millionen verdiente, während sein Lohn vergangene Woche nur vier Millionen ausgemacht hatte, die Gemüsefrau freute sich, daß die Preise für ihre Kohlrüben ständig in die Höhe kletterten und daß sie für eine Tüte Äpfel jede Summe bezahlt erhielt, alle spekulierten ein klein wenig nebenher. Man fragte sich nur, wird es weiter so in die Höhe gehen, oder wird einmal ein Stillstand von vierzehn Tagen oder gar zwei Monaten kommen – o weh, diejenigen, die Termingeschäfte gemacht hatten, würden dann verlieren. Und weiter hatte man Angst davor, daß es plötzlich wieder genauso rückwärts gehen könnte, wie es aufwärts gegangen war. Wieder herunter zur Milliarde, dann zur Million, zum Tausender, zum Hunderter. Wie dies hätte vor sich gehen sollen, darüber dachte man nicht nach. Philosophen sagten: Warum soll das aufhören? Die Mathematik kennt ganz andere Zahlen als die Billion, nach der Billion kommt die Trillion, es gibt wissenschaftlich noch Hunderte von Zahlenbegriffen, und reichen die nicht aus, so schafft man eben neue. Ich habe von Finanzwirtschaft noch nie etwas verstanden und werde auch nie etwas davon verstehen. Aber das eine war für mich klar: So konnte es nicht weitergehen, und so würde es auch nicht weitergehen. Eines Tages würde es vorbei sein mit der Inflationszeit, der Zeit der Unsoliden, der Schieber, der Nichtskönner, der Analphabeten, und dann würde man wieder normal arbeiten können, stabil, ersprießlich, mit Freude. Auf diese Zeit bereitete ich mich vor, denn ich hatte einen Sack voll Plänen, eine Reihe von Korrespondenzen schwebte mir vor, und ich arbeitete auch an diesen neuen Zeitungskorrespondenzen, die ich sofort ins Leben rufen wollte, wenn die Inflation vorbei war.

Inflation über Nacht vorbei

Und eines Tages, Ende November 1923, war sie tatsächlich vorbei. Der eiserne Vorhang rauschte herunter, und das Gespensterspiel Inflation war aus. In der Frühe klebten in ganz Deutschland in den

Städten und in den Dörfern riesengroße Plakate an den Wänden: Ab sofort ist die Papiermark außer Kurs gesetzt, sie hat ihre Gültigkeit verloren, sie ist kein gesetzliches Zahlungsmittel mehr, niemand braucht sie als Zahlungsmittel anzunehmen. Das neue gesetzliche Zahlungsmittel ist die Rentenmark. Eine Billion Papiermark ist gleich einer Rentenmark. Jede Reichsbankstelle tauscht eine Billion Papiermark gegen eine Rentenmark um, ab neun Uhr vormittags auch sämtliche öffentlichen und privaten Banken. In den Morgenzeitungen stand es auch ganz ausführlich. Das Publikum war wie vor den Kopf geschlagen. Wie ein Märchen, die arme Fischerhütte war in einen Palast verwandelt worden, aber es war nur ein Traum, als der Fischer und seine Frau aufwachten, wachten sie nicht im Palast auf, sondern in der armen Fischerhütte. Vergangene Woche waren dem Arbeiter am Freitag achtzehn Billionen Reichspapiermark ausgezahlt worden, diese Woche fünfzehn Rentenmark. Das Brötchen kostete wieder drei Pfennig und zwei Stück fünf Pfennig, und das Porto für den Inlandsbrief belief sich wieder auf zehn Pfennig.
Wie war das Zauberstück zustande gekommen? Hjalmar Schacht, der schon lange als Finanzgenie galt, ein Mann mit einem hohen steifen Kragen und einem strengen Lehrergesicht, war der Zauberkünstler gewesen. Die einfachste Geschichte in der Welt. Der Staat in seiner Verzweiflung und Ratlosigkeit hatte ihn um Rat und Hilfe gebeten. Nichts einfacher als das, sagte Herr Schacht, die und die Vollmachten, die und die Bezüge, die und die Garantien, er war nicht bescheiden, der Herr Hjalmar Schacht. – Und dann? – Und dann? Das kommt erst an zweiter Stelle, erst einmal die Garantien und die Unterschriften. – Schön. Also dann, nichts einfacher als das. Welchen Notenumlauf brauchen wir? Wie groß ist die Einwohnerzahl? Wie groß war der Notenumlauf Juli 1914? Wie groß war damals die Bevölkerungsziffer? Alles ganz kleine Zahlen. Und der Staat hat so enorme Werte. Die solideste, bestfundierte Währung der Welt, in jeder Hinsicht solid. Aber kein Mensch darf zuvor etwas davon wissen: Eine Billion sinnloser Papiermark eine solide Rentenmark. Die Inhaber von großen Bankkonten: 37 Billionen und 750 Milliarden, besaßen jetzt 37 Mark und 75 Pfennig, und die Inhaber der Aktienpakete konnten sich entweder das Zimmer mit ihren Aktien tapezieren lassen oder die Aktien als Altpapier verkau-

fen. Und der Amerikaner erhielt für seine zehn Dollar wieder den Gegenwert von zehn Dollar und keine Villa mehr oder einen Fabrikanteil.

8

Verlagserfolge

Arbeitsreiche Jahre

Ich aber packte wieder meine Siebensachen zusammen, nahm meine Familie und fuhr zurück in meine alte Wohnung nach Halle. Ich freute mich, daß ich für meine Korrespondenzen wieder bescheidene Honorare erhielt und keine astronomischen Zahlen mehr. Für mich begannen die arbeitsreichsten Jahre meines Lebens. Die beiden Wochenkorrespondenzen *Unterm Strich* und *Die Frau und ihre Welt* wurden ausgebaut, und es kam eine dritte Korrespondenz hinzu, die täglich einmal erscheinende *M. F. Korrespondenz.* Es war kein kleiner Betrieb mehr. Ich konnte dies alles in meiner Privatwohnung nicht mehr bewältigen, ich mietete Büroräume und engagierte zwei Schreibkräfte. Die Zahl meiner Mitarbeiter wuchs, die Zahl der Zeitungen, die auf meine Korrespondenzen abonniert waren oder die Einzelabdrucke vornahmen, wuchs. Wirtschaftlich war Deutschland wieder gesund geworden, aber viele, die sich in der Inflationszeit reich vorgekommen waren, stöhnten und jammerten. Der junge Bursche ohne Schulbildung war Generaldirektor einer Aktiengesellschaft gewesen, er hatte täglich die Börse besucht, mit Banken verhandelt, jetzt war er ein kleiner Stadtreisender und bettelte um Aufträge. In der Inflationszeit hatte sich die Hälfte der Bevölkerung als reiche Leute gebärdet, und von der anderen Hälfte hatte sich wieder die Hälfte reich gefühlt, es aber für klüger gehalten, dies zu verschweigen. Jetzt war es wieder, wie es früher gewesen war: Zwei Prozent der Leute waren wirklich reich, acht Prozent waren guter, gutsituierter und wohlhabender Mittelstand, zehn Prozent waren kleiner Mittelstand – mittlere Beamte, Ladeninhaber, Gymnasiallehrer, einfache Richter –, und achtzig Prozent aller Leute lebten in proletarischen Verhältnissen, sosehr sich viele dagegen wehrten.

Mit mir ging es wirtschaftlich von Monat zu Monat bergauf. Zu den drei Korrespondenzen kam eine, an der mir besonders gelegen war, die Korrespondenz *Freude und Humor.* Sie bestand aus Humoresken, aus illustrierten Witzen und Scherzen. Die Illustrationen wurden den Zeitungen in Matern geliefert. Es war keine Kleinigkeit, sich mit dieser Korrespondenz durchzusetzen. Die Presse von damals – 1924 – erklärte sich für seriös, obwohl der größte Teil der Zeitungen oberflächlich und verantwortungslos war. Den illustrierten Witz in der Zeitung kannte man damals noch nicht. Die Korrespondenz wurde denn auch anfangs einmütig abgelehnt, und es bedurfte großer Geduld und Zähigkeit, bis es mir gelang, die Humorecke oder Humorseite durchzusetzen. Dann allerdings war *Freude und Humor* eine meiner rentabelsten Korrespondenzen. Es folgten eine Lokalspitzenkorrespondenz, eine Korrespondenz *Vom Karneval des Lebens, Die Lustige Welt, Sportkorrespondenz Feuchtwanger, Haus und Garten,* täglich zwei Seiten *Maternkorrespondenz Feuchtwanger* und ein achtseitiger *Illustrierter Sonntag.* Nach zwei Jahren war es ein Großbetrieb: eine Flucht von Zimmern, Lagerräume, Magazine, Dutzende von Angestellten, Laufburschen. Ich selbst arbeitete unermüdlich. Nicht nur daß ich die Redaktionsarbeiten fast ganz allein erledigte, die wichtigsten Briefe diktierte ich persönlich. Die Korrespondenz *Unterm Strich* hatte sehr gute Mitarbeiter, den Literarhistoriker Oskar Walzel, der zu Gedenktagen und siebzigsten Geburtstagen und ähnlichen Anlässen schrieb, die Professoren Sebastian Hausmann, Vaihinger, Liepe, Gerstenberg, Moser, Waetzold, Goldschmidt, die Schriftsteller Karl Alexander von Gleichen-Rußwurm, Paul Ernst, Börries von Münchhausen, Waldemar Bonsels, Alice Behrend, Georg Hermann, Georg Hirschfeld, Johannes Schlaf, Benno Rüttenauer, Richard Schaukal, Manfred Georg, Hugo Salus. Ich hatte hervorragende und äußerst begabte Zeichner. Der Manuskripteingang wurde bei mir nicht schablonenhaft erledigt. Auch die Manuskripte von völlig unbekannten Journalisten und Schriftstellern wurden gelesen. Viele fanden ihren Weg in die Öffentlichkeit durch meine Korrespondenzen. Verhandlungen mit Banken und Papierfabriken, Papiergrossisten, Klischeeanstalten, Buchbindereien, Druckereien wurden durch meine Leute geführt, aber überall behielt ich mir das letzte Wort vor. Die Methoden, nach denen die Buchhaltung geführt wurde, die Kartotheken, die Registraturen, das Ablegeregister, die Expedition, Werbeabteilung waren von mir geschaffen. Wenn sich ein Angestellter bewährte, ließ ich ihn selbständig arbeiten. Die Angestellten in leitenden Positionen hatten keine feste Dienstzeit. Sämtliche Angestellten hatten nicht nur Samstagnachmittag und Sonntag frei, sondern auch einen freien Tag im Monat, den sie sich selbst aussuchen konnten. Im Büro arbeiteten auch meine Frau und eine meiner Schwestern. Einmal im Monat hatten sämtliche Angestellten bis nachts zwölf Uhr, auch ein Uhr zu arbeiten, auch die Lehrlinge, männliche und weibliche, größtenteils am Dreißigsten des Monats. An diesem Tage wurden nach einem bestimmten System sämtliche Rechnungen ausgeschrieben, Mahnbriefe, dringende Mahnbriefe, Nachnahmeandrohungen, Nachnahmen, Zahlungsbefehle. Einige tausend Rechnungen und Mahnungen. Ich und drei Hauptkräfte diktierten. Die Typistinnen nahmen jeweils dreißig, vierzig Rechnungen auf, schrieben sie und erschienen dann wieder zur Aufnahme. Die Expeditionsleiterin mit drei jungen Kräften machte alles postfertig, zwei Lehrjungen schafften die Körbe zur Post. Eine leitende Angestellte machte inzwischen nach den Kopien die Statistik. Um sieben Uhr abends gab es eine einstündige Unterbrechung, für sämtliche Angestellten wurde warmes Abendbrot gebracht, daran anschließend Kaffee und Kuchen. Die Angestellten waren dabei so lustig, vergnügt, lärmend, daß sich häufig die Nachbarn des Gebäudes, in dem die Büroräume lagen, beschwerten. Um zwölf Uhr oder ein Uhr war alles fertig, und ich wußte: soundsoviel tausend Rechnungen, soundsoviel hundert Mahnungen, soviel Zahlungsbefehle. Gesamtsumme X, Monatsbilanz X, Auslandsgelder: Amerika, England, Frankreich, Schweiz, Österreich, Tschechoslowakei, Belgien, Holland, Rumänien, Argentinien, Brasilien. Um ein Uhr war alles fertig, ich steckte meine Statistiken ein, draußen wartete mein Chauffeur, ich fuhr nach Hause, um morgens fünf Uhr geweckt zu werden und um sechs Uhr wieder im Büro zu sein. Ich saß im Büro und arbeitete häufig sechzehn bis achtzehn Stunden. Siebzehn Korrespondenzen zu redigieren, die Hauptbriefe und Verträge zu diktieren – es blieb mir keine Zeit zu Gesprächen, zu Verhandlungen. Es war bekannt, daß ich persönlich nicht zu sprechen war. Wir beschäftigten einen Rechtsanwalt für komplizierte Fälle und zwei Anwälte für kleine Sachen, sie wußten, daß ich mitunter den Entwurf zu einem Schriftsatz diktierte, zu einer mündlichen Unterredung aber nicht bereit war. Banken, mit denen wir sehr viel arbeiteten, Papierfabriken und Matrizenfabriken, von denen wir enorme Mengen bezogen, wußten, daß sie nur mit leitenden Angestellten, nicht mit mir selbst verhandeln konnten. Nur auf diese Weise war mir die Erledigung dieses Riesenpensums möglich. Selbst die Behörden nahmen darauf Rücksicht. Später erkannte ich, daß dieses System insofern schlecht war, als ich den Kontakt mit der Mitwelt verlor. Nach vielen Jahren, nach dem Tod meiner Schwester Bella, fiel mir ein, wie diese einmal bitter zu mir sagte: »Was weißt denn du von den Menschen, ein Mann in deiner Machtstellung? Angestellte nehmen sich zusammen, wenn sie mit dir sprechen. Und alle anderen, die mit dir reden, sind von dir abhängig oder wollen etwas von dir, und wenn sie nichts von dir wollen, lauert doch im Hintergrund der Gedanke, der könnte dir auch behilflich sein.« Damals achtete ich auf solche Reden nicht, mir lag an nichts als an der Weiterentwicklung meines Betriebs. Und an meinem vierzigsten Geburtstag sagte meine Frau, ein wenig angewidert: »Wie eine Filmdiva.« Denn von allen Seiten kamen Depeschen, Blumen, Gewächsarrangements, Geschenke jeder Art. Mir war damals der ganze Rummel nur lästig. Leider sind die Menschen so, daß sie dem, der hat, immer mehr geben, während der, der nichts hat und alles brauchen könnte, sich vergeblich nach Wärme und Hilfe sehnt. – Hast du viel, so wird dir bald noch viel mehr dazugegeben, heißt es.

Unaufhaltsames Wachstum

1927 war der Betrieb so groß geworden, daß ich nicht mehr mit fremden Druckereien arbeiten konnte und eine eigene Druckerei ins Leben rief. Eine Druckerei mit sechs Setzmaschinen, einer Reihe von Schnellpressen, Tiegeln, Papierschneidemaschinen, Schmelzöfen und Maternpressen. Ich wollte ein großes Einkommen haben, aber kein reicher Mann sein. Ich war fest entschlossen, niemals Kapital anzuhäufen, sondern immer die Gewinne zur Vergrößerung des Betriebs zu verwenden. Die Druckerei hatte einen Druckereileiter, einen stellvertretenden Druckereileiter und etwa achtzig Arbeiter. Zweimal jeden Tag fuhr ich in die Druckerei, um dem Leiter meine Wünsche zu erklären. Unter den Angestellten waren keine Juden. Wenn ich in dieser Zeit gesellschaftlich mit Menschen zusammenkam, so waren es reiche jüdische Familien, die, ebenso wie ich, dem Leben der Massen fremd gegenüberstanden und vom Ansteigen des Antisemitismus unberührt blieben. Was ich früher schon getan hatte, was ich heute noch tue, an einem Abend in der Woche pokern, ist eine harmlose Ablenkung von dem Gehetze und den Sorgen des Alltags. Daß die Mitspielenden damals schon fast ausnahmslos Juden waren, zeigt deutlich, wie die Juden geschieden waren von Nichtjuden, insbesondere gesellschaftlich.

Der Betrieb wuchs durch Angliederung eines Romanvertriebs. Ein großer Teil der deutschsprachigen Zeitungen aller Welt war auf meine Korrespondenzen abonniert, Hunderte von Zeitungen bezogen ihr gesamtes Material von mir, ausgenommen den politischen und den lokalen Teil. Man bedrängte mich, auch Romane zu liefern, Romane zum Selbstsatz und Romane in Matern. Als ich mich mit dieser Materie zu beschäftigen begann, war ich entsetzt über den Tiefstand des Zeitungsromans. Kitsch, viel oberflächlicher und primitiver als etwa die Gartenlauberomane, die ich als Kind verschlungen hatte. Schließlich versandte ich die ersten Romane, allerdings auf ein wenig höherem Niveau. Die Folge war, daß sich die Zeitungen über das Niveau beschwerten. Das Publikum sei mit meinen Romanen unzufrieden. Romane, die mit Kunst und Literatur irgend etwas zu tun hätten, wolle das Publikum nicht, es wünsche Romane à la Courths-Mahler, Otfried von Hanstein, Horst Bodemer, Gert Rothberg. Schnell wuchs mein Romanvertrieb zum ausgedehntesten in Deutschland. Die Erstdrucke in großen Zeitungen und Zeitschriften, Zeitungen in Düsseldorf, Nürnberg, Königsberg, Magdeburg, in Schweizer illustrierten Zeitungen, in Wien, in der New Yorker Staatszeitung, in der Chicagoer Abendpost, dann folgte das Gros der Zeitungen. Es kam vor, daß von mir vertriebene Romane – Schlager – in nicht weniger als sechshundert Zeitungen erschienen. Der Romanvertrieb war bald so groß wie der gesamte andere Korrespondenzverlag. Die Romane wurden zum Selbstsatz geliefert oder in Matern, ganzseitig umbrochen, in langen Spalten umbrochen, feuilletonumbrochen. Mit meinen bisherigen Maternpressen konnte diese Produktion nicht bewältigt werden. Von der München-Augsburger Maschinenfabrik bestellte ich eine hydraulische Maternpresse, so groß wie eine Rotationsmaschine – sie kostete ein Vermögen. Als ein Ingenieur und einige Monteure aus München die Aufstellung und die Montage in Halle beaufsichtigten und durchführten, erfuhr ich, welch hohe Gehälter die erstklassigen Facharbeiter bezogen, ich sah aber auch, wie hervorragend tüchtig und zuverlässig sie waren.

Das Leben der Reichen

Um auszuspannen und mich zu erholen, fuhr ich gewöhnlich Samstag nachmittags im Auto weg und blieb bis Sonntag gegen Abend. Ich fuhr in den Harz, nach Thüringen, ins Riesengebirge, nach Prag, Karlsbad, Marienbad, nach Kassel, Braunschweig, an die Mecklenburgischen Seen, an die Ostsee, in die Umgebung von Nürnberg. Ich glaubte, einfach und nicht übertrieben zu leben, aber ich bedachte nicht, daß sich dieses Leben nur jemand leisten konnte, bei dem das Geld keine Rolle spielte. Der Chauffeur brauchte nicht zu sparen an Öl und Benzin, an Ersatzteilen und Verbesserungen, er konnte den Wagen überholen oder durch einen neuen ersetzen lassen, sowie der alte nur die kleinste Unregelmäßigkeit aufwies. Gasthöfe und Hotels waren von meiner Ankunft unterrichtet, und ich bildete mir ein, ein bescheidenes Leben zu führen, wenn ich, angekommen im Hotel, im Wohnraum Tee trank und einen kalten Imbiß aß, dann ein Buch nahm und mich für eine Stunde auf den Balkon setzte, nicht angesprochen von Hotelportiers und Hoteldirektoren, die natürlich zuvor schon vom Chauffeur und meinen Leuten verständigt waren: Der Mann will nicht angesprochen werden, er will unbeachtet sein.
Ich glaubte, einfach zu leben, wenn ich einmal um fünf Uhr nachmittags nach Hause kam, einmal um acht Uhr, einmal um elf Uhr und wenn mir dann lautlos in wenigen Minuten serviert wurde, was ich gerade wollte: nur ein Schnitzel mit etwas Salat – oder Spargel mit Rührei – Früchte – ja, heute wirklich ein wenig Gänseleber.

Daß immer alles da war, was ich wollte, daß jederzeit serviert werden konnte, für mich allein oder für meine Gäste, wenn ich welche mitbrachte – ich bedachte nicht, welchen Apparat an Personal und täglichen Anschaffungen das erforderte. Nur mich nichts fragen, nur mich nicht mit Haushaltsdingen und Toilettendingen stören! Der Schneider und der Zuschneider erschienen und lauerten, wann ich einige Minuten Zeit zur Auswahl des Stoffes oder zur Anprobe hatte, der Friseur rasierte mich, ohne ein Wort mit mir zu sprechen, das Bad war stets bereit und das Frühstück und der Wagen. Täglich lag frische Wäsche für mich bereit, und jede Woche arbeitete ein Schneider einen Tag an der Durchsicht meiner Anzüge und meiner Wäsche. Über mein Leben und über meine Tageseinteilung dachte ich nicht groß nach. Mir war jede Minute kostbar, und der Aufrechterhaltung und der Entwicklung meines Betriebs galt meine ganze Energie. Ich glaubte, nobel zu sein, weil ich der jüdischen Gemeinde gab, was sie haben wollte, weil ich, wenn für einen Verarmten gesammelt wurde, mit an der Spitze der Zeichner stand, weil ich die Sammler für zionistische Organisationen, für jüdische Wohltätigkeitseinrichtungen, für sonstige Zwecke, für Theatersubventionen, Subskriptionen jeder Art, für christliche wohltätige Zwecke nie enttäuschte, weil ich die Hunderte von Bitt- und Bettelbriefen von armen und verarmten Verwandten, Freunden und Bekannten immer positiv erledigte, auch wenn sie den Stempel der Unwahrhaftigkeit nur zu deutlich zeigten. Ich war der typische »reiche Mann« geworden und hatte alles vergessen, meine ersten journalistischen Erfahrungen, die Kriegsstrapazen, die Leiden der Gefangenschaft, die Ohrfeigen und das Zuschauenmüssen beim Prassen der Satten, das verzerrte Grinsen der Inflation und die Qualen des Mannes, der nichts zu essen hat. Der Mensch ist allzuschnell zum Jammern bereit, allzuschnell vergißt er, allzuleicht denkt er nur an sich selbst.

Kitschromane

Der Korrespondenzverlag war aufgebaut. Politische und Handelskorrespondenzen kamen nicht in Frage, von diesen Dingen verstand ich zuwenig. Es war ein organisches Wachsen, als der Buchverlag dazukam. Die Zeitungsromane erschienen auch in Buchform, in guter, gediegener, teurer Ausstattung. Wer kauft sich Romane wie *Bis die Schuld bezahlt ist* von Sophie Oehle, *Die Liebe des Landstreichers* von Fritz Metzner, *Bis daß der Tod euch scheidet* von Luise Knöpfel, *Der Dreizehnte* von Anny von Panhuys, *Die Zirkusreiterin* von Otfried von Hanstein, wenn er für dasselbe Geld Romane wie *Joseph der Ernährer* von Thomas Mann, *Höret die Stimme* von Franz Werfel, *Das letzte Kapitel* von Knut Hamsun, *Der Streit um den Sergeanten Grischa* von Arnold Zweig, *Wolfsblut* von Jack London, *Das Totenschiff* von B. Traven, *Kuli* von Madelon Lulofs, *Moskau glaubt nicht an Tränen* von Ilja Ehrenburg, *Die Söhne* von Lion Feuchtwanger, *Sohn dieses Landes* von Richard Wright, *Kristin Lavranstochter* von Sigrid Undset, *Kautschuk* von Vicki Baum, *Die Lustgärten Gottes* von Hugh Walpole kaufen kann? Leider gibt es viel, viel mehr Menschen, deren Gefühlsleben auf *Die Zirkusreiterin* reagiert und nicht auf den jungen Joseph. Gute und beste Romane werden heute geschrieben, ohne einen Verleger zu finden, gute und beste Romane werden geschrieben, von einem idealen Verleger in kleiner und kleinster Auflage gedruckt, um dann still wieder zu verschwinden. Romane von großen und berühmten Schriftstellern erscheinen in Auflagen von zehntausend und hunderttausend in den verschiedensten Sprachen. Aber der Kitschroman, an dem kein Fünkchen Wahrheit oder Kunst ist, der das Leben verlogen und verbogen widerspiegelt, wird von Millionen gelesen, in England, Amerika, Deutschland, Frankreich, in aller Welt. Und die Frauen sind beim Lesen gerührt und erhoben, sie weinen Tränen und vergessen ihr Leid, selbst gescheite, gesunde und gebildete Frauen. Auch Männer. Die Hauptabnehmer dieser Romane sind die Leihbibliotheken. Da gibt es Büchergrossisten in Deutschland, die nur mit Leihbibliotheken arbeiten. Der Büchergrossist gibt beim Verleger dieser Romane sogenannte Kontinuationsbestellungen auf: von jedem neuen Roman am Tage des Erscheinens hundertfünfzig Stück, Romane von Rothberg, Hanstein, Panhuys dreihundert Stück. Die Kitschromane, deutschsprachige Kitschromane werden in aller Welt gelesen, besonders viel in der Schweiz und in Österreich, aber selbst in Südafrika und in Peru, auch ein Buchgrossist in Tokio bestellte eine Kontinuation von siebenundzwanzig Exemplaren, da siebenundzwanzig Biblio-

theken in Japan »komplett« sein wollten und da dort keine Neuerscheinung fehlen dürfe. Der Büchergrossist in Tokio bezahlt à conto für fünfhundertvierzig Bände. Der Buchverlag florierte, gewaltige Bücherkisten gingen jeden Tag hinaus. Hast du viel, so wirst du bald noch viel mehr dazubekommen ... Und der Autor, der wirklich etwas kann, ein wirklicher Gestalter und Dichter, findet keinen Verleger, und der junge ideale Verleger hat keinen Absatz und kein Auskommen.
Zwei-, drei-, auch viermal im Jahr mußte ich ausspannen. Ich fuhr mit dem Wagen an den Lido, nach Florenz, nach Holland, Abbazia, Neapel, an die jugoslawische Küste, nach Belgien, auch nach Mecklenburg, in die Schweiz, am liebsten in die Alpen, ich machte Klettertouren, Gletschertouren in den Zillertaler, Ötztaler, Stubaier Bergen. Ich fuhr für einige Tage in die Dolomiten, auch nach Triest. Immer nur für einige Tage, selten länger als zehn Tage. Besonders gerne nahm ich meinen kleinen Sohn mit, der sich über das Treiben in Venedig und das Schwimmen in Neapel genauso freute wie über Klettertouren mit Führern und das Stapfen über Gletscherschnee. Wenn ich unterwegs war, bemühte ich mich, möglichst wenig an meinen Verlag zu denken. Wenn ich daran dachte, dann freute ich mich über das Florieren des Unternehmens. Sowie ich aber wieder zu Hause war, setzten das Ringen und Kämpfen von neuem ein, selbst das beste Unternehmen hat immer und überall mit Schwierigkeiten zu kämpfen.

Unterhaltungszeitschriften und Massenauflagen

Die Schwierigkeiten wurden zu Bergen, als ich meinem Verlag einen Zeitschriftenverlag angliederte und die wöchentlich einmal erscheinende Zeitschrift *Jede Woche ein Roman* gründete. Meine Romankorrespondenzen und mein Buchverlag hatten mich gelehrt, welche Romane die breite Masse haben wollte. Meine neue Zeitschrift brachte in jeder Nummer einen völlig abgeschlossenen Roman, dazu noch einiges Beiwerk, Skizzen, Frauenartikel, eine Kinderecke. Mein Leipziger Kommissionär – Volckmar – warnte mich. Ich hätte so ungeahnte und außergewöhnliche Erfolge mit meinen Korrespondenzen und mit meinem Buchverlag; warum dieses feste Gebäude durch eine Romanzeitschrift gefährden? Im Laufe des letzten Jahrzehnts hätten es häufig Verleger, sehr leistungsfähige und tüchtige Verleger, mit Romanzeitschriften versucht, stets mit Mißerfolg. Die Unternehmen seien immer schnell von der Bildfläche verschwunden und hätten mitunter Riesensummen verloren. Ich kam mit den ersten Nummern heraus und teilte den Zeitschriftengrossisten mit, sie könnten mit vollem Rückgaberecht so viele Exemplare beziehen, wie sie wünschten. Es gingen Riesenbestellungen ein, aus Berlin 20000 Exemplare, Hamburg 16000, Leipzig 10000. Ich ließ von den ersten Nummern je 150000 Exemplare drucken. Nach wenigen Wochen schon sah die Situation katastrophal aus. Fünfundneunzig Prozent aller Hefte kamen unverkauft zurück. Meine Magazine waren kaum in der Lage, die ungeheure Menge von Ballen und Kisten zu fassen. Ich arbeitete weiter, mehrere Monate – es blieb ein Mißerfolg. Volckmar schien recht zu behalten. Ich hatte in wenigen Monaten so viel zugesetzt, daß ich Bankkredit in Anspruch nehmen und Wechsel ausstellen mußte. Die Sorgen wurden von Woche zu Woche größer, man spürte, wie Banken, Papierfabriken, Maschinenfabriken, Buchbindereien mißtrauisch wurden. Ich machte einen letzten Versuch und ließ in etwa fünf Großstädten und zehn mittleren Städten Gratisexemplare auf der Straße verteilen, Gratisexemplare mit dem Stempel: Gratis-Probenummer. Exemplare hatte ich ja in genügender Anzahl, aber der Versand und die Straßenverteilung kosteten viel Geld. Zwei Millionen Exemplare wurden gratis verteilt. Die Gratisverteilung war ein voller Erfolg. Nach einem Jahr schon hatte die Zeitschrift eine Auflage von 60000 Exemplaren wöchentlich und nur zehn Prozent Remittenden.

9

Nero Redivivus

Hitler reckt sich – der Antisemitismus wächst

Die politische Situation in Deutschland war wieder sehr düster geworden. Der Hauptgrund war die überhandnehmende Arbeitslosigkeit. Millionen von Arbeitslosen liefen herum, waren verzweifelt, empört, verbittert und demonstrierten. Allenthalben war man mit dem Staat unzufrieden. Die Deutschnationalen kämpften mit Wut, Haß, Spott, mit ehrlichen und unehrlichen Mitteln gegen die sozialdemokratische Regierung. Sie sahen sich schon im Besitz der Gewalt und warteten auf die Gelegenheit, den Sozialisten den Garaus machen zu können. Auch die Zahl der Kommunisten wuchs und wuchs. Und zwischen ihnen stand Hitler, lauernd und drohend und brüllend. 1920 hatte man zum ersten Mal seinen Namen gehört, er trat als Redner der NSDAP auf, 1921 übernahm er den Vorsitz der Partei. Noch galt sie als eine bedeutungslose neue politische Partei. Doch man hörte wieder und wieder von ihr. Wer ist dieser Hitler, was ist das für eine Partei? Eine patriotische Partei, ultranational, hyperpatriotisch und vor allem antisemitisch. Und man sprach über Hitlers Reden; die einen sagten, er spreche Unsinn, unlogische Phrasen, die anderen sagten, ein glänzender Redner und gemeingefährlich, einer, der das Publikum fasziniere und der die Juden mit Haut und Haar fressen wolle. Sein Name geriet nicht wieder in Vergessenheit, immer wieder hörte man von ihm und immer bedrohlichere Dinge. Er habe Tausende von Anhängern, insbesondere junge Leute, und seine Anhänger seien von ihm behext und würden für ihn durchs Feuer gehen. Wo Wahlen ausgeschrieben wurden, da tauchte auch der Name Hitler auf. Er oder vielmehr seine Partei, die Nationalsozialistische Deutsche Arbeiterpartei, stellte überall Kandidaten auf, meist völlig unbekannte Personen, Arbeiter, Handwerker, kleine Agenten, auch einmal einen ehemaligen Offizier. Schon saßen in Stadtparlamenten und in Provinzparlamenten seine Leute, und alle hatten miteinander eines gemeinsam: Sie sprachen nicht, sie brüllten, sie hieben auf den Tisch, keine Übertreibung war ihnen plump genug, und sie respektierten keine Autorität. Aber noch 1927, 1928, 1930 glaubte das Publikum, die Presse, glaubten die Behörden, in ihnen keine ernste Gefahr sehen zu müssen. Den Sozialisten, den Demokraten, den Juden waren Hitler und seine Partei widerlich. Eine minderwertige Hetzbande, abhold jeder ernsthaften Diskussion, abhold jeder ernsthaften Arbeit, abhold der Wahrheit, Ehrlichkeit, Gerechtigkeit. Aber der Wirtschaft Deutschlands ging es schlechter und schlechter, die Unzufriedenheit wurde größer und größer, die Arbeitslosenzahlen stiegen immer mehr, und die Anhängerschaft Hitlers vermehrte sich progressiv. Putsch – Prozesse – Gefängnisstrafen – Verbote – was der Staat auch machte, alles diente dem Anwachsen der Hitlerpartei, die nichts zu verlieren hatte und vor nichts zurückschreckte. 1932 war sie so stark geworden, daß ernsthafte Institutionen und große Parteien darangingen, mit ihr zusammenzuarbeiten. In allen Städten und Dörfern gab es Prügeleien, Messerstechereien, Schießereien zwischen den Nazis und den Kommunisten, zwischen den Nazis und den Sozialdemokraten, zwischen den Nazis und Bürgerlichen. Sie hatten es erreicht, daß man über die Landesfarben spottete und nicht mehr sagte Schwarz-Rot-Gold, sondern Schwarz-Rot-Mostrich. Die Republik nannte man die Judenrepublik, jede Parteiversammlung wurde von den Nazis gesprengt. Der Staat verbot ihre Uniformen, er erlaubte ihre Uniformen, er war ihnen gegenüber nachsichtig und mild, er war streng und hart – alles umsonst. Die bürgerliche Presse suchte sie totzuschweigen, referierte über sie mit Spott und Ironie, widerlegte ihre Thesen in ernsthaften Ausführungen – für Hitler und seine Anhänger gab es nur: entweder – oder. Entweder, das hieß treue und bedingungslose Anhängerschaft. Oder, das hieß Jud und Judenknecht. Raus mit den Juden, hieß es auf riesengroßen Plakaten. Die Juden sind an Deutschlands Unglück schuld, hieß es auf riesengroßen Plakaten. Schlagt die Juden tot, stand in mannshohen Lettern auf den Mauern. Riß man die Plakate ab, übermalte man den Anstrich, so klebten am nächsten Tag neue Plakate, waren die Mauern tags darauf neu bemalt. Die Auslandspresse berichtete kühl und sachlich, in Deutschland habe sich eine neue Partei gebildet, die das Ziel verfolge, Deutschland unabhängig vom Ausland zu machen, Deutschland autark zu machen und die Juden unter Druck zu setzen. Hitler und seine Anhänger redeten, wie es ihnen in den Kram paßte. Vor einem deutschnationalen Publikum erklärten sie, Deutschland müsse frei sein, die deutsche Nation sei die edelste und tüchtigste der Welt, und man müsse ihr den Platz verschaffen, den sie verdiene. Im Weltkrieg habe sie gesiegt, und nur der innere Feind, die Sozialdemokraten und die Kirchenmänner und vor allem das internationale Judentum, hätten Deutschland verraten und den schmählichsten Frieden der Weltgeschichte geschlossen. Die Hitlerpartei aber werde Deutschland wieder frei und groß machen, das Volk wieder reich und glücklich, und sie werde mit den Juden abrechnen. Die Deutschnationalen fühlten sich bestätigt, das war ihr Mann. Vor den Bauern sprach Hitler finster und wütend und grollend gegen das internationale Pack, das den Bauernstand verachte, den Stand, der der älteste und festeste der Nation sei, das Fundament eines geordneten Staates. Zu Knechten und Schuldnern habe die Sozialdemokratie die Bauern gemacht. Er aber werde sie wieder befreien und dem Bauernstand die Ehre und den Lohn zukommen lassen, der ihm gebühre. So wahr mir Gott helfe, schloß er, nieder mit den Juden und den Judenknechten! Und zu den Arbeitern sagte er, er bewundere die Geduld des Arbeiters, der vier Jahre lang den Krieg geführt habe und dann um die Früchte des Siegs betrogen worden sei, der sein Leben lang gearbeitet habe für kärglichen Lohn und den die Sozialdemokraten jetzt auch noch arbeitslos gemacht hätten, um ihn noch kleiner und demütiger zu machen, gänzlich zum Sklaven. Sie aber, die Herren Minister, die Herren Sozialdemokraten säßen in Villen und führen in Autos und lebten in Saus und Braus, Verräter am Staat, Verräter an der Wirtschaft, Verräter am Volk, Verräter am Arbeiter, erbärmliche Judenknechte, niedrige Sklaven des internationalen Judentums. Und die Anhängerschaft Hitlers wuchs und wuchs, aus den Reihen der ehemaligen Offiziere strömten sie ihm zu, aus den Reihen der Adligen, aus der Bauernschaft, aus der Arbeiterschaft, aus der Gilde der kleinen Kaufleute, denen er die Vernichtung der Konkurrenz, der Juden, versprach, aus der Handwerkerschaft. Der Staat müsse der Industrialisierung und der Konzernbildung Einhalt gebieten, erklärte er, und der Gilde der Handwerker wieder den goldenen Thron errichten, der ihr zukomme.

Die Juden waren bekümmert und traurig, weil sie sahen, daß nichts imstande war, dem Treiben und den Haßreden der finsteren Banden Einhalt zu gebieten, weil sie sahen, daß viele, mehr und mehr von denen, die sie für treu und redlich gehalten hatten, sich von dem tollen Geschwätz bluffen ließen und überliefen zu dem Großmaul, das jedem goldene Berge verhieß und das Blaue vom Himmel herunterlog. Und wie reagierten sie in ihrer Trauer und ihrer Kümmernis? Ein Teil, der sich schon immer deutschnational gebärdet hatte, schrie mit Inbrunst und in unermüdlichen Tiraden, sie hätten dem Vaterland immer treu und ergeben gedient, das Vaterland gehe ihnen über alles, und für das Vaterland wollten sie gerne sterben. Sie deuteten an, daß ihnen Hitler noch nicht vaterländisch genug sei. Viele jammerten darüber, daß Juden an exponierten Stellen ständen, Juden sollten nicht Minister, nicht hohe Beamte, nicht Professoren sein, sie sollten sich klein machen und bescheiden, damit begegne man dem Antisemitismus am besten. Von der Psychologie der Massen, von dem Schreien der Straße, von der Gesinnungslosigkeit des Mobs hatten die meisten Juden keine Ahnung. Viele hofften, daß es dem Staat und den demokratischen und sozialistischen Parteien doch noch gelingen werde, Herr dieser Schreckensbewegung zu werden, oder sie hielten so viel vom deutschen Volk, daß sie hofften, es werde allmählich den Unsinn und den Widerspruch der Hitlerreden erkennen und sich nach und nach abwenden. Und dann meinten viele, wenn er wirklich ans Ruder komme, werde er mit dem Antisemitismus aufhören: Seine antisemitischen Radaureden sind nur Propagandareden. Gelingt es ihm, ans Ruder zu gelangen, dann kommt er schnell zu Vernunft und Verstand. Er wird dann regieren wie Mussolini und die Juden zufriedenlassen.

Die republiktreuen Parteien sahen, daß mit Aufmärschen, Uniformen, Marschmusik und Straßenlärm mehr auszurichten war als mit klugen Verordnungen und klugen Reden. Sie gründeten das »Reichsbanner Schwarz-Rot-Gold«, eine Organisation in Uniform. Jeder, der demokratisch, liberal, sozialistisch empfinde, dem an der Erhaltung des Staates gelegen sei, sollte sich zur Verfügung stellen. Und tatsächlich kam eine stattliche Organisation zustande. Aufmärsche in allen großen und mittleren und kleinen Städten, Paraden mit Hunderten von Kapellen, dröhnend und scheinbar unwiderstehlich. Aber die Hitleraufmärsche waren noch wuchtiger und seine Militärmärsche noch gellender, das »Reichsbanner« verwehte, die SA- und SS-Märsche blieben den Leuten im Ohr. Hitlers Anhänger, der Mob an der Spitze, triumphierten. Endlich hatte die Stunde für sie geschlagen, endlich konnte aufgeräumt werden mit den protzigen Adligen, mit den scheinheiligen Pfaffen, mit dem reichen Judengesindel. Auf großen Naziplakaten war zu lesen: Die Juden arbeiten nicht. Bauern, Handwerker, Arbeiter, seht ihr nicht, daß die Juden nicht arbeiten, daß sie euch ausbeuten, das muß aufhören. Und ein Witzbold schrieb darunter: An die Stelle der Juden muß Hitler mit seinen Leuten treten.

Wer waren die Leute Hitlers?

Wer waren die Leute Hitlers? Seine ersten und treuesten Anhänger waren ausnahmslos gescheiterte Existenzen, die mit brennendem Ehrgeiz und geifernder Wut zusahen, wie man ihnen aus dem Weg ging. Hasser der Ordnung und des Rechts. Da war Hitlers rechte Hand, Goebbels, ein gescheiterter Journalist, der es mit Artikeln jeder Art versucht hatte, mit Romanen jeder Art, erotischen Romanen, Kitschromanen, der Journalist ohne Erfolg. Hitler, sein Vorbild und Meister, schrie und gestikulierte, spie vor Wut und oratorischer Verachtung, und die Menge zitterte in Verehrung und Anerkennung und Achtung, und Goebbels machte es ihm nach, übertrumpfte ihn womöglich und erkannte, daß es bei den Reden nicht darauf ankam, was man sprach, nicht auf Logik und auf Aufbau, sondern auf die Vehemenz und die dargestellte Wut und Empörung. Und erlebte mit Begeisterung, daß das Schreien zum Erfolg führte. Göring war ehemaliger Fliegerhauptmann. Ein mutiger, waghalsiger Bursche, der vor nichts zurückschreckte. Wie viele Anhänger Hitlers war Göring der Überzeugung, daß die »November-Verräter« das unselige Kriegsende herbeigeführt hätten. Hitler war sein Mann. Unter Hitler konnte er sich austoben, und im Austoben wuchsen sein Mut und sein Ehrgeiz und seine Hysterie ins Uferlose. Um noch einige aus der Schar der Charakterlosen zu nennen, die unter Hitler Minister, Staatsräte, Generäle wurden: Gauleiter für Sachsen und Thüringen war Herr Jordan, ein kleines schwarzes Männchen mit einer düsteren Miene. Er hielt eine Versammlung ab und ließ die anderen reden. Er selbst schwieg und schwieg, und seine Miene verriet nichts, weder Zustimmung noch Ablehnung. Plötzlich sprang er auf und brüllte und redete eine Stunde lang, noch länger, fuchtelte mit der Peitsche und ordnete in einer Minute an: Sie sind Ihres Postens als Oberbürgermeister enthoben, Sie verlassen Ihre Wohnung nicht, bevor ich Weiteres habe hören lassen. Und Sie sind verhaftet, mein Herr, Ihre Betriebe werden konfisziert. Abführen den Mann! Ein unberechenbarer Despot. – Staatsrat Hinkel, der Judenkommissar, war Volksschullehrer in Halle gewesen, ein nicht unbegabter Mann, aber ein gefährlicher Säufer, er soff so hemmungslos, daß er dem Säuferwahn verfiel. Immer wieder fand man ihn sternhagelvoll in der Gosse liegen, bis der Zustand unhaltbar war und man ihn seines Lehrerpostens enthob. Als Judenkommissar war er mitunter sehr unangenehm, immerhin aber besser als die meisten Verbrecher. Einmal war er gut aufgelegt und erlaubte alle Vorträge und Theateraufführungen und hielt eine wohlwollende Ansprache: Wenn sich die Juden gebührlich benehmen und keine revolutionäre Gesinnung an den Tag legen, komme ich ihnen gern entgegen. Ich freue mich, wenn Aufführungen und Vorträge kunstvoll und gehaltvoll sind. – Am nächsten Tag hatte er einen schweren Kopf und brüllte. Er widerrief alle Zusagen des gestrigen Tages, sprach von Saujuden und Dreckbande, man sollte den Kerlen den Hals umdrehen. Röhm, Stabschef der SA, war ein homosexueller Lüstling, der allmählich jede Hemmung verlor, dem Orgien nicht wüst genug sein konnten. Ribbentrop, der Außenminister, war Champagnerreisender gewesen. Ein Hochstapler, ein geschickter Schauspieler. Kerrl, der Justizminister, ein ehemaliger Justizbeamter, war so derb, klobig, ungeschlacht, daß man vor ihm erschrak. Er führte die ersten justiz- und verwaltungspolitischen Maßnahmen gegen jüdische Richter, Beamte und Anwälte durch. Verfassung, Gesetze, Gerichtsurteile anerkannte er nicht. Was nicht von ihm stammte, hatte für ihn keine Gültigkeit. Er ernannte Gerichtsreferendare zu Oberlandesgerichtsräten, Subalternbeamte zu höchsten Richtern, er ließ sich Akten vorlegen und hob Urteile auf und diktierte neue Urteile; einen, der freigesprochen worden war, ließ er verhaften und diktierte für ihn drei Jahre Gefängnis. Unter ein Todesurteil schrieb er: Unsinn, Freispruch! Und dann hielt er Reden, Ansprachen über sämtliche Radiostationen: Sehen Sie, meine Herren, den Zoologen ist es gelungen, Löwen und Tiger zu paaren. Der Löwentiger aber, der dabei herauskam, war unfruchtbar. Pferde und Esel, gepaart, erzeugen Maulesel. Maulesel aber sind unfruchtbar. So ist die Natur. Wir aber sollten es zulassen, daß Judenkerle deutsche Mädchen heiraten, Mädchen aus der stolzesten und edelsten Rasse, die Gott geschaffen? Nie und nimmermehr lassen wir eine solch widernatürliche Paarung zu. Himmler war eine Sondernummer dieses Verbrecherpanoptikums. Ein Bürgerlicher, ein Spießer, so sah er aus, so war er auch im Privatleben, im Familienleben. Er brüllte nicht und er schrie nicht, er war immer ruhig und gelassen, aber an Bestialität war er nicht zu übertrumpfen. Er las in den geheimsten Seelenkammern von Hitler, Goebbels, Göring, und er zeigte ihnen, daß es nicht nötig war, schrittweise vorzugehen, daß man gleich mit einem großen Sprung auf dem Gipfel stehen konnte. Die vielen Millionen Todesopfer hat in erster Linie Hitler auf dem Gewissen, aber ohne Himmler wäre er in der Abschlachtung seiner Opfer unzweifelhaft langsamer vorgegangen.

Das Unfaßbare wird Wirklichkeit

Wenn man als Kind von den Schreckenstaten eines Nero, eines Caligula hörte und sich schüttelte vor Grauen, dann war es einem vor allem unfaßbar, wie es möglich sein konnte, daß solche Bestien eine derartige Macht erlangen konnten, wie es möglich war, daß die Menschen der damaligen Zeit die Greueltaten zuließen. Und zweitausend Jahre später dasselbe Schauspiel, dieselbe Tragödie, noch grausiger vielleicht. Wie schwer ist es in aller Welt, der Vorsitzende eines Vereins von tausend Mitgliedern zu werden, welcher Anstrengungen und Mühen und Überredungskünste und diplomatischer Winkelzüge bedarf es, um Abgeordneter zu werden, Vorsitzender einer Partei. Der Gefreite Hitler hat im Ersten Weltkrieg sein ganzes Können eingesetzt, um zum Unteroffizier befördert zu werden, und es ist ihm nicht gelungen. Und dann wurde er nicht

nur Unteroffizier, sondern mehr als Generalfeldmarschall, oberster Kriegsherr, Reichskanzler, und das deutsche Volk seufzte unter seiner Knute und winselte um seine Gunst, und die größten und stärksten Staaten ließen sich von ihm verspotten und betrügen. Eine Verbrecherbande, die Tod und Verderben, Bestialität, Unmenschlichkeit, Niedrigkeit der Gesinnung, Schamlosigkeit, Gier und Haß auf ihr Panier geschrieben hatte. Der Reichskanzler Brüning, ein energischer, frommer und gescheiter Herr, wurde von ihnen wie fallendes Laub weggefegt, der Schlaufuchs Papen mußte ihnen weichen, der Deutschnationale Hugenberg mußte erkennen, daß Hitlers Freundschaftsbekenntnis nichts wert war. Und der alte Reichspräsident Hindenburg wurde gezwungen, Hitler zu seinem Reichskanzler zu machen, einen Mann, vor dem er sich ekelte und der ihm tausendfach verhaßter war als der Feind, gegen den er im Krieg hatte kämpfen müssen.
Mitte Januar 1933 war es klar, daß es kein Halten mehr gab, daß Hitler Reichskanzler würde. Wie viele von den sechzig Millionen darüber seufzten, wie viele jubelten, das wird nie geklärt werden. Die Juden waren unglücklich. Wenn sie sich auch einreden wollten, es würde nicht so schlimm werden, man solle nicht den Kopf hängen lassen – sie fühlten alle im Inneren, daß es sehr, sehr schlimm werden würde. Aber von dem Ausmaß der Greueltaten, die die Welt dann mehr als zwölf Jahre erschütterten, hatte keiner eine Ahnung, so farbig war keine Phantasie. Wenn Benesch, der große tschechoslowakische Staatsmann, erklärte, solange Hitler am Ruder bleibe, werde die Welt nicht zur Ruhe kommen, so hat doch auch er nicht geahnt, wohin die Bestialität des Irren führen würde.

Hitler am Ruder

Am Abend des 30. Januar 1933 wurde bekanntgegeben, daß Hitler Reichskanzler sei. Eine halbe Stunde später schon hatte sich Deutschland gewandelt. Aus allen Radios brüllte es, auf allen öffentlichen Plätzen wurde bekanntgegeben und immer wieder bekanntgegeben, daß sofort alle Häuser des Reichs und alle Straßen und Plätze zu schmücken seien, daß überall die Hakenkreuzfahne zu hissen sei, daß in jeder Stadt und in jedem Dorf Fackelzüge zu veranstalten seien, mit SA, SS, der Polizei, den Behörden an der Spitze, mit allen zur Verfügung stehenden Musikkapellen. Und der Befehl wurde befolgt. Deutschland brüllte, tobte, jubelte, die Militärmärsche weckten die Toten auf, die Wangen waren hektisch gerötet, die eine Hälfte des Volkes war tatsächlich begeistert und sah die Stunde gekommen, die andere Hälfte wollte verbergen, daß sie Angst hatte vor dem, was nun kommen würde. Die Juden aber saßen verstört in den Wohnungen und sahen auf die Straße hinunter, wo die Fackeln leuchteten, wo die Polizei das Hakenkreuzbanner wehen ließ, wo der Mob Siegeshymnen sang zur Verherrlichung des Mannes, der den Untergang der Juden geschworen hatte. Kein Jude hat in dieser Nacht ein Auge zugetan. Sie ließen die Köpfe hängen, sie grübelten und diskutierten, sie hofften noch immer, wie der Krebskranke im letzten Stadium noch auf ein Wunder hofft: Immerhin ist Hindenburg noch da, immerhin sind die alten Generäle noch da, immerhin haben selbst bei der letzten Wahl nur dreiunddreißig Prozent aller Wähler für Hitler gestimmt, immerhin hat Deutschland doch noch eine Verfassung, immerhin haben wir doch noch gerechte Richter, immerhin kann Deutschland schon des Auslands wegen, des Prestiges wegen nicht zu tolle Sachen machen, immerhin werden Dutzende von großen und führenden Zeitungen nicht umschwenken und Hitler auch weiterhin bekämpfen. O ahnungslose Menschenseele! Hindenburg hatte kein Wort mehr zu sagen, er hätte gern sein Amt niedergelegt, wenn Hitler es ihm gestattet hätte. Die alten Generäle wurden abgesetzt, wenn sie nicht den Treueeid auf Hitler schwuren. Wahlen waren nicht mehr nötig, denn Hitler löste sämtliche Parteien auf, oder vielmehr er befahl ihnen, sich selbst aufzulösen. Und wenn er Wahlen anordnete, dann befahl er im voraus die genauen Resultate. Eine Verfassung gab es nicht mehr, für Hitler hatte es nie eine Verfassung gegeben, sie war ihm so belanglos, daß er es nicht einmal der Mühe wert hielt, sie als erloschen zu erklären. Den gerechten Richtern wurde ihre Gerechtigkeit ausgetrieben. Entweder nach nationalsozialistischen Prinzipien urteilen oder davongejagt mit Schimpf und Schande. Das Prestige und das Ausland – für Hitler gab es kein Prestige und kein Ausland. Das Ausland interessierte ihn nicht, erklärte er immer wieder, aber die Hitlerjungen sangen dazu auf der Straße: Heute gehört uns Deutschland und morgen die ganze Welt. Die großen, die führenden Zeitungen, die Druckereien, die Verlagsgebäude wurden den Besitzern weggenommen, Juden durften nicht mehr Redakteure und Journalisten sein, Goebbels bestimmte, welche Zeitungen sofort ihr Erscheinen einzustellen hatten und welche er seinen Freunden schenkte. Juden durften nicht mehr Lehrer und Beamte sein, sie wurden aus den Anwaltskammern hinausgeschmissen, sie durften nicht mehr Ärzte sein. Nur wenn Lebensgefahr bestand, drückte man mitunter liebenswürdigerweise ein Auge zu. Wenn sie sich anständig benehmen, verkündeten Göring und Goebbels im Radio, dürfen sie ihre Geschäfte behalten, können sie sich weiter im Wirtschaftsleben betätigen. Das blieb so den ganzen Februar, bis Goebbels es sich anders überlegte und Ende März anordnete: Das deutsche Volk empört sich gegen die jüdische Wirtschaft. Spontan, aus innerem Trieb, macht es am 1. April den Judenboykott. Und man zerschlug ihre Läden und Häuser und stahl ihre Waren und schlug sie selbst tot, wenn sie nicht geduldig zusahen, wie die Helden ihre Häuser zerstörten. Göring, der Sinn für Humor hatte, ordnete an, daß der deutsche Rundfunk fortan ein neues Sendezeichen habe: Üb immer Treu und Redlichkeit bis an dein kühles Grab. Jede Gerechtigkeit hatte aufgehört, die Wahrheit wurde auf den Kopf gestellt. Der Humanist wurde als Schweinehund erklärt, die Verbrecher wurden in Ämter eingesetzt und hatten die Bürger zu überwachen und ihnen einzubleuen, was erwünscht war und was nicht. Das war nicht so einfach. Der einfache Mann glaubte, daß Gott der Herr der Welt sei, daß ihm nichts verborgen bleibe, daß er ewig herrschen werde. Der fromme Christ glaubte, daß Christus der Sohn Gottes sei, den Gott auf die Erde gesandt habe zur Erlösung des Menschengeschlechts von allem Übel. Grüß Gott, sagten viele, wenn sie sich begrüßten, adieu sagten sie, wenn sie voneinandergingen. Gelobt sei Jesus Christus, sagten die frommen Christen, wenn sie sich begegneten. Das hatte alles aufzuhören. Es gab nur mehr einen Gruß: Heil Hitler. Gott und Christus waren abgeschafft. Nero hatte neben sich auch die anderen römischen Götter geduldet. Hitler war jetzt der einzige Gott. Es war alles sehr kompliziert. Welche Menschen er zu Ariern ernannte, welche Menschen Edelmenschen waren, welche Untermenschen, das wechselte nach den Stimmungen des Führers. Nur das eine war klar: Die Juden waren keine

Menschen, sie zu bestehlen, zu begaunern, war Pflicht jedes guten Deutschen, sie zu bespucken und zu verleumden, war Dienst am Vaterland, an der Partei. Die Richter hatten nicht nach den Beweisen zu urteilen, sondern nach der Treue zur Partei. Die Polizei hatte die Menschen nicht entsprechend ihrer Führung zu behandeln, sondern entsprechend ihrer Stellung zur Partei. Aber die schwerfälligen Richter und die schwerfällige Polizei begriffen zu langsam, die Partei und Hitler waren mit ihnen nicht zufrieden. Jeden Tag gab es neue Richter, neue Polizeidirektoren, neue Polizeipräsidenten. Da kam Hitler auf einen guten Gedanken. Wozu die dummen Gerichte, Gefängnisse, Richter, Polizei, Polizisten? Er schuf die Konzentrationslager. In die Konzentrationslager steckte man die Leute, die einem nicht gefielen, weltanschauliche und politische Gegner des Nationalsozialismus. Juden vor allem, ohne Richterspruch, ohne Erklärung. Jeder, der sich gegen Hitler auflehnte, mußte jeden Tag, jede Stunde gewärtigen, in ein Konzentrationslager gesteckt zu werden. Grausames Judenschicksal! Eine vorüberziehende Hitlergruppe, jedes Klingeln an der Haustür: Schrecken ohne Ende.

Judenhaß breitet sich aus

Schon das Jahr 1932 war für mich qualvoll gewesen, die Hitlerbewegung hatte sich so mächtig entwickelt, daß sie die Öffentlichkeit terrorisieren konnte. Die Hitlerleute haßten die Juden, sie stellten sie als Untermenschen hin, sie wünschten ihren Untergang, zum mindesten ihre Eliminierung aus Deutschland. Solche Menschen, gefährliche Antisemiten, hatte es immer gegeben, vielleicht tausend, vielleicht zehntausend, vielleicht gar hunderttausend. Ein winziger Bruchteil der Bevölkerung. Einzelgänger, übel angesehen. 1933 aber beherrschten sie die Straße, und sie trieben so laute Propaganda, daß ihre Stimmen nicht mehr zu überhören waren, der kleine Mann verschloß vor ihnen nicht die Ohren, und die Judenhasser vermehrten sich rapid. Wem konnte unter diesen Umständen der Aufenthalt in Deutschland bekommen? Wer konnte sich hier wohl fühlen? Der Wunsch wegzukommen tauchte ganz still auf und wurde größer und größer. Weg aus diesem Land, weg aus diesem Land, in dem Millionen dich verachten und in dem die anderen dich nicht schützen. Drei alles andere erdrückende Gefühle: weg aus diesem Land, Schmerz über das bereits verlorene Geburtsland, Angst vor der ungewissen Zukunft. 1932 schon hatten viele Juden Deutschland verlassen, darunter auch mein Bruder Lion. In den ersten Monaten des Jahres 1933 wuchs die Zahl der Auswanderer, und man legte ihnen keine Hindernisse in den Weg. Sie verkauften ihren Besitz und nahmen einen großen Teil ihres Vermögens mit. Mein Korrespondenzverlag, den ich mit solcher Liebe und solchem Eifer aufgebaut hatte, machte mir schon lange kein Vergnügen mehr. Jede Arbeit in Deutschland war unerquicklich geworden. Als Hitler offiziell der Herr Deutschlands geworden war, stellte ich jeden Verkehr mit dem Publikum ein. Es war mir unergründlich, wie Juden immer noch in Lokale, in Sommerfrischen, zu Vergnügungen, in Theater, Kinos gehen konnten. Ich hielt mich in meiner Wohnung auf, in meinem Garten, in meinem Verlagsbüro. Ich betrat keinen Laden mehr, kein Friseurgeschäft, kein Café, kein Theater, kein Restaurant, kein Kino, keine Badeanstalt, keine Eisenbahn, keinen Omnibus, keine elektrische Bahn. Ein großer Teil des Publikums ekelte sich vor mir, man durfte mich ungestraft verhöhnen, ich selbst ekelte mich vor diesen Dummköpfen, Lumpen, Gesinnungslosen, die einem Lügner aufs Wort glaubten.

Naziverhöre

Dabei ließen sie mir keine Zeit, die Flucht aus dem Land vorzubereiten, das ich ein Menschenleben geliebt hatte, in dem ich mich entwickelt hatte und das ich nie vergessen würde. Sie ließen mir keine Zeit, sie hielten mich in Schach. Einmal waren zehn Mann in brauner Uniform von früh bis nachts in meinem Betrieb, um die kommunistischen Umtriebe meines Verlags festzustellen. Sie zogen am Abend ab, nachdem sie heillosen Wirrwarr in Registratur und Maternvorräten geschaffen hatten, nachdem sie in der Portokasse gründlich aufgeräumt und unzählige Flaschen Bier getrunken hatten. Einmal durchwühlte ein Trupp die Wohnung meiner Schwester, um ein geheimes Waffenlager zu finden. Sie fanden einen Säbel an der Wand hängen. »Aha, so sieht die Sache aus. Wo haben Sie den Säbel gestohlen?« »Es ist eingraviert, es ist ein Ehrensäbel meines Großvaters für Verdienste um das Vaterland im Jahre 1866.« »Weiß Gott, wie er sich diesen Säbel erschwindelt hat, der Jude.« Sie konfiszierten den Säbel. Eine ganze Kompanie hauste einen Tag lang in meinem Haus in Diemitz bei Halle und ließ sogar im Garten nach vergrabenen Dokumenten suchen. Am schlimmsten waren die Durchsuchungen nach Zusammenhängen mit meinem Bruder Lion. Jeden Tag hörte man im Radio Haßreden und Wutausbrüche gegen Albert Einstein und Lion Feuchtwanger, die schmählichen Vaterlandsverräter.

Viermal wurde ich verhaftet. Wenn sie einen in die Mitte nahmen, dann hatte man ein würgendes Gefühl: Würde man ihnen lebendig entrinnen? Ich hatte insofern Glück, als ich jedesmal zur Polizei geschafft wurde und nie zur Gestapo. Der Polizeipräsident und die Polizeioffiziere wechselten unaufhörlich. Es waren durch die Bank völlig ungebildete Menschen. Einmal mußte ich eine halbe Stunde lang erklären, was ein Verlag ist. Das Resultat war: Einer schreibt das Buch, das ist der Schriftsteller, einer druckt es, das ist der Drukker, und einer verkauft es, das ist der Buchhändler. Das ist alles klar, aber was will denn der Verleger, der ist völlig überflüssig. Ein Agent, der sich dazwischenklemmt. Oder wie wollen Sie mir das erklären? Wenn der Autor sein Buch geschrieben hat und würde nicht zum Verleger gehen, sondern zum Drucker: Bitte drucken Sie mir dieses Buch, so würde der Drucker sich nach der Höhe der Auflage erkundigen, und dann würde er den Preis nennen, sagen wir tausend Mark oder fünftausend oder bei großer Auflage zehntausend. Der Autor ist aber kein reicher Mann, er hat das Geld nicht. – Ah, ich verstehe, der Verleger ist der Vermittler, der Bankier. Daß die Juden doch immer Geldleute, Wucherer sein müssen! Bei einem anderen Verhör, vor einem neuen Polizeipräsidenten, nach den Zusammenhängen zwischen mir und Lion ergab sich, daß der neue Mann nicht nur nie ein Buch von Lion Feuchtwanger gelesen hatte, sondern überhaupt noch nie ein Buch. »Die Bücher Ihres Bruders Lion sind gemeingefährliche Schmutz- und Schundbücher. Ich würde ein solches Buch natürlich nie in die Hand nehmen. Erzählen Sie mir, was in diesen Büchern steht und was sich Ihr sauberer Bruder dabei dachte, als er diesen Mist niederschrieb.« Das Verhör dauerte von neun Uhr bis mittags zwölf Uhr. Fortwährend wurden mir Ohrfeigen angedroht, und vor allem sollte ich gestehen, daß Lion die Bücher nicht allein geschrieben habe, sondern mit mir gemeinsam. Um zwölf Uhr unterbrach der Mann das Verhör, um Mittag zu essen. Nachmittags dauerte die Fortsetzung von zwei bis sechs Uhr. Von sechs bis sieben Uhr wurde das Protokoll aufgenommen. Der Polizeipräsident konnte keinen deutschen Satz formulieren, seine assistierenden Offiziere noch weniger. So diktierte schließlich ich und mußte dabei tun, als ob die Herren diktierten – ich schwitzte Blut: Der Korrespondenzverleger Martin Feuchtwanger, derzeitiger Inhaber des Fünf Türme Verlags Martin Feuchtwanger in Halle, erklärt, der Inhalt der Bücher seines Bruders Lion Feuchtwanger sei geistiges Eigentum von Lion Feuchtwanger, völlig unabhängig von den Korrespondenzen Martin Feuchtwangers. Martin Feuchtwanger will mit den Büchern nichts zu tun haben, leugnet auch, an ihrer Niederschrift beteiligt zu sein. Er glaubt, daß Lion Feuchtwanger bei der Niederschrift keine Komplizen gehabt habe, jedenfalls behauptet er, keine zu kennen. Dieses blödsinnige Protokoll wurde vom Polizeipräsidenten einer Stadt von dreihunderttausend Einwohnern gezeichnet.

Morddrohung

Eines Tages erhielt ich einen Brief aus Hannover von einem Korrespondenzverleger Professor Oppermann. Dieser Professor Oppermann hatte einen sehr großen und angesehenen Korrespondenzverlag. Die Oppermann-Korrespondenzen hatten mir persönlich nie gefallen, sie waren früher deutschnational gewesen, und aus allen Skizzen, Essays, Novellen, die Oppermann brachte, sah man deutlich, daß hier Kunst, Literatur, Wissenschaft erst an zweiter Stelle kamen, daß hier die Politik, eine phrasenhaft vaterländische, deutschnationale Politik, das Primäre war. Ich hatte in letzter Zeit von den Oppermann-Korrespondenzen kaum etwas gehört, ich hatte aufgehört, mich für meine eigenen Korrespondenzen zu interessieren, das Zeitungs- und Korrespondenzwesen in Deutschland war mir gleichgültig geworden. Über Oppermann hatte ich erfahren, daß er vorbehaltlos zu Hitler abgeschwenkt sei. Warum auch nicht? Fast alle deutschen Zeitungen waren Organe der Nazis geworden, warum sollten die Oppermann-Korrespondenzen eine Ausnahme machen? Oppermann schrieb mir in anmaßendem, nichtswürdigem Ton, er habe in Erfahrung gebracht, daß mein Bruder Lion Feuchtwanger einen Roman zu veröffentlichen im Begriffe sei: »Geschwister Oppermann«. In diesem Roman werde das Schicksal einer jüdischen Familie Oppermann geschildert, der Roman solle im Querido-Verlag in Amsterdam herauskommen. Dazu habe er zu bemerken: Der Name Oppermann sei ein urdeutscher Name, er zum Beispiel könne seinen Stammbaum bis ins zwölfte Jahrhundert verfolgen, seine Vorfahren seien ausnahmslos kerndeutsche Männer gewesen. Nie und nirgends hätten Juden den Namen Oppermann geführt. Oppenheim oder Oppenheimer, gewiß, aber Oppermann? Niemals! Er sei nicht gewillt, seinen guten deutschen Namen besudeln zu lassen. Er stelle mir anheim, dafür zu sorgen, daß der Roman nicht unter dem Titel »Geschwister Oppermann« erscheine. Komme der Roman unter dem Titel »Geschwister Oppermann« heraus, so würde dies meinen Tod zur Folge haben. Unterschrift: Professor Oppermann, SA-Brigadeführer. Das war eindeutig. Ich setzte mich mit meinem Bruder Ludschi in München in Verbindung, einem Juristen, auf dessen Urteil ich immer viel gab, einem Mann mit gutem Blick und ruhiger Logik. Dieser setzte sich mit dem Generalstaatsanwalt in München in Verbindung und ließ mich dann wissen: Ein SA-Brigadeführer ist viel mächtiger als ein Generalstaatsanwalt. Setze dich mit Lion und dem Querido-Verlag ins Einvernehmen, teile ihnen den Sachverhalt mit und suche zu erreichen, daß der Forderung Oppermanns entsprochen wird. Ich schrieb einen Brief an den Querido-Verlag und legte einen Brief für Lion bei, ich sandte Durchschläge an Oppermann und ließ die Briefe an den Querido-Verlag und an Lion durch den holländischen Konsul befördern. Binnen wenigen Tagen erhielt ich die Mitteilung, der Roman »Die Geschwister Oppermann« sei schon gesetzt. Lion und der Querido-Verlag seien bereit, den Titel in *Die Geschwister Oppenheim* zu ändern, den Satz neu herzustellen. So erschien denn nach kurzem der Roman unter dem Titel *Die Geschwister Oppenheim*.

Für die Deutschen gibt es keine Entschuldigung

Um das deutsche Volk zu entschuldigen, sagen viele, die Menschen seien nicht verantwortlich zu machen, sie wurden von einer Mörderbande gezwungen und taten nur aus Selbsterhaltungstrieb mit. Das ist keine Entschuldigung. Hitler und seine Spießgesellen hätten nicht regieren können, wenn man ihnen nicht geholfen hätte. Aus den Reden Görings, Goebbels', Kerrls, Jordans, Hinkels, hundert anderer der Hauptführer ist ohne weiteres ersichtlich, daß ihr Justizministerium, Finanzministerium, Handelsministerium, Kriegsministerium, ihre Universitäten, Handelskammern, Schulen, Akademien, Gerichte, ihr Bauwesen, Verkehrswesen, ihre Gesundheitsämter, alle ihre Einrichtungen nicht lange hätten bestehen können, wenn sich nicht Fachleute gefunden hätten, die ihnen geholfen hätten, Fachleute auf allen Gebieten, hohe Beamte, Offiziere, Finanzleute, Richter, Professoren, Ärzte, Chemiker, Ingenieure. Das deutsche Volk hat mitgetan und hätte nicht mittun müssen. Am Anfang gab es noch viel Gegenwehr, aber sie wurde schwächer und schwächer. Man sah, wie energische Gegner in Konzentrationslager gebracht wurden, man hörte, wie charakterfeste Männer in den Folterkammern der Gestapo zu Tode gemartert wurden, weil sie ehrlich bleiben wollten. Frauen sahen ihre Männer verschwinden, Nachbarn die Nachbarn – ein getuscheltes Wort, und schon war der Missetäter dem Tode geweiht, ein Streikversuch, jeder zehnte Mann wurde herausgeholt, umgebracht. Die ersten Frauen, die sich weinend bei der Gestapo oder beim Polizeipräsidenten beklagten, wurden ins Konzentrationslager gebracht, die Menschen wurden schnell kleinlaut und erbärmlich und riefen Heil Hitler. Alles schrittweise, jeden Tag einen Schritt vorwärts zur Willkür und Versklavung.

Die mutige Stenotypistin

Hitler war erst zehn Tage Reichskanzler, da erschien Staatsrat Jordan in meinem Betrieb, hieß mich verschwinden, sammelte die Leute um sich, fuchtelte mit der Peitsche herum und hielt ihnen eine Ansprache, die Juden seien minderwertige Subjekte, Diebe,

Wucherer, Feiglinge, Verräter, jedes jüdische Wort sei eine Lüge, Hitler werde mit den Juden aufräumen. Sie aber, die Angestellten, sollten wachsam sein, sich von dem Juden nicht übers Ohr hauen lassen, sie sollten wohl ihre Arbeit tun – im Interesse der deutschen Wirtschaft –, im übrigen aber dem Juden deutlich zeigen, daß sie mit ihm nichts zu tun haben wollten, ihn verachteten. »Habt ihr mich alle verstanden?« schloß er seine Rede. Er ließ eine von den Zuhörerinnen vortreten, ein kleines, stilles Mädchen, und fragte: »Wissen Sie jetzt, was für ein Lumpenhund Ihr Chef Feuchtwanger ist?« Das kleine, stille Mädchen erwiderte schnippisch: »Der ist vielleicht anständiger als Sie.« Sie erhielt nur eine schallende Ohrfeige, zwei Monate später wäre eine solche Antwort ihr Tod gewesen. Ob sie noch am Leben ist? Zu ihrer Ehre will ich ihren Namen nennen: Erna Teich. Wenn nicht Millionen mitgemacht hätten, wenn nicht die Lehrer, die Offiziere, die Beamten, Richter, Diplomaten, Professoren, Künstler, Schriftsteller, Journalisten Heil Hitler gebrüllt und ehrerbietig das Hakenkreuz angebetet hätten, wäre der Welt das grauenhafte Blutvergießen, wären ihr zwölf Schreckensjahre erspart geblieben. Und doch gab es viele, viele, die sich in Lebensgefahr begaben, um Juden und Hitlergegnern zu helfen. Unter meinen Angestellten waren viele, die jubelnd zu Hitler liefen, in der Hoffnung, zu Geld und Ansehen zu gelangen, voran der Druckereileiter Thiele, viele sagten achselzuckend und bedauernd: Was soll man machen? Was kann der einzelne ausrichten? Aber es gab auch viele, die mir unter Lebensgefahr zu helfen suchten, die sich nachts in mein Haus schlichen, um mir Informationen zu geben.

»Rassenschande«

Ich war fest entschlossen, den Betrieb schnell zu verkaufen, wenn auch noch so billig, um auszuwandern, entweder in die Schweiz oder in die Tschechoslowakei, als zwei Ereignisse dafür sorgten, daß aus meiner Auswanderung eine Flucht wurde. Plötzlich war Goebbels das Wort Rassenschande eingefallen. Eine deutsche Frau, die sich einem Juden hingibt, begeht Rassenschande. Ein deutscher Mann, der mit einer jüdischen Frau verkehrt, treibt Rassenschande. Sofort wurde kommentiert: Mischehen müssen getrennt werden, sonst begehen die nichtjüdischen Partner Verbrechen am deutschen Volk. Der Mob jubelte, Hitlers Kumpane hatten ein neues Fressen. Herr Streicher, ein ehemaliger Volksschullehrer, jetzt Gauleiter von Franken, und Kerrl, der Justizminister, erläuterten: Rassenschande ist ein Verbrechen so schlimm wie Hochverrat und kann nur durch den Tod gesühnt werden, aber Rassenschande ist nicht nur Geschlechtsverkehr, auch ein Kuß genügt, jede Berührung genügt. Schon fiel der Mob auf der Straße Pärchen an, wenn er oder sie einen jüdischen Eindruck machten. Und war wirklich einer der beiden ein Jude, dann wurde er zu Boden geworfen, getreten, bespuckt, nackt ausgezogen, durch die Straßen geschleift. Juden durften nichtjüdische Dienstmädchen nicht mehr beschäftigen, da bei der Arbeit in einem Haus sich Berührungen nicht vermeiden ließen und die Ehre des Mädchens zu erschüttern drohten. Die zwei Ereignisse, die meine Flucht aus Deutschland beschleunigten, waren unabhängig voneinander. Das eine war ein Brief des Propagandaministeriums in Berlin, es sei für das Reich untragbar, daß ein Betrieb wie der Fünf Türme Verlag Martin Feuchtwanger in Halle in jüdischen Händen sei. Ich solle dafür sorgen, daß der Betrieb schnellstens in anderen Besitz übergehe. Mein Rechtsanwalt, Döring, früher ein Demokrat, jetzt zwangsweise Nationalsozialist – ich habe nie herausbringen können, ob er späterhin innerlich zu Hitler gehörte oder ob er nur aus Selbsterhaltungstrieb so tat –, dieser Rechtsanwalt begab sich sofort zum Propagandaministerium, um zu erkunden, was der Befehl des Ministers zu bedeuten habe, ob ich verkaufen könne, an wen ich wolle, und was unter schnellstens zu verstehen sei. Er kam zurück und berichtete: Offiziell könne ich verkaufen, an wen ich wolle, aber das Propagandaministerium müsse den Kaufvertrag genehmigen. Und inoffiziell, privat: Kein Kaufvertrag werde genehmigt werden, außer ein Kaufvertrag mit einem Herrn Maximilian Klieber, dem Goebbels den gesamten Fünf Türme Verlag Martin Feuchtwanger mit allem Drum und Dran versprochen habe. Das zweite Ereignis stand in Zusammenhang mit den Rassenschande-Kommentaren. Die Nazipartei hatte in allen größeren Betrieben Nazizellen. Die Zelle Feuchtwanger hatte zwei Obmänner, Leute meines Betriebes. Der eine war ein Lump, ein Kriegsinvalide, der mir immer schon höchst unsympathisch gewesen war und der sich früher als wütender Sozialdemokrat gebärdet, gestänkert und schikaniert hatte, wo er konnte, einmal gegreint und gejammert, einmal schikaniert und getreten. In der Stunde, da Hitler Reichskanzler wurde, war er Nationalsozialist geworden, als Zellenobmann quälte er mich maßlos, tat mir gegenüber jovial, herablassend, kameradschaftlich und suchte zu spionieren. Über den zweiten Obmann, ein Fräulein Camrath, hatte ich mich gewundert. Ein älteres Mädchen, anständig, solid, offen und gerade. Wieso war sie Obmann geworden? Eines Tages erschien sie heimlich bei mir und bat mich, ihr zu glauben, nicht mißtrauisch zu sein, weil sie Zellenobmann sei. Sie habe von mir nur Gutes erhalten und wolle mir helfen. »Es braut sich gegen Sie etwas zusammen. Einmal bin ich verhört worden, am nächsten Tag eine andere Angestellte, am nächsten Tag wieder eine. Sie wollen aus uns herauspressen, ob wir nicht einmal von Ihnen berührt worden seien. Die leiseste Berührung, ein Klopfen auf die Schulter sei Rassenschande. Man will Sie auf alle Fälle verderben. Ich würde an Ihrer Stelle verschwinden, ehe es zu spät ist.« Zwei Tage später wurde für den Abend die gesamte Zelle Feuchtwanger zum Verhör geladen. Für mich eine Schreckensnacht, aber auch eine Nacht der Genugtuung, da ich sah, daß trotz aller Schrecken vielen Menschen ihre gerade Gesinnung nicht auszutreiben ist. In dieser Nacht erschienen in meinem Haus in Diemitz – gänzlich unabhängig voneinander – drei junge Angestellte, ferner Fräulein Camrath und schließlich der Vater eines vierten jungen Mädchens. Beim Verhör hatte man die jungen Angestellten unter Druck gesetzt, sie sollten gestehen, daß ich sie berührt hätte. »Da ist zum Beispiel«, sagte einer der SS-Offiziere, »ein Gang zwischen dem Romanmaternversand und dem Romanmaternlager, ein langer Gang, aber so schmal, daß man sich an die Wand pressen muß, wenn man aneinander vorbeigehen will. Wenn Sie behaupten, daß Sie auf diesem Gang von Herrn Feuchtwanger nicht berührt worden sind, so ist das eine Lüge. Wenn Herr Feuchtwanger mit Ihnen zufrieden war, Sie gelobt hat, wenn er Ihnen auf die Schulter klopfte, Ihnen gar die Wange tätschelte, so haben Sie das zu melden.« Ein Mädchen wandte ein, daß der Nazi-Obmann in dem Gang, wenn ihm eine Angestellte entgegenkomme, die Arme auszubreiten pflege und sie scherzhaft an sich zu drücken versuche. »Dumme Gans«, erwiderte der SS-Offizier, »der Obmann darf das, was ist da schon dabei?« Aber eine Berührung mit Juden sei Rassenschande. Jedes der drei Mädchen, die in der Nacht kamen, mich zu warnen, riet mir zur Flucht, jede Angestellte habe ein Protokoll unterschreiben müssen, zweifelsohne werde man mit mir aufgrund dieser Protokolle kurzen Prozeß machen. Der Vater des vierten jungen Mädchens kam zu mir nachts drei Uhr, seine Tochter, ein sechzehnjähriges Mädchen, sei verzweifelt, sie habe unter dem Druck des Verhörs unterschrieben, daß ich sie berührt hätte. Sie sei verzweifelt, habe Schreikrämpfe, einen Nervenschock, sie schreie, sie sei eine Mörderin, sie wolle sich das Leben nehmen, sie habe ihn gezwungen, sich zu mir zu schleichen. Ich solle ihr vergeben, ich solle fliehen.

Flucht

Ich verbrachte die Nacht mit der Sichtung meiner Papiere und Dokumente, äußerlich gefaßt, innerlich aber zitternd in der Angst, es sei für eine Flucht zu spät. Alles liegen- und stehenlassen, meinen großen, blühenden Betrieb, meine Druckerei, mein Haus in Diemitz mit einer Bibliothek von siebentausend Bänden, mit ungeheuren Werten, mit meinen heißgeliebten Ölgemälden, mit den Bildnissen meiner Vorfahren, dem Ölbild meines Ururgroßvaters, mit Tausenden von Dingen, die mir lieb waren, mit meinem schönen Garten, den ich selbst betreut hatte, fortschleichen mit einem Handköfferchen wie ein Dieb, weil sich bissige und tollwütige Bestien zu Herren Deutschlands gemacht hatten, zu den Herren des Landes von Goethe und Schiller, Kant und Schopenhauer, Heine und Mendelssohn, Virchow und Wassermann. Ich mußte tun, als ob nichts weiter los sei, sagte in harmlosem Ton zum Chauffeur und zu den Dienstmädchen, ich sei in wenigen Tagen wieder da, ich durfte keinen Blick zurückwerfen, obwohl mir bitter weh zumute war, und fuhr mit der Eisenbahn in die Schweiz. Beim Betreten des Zugs hatte ich Angst. Würde man mich im letzten Augenblick herausholen? Die letzte Station auf deutscher Seite, Zoll und Devisenkontrolle, Fahrt über die Grenze, alles ging glatt. Von der Schweiz aus fuhr ich in weitläufigem Umweg in die Tschechoslowakei. In meiner letzten Nacht hatte ich einen Packen Dollarnoten und Pfundnoten in Zeitungspapier gewickelt, diesen Packen mit anderen Zeitungen in ein Kreuzband gesteckt und als Drucksache an meine Adresse, postlagernd Trautenau, geschickt. »Sind Briefe für mich da?« fragte ich am Schalter. »Nein, nur eine Drucksache.« Und der Schalterbeamte warf mir meine Zeitungen mit den Banknoten hin.

Ich atmete auf. Die Hölle lag hinter mir. Ich fuhr nach Prag.

10

Atempause in Prag

Hitler vernichtet mein Lebenswerk

In Prag hatte ich zwei Hauptaufgaben: soviel wie möglich aus dem Halleschen Betrieb zu retten und einen neuen Betrieb aufzubauen. Rechtsanwalt Döring ernannte ich zu meinem Liquidator. Er fuhr fast zwei Jahre lang fast jeden Sonnabend von Halle nach Prag, um die Verlagsangelegenheiten mit mir zu besprechen. Ich vereinbarte mit ihm ein Riesenhonorar, viele, viele tausend Mark. Die Verkaufsverhandlungen mit Herrn Maximilian Klieber, dem Goebbels meinen Verlag versprochen hatte, waren sehr schwierig. Maximilian Klieber war Reichswehroffizier gewesen, stationiert in Landshut. Schon viele Jahre vor Hitlers Machtergreifung war er ein Anhänger von Hitler gewesen, also ein echter Nationalsozialist. Mit noch einigen Reichswehroffizieren konspirierte er gegen die damalige sozialdemokratische Regierung. Er bereitete mit einigen anderen Offizieren einen Putsch vor, sie wollten den Staat stürzen und Hitler zum Führer ausrufen. Der Putsch wurde entdeckt, die verschwörerischen Offiziere wurden verhaftet und zum Tode verurteilt. Maximilian Klieber gelang es, zu fliehen. Er soll sich in Sizilien und in Marokko verborgen haben. Nach der Machtergreifung wollte Hitler sich revanchieren. Klieber war an einem politischen Posten nicht gelegen, er hatte journalistischen und literarischen Ehrgeiz, so versprach man ihm den Fünf Türme Verlag Martin Feuchtwanger. Klieber gründete in Berlin den Aufwärts-Verlag und wollte meinen Verlag nach Berlin überführen. Er lehnte es ab, persönlich mit einem Juden, mit mir, oder einem Judenvertreter, Rechtsanwalt Döring, zu verhandeln. Daher ernannte er einen Vertreter und Verhandlungspartner; er wählte den Journalisten Seibert, einen jungen, gewandten und wendigen Journalisten, der für mich schon seit Jahren schrieb, zu seinem Vertreter und Bevollmächtigten. Seibert war ein langaufgeschossener, eleganter Herr mit einem Monokel, witzig, lustig, vergnügt, sarkastisch. Er trat natürlich in die Nazipartei ein und wurde ein hoher Funktionär.

Seine Witze über Göring, Goebbels, Kerrl, Streicher und Genossen waren glänzend. »Kein ernsthafter Mensch«, sagte er zu mir, »kann annehmen, daß Hitlers Tausendjähriges Reich zehn Jahre bestehen wird. Jeder gescheite Hitler-Anhänger hat daher jetzt schon in seinem Geheimfach oder besser noch im Ausland die Papiere liegen, die nachweisen, daß er in Wirklichkeit kein Hitler-Anhänger ist.« Ebenso wie Döring pendelte auch Seibert fast zwei Jahre lang unaufhörlich zwischen Deutschland und Prag hin und her, alles natürlich auf Kosten meines Verlags. Die Herren kauften den Verlag nicht in Bausch und Bogen, sondern schrittweise. Erst einmal die Korrespondenz *Unterm Strich.* 10.000 Mark wurden geboten, 40.000 Mark wurden verlangt, also einigte man sich auf 23.000 Mark. Der Betrag kam auf das Reichsmark-Sperrkonto Martin Feuchtwanger bei der Dresdner Bank, Filiale Halle. Jede Korrespondenz für sich. Man sollte meinen, daß das Sperrkonto Feuchtwanger allmählich ein Riesenkonto wurde. Nein, wenn jeden Monat ein großer Betrag dazukam, so kam ebenso schnell ein großer Betrag wieder weg. Einmal verlangte das Finanzministerium, daß Döring alle Geschäftsbücher aus den Jahren 1924–1930 nach Berlin schicke. Sie wurden konfisziert, geprüft und dann verbrannt. Einige Wochen später forderte das Finanzamt in Halle, Döring solle den Beweis erbringen, daß der Verlag in den Jahren 1924–1930 die Einkommensteuer richtig bezahlt habe. Sein Einwand, daß das Finanzministerium in Berlin die Bücher verbrannt habe, wurde nicht berücksichtigt. Der Verlag wurde verurteilt, 160.000 Mark nachzuzahlen. Die nationalsozialistische Partei in Wittenberg erklärte eines Tages, die M. F. Korrespondenz habe 1927 einen Aufsatz über Luther veröffentlicht, der das Ansehen der Partei aufs schwerste geschädigt habe: 3000 Mark Entschädigung. Reichsfluchtsteuer – Entschädigung für Exportabgaben – Nachzahlungen für Gewerbesteuer – Sozialversicherungen, das brach nicht ab. Kliebers Aufwärts-Verlag zahlte nicht einmal schlecht, eine sehr große Summe für den Maternverlag, große Summen für den Romanvertrieb, für den Buchverlag, für die Zeitschrift *Jede Woche ein Roman*, für die Druckerei, die abmontiert und nach Berlin verfrachtet wurde. Hatte das Sperrkonto eine stattliche Summe, 100.000 bis 200.000 Mark, so schrumpften die Beträge schnell wieder zusammen auf 90.000, 70.000 Mark. Endlich, nach zwei Jahren,

Martin Feuchtwanger als Fünfjähriger

Die Geschwister Feuchtwanger Ludwig (stehend), Martin, Henny, Lion, Bella, Fritz, Franziska, Berthold, Martha

Die älteste Schwester Franziska Diement mit ihrem Mann

Martin Feuchtwanger mit seiner ersten Frau Stefanie, Februar 1914

Fritz Feuchtwanger mit seiner Frau in New York, 1940

Rechts oben: Die jüngere Schwester Henny Ohad mit Sohn Ben in Jerusalem, 1945

Rechts: Ludwig Feuchtwanger in Oxford, 1947

Lion Feuchtwanger in seiner Villa in Berlin-Grunewald – vor seiner Emigration im Jahre 1932

Martin Feuchtwanger verließ Deutschland 1933 und baute sich in Prag eine neue Existenz auf. Er bewohnte bis 1939 eine Villa auf dem Barrandow. Nach dem Einmarsch der deutschen Truppen in Prag gelang ihm die Flucht nach Palästina. Seine Frau Stefanie und ihr gemeinsamer Sohn Klaus emigrierten nach New York.

Während der Überfahrt nach Palästina lernte Martin Feuchtwanger seine zweite Frau kennen. Die Aufnahme entstand im August 1939 in Beirut, wo die illegalen Palästina-Einwanderer zunächst in Quarantäne gehalten wurden.

Martin Feuchtwanger mit seiner zweiten Frau Trude und deren Bruder Ulrich bei der Ankunft in Tel Aviv, Oktober 1939

Rechts: Ausflug in die Umgebung von Tel Aviv, 1939

Auf dem Dizengoffplatz in Tel Aviv, 18.12.1939, Martins 53. Geburtstag

Ausflug von Tel Aviv zu den sieben Mühlen, 1941

Ausflug zum Kibbuz Dan, 1941

Frau Trude Löbl-Feuchtwanger vor ihrem 1939 eröffneten Hutsalon in Tel Aviv

Martin und Trude Feuchtwanger mit ihrem ersten Sohn Josef, 1947

Martin Feuchtwanger mit den beiden Söhnen Josef und Benjamin im September 1952, wenige Wochen vor seinem Tod

Die Brüder Lion und Martin Feuchtwanger

Martin Feuchtwangers Sohn Josef mit seiner ersten Tochter Keren, 1975

Martin Feuchtwangers Sohn Benjamin mit seiner jüngsten Tochter Dana, 1987

war alles verkauft, und Rechtsanwalt Döring teilte mir das Endresultat mit: 58.000 Mark. Aber er erschien noch einmal und berichtete über neue Reduktionen. Zuletzt blieben noch 18.000 Mark. Das war das Schlußresultat? Doch Herr Döring erschien ein allerletztes Mal und übermittelte mir den Wunsch des Reichs, ich solle auf die 18.000 Mark verzichten als Sühne für die Schandtaten meines Bruders Lion. »Ich will nicht«, erwiderte ich, »unter keinen Umständen.« »Seien Sie nicht störrisch«, erwiderte Döring, »was hilft es Ihnen? Wenn Sie sich weigern, werden Sie ausgebürgert, und dann haben Sie eo ipso alles verloren.« »Ich will nicht«, entgegnete ich, und dabei blieb ich. Sie arbeiteten ungeheuer schnell, die Nazibehörden. Schon am übernächsten Tag stand im Amtsblatt meine Ausbürgerung zu lesen. Ich habe nie wieder etwas von Döring gehört, nie wieder etwas von Seibert, nie wieder etwas von Klieber. Ich weiß nicht, ob sie Hitler überlebt haben, ob sie heute noch leben. Mit der Zeitschrift *Jede Woche ein Roman* soll der Aufwärts-Verlag großen Erfolg gehabt haben. Als ich die Zeitschrift an ihn verkaufte, dürfte sie eine Auflage von etwa 80 000 Exemplaren wöchentlich gehabt haben, zuletzt soll sie wöchentlich in 350 000 Exemplaren erschienen sein. Übrigens habe ich auch von dem Sperrkonto über 18.000 Mark nie wieder etwas gehört.

Der Hallesche Verlag war für mich endgültig erledigt. Ich wußte aber, daß eines Tages in Prag die Büroeinrichtung aus Halle eintreffen würde. Ich hatte mit Döring vereinbart, daß sie nach Prag verfrachtet wurde. Die vom Deutschen Reich für die Genehmigung geforderten Gebühren und die Transportkosten beliefen sich auf viele Tausende. Und tatsächlich wurde ich eines Tages zu Herrn Finanzrat Kohn gerufen, einem netten und liebenswürdigen Herrn, der mir mitteilte, meine Verlagsbüroeinrichtung aus Halle sei eingetroffen, mehrere Waggonladungen – hier habe er ein Verzeichnis –, und die Waggons ständen auf dem Rangierbahnhof. Die Sache habe nur den einen Haken, daß er mir die Einrichtung nicht übergeben könne, denn nach dem Gesetz dürften zwar Fabrikeinrichtungen von Deutschland nach der Tschechoslowakei geschickt werden, auch private Wohnungseinrichtungen, nicht aber Büroeinrichtungen. Er las mir Paragraphen vor und Kommentare und zeigte mir ein Dutzend Verordnungen, und schließlich vereinbarten wir: Von den 42 Tischen betrachten wir 4 als zur Privatwohnung gehörend, die werden ausgeliefert, von den 120 Stühlen 8 Privatstühle, von den 57 Schreibmaschinen, 3 Privatschreibmaschinen, 20 Wassergläser, 3 Leimtöpfe, 5 Papierscheren und so weiter. »Und das übrige?« »Wenn Sie einverstanden sind und es unterschreiben, kann ich es verantworten, daß die Sachen nicht verbrannt, sondern sozialen Instituten übergeben werden, Organisationen wie dem Hicem, der Jüdischen Gemeinde, einem Blindeninstitut, Waisenhäusern.«

Erfolge in der Tschechoslowakei

Das Wichtigste für mich in Prag war, mir wieder eine Existenz aufzubauen, einen neuen Verlag. Ich hatte kein großes Vertrauen. Deutschsprachige Bücher und Zeitschriften? Früher hatte ich es mit mehr als hundert Millionen Menschen zu tun gehabt, sechzig Millionen Deutschen, vierzig Millionen in den Randstaaten und im Ausland. Jetzt waren es nur mehr vierzig Millionen, nachdem Deutschland weggefallen war, und diese vierzig Millionen waren viel, viel schwerer zu erfassen als die kompakte, geschlossen wohnende Masse der deutschen Bevölkerung. Und Bücher oder Zeitschriften in tschechischer Sprache? Nur elf Millionen Menschen und eine mir völlig fremde Sprache. Dabei war ich mit leeren Taschen nach Prag gekommen. Von vornherein fand ich kraftvolle Hilfe bei der Böhmischen Unionbank, beim Handelsministerium, beim Innenministerium, bei der Handelskammer und beim Exportinstitut. Die Böhmische Unionbank setzte es durch, daß mein gesperrtes und nicht kleines Postscheckkonto freigegeben wurde. Ich hatte mit der Bank seit zehn Jahren von Halle aus gearbeitet. Sie kannte mich und räumte mir einen Anfangskredit von einer Viertelmillion Kronen ein. Handels- und Innenministerium lehnten die Erteilung einer Lizenz ab. Seit Gründung der Republik hatte kein Ausländer eine Verlagslizenz erhalten. Aber sie sorgten dafür, daß brachliegende Verlagsanstalten mit Lizenzen für mich nutzbar gemacht wurden, und so arbeitete ich unter den Verlagsfirmen: Gustav Neugebauer – Taubeles – Olympiaverlag. Ich brachte erst Bücherserien heraus, *Glücksromane, Blau-Gold-Romane,* ich hatte verhältnismäßig guten Absatz, ich lieferte vor allem in die Schweiz, nach Österreich, in die deutschsprachigen Gebiete der Tschechoslowakei, aber auch nach Rumänien, Jugoslawien, Südafrika, USA, Brasilien, Argentinien, Frankreich; doch der Versand war kompliziert und teuer, das Geldeintreiben sehr schwierig, und die Auflagen waren, gemessen an meinen großen deutschen Auflagen, klein. Ich arbeitete mit Verlust. Auch meine neuen Romanzeitschriften *Der Schöne Roman* und *Die Große Romanzeitung* setzten sich nur schwer durch. Lediglich die Schweiz und Frankreich waren Großabnehmer. Die Situation änderte sich, als ich mit einer tschechischen Romanzeitung herauskam: *Krasny Roman*. Ich hatte eine sehr tüchtige Redakteurin, Frau Haar-Prybilova, eine Jüdin, von der ich übrigens auch nicht weiß, ob sie die Hitlerjahre überlebt hat. *Krasny Roman* entwickelte sich nicht sprungweise, sondern schrittweise. Ich begann mit einer Wochenauflage von 6000 Exemplaren, bald waren es 20000 Exemplare. Als jede Woche 25000 Hefte gekauft wurden, sah man in der Eisenbahn, in der Elektrischen, in den Kaffeehäusern, Parkanlagen, wohin man kam, daß Frauen und Mädchen die Hefte in der Hand hatten. Ich rechnete mir aus: Deutsch sprechen hundert Millionen Menschen, tschechisch elf Millionen, die Prager Auflage von 25000 Exemplaren würde einer deutschen Auflage von 250000 Exemplaren entsprechen. Der Höchststand müßte erreicht sein. Wie müßig theoretische Betrachtungen sind, sah ich, als die Auflage auf 40000, 50000 stieg. Der Höchststand war – mir selbst ein Rätsel – 93000 Exemplare. Dabei war der Betrieb höchst einfach und unkompliziert. Es gab in Prag ungemein gewandte, geschickte und schnell arbeitende Übersetzer. Sie bekamen von mir deutsche, französische, englische Romane und hatten diese zu adaptieren, das heißt, den tschechischen Verhältnissen anzupassen. Spielte der Roman in den Alpen, so verlegten sie die Handlung in die Tatra, aus Berlin und Paris machten sie Prag, die Namen tschechisierten sie. *Krasny Roman* war derart weit verbreitet, daß die Tagespresse an der Zeitschrift nicht achtlos vorübergehen konnte. Die tschechischen Zeitungen schrieben, das sei das Schönste an den Heften, daß sie niemals Übersetzungen brächten, sondern daß ausnahmslos rein tschechische Romane erschienen. Gedruckt wurde für mich in dem Riesenbetrieb der Narodny Politika, die sich für meine Hefte eine Mehrfarbendruck-Rotationsmaschine bauen ließ, die wunderbarste Druckmaschine, die ich je gesehen habe. Den Vertrieb und den Versand hatte die Firma Orbis, so daß ich selbst trotz meines gewaltigen Unternehmens nur vier bis sechs Angestellte benötigte. Ein bequemer Betrieb, wohltuend nach der Hetze im Halleschen Betrieb, in dem wir alles selbst erledigten. Ohne fremde Hilfe wäre mir die Konstruktion dieses Verlags nicht möglich gewesen. Bewundernswert war die selbstlose Hilfe des großen Bank- und Handelshauses Petscheck, dessen jüdische Inhaber große Summen stifteten und jeden Dank zurückwiesen. Viel geholfen hat mir auch der junge und überaus tüchtige Advokat Schmolka, ein Sohn der berühmten Sozialhelferin Schmolka. In der Führung von Verhandlungen und im Entwerfen von Verträgen war er unübertrefflich. Als Hitler die Tschechoslowakei okkupierte, floh er nach Kanada. Hoffentlich konnte er sich dort eine erfolgreiche Existenz aufbauen. Von Prag aus flog ich alle paar Monate nach Paris, wo ich die Romanzeitschrift *Le Beau Roman* gründete und eine französische Buchserie. Meine französischen Bücher und Zeitschriften wurden durch die Librairie Hachette vertrieben. *Le Beau Roman* brachte es zu einer Auflage von 56000 Exemplaren. Ich hatte in Paris einen handelsgerichtlich eingetragenen Verlag: Edition Olympia, Büroräume in der Rue St-Honoré und einen Redakteur. Ich war gerne und häufig in Paris.

Emigrantenleben – Hundeleben

Über Emigrantenleben ist viel geschrieben worden. Es ist ein bitterschweres Leben. Wenn Menschen freiwillig auswandern, so ist das etwas anderes. Aus Deutschland sind seit jeher sehr viele Menschen ausgewandert, sie haben sich in anderen Ländern und Erdteilen angesiedelt, meist gruppenweise, sie haben schwer gearbeitet und sind dabei fast immer vorwärtsgekommen. Ebenfalls sind die Menschen ausgewandert aus Italien, Dänemark, Portugal, der Slowakei, Irland – Kolonisten, die sich gerne verpflanzen ließen. Die Bevölkerung der Vereinigten Staaten setzt sich zusammen aus den Leuten, die aus allen Erdteilen kamen, um hier ihr Glück zu suchen. Die Einwohnerschaft von Australien setzt sich aus den Nach-

kommen der Einwanderer zusammen. Meist sind es junge Leute, die die alte Heimat aufgeben und mit Eifer und Freude am Aufbau einer neuen Heimat und einer neuen Existenz arbeiten. Die Emigranten aber sind die, die eigentlich nicht auswandern wollten, die in ihrer Heimat so fest verwurzelt waren, daß ein Verpflanzen nicht möglich war, angesehene Leute, Gutsituierte, die im Begriff standen, die Früchte ihrer Jugendarbeit und ihres Mannesschaffens zu ernten. Nach der Französischen Revolution flohen Adlige und Bürger nach Deutschland, Rußland, Italien und in andere Länder, nach der Oktoberrevolution waren die russischen Emigranten in aller Welt anzutreffen, und auch Hitler hat Millionen in die Welt gejagt, ehedem schaffensfreudige Bürger, jetzt elende Emigranten. Mein Leben in Prag von 1933 bis 1939 war kein Emigrantenleben. Ich war ein erfolgreicher Verleger und konnte dasselbe Leben führen wie früher in Deutschland. Ich war in Prag zu Hause, meine Villa auf dem Barrandow war schön und geräumig, wunderbar gelegen. Umgeben von einem mir gehörenden Wald. Überall begegnete man mir mit Achtung, ich war ein angesehener Mann, und wenn in einer Gesellschaft die deutsche Sprache nicht verstanden wurde, so war das nicht mir peinlich, sondern den anderen Leuten. Wenn das Kultusministerium eine Verlegersitzung anberaumte, so wurde ich zugezogen und häufig um Rat befragt. Wie überall in der Welt, so waren auch in Prag der größte Teil der Einwohner Arbeiter, aber die Demokratie Masaryks und Beneschs hatte ihr Leben leichter und freier gemacht. In Prag lebte man gut und schön und bequem und luxuriös, und ich nahm freudig an allem Schönen teil. Sehr gute Theater, eine glänzende Oper und großartige Konzerte, wunderbare Freilichtkonzerte in historischen Gärten; ich bereute den Tausch Deutschland – Tschechoslowakei durchaus nicht.
Die jüdische Bevölkerung Prags war sehr zahlreich. Wenn in Deutschland neunzig Prozent der jüdischen Bevölkerung in geordneten, großenteils sogar in sehr guten Verhältnissen lebten, so war das hier nicht der Fall. Vielleicht die Hälfte der Prager Juden lebte gut und teilweise weitläufig. Die andere Hälfte waren kleine und kleinste Beamte, Angestellte, Handwerker, auch Hausierer. Die Tschechoslowakei der Masaryk- und Beneschjahre kannte keinen Antisemitismus. Bei der Besetzung von hohen Beamtenstellen, Professuren, bei der Ernennung von Offizieren war die jüdische

Konfession kein Hindernis. Es war mir sehr interessant, daß eine Angestellte mich einmal fragte, ob sie morgen zu Hause bleiben könne, sie sei Jüdin, und morgen sei ein hoher jüdischer Feiertag. Nachdem ich ihr den Tag bewilligt hatte, sagte ich zu ihr, daß auch ich Jude sei, worauf sie liebenswürdig lächelnd, aber uninteressiert entgegnete: »So, Sie sind auch Jude? Mein Mann ist katholisch, aber ich bin Jüdin.« In Deutschland wußte immer jeder von jedem, ob er Jude war oder nicht. Mischehen und Taufen von Juden waren in der Tschechoslowakei viel häufiger als in Deutschland. Zu den Hauptsehenswürdigkeiten in Prag gehörten eine uralte Synagoge und der alte Judenfriedhof. In der Pessachwoche standen auf den Tischen zahlreicher Lokale, auch großer und angesehener Restaurants und Hotels, neben dem Brotkorb auch Körbchen mit Mazzot. Von 1934 an sah man in Prag sehr viele deutsch-jüdische Emigranten. Sie führten ein erbärmliches Leben. Meist hatten sie kein Geld und waren auf Unterstützung und Almosen angewiesen. Sie hausierten mit Bleistiften und Büroartikeln, mit Seife und Toilettengegenständen, die Behörden schikanierten sie, die kleinen Beamten schnauzten sie an, sie hatten häufig nur sehr dürftige Unterkunft, sprachen nicht die Landessprache, waren gewöhnlich zu müde und zu alt zu körperlicher Arbeit – bitteres Elend. In der Tschechoslowakei gefiel es ihnen ganz und gar nicht, es hätte ihnen in der Schweiz, in Palästina, in Argentinien ebensowenig gefallen. Menschen, denen man den Boden unter den Füßen weggezogen hatte, bemitleidenswerte Opfer des Hitler-Sadismus. Wenn ich Mitleid mit ihnen hatte, so war ihnen damit nicht geholfen, wenn ich einem einen Hundertkronenschein in die Hand drückte, so war ihm damit nicht geholfen, er konnte damit zwei oder drei Tage leben, nicht mehr. Und einer, den ich jede Woche zu mir zum Abendbrot einlud, sagte mir einmal ganz offen, er fühle sich bei mir nicht wohl und es sei ihm lieber, wenn ich ihm sein Essen in der Küche geben ließe. »Ja früher, als ich noch zu den Menschen gehörte, wie Sie einer sind, waren mir solche Abende ein Genuß. Aber wenn ich heute an Ihrem Tisch elegant und gepflegt essen soll und Sie mir Ihre Zigarren zustecken und so tun, als sähen Sie mein Elend nicht, dann fühle ich mich nicht wohl. Ich bin ein Schnorrer geworden, und eine Stunde Nicht-Schnorrer-Sein, das bekommt mir nicht.« Die Welt hat den Emigranten nicht geholfen, nicht die Juden, nicht die Amerikaner, Franzosen, Australier, nicht die Zionisten in Palästina, nicht die Engländer. Vielleicht hat man ihnen nicht helfen können. Wenn bedeutenden Gelehrten neue Forschungsstätten zur Verfügung gestellt wurden, großen Musikern ein neuer Wirkungskreis, jungen, kräftigen, arbeitsfreudigen Menschen Arbeitsplätze eingeräumt wurden in Ländern, in denen Mangel an Arbeitskräften herrschte, so war das keine Hilfe, das waren Bindungen und Engagements, mit denen man sich selbst half.

Zerstörte Zukunftspläne

Meine deutschen Zeitschriften *Der Schöne Roman* und *Die Große Romanzeitung*, meine tschechischen Zeitschriften *Krasny Roman* und *Pohadkove Noviny* – eine Märchenzeitung für Kinder – und meine französische Zeitschrift *Le Beau Roman* füllten mich nicht voll aus, der Vertrieb und der Versand lagen in guten Händen, ich hatte einen französischen Redakteur und eine tschechische Redakteurin. So arbeitete ich die meiste Zeit an einem neuen großen Verlagsobjekt, mit dem ich an die Öffentlichkeit treten wollte, wenn Hitler beseitigt und die Welt wieder gesund war. Es handelte sich um die Zeitschrift *Der Gute Roman*. Sie sollte in sechs Ausgaben herausgebracht werden, deutsch, französisch, tschechisch, englisch, italienisch, spanisch. An dem Erfolg und an den Riesenauflagen meiner Zeitschriften sah ich, wie gerne das Volk in aller Welt Romane las, aber nur Romane mit spannender, sensationeller Handlung oder rührselige Liebesromane. Der wirklich gute Roman hatte nicht die Massen des Volkes zu Lesern. Ich war nun auf der Suche nach kürzeren Romanen und längeren Novellen der alten Literatur, das heißt etwa 1800–1900, im Niveau einigermaßen hoch und doch den Sehnsüchten und Wunschträumen des Publikums entgegenkommend. Und ich fand sehr viel Gutes in der französischen, deutschen, englischen, russischen, auch der tschechischen Literatur, am meisten bei den Russen und den Franzosen. Mitunter ausgezeichnete Sachen. Ich ließ die Romane bearbeiten, zum Teil kürzen, zum Teil auch schon übersetzen. Diese Romanhefte sollten in schöner Aufmachung herauskommen. Das farbige

Titelbild meiner bisherigen Hefte war dem Film entnommen. Die großen Filmgesellschaften stellten mir ihre Fotos zur Verfügung und zahlten mitunter beträchtliche Honorare, Werbehonorare, wenn ich ihre Bilder wählte. Die neue – wirklich gute – Zeitschrift sollte als Titelbilder nur gute Bilder bringen, Reproduktionen von Gemälden bedeutender Meister aus den verschiedensten Museen. Meine Vorarbeiten, bearbeitete Manuskripte, Übersetzungen, Reproduktionen, in Vorbereitung befindliche Bearbeitungen waren schon sehr weit gediehen und füllten einige große Kisten. Aber Hitler hat auch diesen Plan zunichte gemacht. Wahrscheinlich existieren die Kisten mit den Bearbeitungen, Übersetzungen, Reproduktionen heute nicht mehr. Und wenn sie noch existierten, hätte ich nicht mehr die Spannkraft und den Elan, an den Aufbau eines solch gewaltigen Werkes zu gehen. Und wenn ich die Spannkraft hätte, so fehlte es an Kapital, denn die Welt von heute steht leider noch immer im Zeichen der Diktatur, des wirtschaftlichen Chaos, der persönlichen Unfreiheit und der Kämpfe um ein Phantom, um die nationalen Belange – phrasenhafte und verlogene Belange.

11

Die Flucht nach Palästina

Die Tschechoslowakei bietet keinen Schutz mehr

Hitler hatte mit Deutschland aufgeräumt, er hatte Geist, Bildung, Wahrheit, Freiheit, Gerechtigkeit, Logik, Erkenntnis, Humanismus und Humanität aus Deutschland hinausgejagt, Widersacher waren nicht mehr da, sie waren ermordet oder vertrieben, so konzentrierte sich seine Zerstörungswut auf das Ausland. Er bereitete Schritt für Schritt den Eroberungskrieg vor. 1936 rückten deutsche Truppen unter Verletzung der Locarno-Verträge in die entmilitarisierte Rheinland-Zone ein. Hitler wartete auf den Widerhall in der Welt. Nein, die Welt war nicht einverstanden, sie erhob Einspruch; Hitler nahm den Einspruch zur Kenntnis und verstärkte das Militär im Rheinland. Nichts geschah. Die Welt diskutierte und beriet und schritt nicht ein. Auch nicht, als deutsche Truppen im März 1938 in Österreich einmarschierten. Mit den österreichischen Juden wurde nicht mehr so glimpflich verfahren wie einstmals mit den Juden in Deutschland. Hitler hatte von 1933 bis 1938 viel hinzugelernt. Man fing sofort mit Auspeitschen, Durch-die-Straßen-Jagen, Foltern, Beschlagnahme des Besitzes an. Die Welt war entrüstet, man las das alles mit Empörung, aber sie trat ihm nicht entgegen. Nur die Tschechoslowakei traf Maßnahmen: Erhöhung des Militäretats, Verstärkung der Grenzbefestigungen, der Garnisonen, Mobilisation und endlose, entmutigende Verhandlungen mit den Großmächten. Die Tschechoslowakei wußte, daß im Angesicht dieser Welt, in der jeder nur für sich selbst lebte und keiner dem anderen half, im Angesicht dieser kurzsichtigen Welt, die den Räuber groß und fett werden ließ, weil er im Augenblick nur auf den Nachbarn und nicht auf einen selbst losschlug, die arme Tschechoslowakei wußte, daß sie das nächste Opfer sein werde. Schon hatte man die Sudetendeutschen aufgewiegelt. Im Sudetengebiet wohnte eine deutschsprachige Majorität. Sie waren früher loyale Staatsbürger gewesen, jetzt, aufgrund der nationalsozialistischen Propaganda entdeckten sie, daß sie Deutsche waren, gute

Hitlerdeutsche. Die Propaganda war maßlos. Aus dem Radio brüllte den ganzen Tag und die halbe Nacht der Haßgesang gegen die Tschechoslowakei, die Hymne auf die Sudetendeutschen, die besten und wackersten Deutschen, die man versklave, entrechte. Zeitungen und Zeitschriften und Broschüren und Bücher wurden in Millionenauflagen über die Sudetendeutschen geschüttet. Die Welt hörte von nichts anderem mehr als von Sudetendeutschen. Diplomatische Fühlungnahme von England, Frankreich, Amerika, vertrauliche Anfragen an Hitler, und Hitler erklärte: Das Sudetenland, dieses kerndeutsche Land, muß seinem Mutterland Deutschland angegliedert werden, koste es, was es wolle. Und man fragte weiter vertraulich: Und dann? Was wird dann? Hitler erklärte: Ich habe sonst keine territorialen Ansprüche, so wahr mir Gott helfe. Und die englischen Gentlemen und die französischen Gentlemen, sogenannte Staatsmänner, setzten sich mit Hitler an einen Tisch und lieferten ihm das Sudetengebiet aus, einen Teil der Tschechoslowakei, eines souveränen Staates, für nichts und wieder nichts, nur weil ein Räuber die Zähne gefletscht hatte. Die Juden aus den deutschsprachigen Gebieten der Tschechoslowakei flohen ins Innere des Landes, ebenso die Tschechen, die Sozialisten, die Kommunisten, die Demokraten. Das tschechische Volk weinte, es verlangte den Krieg, Benesch, der große Staatsmann, ließ den Krieg nicht zu. Wenn Rußland, England, Frankreich nicht halfen – wozu das Blut von Hunderttausenden von Tschechen vergießen angesichts dieser Kriegsmaschinerie, die das Land in wenigen Tagen zerstören würde? Die Tschechoslowakei wurde überschwemmt von den emigrierenden Juden, Tschechen, Kommunisten, Demokraten, Sozialisten, und es war wie überall in der Welt: Die Vertriebenen führten ein Hundeleben, gemieden, gehaßt, angefeindet, schikaniert, herumirrend und bettelnd und ohne Aussichten auf Besserung. In der Tschechoslowakei hatte der Frieden aufgehört, die Menschen waren stumm geworden, verbittert über die ihnen angetane Vergewaltigung. Hitler hatte widerrechtlich das Rheinland besetzt, er hatte Österreich mitten im Frieden okkupiert, er hatte Teile der Tschechoslowakei mitten im Frieden genommen. Und wenn englische Gentlemen und französische Gentlemen, sogenannte Staatsmänner, jetzt zufrieden waren und Hitler vertrauten, so war das tschechische Volk doch zu klug, um nicht zu wissen, daß die gierige Bestie bald Verlangen nach der ganzen Tschechoslowakei bekommen werde. Die Juden in der Tschechoslowakei arbeiteten fieberhaft an der Auswanderung. Man erwog England, Polen, Palästina, die Schweiz, die Vereinigten Staaten von Amerika, Belgien, Holland, Uruguay, Paraguay, Argentinien, Brasilien, Chile, Venezuela, Mexiko, Kanada, Nicaragua, Honduras, San Domingo, Ecuador, Peru; die Juden sprachen von nichts anderem als von der Auswanderung, doch die Einwanderung in andere Länder wurde ihnen fast unmöglich gemacht. Vor dem Palästinaamt und anderen Instanzen, die bei der Einwanderung nach Palästina behilflich sein konnten, standen monatelang Schlangen, fanden Schlachten statt. Ohne Zertifikat keine Einwanderung. Die Zertifikate waren beschränkt. Sie kosteten viel Geld. Vor allen Konsulaten warteten die Juden geduldig, verdrossen, zermürbt. Und die Portiers und Angestellten und Empfangsdamen der Konsulate wurden immer verschlossener, immer gröber. Man bemühte sich wochenlang darum, daß man von einem Konsul persönlich angehört wurde. Die meisten Länder verlangten den Nachweis von Werten, die man nicht besaß, oder die Verpflichtung zu landwirtschaftlicher Arbeit und den Nachweis größter Erfolge als Landwirt. In einigen Konsulaten wurden Betrügereien durchgeführt, von den Angestellten, vom Konsul selbst. Man ließ sich von den Juden große Summen auszahlen und gab ihnen dann gefälschte Visa, für Panama, Kuba, Uruguay, China. Ein Mann, der Gymnasialprofessor in Brünn gewesen war, Arzt in Karlsbad, Bahnhofsvorsteher, Agent, Reisender, Geschäftsmann, mußte nun seine ganze Energie und sein ganzes Vermögen daransetzen, um zu erreichen, daß er mit seiner Familie in San Domingo einwandern durfte, in Chile, als Emigrant, als ein verbrauchter mittelloser Mann. Die tschechischen Behörden waren nervös geworden. Sie wußten, daß Hitler ihr Land besetzen würde. Nur jetzt nichts mehr tun, woraus man ihnen später einen Strick drehen konnte. Ich sah, daß für mich meine tschechischen Zeitschriften verloren waren, wahrscheinlich meine französischen auch. Ich fuhr ein paarmal in die Schweiz, nach Bern, Basel, Zürich, und es gelang mir, meine Zeitschriften *Der Schöne Roman* und *Die Große Romanzeitung* an einen angesehenen Schweizer Verlag zu verkaufen, zu, wie mir schien, sehr guten Bedingungen. Später stellte sich heraus, daß sie für mich sehr ungünstig waren.

Im Februar 1939 schon begann der Rundfunk in Deutschland, im Sudetengebiet, in Österreich gegen die Tschechoslowakei zu wüten. Das Chaos in der Tschechoslowakei sei unbeschreiblich, die Wirtschaft auf dem Hund, ständig Überfälle über die Grenze, eine Arbeitslosigkeit sondergleichen, eine Pestgefahr für ganz Deutschland, und die in der Tschechoslowakei wohnenden Deutschen seien ihres Lebens nicht mehr sicher. Hitler sei nicht gewillt, dem noch länger zuzusehen. Den Menschen stand der Atem still. Man hatte es geahnt, gewußt, und doch hatte man im Innern noch ein wenig gehofft, daß Rußland, England, Frankreich den schmählichen Raub an ihrem Bundesgenossen nicht zulassen würden. Doch Rußland, England und Frankreich taten nichts. Der 15. März 1939 war der Schreckenstag. Es war bitter kalt, die Straßen waren vereist, unaufhörlich rieselte der Schnee vom Himmel. Und sämtliche Zufahrtsstraßen in der Tschechoslowakei waren voll von den Kolonnen aus Panzern, Autos, Motorrädern. Geschützen, die gegen das erschrockene Land vorrückten. Unübersehbare Kolonnen mit ohrenbetäubendem Lärm durchfuhren die menschenleeren Straßen, um sich das Land anzueignen, das keinen anderen Wunsch hatte als den Frieden. Schon waren sie in Prag. Die Prager gingen nicht auf die Straße, aber durch die Fenstervorhänge sahen sie zu, wie die Kolonnen unaufhaltsam vorwärtsrollten, auf den Hradschin. Die Tschechen waren im Schmerz verstummt. Am Mittag schon fand die große Einzugsparade am Graben und am Wenzelsplatz statt, eine deutsche Militärparade, eine dröhnende Hitlerparade von bis an die Zähne bewaffneten Soldaten mitten in der Hauptstadt der Tschechoslowakei. Hitler hob die staatliche Souveränität des Landes auf und gliederte es als »Protektorat Böhmen und Mähren« dem Deutschen Reich an. Die Gestapo nahm ihre Schreckensherrschaft mit einer Bestialität auf, die in den ersten Tagen schon Tausende von Juden und Tschechen das Leben kostete.

Ich, wie fast alle Juden in Prag, bemühte mich von früh bis nachts um die Auswanderung. Einigen Tausenden war es gelungen, Papiere für England und Amerika zu erhalten. Verhandlungen mit den Konsulaten selbst waren unmöglich, man wurde nicht mehr vorgelassen. Vermittler und Agenten trieben ihr meist unsauberes Handwerk. Ich hatte schon erhebliche Summen für ein Visum nach China ausgegeben, ein Visum nach Uruguay und eines nach San Domingo. Der amerikanische Konsul hatte mir fest versprochen, wenn ich noch ein halbes Jahr warten würde, werde er mir bestimmt ein Visum geben können. Zuletzt blieben nur mehr zwei Wege, entweder nächtliche Flucht über die polnische Grenze oder illegale Fahrt nach Palästina. Was die Flucht über die polnische Grenze betraf, so hatte man darüber schon üble Dinge gehört. Es gab in Prag viele angeblich hilfsbereite Menschen, sie nannten einem gegen eine gewisse Gebühr einen Chauffeur, und mit diesem Chauffeur verhandelte man dann entweder selbst oder über Mittelspersonen. Du fährst nach Mährisch-Ostrau, so hieß es, aber nur mit dem und dem Zug, die anderen werden von den Nazis zu stark kontrolliert. Und in Mährisch-Ostrau in der und der Straße ist die Fahrradreparaturwerkstatt soundso. Wenn du dem Inhaber das Stichwort sagst, das ich dir vor deiner Abreise nennen werde, dann wird er dich zu dem Mann führen, der dich über die Grenze bringen wird. Höchst einfache Sache. Vier Bauern, zwei Nazileute und drei polnische Grenzsoldaten arbeiten Hand in Hand, du hast gar nichts zu befürchten. Die paar tausend Kronen, die dich die ganze Geschichte kostet, sind ein Pappenstiel gegen das, was dir geboten wird, eine todsichere Sache ... Lauter derartige widerliche Verhandlungen, alles Unternehmungen, denen ein Kind den Schwindel und den Betrug ansah. Gewiß hörte man ab und zu von Juden, denen die Flucht über die polnische Grenze gelungen war und denen man geholfen hatte, von Polen nach England zu fliehen. Aber man hörte auch täglich von Flüchtlingen, die auf der Flucht erschossen worden waren. Häufig sollen Bauern den Mann, den sie sicher geleiten sollten, direkt zur Gestapopatrouille geführt haben. Und die illegale Fahrt nach Palästina? Man hörte von zwei solchen Transporten, die schon in Palästina gelandet seien. Allerdings äußerst strapaziöse Fahrten, man liege auf Kohlen, habe kaum das Notwendigste zu essen, und die Landung sei sehr schwer, denn die Mandatsmacht England suche die illegale Einwanderung zu unterbinden. Ich hörte von einem Büro, das die nächsten derartigen illegalen Transporte vorbereitete. Die Menschen, die auf den Treppen zu dem Büro und in der ganzen Umgegend herumstanden und diskutierten, waren Juden wie ich, die verzweifelt versuchten, aus der Tschechoslowakei wegzukommen. Im Büro erfuhr ich, daß die Transporte mit Hilfe der Gestapo durchgeführt würden, die die Juden los sein wolle. Der Transport bestehe aus fünfhundert oder tausend oder auch tausendfünfhundert Mann, je nach Größe der gecharterten Schiffe. Anmelden, Geld zahlen, dann eine Nummer, und man werde beim nächsten Transport mitgenommen. Mit der Eisenbahn von Prag nach Wien, dann auf Donaudampfern an die Küste nach Rumänien, nach Sulina, und von dort aus mit einem Frachtschiff nach Palästina. Die Leiter der Transporte, die Leiter des Büros, ihre Helfer, sogenannte Gruppenführer, mißfielen mir im höchsten Grad: slowakische Juden, ein Typ, den ich noch nicht kannte und der mich erschreckte. Die Juden, die ich bisher kennengelernt hatte, waren oft grundverschieden gewesen, sie waren sanft und bescheiden oder aufbrausend und anmaßend, klug und berechnend oder klug und selbstlos, dumm und frech oder dumm und still; das Gemeinsame war das: Mit Messern stechen, mit Knüppeln schlagen, mit dem Revolver schießen, mit der Hand die Gurgel zudrücken, die Finger ins Auge bohren – das waren Dinge, die taten Juden nicht, weder die deutschen Juden, die ich bisher kennengelernt hatte, noch die polnischen, russischen, galizischen, rumänischen, englischen, französischen, amerikanischen, tschechischen. Diese Juden aber ließen unmißverständlich erkennen, daß sie vor Raufereien und Messerstechereien und Totschlag nicht zurückschreckten, daß ihnen die Gesellschaftsordnung gleichgültig war. Aber was sollte ich machen? Wegkommen mußte ich unter allen Umständen, andere Wege gab es nicht; in der Not frißt der Teufel Fliegen.

Inzwischen ließ ich mich auch in Verhandlungen mit einem Chauffeur ein, der mich zur polnischen Grenze bringen und mich dort seinem Schwager übergeben wollte, der Beziehungen zu einer Zollwache habe. Im letzten Augenblick brach ich, trotz der bereits gezahlten Gebühren, die Verbindung zu dem Chauffeur ab. Im Büro des illegalen Transports war ich täglich, manchmal mehrere Stunden, Ausreden und Lügen und Schlägereien, die Abreise wurde von einem Tag zum anderen verschoben. Eines Tages wurde mir mitgeteilt, die Gestapo habe die Liste und die Pässe der Angemeldeten geprüft, nur einige wenige von den Transportteilnehmern sollten nochmals vernommen werden, darunter auch ich. Morgen in der Frühe um acht Uhr im Petscheckpalais, das die Gestapo zu ihrem Hauptquartier gemacht hatte. Ich war häufig im Petscheckhaus gewesen, einem vornehmen, stattlichen, soliden Bau, mit großen Bank- und Verhandlungssälen, mit einer Flucht von Büroräumen, alles geschmückt mit besten Gemälden, die Böden belegt mit edlen Läufern. Hier hauste nun die Gestapo, hier war das Hauptquartier der braununiformierten und der schwarzuniformierten Henkersknechte. Als ich in ein Zimmer zum Verhör geführt wurde, fürchtete ich, mich übergeben zu müssen. Die Hitlerzeit hatte mich doch viel Kraft gekostet, mir mehr zugesetzt als der Krieg, seine Strapazen, seine Schlachten, mehr als die Kriegsgefangenschaft, ihre Leiden, mehr als die Flucht. Das erste Verhör mit einem anscheinend hohen Beamten in Uniform war kurz: »Sie sind geboren in München und wohnen zur Zeit in Prag. Stimmt das? Wo wohnen Sie in Prag?« »Bei meiner Schwester.« »Wo wohnt Ihre Schwester? Wie groß ist die Wohnung?« »Ein möbliertes Zimmer.« »Und wo schlafen Sie?« »Auf dem Sofa.« »Sie waren ständig in Verbindung mit Ihrem Bruder Fritz Feuchtwanger aus München, der einige Male bei Ihnen in Prag war?« »Ja.« »Sie besitzen Vermögen?« »Nein.« »Und Ihr Bruder Fritz hat Sie auch nicht unterstützt?« »Nein.« »Warum nicht?« »Weil es nicht erlaubt war, Geld aus Deutschland zu schicken oder mitzunehmen.« »Na, das werden wir ja im weiteren Verhör feststellen. Warten Sie draußen im Korridor, bis Sie gerufen werden.«

Das sah nicht schlecht aus. Halle war nicht erwähnt worden, von

Halle und meinem Verlag schienen sie nichts zu wissen, auch nichts von meinem Verlag in Prag und auch nichts von meiner Villa in Prag, auch der Name Lion war nicht gefallen.

Der schrecklichste Tag meines Lebens

Trotzdem war dieser Tag im Petscheckpalais der schrecklichste Tag meines Lebens. Ich wurde bis abends sieben Uhr verhört in siebzehn verschiedenen Zimmern, immer von anderen Gestapoleuten, ausnahmslos Subalternbeamten, ausnahmslos typischen Gestapoleuten, denen es darauf ankam, ihre Opfer zu martern. Wenn einer mich eine halbe Stunde lang gequält und mir mit dem Tod, mit Auspeitschen, Aufhängen gedroht hatte, übergab er mich dem nächsten. Dabei war das ganze Verhör sinn- und zwecklos. Sie hatten sich die Akten aus München kommen lassen, die Akten von Martin Feuchtwanger aus München. Anscheinend hatte man ihnen von München aus, da ein Akt Martin Feuchtwanger dort nicht existierte, den Akt Fritz Feuchtwanger geschickt, Bruder von Martin Feuchtwanger. Aus dem Akt stellten sie fest, daß Fritz der Inhaber einer Margarinefabrik war, daß diese Margarinefabrik im Jahre 1938 verkauft worden war und daß Fritz nach Erledigung aller Formalitäten mit Frau und Kindern nach Kuba ausgewandert war. Aus dem Akt stellten sie ferner fest, daß Fritz mit seiner Frau in den letzten Jahren ein paarmal für je acht oder vierzehn Tage in Prag gewesen war, ordnungsgemäß, mit ihrer Bewilligung. Was wollten sie von mir? Feststellen, ob ich Gelder von Fritz erhalten hätte und ob Fritz die Margarinefabrik doch nicht irgendwie verschoben hätte? Während ich beim zweiten Verhör war, erschien der hohe Beamte und befahl dem mich gerade verhörenden Gestapobeamten, mit mir und dem Akt zum Finanz- und Zollamt zu fahren. Hier mußte ich warten, mein Mann ging ins Nebenzimmer, und ich hörte, wie er dort angeschnauzt wurde und wie man ihm ungefähr folgendes sagte: So ein Blödsinn! Was wollen Sie denn? Können Sie denn nicht lesen? Aus dem Akt geht klipp und klar hervor, daß die Margarinefabrik ordnungsgemäß verkauft worden ist, unter Aufsicht der Partei, daß sämtliche Steuern ordnungsgemäß bezahlt sind, daß Fritz Feuchtwanger genau so viel Geld nach Kuba mitnahm, wie er

durfte, daß seine Besuche in Prag einwandfrei waren. Blödsinnige Zeitverschwendung, so eine Untersuchung! Trotzdem quälten sie mich den ganzen Tag weiter. »Das ist ja klar«, sagte der eine, »die Margarinefabrik nach Prag verschoben, die ganzen Devisen ins Ausland geschafft, ihr beide gemeinsam, Fritz und du, ihr beiden Saujuden. Fritz ist geflohen, aber du wirst nicht lebendig herauskommen aus diesem Haus, du dreckiges Judenschwein mit deiner Jammervisage.« Einer führte mich einmal in einen leeren Raum, in dem Peitschen an der Wand hingen. »Hier in diesem Raum wirst du zu Tode gepeitscht werden. Was glaubst du, was geschehen wird, wenn wir heute abend deine Leiche in einer Kiste auf den jüdischen Friedhof schaffen? Kein Hahn wird nach dir krähen.« Einer sagte: »Bleib an der Tür stehen, mach dich nicht so breit. Willst du jetzt endlich freiwillig gestehen, daß du die Margarinefabrik verschoben hast und die Devisen ins Ausland geschleppt hast? Nein, du willst nicht gestehen? Komm näher, damit ich dir eine herunterhauen kann! Komm nicht so nahe zu mir, ich kann den Judengestank nicht vertragen.«
So ging es von einem zum andern, stundenlang, unaufhörlich. Ich war schneeweiß und zitterte vor Kälte, und dabei lief mir der Schweiß von der Stirn. Wenn sie nur Schluß machten, ein Revolverschuß und vorbei! »Du kannst ruhig alles gestehen«, sagte einer am Abend, »du weißt, daß es vorbei ist mit deinem Leben, lebendig kommst du aus diesem Haus nicht heraus. Mach es kurz und gesteh alle Schwindeleien und Betrügereien deines dreckigen Judenlebens.«
Es war schon dunkel geworden, als wieder ein anderer mich vernahm, unverkennbar ein anderer Typ. »Setzen Sie sich«, sagte er. Sie? Und setzen? Also eine neue Tour. »Sie haben sich zum Transport nach Palästina angemeldet?« fragte er. »Ich mache Sie darauf aufmerksam, daß das für Sie eine bindende Angelegenheit ist. Wissen Sie das?« »Ja.« »Also ich lese Ihnen vor: Ich verpflichte mich, das Gebiet des Deutschen Reiches und des Protektorats mit dem nächsten Transport nach Palästina zu verlassen. Ich verpflichte mich, das Gebiet des Deutschen Reichs und des Protektorats nie wieder zu betreten. Ich versichere eidesstattlich, daß diese Auswanderung freiwillig und nicht erzwungen ist. Ansprüche irgendwelcher Art an das Deutsche Reich und an das Protektorat habe ich

nicht. Unterschreiben Sie das! Hier ... So, Sie können gehen.« Ich verstand nicht, ich taumelte benebelt hinaus, den Korridor entlang, die Treppen hinunter, vorbei an den schwarzuniformierten Posten, ins Freie, auf die Straße. Ich stolperte weiter und blickte verstört rückwärts. Würden sie auf mich schießen? Nein, kein Mensch beobachtete mich. Ich ging weiter, um eine Ecke, wieder eine Straße entlang, wieder um eine Ecke. Meine Schwester, meine Freunde traten auf mich zu. Gott sei Dank, du lebst. Seit zehn Stunden lauern wir auf dich. Was haben sie mit dir gemacht? Du bist weiß wie die Wand, du taumelst.
Ich betrat mein Haus auf dem Barrandow nicht mehr, nicht mein Verlagsbüro in der Spalenastraße. Ich hielt mich bei der braven Schwester Therese meiner braven Köchin Mizzi Schnoflak in Hlubocepy bei Prag versteckt, bis sich der illegale Transport am 30. April 1939 wirklich in Bewegung setzte. Die Köchin Mizzi, eine Tschechin, sagte schluchzend: »Lassen Sie mich nachkommen, ich kann bei Hitler nicht leben.« Meine Schwester Bella sagte unter Tränen: »Ich werde alles liquidieren und dann nachkommen.« Man hat sie nach Theresienstadt gebracht, wo sie ihr Leben aushauchte.

Illegale Palästinafahrt

Die illegale Fahrt dauerte lange und war strapaziös und reich an Entbehrungen. Die Gestapo beförderte den Zug mit achthundert Juden nach Wien. Dort verlud man uns in zwei Donaudampfer, die Platz hatten für hundert, höchstens zweihundert Personen, nicht aber für achthundert, so daß schon diese Fahrt für viele an Entbehrungen nicht gewöhnte Menschen qualvoll war, zumal wir Säuglinge und Kinder, Greise und Kranke unter uns hatten. Noch schlimmer war die Fahrt über das Meer auf dem alten Frachtdampfer FROSSULA, der nicht mehr seetüchtig war, längst zum Verschrotten reif und zudem weder Platz noch Einrichtung für achthundert Menschen hatte. Der Kapitän und seine Leute, Strolche und Verbrecher mit Galgenvogelgesichtern, zerlumpt, versoffen, waren unsere Herren und freuten sich, uns schikanieren und uns unser letztes Hab und Gut abnehmen zu können, die slowakischen jüdischen Transportleiter und Gruppenführer waren noch schlimmer – das Schiff hatte keine Papiere, führte wohl auch Schmuggelwaren und Waffen und fuhr unter falscher Panamaflagge. Kein Hafen wollte dieses verlotterte, stinkende Schiff mit der verdächtigen Mannschaft und den heruntergekommenen Passagieren landen lassen, die Türken drohten uns mit Beschießung, als wir die Landung erzwingen wollten. So kreuzten wir einige Wochen auf dem Meer, standen tagelang, fuhren weiter. Die Zustände wurden immer schlimmer, es war kein Wasser vorhanden, man konnte sich nicht waschen, die Lebensmittelvorräte gingen dem Ende entgegen, die Leute waren verzweifelt, hatten kaum noch Hoffnung, wurden gereizt und streitsüchtig. Endlich erbarmten sich die Franzosen unser, ließen unser Schiff in Beirut einlaufen und nahmen uns in ein Quarantänelager am Ufer des Meeres. Hier blieben wir mehrere Wochen. Das Quarantänelager war nicht komfortabel, aber es gab genug Wasser, Dusch- und Badeeinrichtungen, und die jüdische Gemeinde in Beirut, die für unsere Verköstigung und die Verbesserung unserer Kleidung sorgte, war großzügig und vornehm. Gewiß war es eine Quarantäne, eine Gefangenschaft, ein Aufenthalt hinter Stacheldraht, trotzdem waren diese Wochen am Ufer des Meeres, im Freien, unter dem blauen Orienthimmel, unter Bäumen für die meisten ein Genuß nach der Prager Hitlerzeit und der unheimlichen Kreuzfahrt auf dem stinkenden Geisterschiff. Ein Genuß, eine Zeit des Friedens, eine sorgenfreie Zeit. Ich lernte viele gute und wertvolle Menschen kennen, ich schloß Bekanntschaften und genoß das Glück einer neuen tiefen Liebe. Von Beirut aus wurden intensive Unterhandlungen mit den Juden in Palästina geführt, schließlich fuhren wir wieder auf der entsetzlichen FROSSULA aufs Meer hinaus, um auf offenem Meer umgebootet zu werden, auf den Dampfer TIGERHILL, der schon etwa tausend illegale Einwanderer an Bord hatte und der uns binnen wenigen Tagen nach Tel Aviv brachte. Eine illegale Landung.

Kurz zuvor hatte es eine Tragödie gegeben, ein englisches Schiff hatte uns gesichtet, nach Nationalität und Zielhafen gefragt. Der Kapitän in seiner Ratlosigkeit hatte nicht geantwortet und Volldampf gegeben, die Engländer hatten eine Salve abgefeuert, und zwei von uns waren unmittelbar vor der Erreichung des Zieles getötet worden. Kurz bevor der Hafen von Tel Aviv in Sicht kam, verließen der Kapitän und seine Leute das Schiff, sie kletterten in kleine Boote und fuhren zurück aufs Meer, die FROSSULA fuhr steuerlos weiter und landete im Sand von Tel Aviv. Die Engländer holten uns in Motorbooten ab, brachten uns nach Sarafand, behielten uns dort vierzehn Tage zur Aufnahme unserer Personalien, zur Reinigung und Entlausung, zum Impfen und zur Abnahme von Fingerabdrükken und übergaben uns dann der JEWISH AGENCY, der SOCHNUT. Wir waren in Palästina.

Teil II

1939 bis 1952

1

Ein schwerer Anfang

Im Gelobten Land

Man brachte uns in Omnibussen und Lastautos in das Beth Olim, das Sammellager für Neuankömmlinge. Bettgestelle, Matratzen, verwitterte Säle und Zimmer, glühende Hitze, Beamte mit Listen, Anmeldeformulare, Kindergeschrei, Jammern von Greisen und Kranken, lärmende Lausbuben, keifende Hausfrauen und Mütter, schimpfende Männer, Streit und Geraufe um freie Betten – nach der Hitlerzeit und der qualvollen Seefahrt kein erfreuliches Intermezzo. Man bekam einen Gutschein für ein eisernes Bettgestell, man bekam Essenskarten für die ersten vierzehn Tage im Land, man bekam eineinhalb Palästina-Pfund in bar, eine Anweisung für unentgeltliche ärztliche Betreuung für ein halbes Jahr. Die Leute schimpften und waren unzufrieden. Man behandelt uns wie Schnorrer, sagten sie. Was hatten sie eigentlich erwartet? Wie sollte die Hilfe aussehen, auf die sie gehofft hatten? Sollte man jedem eine gut eingerichtete Wohnung zur Verfügung stellen, jedem eine gesicherte Existenz bieten? Im tiefsten Innern hatte man mit Entbehrungen und Kampf ums tägliche Brot gerechnet. Da waren sie, die Entbehrungen und der Kampf ums tägliche Brot, aber wenn man mitten drinnen steckt in den Entbehrungen und im Kampf ums tägliche Brot, dann sieht die Sache viel trostloser aus, als man sie sich vorgestellt hat. Wer einige Pfund besaß und wer im Land Verwandte oder Bekannte hatte, von denen er annahm, daß sie ihm Unterkunft gewähren würden, der verließ das Beth Olim und bezog ein möbliertes Zimmer oder bat um Quartier bei den Verwandten oder Freunden.

Nach der grauenvollen Kreuzfahrt auf dem Meer und der Beiruter Quarantäne und dem Zwangsaufenthalt in Sarafand war die Stadt Tel Aviv das Paradies. Asphaltierte Straßen, Omnibusse, Autos, weiße Häuser und Villen, Gartenanlagen, Promenaden, Springbrunnen, Läden mit herrlichen Schaufenstern, Hotels, Restaurants, Kaffeehäuser, Eisdielen, Tanzbars, Kinos, Theater – es war, als ob man aus dem Kerker in die leuchtende Freiheit gelangt wäre. Aber die Sache hatte den Haken, daß man das Paradies anstaunen konnte, in ihm herumbummeln, daß man aber an den Genüssen dieses Garten Eden nicht teilhaben konnte, denn man hatte ja kein Geld. Mit allen ihren Kräften strebten die Leute danach, dem Beth Olim zu entkommen. Nach einem Monat waren denn auch kaum mehr als zwei Dutzend von den »Frossula«-Leuten Bewohner dieses tristen Heims. Unter diesen Menschen waren einige Philosophen. Ich verlasse das Beth Olim nicht früher, als bis man mich hinauswirft, sagten sie. Ich habe hier meine Schlafstätte und mein Essen, keine Sorgen. Auf eure Vergnügungen verzichte ich. Ich bin zufrieden.

Ein erster Anfang – Hausierer und Hausgehilfin

Fünf junge Leute hatten sich gemeinsam ein leeres Zimmer gemietet. Vier waren tagsüber auf Arbeit oder Arbeitssuche, der fünfte führte seinen Kameraden den Haushalt, kochte für sie. Alle suchten Arbeit, alle wollten und mußten verdienen. Etliche klapperten die Restaurants und Kaffeehäuser ab: Darf ich Ihnen den Fußboden und die Tische und Stühle reinigen gegen ein Mittagbrot? Sie suchten Arbeit in den Werkstätten und Fabriken, als Erdarbeiter, Straßenarbeiter, bei der Müllabfuhr, bei Neubauten, sie meldeten sich als Tellerwäscher in den Speiselokalen, als Platzanweiser in den Kinos, als Verkäufer und Agenten. Aber Arbeitskräfte wurden damals nicht gesucht. Wir waren erst wenige Tage im Lande, da sah man, wie sich einige von den »Frossula«-Passagieren in Hausierer verwandelt hatten. Es war ihnen keine Wahl geblieben. Sie hausierten mit Seife, Rasierklingen, Kämmen, Waschlappen, mit Toilettenartikeln jeder Art. Erst waren es nur fünf oder sechs Leute gewesen, allmählich hausierten einige Dutzend von den Neuankömmlingen, hauptsächlich Männer, aber auch einige Frauen. Es waren ausnahmslos Leute, die vor wenigen Monaten noch dem Mittelstand angehört hatten und die jetzt gezwungen waren, als Hausierer durch die Straßen zu laufen, um nicht verhungern zu müssen. Sie hatten ihre Waren in Zigarrenschachteln verpackt, in Aktentaschen, in Koffern, einige hatten auch schon den Hausierkasten vor dem Bauch hängen. Neben Toilettenartikeln suchten sie Haushaltsgegenstände und Büroutensilien an den Mann zu bringen. Die Verschämteren besuchten nur Wohnungen, die man ihnen empfohlen hatte, weniger Verschämte gingen von Haustür zu Haustür, etliche verkauften auf der Straße und in Speiselokalen und Kaffeehäusern. Junge Frauen und Mädchen boten Sandwiches in Büros an. Der Kampf um das tägliche Brot ist besonders schwer für den, der in ein neues Land kommt, dessen Gebräuche er noch nicht kennt. Ich sah einen ehemaligen angesehenen Rechtsanwalt mit einem Brett, auf dem Kuchenstückchen ausgebreitet lagen, von Kaffeehaus zu Kaffeehaus eilen, ich sah, wie Männer, die vor Jahresfrist noch in Amt und Würden waren, auf dem Fahrrad Brot, Gemüse, Eier ausfuhren. Manche schickten sich mit Galgenhumor in die neue Situation und gaben die Hoffnung nicht auf, daß es in absehbarer Zeit wieder bergauf gehen würde. Andere waren der neuen Lage nicht gewachsen und verzweifelten. Diese vergebliche Arbeitssuche trieb einige in den Selbstmord. Ein ehemaliger Notar berichtete mir, er habe den Redaktionen von Zeitungen und Zeitschriften Artikel angeboten, er habe sich um Übersetzungsarbeiten beworben, er habe in Dutzenden von Geschäften und Fabriken um eine bescheidene Stellung oder um Hilfsarbeit gebeten, er habe auch versucht, als Orangenpflücker einige Pfund zu verdienen, jetzt sei er am Ende seiner Kraft. Am nächsten Tag erhängte er sich an einem Baum. Da waren die Menschen hoffnungsvoll in das neue Land gekommen, und wenige Wochen nach ihrer Ankunft in dem Lande ihrer Hoffnung machten sie ihrem Leben ein Ende.

Für Frauen war es erheblich leichter, Arbeit zu finden. Oserot, Hausgehilfinnen, waren gesucht. Diese Frauen und Mädchen, die neu ins Land gekommen waren, hatten früher zum Teil selbst ein großes Haus geführt, sie waren es gewohnt, ihren Dienstmädchen, Kindermädchen und Waschfrauen Anweisungen zu geben. Jetzt waren sie dankbar dafür, daß sie in fremden Häusern die Böden reinigen, kochen, die Wäsche waschen und bügeln durften. Frauen scheinen sich leichter umstellen zu können als Männer. Die Damen verwandelten sich ohne zu murren und geschickt in Dienstboten und ernährten vielfach mit ihrer Arbeit Mann und Kinder. Sie fanden auch Stellungen als Schneiderinnen, Modistinnen, Flickerinnen, Köchinnen.

Schuhmacher und Fleischer finden Arbeit – Akademiker sind nicht gefragt

Ein gelernter Schuhmacher ging in fremde Häuser und bat an den Haustüren um Flickarbeit. Ein paar ehemalige Fleischermeister und Fleischergesellen fanden Anstellung in Metzgereien. Einer eröffnete mit Hilfe geliehenen Kapitals eine kleine Wurstfabrik. Einer machte einen kleinen Fleischerladen auf, der von Anfang an florierte und der nach wenigen Jahren zu den beliebtesten Metzgereien Tel Avivs gehörte.

Von den 800 Frossulanern waren die meisten Kaufleute, Industrielle und Akademiker. Die Zahl der Handwerker und der Arbeiter war nur gering. Ihnen fiel es viel leichter, sich in die neue Lage zu schicken und Arbeit zu finden. Kaufleute, Ärzte, Rechtsanwälte, Gymnasiallehrer erkannten bald, daß ihre in Jahrzehnten gesammelten Erfahrungen ihnen hier nicht halfen. Ein Arzt bemühte sich, als Masseur ein wenig zu verdienen, ein anderer mit Pediküren, einer assoziierte sich mit einem Trödler.

Junge Leute kamen manchmal bei der Polizei unter, noch viel mehr meldeten sich nach Kriegsausbruch beim britischen, viele auch beim tschechischen Militär. Manche waren beim deutschen, beim österreichischen, tschechischen, polnischen Militär Unteroffizier oder Offizier gewesen. Sie wurden mit Freuden von den verschiedenen Militäreinheiten aufgenommen. Sie verschwanden schnell aus Tel Aviv, denn man schickte sie auf die Kriegsschauplätze im Westen und im Fernen Osten.

Einige Hundert bemühten sich, in Kibbuzim oder Kwuzot Aufnahme zu finden. Zum großen Teil ohne Erfolg. Einerseits waren damals die Kibbuzim und die Kwuzot sehr zurückhaltend in der Aufnahme neuer Leute, andererseits suchten die landwirtschaftlichen Siedlungen kräftige, arbeitsgewohnte, am liebsten landwirtschaftlich geschulte Kräfte. Mit einem Röntgenologen war ihnen nicht gedient, auch nicht mit einem Landgerichtsrat und seiner Familie, mit einem Regisseur, einem Chemiker oder einem Gymnasialdirektor mit seiner Frau, seiner Schwiegermutter und sechs Kindern. Immerhin wurden einige Dutzend junger Leute von Kibbuzim aufgenommen, und die SOCHNUT stellte aus einer Reihe von Frossulanern neue Kwuzot zusammen.

2

Eine »Nationale Heimstätte«

Palästina – ein Rückblick

Im September 1939 waren die Verhältnisse in Palästina ganz anders als etwa 1950 oder 1952. In alten Ländern wie Frankreich, England, Deutschland, Spanien sind die Lebensumstände stabiler. Seit dem Beginn des Ersten Weltkrieges gibt es auf der ganzen Erde keine absolute Stabilität mehr. Ein ständiger Wechsel in den Wirtschaftsverhältnissen, im kulturellen Leben, in der Mentalität. Aber in neuen Ländern, in Ländern des Aufbaus, wechseln die Bedingungen sprunghaft, nicht nur von Jahr zu Jahr, sondern von Monat zu Monat.

Nehmen wir zum Beispiel Nordamerika. Wer die wirtschaftliche und soziale Entwicklung in den USA 1790 bis 1830 verfolgt, der stellt fest, daß trotz reicher Bodenschätze und guter klimatischer Bedingungen vielfach großes Elend herrschte. Es fehlte an Geld, um Maschinen zu bauen oder zu importieren, verkehrsmäßig war das Land kaum erschlossen. Ohne Fundament kann man nicht bauen. Nur die europäischen Mächte, England, Frankreich, Preußen, Rußland, Spanien, konnten helfen. Man nahm Anleihen auf, immer neue Anleihen. Und da die Menschen fleißig und tatkräftig waren, gelang die Überwindung der Schwierigkeiten. Ein bescheidener Wohlstand wurde erreicht.

Das starke und mächtige Amerika von 1940, das den größten Teil des Goldes der Erde in Gewahrsam hält, dessen Stahlindustrie, Erdölgewinnung, Fabrikanlagen, Eisenbahnwesen, Wohnungsbau, Verkehrswesen, hygienische Einrichtungen, Forschungsinstitute unerreicht sind, dessen landwirtschaftliche Produktion die halbe Welt versorgen könnte, hat keine Ähnlichkeit mit dem Amerika des Jahres 1820, das aus den Sorgen nicht herauskommen konnte und das neidisch auf den Reichtum Europas blickte. Wie konnte aus diesem unentwickelten Land der reichste Staat der Erde werden? Die Voraussetzungen waren gegeben: Bodenschätze und günstiges Klima. Aber viel wesentlicher sind die Menschen. Die Menschen,

die seit 1600 nach Amerika strömten, aus England, Irland, Spanien, Portugal, Dänemark, Holland, Schweden, Italien, Griechenland, der Slowakei, aus Deutschland, aus Frankreich, aus Afrika, aus den arabischen Staaten, aus China und Japan und Indien, diese Menschen wurden in einem Schmelztiegel der Rassen und Kulturen zu einem eigenständigen Volk: frisch und jung, tatkräftig und zäh. Nicht das Klima und die Bodenschätze haben Amerika zu dem gemacht, was es heute ist, sondern die Menschen.
Und der Judenstaat, das Land Palästina, der heutige Staat Israel? Das erste jüdische Landwirtschaftsobjekt war die landwirtschaftliche Schule von Mikve Israel, die Karl Netter 1870 gründete. Acht Jahre später, 1878, gründeten Jerusalemer Juden Petah Tikva, 1882 gründeten junge russische Juden eine Gesellschaft, die sich Bilu nannte. Von 1882 bis 1884 legten sie den Grundstock zu Rishon Le-Zion, Rosh Pina, Zichron Yaakov und Gedera. 1890 bis 1896 entstanden Rehovot, Metullah, Motza, Hadera. Die Leute, die von 1870 bis 1900 nach Palästina kamen, waren zum Teil Idealisten, zum Teil Menschen, die Pogrome und der Judenhaß aus ihrer Heimat, aus Rußland, vertrieben hatten. 1905 kam eine zweite Welle von Einwanderern, wieder aus Rußland. Wieder waren es Pogrome, die die Leute, die ohnehin ihre alte Heimat haßten und verachteten und denen der Aufbau Zions als Verheißung erschien, ins Land brachten. Palästina gehörte damals zum Osmanischen Reich. Die Neueinwanderer, Pioniere, die Mühen und Strapazen nicht scheuten, hatten einen schweren Stand. Die türkische Regierung war weder willens noch fähig, die Pionierarbeit zu unterstützen. Die neuen Leute gründeten landwirtschaftliche Siedlungen, die erste Kwuzah ist Degania, die 1909 angelegt wird. Im selben Jahr gründen Juden aus Jaffa die erste rein jüdische Stadt in Palästina: Tel Aviv. Diese jungen Siedler und Städtegründer wissen, was sie wollen. Sie haben aus der fast zweitausendjährigen Geschichte der jüdischen Diaspora gelernt. Seit die Juden nach der Zerstörung des Tempels 70 n. Chr. in alle Welt zerstreut worden waren, lebten sie inmitten anderer Völker. Zum Teil assimilierten sie sich, zum Teil lebten sie ihr eigenes jüdisches Leben. Immer wieder folgten auf kürzere oder längere Zeiten des Friedens und des Wohlstands Zeiten der Unterdrückung, des Judenhasses, der Judenverfolgungen. Daher waren sie ständig auf der Wanderschaft – in die arabischen

Staaten, nach Spanien, in die deutschen Staaten, nach Polen, Rußland. Nirgendwo ließ man sie heimisch werden. Durch ihre Wanderungen trugen sie zur Ausbreitung arabischen, spanischen, deutschen Kulturgutes bei. Und immer wieder wurden sie wie Freiwild gejagt.

Mit diesen unwürdigen Zuständen wollen die jungen Einwanderer endgültig Schluß machen. Auf eigenem Boden wollen sie schaffen und aufbauen. Die jüdische Religion und die hebräische Sprache sollen die aus den verschiedensten Kulturkreisen kommenden Einwanderer zur Einheit verschmelzen. Im Ersten Weltkrieg kämpfte die Türkei an der Seite Deutschlands, die Juden Palästinas aber suchten den Alliierten, vor allem England, zu helfen. Am 2. November 1917 sichert Großbritannien in der Balfour-Deklaration den Juden eine »nationale Heimstätte« zu; am 25. April 1920 wird Großbritannien das Mandat über Palästina übertragen, das am 24. Juli 1922 vom Völkerbundrat gebilligt wird und am 24. September 1923 in Kraft tritt. Zuvor war bereits am 1.7.1920 die britische Militärverwaltung in eine Zivilverwaltung unter einem High Commissioner umgewandelt worden.

Die Not verjagte die Verfolgten aus der alten Heimat

Fünfzehn Jahre lang, von 1920 bis 1935, als die Jahre der Kämpfe zwischen Juden und Arabern begannen, hat England Palästina im Sinne der Balfour-Deklaration verwaltet, nicht nur korrekt, sondern als Förderer des Gedankens, den Juden eine »nationale Heimstätte« zu errichten. Phantasten hatten nach der Balfour-Deklaration das Unmögliche erwartet. War der Jude, der inmitten eines fremden Volkes lebte, nicht ständig gefährdet? Bewiesen dies zweitausend Jahre Geschichte nicht zur Genüge? Nun hatten sie also ihr eigenes Land. War es nicht eine Selbstverständlichkeit, daß sie alle sofort die ihnen feindlich gesinnten Länder verließen und zurückkehrten in *ihr* Land, in ihre wahre Heimat? Millionen, Milliarden von Dollars, Pfunden, Rubeln, Mark besaßen sie, die Juden in aller Welt. Wie viele Juden gab es damals? Nach den verschiedenen Statistiken 15 bis 18 Millionen in der Welt. Nun würden die Millionen und Milliarden guten und besten Geldes in das Land kommen, hier investiert werden. Eine Landwirtschaft würde aufgebaut werden, eine Industrie, ein vorbildliches Verkehrsnetz geschaffen werden. Und die Millionen von Juden, die aus dem Westen und aus dem Osten ins Land strömen würden, sollten hier nicht nur in Freiheit leben können, aufatmen können, sie würden auch in glänzende wirtschaftliche Verhältnisse kommen, ihre Unternehmungen würden florieren. Die Phantasten hatten den Menschen mit Weitblick vor Augen, den Menschen, der sich nach Freiheit sehnt, den Idealisten, nicht den Materialisten, nicht das traurige Gewohnheitstier. Der Durchschnittsmensch ist neugierig und sensationslüstern, aber er pflegt Neuem aus dem Wege zu gehen. Wenn die alte Heimat auch schlimme Mängel hat, er vertauscht sie nicht mit einer neuen. Er zittert davor, den Wanderstab ergreifen zu müssen. Ein anderes Klima, eine andere Umgebung, andere Sitten und Gebräuche, eine andere Mentalität, eine andere Sprache gar – ihm graut davor. Lieber die ihm bekannten Miseren, die ihm bekannten Demütigungen. Obwohl die Französische Revolution vor der Türe stand, verließen die meisten derer, denen der Tod drohte, das Land nicht und suchten erst dann zu fliehen, als es schon zu spät war. So war es auch vor der Oktoberrevolution in Rußland. Und die Großmächte hätten sich schon in den ersten Jahren seines Regimes, 1934 oder 1935, Hitlers Expansionsgelüsten entschlossen widersetzen müssen. In der Scheu vor großen Umwälzungen ließen sie die Bestie erst fett werden und schlugen so spät zu, daß ihr Zögern den Tod von vielen Millionen Menschen zur Folge hatte. Nein, auch nach der Balfour-Deklaration wurden die Goldmilliarden nicht nach Palästina verfrachtet, und die Millionen Juden strömten nicht ins Land. Immerhin, in den Jahren 1920 bis 1938 vermehrte sich die jüdische Bevölkerung Palästinas von 60000 auf etwa 400000. Die Stadt Tel Aviv wuchs in diesen 18 Jahren von 1500 Einwohnern auf 150000. In diese Blüteepoche fallen drei Einwanderungswellen. Es sind dies die dritte Alijah, aus Rußland 1918 bis 1922, die vierte, aus Polen 1925 bis 1926, und die fünfte, aus Deutschland und Österreich 1933 bis 1939. Man sieht, es ist mit dem menschlichen Idealismus nicht weit her. Aus Rußland kamen die Leute, als das Sowjetregime erbarmungslos mit der Bourgeoisie aufräumte und den Juden kein anderer Ausweg blieb, als zu fliehen, wenn sie ihr Leben retten wollten.

Aus Polen strömten die Juden nach Palästina, als dort die Pogrome immer häufiger und bedrohlicher wurden, und die deutschen und die österreichischen Juden schifften sich dann nach Palästina ein, als Hitler an die Macht gekommen war und sein Judenhaß den Juden das Bleiben in Deutschland unmöglich machte. Nein, die Zahl derer, die aus reinem Idealismus gute Verhältnisse aufgaben, um in Palästina nicht nur die Freiheit zu genießen, sondern auch Strapazen und Not auf sich zu nehmen, ist nicht sehr groß. Sie beläuft sich auf wenige Zehntausende. Und wenn heute Hunderttausende erklären oder durchblicken lassen, sie seien nach Palästina gekommen, weil sie nur hier leben wollten, freiwillig und aus Idealismus, so ist dies ein bewußt oder unbewußt ausgesprochener Irrtum. Viele von ihnen mögen gute und sehr gute Zionisten gewesen sein, aber ihre Zelte haben sie erst dann abgebrochen, als diese Zelte unmittelbar vor dem Zusammenbruch standen oder vielleicht gar schon zusammengebrochen waren. Man darf ihnen daraus keinen Vorwurf machen. Sie konnten sich eben von ihrem Geld nicht trennen, sagen die Boshaften. Das ist nicht wahr. Weitblick ist nicht jedermanns starke Seite, und zu entschlossenem Handeln sind nicht viele Menschen fähig.

Alte und Neue verstehen sich nicht

Diese 400000 oder 450000 Juden, die die Frossulaner vorfanden und die in den drei größeren Städten Jerusalem, Tel Aviv und Haifa, in zwanzig kleineren Orten und in sehr vielen Kibbuzim und Kwuzot lebten, würden die Neuankömmlinge – wie diese hofften – mit offenen Armen empfangen. Diese 400000 bis 450000 Juden, die »Alteingesessenen«, von denen tatsächlich nur wenige Tausende gebürtige Palästinenser waren, einige Zehntausende seit dreißig Jahren im Land, andere seit zwanzig Jahren, fünfzehn Jahren, zehn, acht, sechs, vier, zwei Jahren, einige Tausende erst seit einem Monat, sahen die Frossulaner gerne ins Land kommen. Jeder hier hatte den Wunsch, daß das Land wachse. Als es 60000 waren, hoffte man auf 100000, man ersehnte die Viertelmillion, die 400000 sahen in ihren Wunschträumen schon die volle Million. Sie begrüßten die Ankunft jedes illegalen Schiffes, aber sie empfingen die

Leute nicht mit offenen Armen. Diese Frossulaner hatten kein Dach über dem Kopf, kein Geld in der Tasche, keine Beziehungen, sie kannten weder die Gebräuche noch die Sprache des Landes, niemand wollte ihnen Arbeit geben. Sie hatten Grauenhaftes erlebt, waren knapp dem Tode entgangen. Und die anderen, diese Watikim, diese Alteingesessenen, sie saßen in ihren schönen Häusern, ihre Schüsseln waren gefüllt, und mitgemacht hatten sie auch nichts. Und jetzt wollten sie nicht helfen, waren kalt und gefühllos. Waren denn das überhaupt Juden? Die Alteingesessenen taten den Neuen unrecht, wenn sie zu ihnen sagten: Ihr müßt froh sein, daß ihr jetzt hier seid. Wenn wir das Land nicht unter Qualen und Mühen und Entbehrungen aufgebaut hätten, wo wärt ihr dann geblieben? Ihr seht ja, wie alle Länder, Amerika und England und die ganze Welt, die Tore verrammelt haben. Wenn wir nicht das, was ihr hier seht, geschaffen hätten, dann hättet ihr bei Hitler bleiben müssen und wäret elend zugrunde gegangen. Warum seid ihr nicht früher, rechtzeitig, hierhergekommen? Nein, da habt ihr auf euren Geldsäcken gesessen und habt uns hier schuften lassen. Gelacht habt ihr über uns, habt uns Dummköpfe genannt. Und jetzt, da das Haus in Flammen aufgegangen ist, kommt ihr hierher. Statt daß ihr froh seid, hier in Freiheit leben zu können, beklagt ihr euch und jammert. Wir haben uns auch abrackern müssen. Uns hat keiner geholfen. Ihr wolltet ja euer Geld nicht nach Palästina schicken, lieber habt ihr es Hitler in den Rachen geworfen. Ja, wenn wir hier genügend Kapital gehabt hätten, dann wäre das Leben nicht so bitterschwer gewesen.

Und die Neuen taten den Alten unrecht, wenn sie von ihnen sagten: Da sitzen sie in ihren schönen Häusern und Villen, tragen praktische und elegante Kleidung, essen Braten und Fisch und Eier und Gemüse und Obst und Pudding und Mehlspeisen, trinken Milch und Bier und Wein, gehen ins Kino und Theater und ins Konzert, ihre Kinder lassen sie von Kindergärtnerinnen erziehen, sie baden im Meer, liegen am Strand in koketten Badeanzügen in Liegestühlen, sie sitzen in Kaffeehäusern und schlürfen Limonaden und essen Eis und Konfekt, rauchen Zigarren und Zigaretten, kennen keine Sorgen, und zu uns, die wir mittellos und elend zu ihnen gekommen sind, direkt aus der Hölle, geschunden und gehetzt, nur weil wir Juden sind, zu uns sagen sie: Arbeitet, schuftet, nehmt Entbehrungen auf euch. Wir haben auch gehungert, wir haben keinen Überfluß, uns hat auch niemand geholfen. Wer hätte das gedacht, daß Juden zu Juden so grausam sein können!

Die Neuen waren ungerecht, weil sie nur die Außenseite sahen, wie der Fremde und der Tourist, der ein Land bereist, nur die Außenseite sieht und nicht ins Herz blicken kann. Sie sahen, wie die Kinder in der Frühe gehegt und gepflegt, hübsch gekleidet und nett frisiert in die Kindergärten und in die Schulen gingen, wie die Männer im Auto, im Omnibus, auf dem Fahrrad in die Ämter, Büros, Werkstätten, Fabriken, Geschäfte fuhren, sie sahen elegante Läden, überquellend mit Fleisch und Wurstwaren und Gemüse und Obst und Delikatessen, mit herrlicher Wäsche, besten Kleidern, mit Porzellan und Glas und Uhren und Gold und Silber und Edelsteinen, sie sahen an den Eingangstüren der Restaurants reichhaltige Speisekarten, sie sahen, wie die Menschen in den Kaffeehäusern plauderten und scherzten und lachten, wie sie am Strand und auf den Promenaden flanierten, wie sie sich an den Kino- und Theaterkassen drängten, und sie empfanden es als Schmach, daß man sie betteln, hausieren, darben, sich sorgen, um Arbeit flehen ließ.

Sie sahen nur die Oberfläche, nicht den Kern, sie kannten nicht die Zusammenhänge. Die Wirtschaft des Landes florierte nicht. Lebensmittel und Konsumgüter aller Art waren in Hülle und Fülle vorhanden, aber die Menschen mußten bescheiden und sparsam leben, die Einkommen waren gering. Es gab die herrlichsten Perserteppiche zu kaufen, kostbare Pelze, Bücher, Gemälde, Klaviere, Geigen, Kühlschränke, Kristall, bestes Porzellan, die herrlichsten Schmuckstücke, Silberservice, Golddosen, aber die Durchschnittsfamilie war schon zufrieden, wenn sie sich das Notwendigste kaufen konnte.

Der Palästinaführer aus dem Jahre 1886

400 000 Juden waren im Land und knapp 1 Million Araber. Die meisten Araber waren ebensowenig gebürtige Palästinenser wie die Juden. Ich habe einen Palästinaführer in französischer Sprache aus dem Jahre 1886. Der Verfasser ist ein französischer Dominikaner,

der fünf Jahre in Palästina gelebt hat. In diesem Führer lese ich, daß das Land ungefähr 300000 Einwohner hat, die Stadt Jaffa 15000. Die meisten Juden, lese ich, gebe es in Jerusalem, annähernd 20000. Diese seien Schriftgelehrte, Lehrer, Thoraschreiber. Viele lebten davon, daß sie Nippes und Geschenkartikel aus Holz und Metall herstellten, auch Kultgegenstände, und diese ins Ausland, insbesondere nach Deutschland, Rußland und Polen, verschickten. Viele seien auch Bettler, sie würden – so heißt es in diesem Reiseführer – gewohnheitsmäßig Bettelbriefe ins Ausland schicken. Weiter lese ich, daß der größte Teil der Einwohner des Landes – mehr als 200000 – ein Nomadenleben führe, keine feste Wohnstätte habe und eine erschreckend primitive Lebenshaltung. Sie gehörten den verschiedensten Stämmen aus dem Orient an. Araber gebe es eigentlich nur äußerst wenige in Palästina. Wer die Araber studieren wolle, ihre Sitten und Gebräuche, ihre Sprache und Kultur, dem empfiehlt der Verfasser, etwa Syrien, Libanon, Transjordanien zu besuchen.

Mit den Juden strömen die Araber ins Land

Als wir ins Land kamen, 1939, lebten hier doppelt so viele Araber wie Juden, annähernd 1 Million. Woher sind sie gekommen? Was hat sie in dieses Land gelockt? Ganz einfach: Sie kamen im Gefolge der Juden, die seit 1900 nach Palästina einwanderten. Der Lebensstandard der Länder rings um Palästina ist äußerst dürftig. Ein großer Teil der Menschen sind Nomaden, sie suchen Weideplätze für ihre Schafe, Ziegen, Kamele, Kühe, Esel. Sie leben vielfach von rohem Gemüse. Das brachliegende Land wird plötzlich urbar gemacht. Landwirtschaftliche und Industriebetriebe entstehen. Was ist natürlicher, als daß es diese Nomaden in das neue Paradies zieht? Auch Menschen aus den kleinen Städten der Nachbarstaaten Palästinas kommen ins Land. Wie große Heerzüge Marketender, Kaufleute, auch viele dürftige Existenzen anziehen, so lockt das aufstrebende jüdische Palästina viele Araber aus Nachbarstaaten an. In Tel Aviv leben nur Juden, in Haifa und in Jerusalem aber leben Juden und Araber nebeneinander. Es gibt Städte, in denen nur Araber wohnen, wie Akka, Nablus, Jaffa. In vielen kleinen Gemeinden leben Juden und Araber nebeneinander, vielfach in bestem Einvernehmen. In der Nähe von Kibbuzim haben wir arabische Dörfer. Die Leute aus den Kibbuzim und die Araber stehen in geschäftlicher Verbindung miteinander, sie schätzen sich. Aber alles in allem stehen sich Juden und Araber fremd gegenüber. Zwei Gemeinschaften, die sich nicht mischen konnten oder nicht mischen wollten. Das liegt zum Teil an dem Absonderungswillen der Juden, zum Teil an der Propagandahetze einer Handvoll arabischer Krösusse, denen daran gelegen ist, daß das Volk weiter dumpf und dürftig dahinlebt.

Wir, die Neuen im Land, sahen die Araber, hatten aber mit ihnen nichts zu tun. Wir sahen die Männer in ihren Abayas, den weißen Kopftüchern, den seltsamen Hosen, die Frauen, zum Teil verschleiert, meist schwarz gekleidet. Wir sahen die größtenteils verwahrlosten Kinder. Die Frauen, im Gesicht und auf den Armen tätowiert, trugen Krüge und Körbe auf dem Kopf, hielten ihre Säuglinge an der entblößten Brust. Wir sahen die zu den Arabern gehörenden Kamel- und Ziegenherden, ihre kleinen Esel, ihre Moscheen und Minarette, ihre fremdländisch gebauten Häuser. Wir sahen sie in den Straßen von Tel Aviv einkaufen, ihre Kamele und Ziegen mitten durch die Menschenmenge treiben, wir sahen sie auf den Straßen und Märkten Gemüse, Obst, Fische, Nüsse verkaufen. In Tel Aviv gab es nur verhältnismäßig wenige Araber, in Jerusalem und Haifa sehr viele. In Jaffa, Akka, Nablus und manchen anderen Städten waren die Juden nur Gäste, die Bevölkerung war arabisch. Erst staunten wir über diese Exoten, über das orientalische Treiben, nach wenigen Tagen hatten wir uns daran gewöhnt. Wir hatten mit den Arabern weiter nichts zu tun, unsere Nachbarn, Freunde, Partner waren die Juden.

Die Jahre der Zusammenarbeit von Juden und Engländern

Das Treiben auf den Straßen, der lebhafte Verkehr, die vollen Läden und die gutgekleideten Menschen ließen den Eindruck der Prosperität entstehen. Allmählich aber wurden wir gewahr, daß die Menschen durchaus nicht in Hülle und Fülle lebten. Die Regierung lag in den Händen der Engländer. Die JEWISH AGENCY war die Vertretung der Juden. Die JEWISH AGENCY konnte von der englischen Mandatsverwaltung fordern, sie konnte ihre Wünsche äußern – die englische Mandatsregierung tat, was sie für gut befand. Etwa bis 1935 war ihr das Wohl der Juden, das Gedeihen der jüdischen nationalen Heimstätte am Herzen gelegen. Dann kamen die Jahre der Unruhen, der Kämpfe zwischen den Juden und den Arabern, und dann kam der Weltkrieg. Das gute Einvernehmen zwischen Juden und Engländern war schon in den Jahren der Unruhen verschwunden. Die Juden hatten das Gefühl, daß es die Pflicht der Mandatsregierung gewesen wäre, sie vor den tückischen Angriffen der Araber stärker, wohlwollender, energischer zu schützen. Im Jahre 1939, kurz vor Beginn des Weltkriegs, gab England das Weißbuch heraus, dessen Tendenz offen oder versteckt darauf hinauslief, das Wachstum und das Gedeihen dieser nationalen Heimstätte zu unterbinden. Es ist selbstverständlich, daß von da an eine Zusammenarbeit zwischen JEWISH AGENCY und Mandatsregierung, zwischen Juden und Engländern unmöglich war.

In den Jahren zwischen der Veröffentlichung der Balfour-Deklaration und der Veröffentlichung des Weißbuches, in den Jahren der Zusammenarbeit zwischen Juden und Engländern, arbeiteten beide, England und JEWISH AGENCY, für das Aufblühen Palästinas. Für die Engländer war es nicht das Mutterland, sie behandelten es als Kolonialgebiet. Die Beamten, die Polizisten, die Soldaten, die sie hierherschickten, waren nicht first class. Bestechung und Korruption waren an der Tagesordnung. Beim Militär, bei der Polizei, in allen Ämtern waren die hohen Posten von Engländern besetzt, während die mittleren und die subalternen Posten zum Teil von Engländern, zum Teil von Arabern und Juden bekleidet wurden. Die jüdischen Beamten, Polizisten und Soldaten machten es genauso wie ihre englischen Vorgesetzten und Kollegen. Der englische Polizist, der einen Fleischerladen zu kontrollieren hatte, mit dem Fleischermeister ein kleines Frühstück einnahm und schließlich mit einem großen Paket voll Fleisch und Würsten den Laden verließ, war für die Bevölkerung keine Respektsperson. Der jüdische Polizist machte es dem englischen nach, der arabische ebenfalls. Post und Eisenbahn waren Sache der englischen Mandatsregierung, ebenso Zoll und Finanzverwaltung, ebenso das Gerichtswesen. Alles im Lande unterlag der Genehmigung der englischen

Behörden, die Wahl der Bürgermeister und der Bau eines Verbindungswegs von einem Kibbuz zum anderen, das Abhalten einer Versammlung, das Ausstellen eines Reisepasses und die Eintragung einer Geburt. Wenn jemand eine Zeitung herausgeben wollte, so benötigte er dazu die Lizenz der Engländer, und wer als Arzt zugelassen wurde und wer nicht, das bestimmten die Engländer. Aber was schadete dies, solange Mandatsregierung und JEWISH AGENCY Hand in Hand arbeiteten und dasselbe wollten? Rückblickend stellt man fest, daß auf diese Weise das Land eine gesunde Währung hatte und aufgrund dieser gesunden Währung eine gewisse Sicherheit, daß ernsthafter Mangel und Hungersnot nicht entstehen konnten, daß es niemals an Konsumgütern irgendwelcher Art mangelte. Aber leider muß man rückblickend auch feststellen, daß die wirtschaftliche und finanzielle Vormundschaft insofern ungesund war, als sie verhinderte, daß die Juden in Palästina eine selbständige Wirtschaft aufzubauen lernten. Die JEWISH AGENCY, die SOCHNUT, war gewissermaßen eine eigene Regierung. Außenministerium, Einwanderungsministerium, Schul- und Kultusministerium, Landwirtschaftsministerium, alles war da, auch ein sehr wichtiges Finanzministerium. Aber später, als der Staat Israel entstand und die SOCHNUT-Ministerien Staatsministerien wurden, da zeigte es sich, daß das Finanzministerium einer nicht selbständigen Gemeinschaft durchaus andere Aufgaben und Funktionen hat als das Finanzministerium eines selbständigen Staates. So ließ das Finanzministerium alles an sich herankommen, und es gelang ihm erst dann, eine selbständige Finanz- und Wirtschaftspolitik zu betreiben, als es schon zu spät war.

Wer hat Palästina aufgebaut?

Man denke nicht, daß die SOCHNUT eine unbedeutende Rolle im Aufbau Palästinas spielte. Die SOCHNUT hat für den Aufbau Wesentliches, Entscheidendes geleistet. Die Engländer regierten, sorgten für Grenzschutz und Polizei, Gesundheitswesen und Gesetz und Ordnung, aber um eine funktionsfähige Wirtschaft des Landes haben sie sich nicht gekümmert. Sie ließen den einzelnen frei gewähren. Wenn jemand einen Meschek, einen landwirtschaftlichen

Hof, einrichten wollte, eine Geflügelfarm, eine Nagelfabrik, eine Seifenfabrik, eine optische Werkstatt, wenn jemand 100 Tonnen Zeitungspapier aus Finnland importieren, 3000 Hemden nach Ägypten exportieren, seiner Schwiegermutter nach Bulgarien 50 Pfund schicken wollte – mochte er, konnte er. Die Wirtschaft war frei, niemand kam dem Unternehmer, dem Rentier, dem Landwirt mit Vorschriften und Verboten. Die Währung konnte nicht abgleiten, sie war an die englische Währung gekoppelt. Die Engländer haben die Wirtschaft des Landes nicht aufgebaut, noch viel weniger die Araber, die vom Fleiß und Erfolg der Juden angelockt wurden. Aufgebaut wurde die Wirtschaft von Juden.

In der Erkenntnis, daß eine gesunde Landwirtschaft Grundvoraussetzung für ein Land ist, legte die JEWISH AGENCY und mit ihr KEREN KAYEMETH und KEREN HAYESSOD das Hauptgewicht auf die Landwirtschaft. Man gründete Kollektivsiedlungen, die Kibbuzim, die Kwuzot und die Moschawim, die sich rasch entwickelten. Die jüdischen Organisationen sorgten dafür, daß die zionistisch gesinnte Jugend in aller Welt, vor allem in Mittel- und Osteuropa, Gelegenheit erhielt, zu Landwirten ausgebildet zu werden. Das Finanzministerium der JEWISH AGENCY hatte verantwortungsvolle und schwere Aufgaben. Der Staat hat seine normalen Einnahmen aus Post und Eisenbahn, Zöllen, Steuern, Monopolen. Die jüdischen Organisationen aber hatten wohl einen großen Teil der Ausgaben, die ein Staat hat, und darüber hinaus Aufbauverpflichtungen, aber dessen Einnahmen standen ihnen nicht zur Verfügung. Ihre Einnahmen bestanden lediglich aus den Geldern, die Zionisten in aller Welt oder auch Nichtzionisten, Juden und Christen, stifteten. Und da bekanntlich der Mensch in allen Dingen nobler ist als im Geldspenden, so bedurfte es intensivster Nachhilfe, stärkster, schlauester, wirksamster Propaganda, um zu Mitteln zu gelangen. In allen Ländern, Provinzen, Städten mußte man Propagandabüros, Palästinaämter, KEREN KAYEMETH- und KEREN HAYESSOD-Stellen schaffen, Beamte, Redner in die entferntesten Teile der Welt schikken, Bücher, Zeitschriften, Zeitungen, Broschüren in allen Sprachen veröffentlichen. Wieviel Geld brauchte man? Wie sah das Budget der SOCHNUT aus? Einen Haushaltsplan aufzustellen war unmöglich. Man konnte nur so rechnen: Für Bürozwecke, Innenverwaltung und Aufrechterhaltung der notwendigsten Auslandsstellen sind soundso viele Millionen nötig. Außerdem sollen neue Siedlungen errichtet, neue Straßen gebaut, für ältere Siedlungen und deren Erweiterung Anschaffungen gemacht und Anleihen gegeben werden, möglichst viel Grund von den Arabern gekauft werden, Werkstätten und Fabriken errichtet, in der Entwicklung begriffene Industrien unterstützt werden, Schulen gebaut, Wälder angelegt werden. Benötigt wurden ungezählte Millionen, der tatsächliche Eingang war gemessen an den Bedürfnissen minimal. Anfangs waren die Bodenpreise äußerst bescheiden, mit dem Wachsen der Bevölkerung und der Ausdehnung der Landwirtschaft und der Industrie stiegen sie. Allmählich ließen sich die Araber für ihren Grund gepfefferte Preise zahlen. Die landwirtschaftlich bebaute Fläche wuchs langsam auf 100000 Dunam, dann auf 200000, 500000, heute hat sie eine Ausdehnung von 1500000 Dunam. Die wichtigsten Faktoren, Bewässerung und Elektrizität, sind mit äußerster Energie und hervorragender Tüchtigkeit bewältigt worden. Aber auch im Schulwesen und in der Schaffung von Industrieanlagen kam man vorwärts. Fehlende landwirtschaftliche Produkte konnten aus den umliegenden Ländern mühelos, gut und billig bezogen werden. Konsumgüter und Maschinen, Aufbauprodukte der verschiedensten Art bezog man aus Amerika und Europa. Neueinwanderer brachten ganze Fabrikeinrichtungen, Waggonladungen Holz, Metall, Papier, Leinen, Wolle mit. Hatte man früher von einer Siedlung in die andere kommen wollen, von einem Ort in den anderen, so mußte man 20 oder auch 50 km auf dem Esel durch den Sand über baumlose Flächen reiten, versehen mit einem Kompaß. Jetzt gab es gute, geschotterte oder asphaltierte Straßen, Omnibusse, Taxis, in den kleinen Orten Gaststätten und Herbergen, in den Städten Hotels. Man reiste noch nicht so bequem wie etwa in der Schweiz, und manchmal wunderte man sich, daß selbst primitivste Dinge schwer oder gar nicht zu beschaffen waren, aber immerhin war aus einem weglosen Land, aus einer Sandwüste, ein Kulturland emporgeblüht.

3

Der Kampf ums tägliche Brot

Der gelernte Schlosser

Die Menschen, die in den Jahren 1900 bis 1925 nach Palästina gekommen waren, haben hier unter Mühen und Strapazen gelebt, jahrelang unter den schwersten Entbehrungen um Brot und Existenz gekämpft. Die Gründung einer Siedlung war mit unsagbaren Schwierigkeiten verbunden. Es war nicht so, daß eine Kolonne von Lastautos vorgefahren kam, daß mit großen Maschinen Ausschachtungen und Planierungen vorgenommen wurden, daß große und erfahrene Baufirmen Baracken und Häuser errichteten, daß Viehherden, Geflügel, Pferde, Autos, Sämereien jeder Art zur Verfügung standen. Nein, eine Kolonne von Burschen und Mädchen, ausgerüstet mit primitivstem Handwerkszeug, arbeitete sich durch den Sand und begann den Boden urbar zu machen. Sie waren für den Anfang froh, wenn sie in Zelten schlafen konnten. Die Mittel, die ihnen die jüdischen Organisationen zur Verfügung stellen konnten, waren äußerst dürftig. Es dauerte viele Jahre, bis diese Siedlungen Äcker, Obstplantagen, Gemüsefelder, Viehställe und Viehherden aufzuweisen hatten. Die Leute arbeiteten vom frühen Morgen bis spät in die Nacht, schlecht gekleidet, schlecht genährt, ohne Abwechslungen, ohne Vergnügungen. Und die ins Land kamen, um hier als Arbeiter oder Handwerker ihr Brot zu verdienen, um als Kaufmann oder Fabrikunternehmer vorwärtszukommen, erlebten Enttäuschungen, sahen, daß ihnen all ihr Fleiß und alle ihre Kenntnisse nichts nützten.

Der gelernte Schlosser zum Beispiel fand einen Posten in einer kleinen Schlosserei. Er sah, daß sein Chef umsichtig und fleißig, tüchtig und erfindungsreich war, und doch konnte der Chef am Freitag den Lohn nicht auszahlen oder nur einen Teil des Lohns. Einige Kunden waren im Rückstand mit den Zahlungen, Aufträge blieben aus, ein anderes Mal hatte man ihm schlechtes Material geliefert, und er konnte seine Aufträge nicht ausführen. Der Schlossergehilfe sah sich nach einer anderen Stellung um, kam wieder zu einem Schlossermeister, der nicht leben und nicht sterben konnte. Ein dritter schloß nach vierzehn Tagen seinen Betrieb. In einer Fabrik, in der er schließlich Anstellung fand, entließ man ihn, da er dort auch Installationsarbeiten machen sollte, was er aber nicht konnte, denn er hatte dieses Handwerk ja nicht gelernt. Dann ging er in einen Kibbuz, dem eine Schlosserwerkstatt angegliedert war. Doch nach kurzer Zeit wollten sie im Kibbuz, daß er im Kuhstall arbeitete. Er lehnte das ab; da die Kibbuzleitung darauf bestand, verließ er den Kibbuz und wurde Chausseearbeiter im Norden des Landes. Als der Bau der Chaussee nach einem halben Jahr fertig war, engagierte ihn ein Bauunternehmer als Schlosser, entließ ihn aber schon nach vierzehn Tagen. Er arbeitete dann jahrelang in allen Teilen des Landes als Schlosser, Nachtwächter, Fliesenleger, Maurer, Arbeiter im Steinbruch, als Ofensetzer, in einer chemischen Fabrik, einer Wäscherei, einer Textilfabrik. Dann heiratete er ein junges Mädchen, das Kellnerin in einem Speiselokal war. Der Bruder dieses Mädchens war auch Schlosser und hatte ebenfalls in allen möglichen Berufen gearbeitet. Die beiden Schlosser und ein dritter taten sich zusammen und gründeten eine eigene Schlosserei, die zwar am Anfang schwer zu kämpfen hatte, aber die Burschen waren tüchtig und fleißig, und sie hatten Erfahrungen gesammelt. Sie kamen vorwärts, und aus der Schlosserei entwickelte sich eine Fabrik, die immer Aufträge hatte und zahlreiche Arbeiter beschäftigte. Unser Schlosser war nach wie vor sparsam und bescheiden. Er blieb mit seiner Frau und seinem Söhnchen in der Zweizimmerwohnung, in der sie gewohnt hatten, als er die Schlosserwerkstatt eingerichtet hatte. Als das Haus, in dem er wohnte, zum Kauf angeboten wurde, kaufte er es. Später erstand er auch einen Pardess von 55 Dunam und beteiligte sich an einer Fabrik, die Autoteile herstellte. Er war ein reicher Mann geworden. Er war zufrieden und glücklich, aber er blieb hart und mißtrauisch.

Harter Existenzkampf

Von den Einwanderern aus den Jahren 1900 bis 1925 sind manche zu Geld, Grundbesitz und Ansehen gelangt, nachdem sie Jahre und oft Jahrzehnte vom Leben gebeutelt worden waren. Und die, die

1935 kamen, 1936, 1939, sie hatten dieselben Chancen. Für die Älteren aber war es meist schon zu spät, ihre physischen und psychischen Kräfte reichten nicht dazu aus, die Kämpfe, Unbilden und Strapazen zu ertragen. Die Jungen gebrauchten ihre Ellbogen. Wenn das Leben ihnen Wunden schlug, so ließen sie sie vernarben, um sich von neuem in den Kampf zu stürzen. Ihr Körper wurde dabei muskulös, ihre Sinne schärften sich, aber ihr Herz wurde hart. Der Schlosser ist keine Einzelerscheinung. Wem gehören die vielen Villen, die Mietshäuser, die Autos, die Fabriken, Werkanlagen, Werkstätten, Grundstücke im Land? Der Lebenslauf fast jedes dieser Reichen zeigt, daß das Leben erbarmungslos mit ihm umgesprungen ist, daß ihm nichts Schweres erspart geblieben ist, daß ihm niemand etwas geschenkt hat. Von den vielen Zehntausenden, die in den ersten vier Jahrzehnten unseres Jahrhunderts nach Palästina gekommen sind, haben sich sehr viele ganz nach oben gearbeitet, vielen anderen ist es gelungen, sich eine leidliche Mittelstandsposition zu schaffen, vielen ist der Erfolg versagt geblieben. Als alte Männer mit gekrümmtem Rücken fahren sie noch heute auf dem Fahrrad Milchkannen von Haus zu Haus, sitzen als Wächter in der Nacht auf Neubauten, schleifen Messer und Scheren, waschen Geschirr in nicht florierenden Lokalen; als verhutzelte Weiblein helfen sie in fremden Häusern in der Küche und bei der Wäsche, arbeiten als Scheuerfrauen oder Bedienerinnen in Gasosbuden.
Die Frossulaner bilden keine Ausnahme. Von den 800 Frossulanern dürften im Laufe der letzten 13 Jahre etwa 200 gestorben sein, gefallen im Zweiten Weltkrieg oder 1948 im israelisch-arabischen Krieg, gestorben an Herzkrankheiten, Lungenkrankheiten, Krebs, Altersschwäche, verunglückt bei der Arbeit oder auf der Straße. 200 dürften Palästina wieder verlassen haben. In den Kriegen sind sie in andere Länder verschlagen worden und dort geblieben, oder das Leben in Palästina erschien ihnen so drückend, daß sie ihr Glück lieber in anderen Ländern versuchten. Und die restlichen 400? 10- bis 12jährige Mädchen, die auf dem Transport sich mit Ballspielen, Versteckspielen, mit Kinderbüchern die Zeit vertrieben, sind inzwischen Ehefrauen und Mütter geworden; 14jährige Knaben sind im Laufe der Jahre Soldaten, Beamte, Kibbuzleiter, Angestellte, Arbeiter, Agenten, Verkäufer, Handwerker, Inhaber von Werkstätten und Geschäften geworden. Männer, die mit 50 oder 55

Jahren ins Land kamen, damals gestählt und kampfbereit, haben inzwischen das Greisenalter erreicht und denken mehr an ihre Ruhe und ihre Behaglichkeit als an die Möglichkeit ungeahnter Erfolge. Einige sind Hausierer geblieben, aus manchen sind Handwerker, Taxichauffeure, Lastwagen- und Omnibusfahrer geworden, viele sind Beamte, auch in höheren Positionen, Offiziere; wieder andere sind Verkäufer, Agenten, Gärtner, Arbeiter, Bauunternehmer, Geschäfts- und Fabrikbesitzer, Kassierer, Lehrer, Künstler, Köche, Geflügelfarmer, Meschekbesitzer, Friseure. Sie gehören längst zu den Watikim, zu den Alteingesessenen, und werden von den Neuankömmlingen, die ohne Hab und Gut kamen und kein Dach über dem Kopf und kein sicheres Einkommen haben, beneidet und ob ihrer Härte angefeindet.

Mineralwasserfabrikant – Kaffeehausbesitzer

Von all denen, die in den ersten vier Jahrzehnten unseres Jahrhunderts ins Land kamen, hatten die Kaufleute den schwersten Stand. Die Kaufleute und die Fabrikanten. Mit Konjunkturschwankungen und Modewechsel rechnet man überall. Ein oder zwei Monate sind diese oder jene Hemden gefragt, das Geschäft floriert. Plötzlich werden sie nicht mehr gekauft. Eine andere Art hat ihnen den Rang abgelaufen. So geht es nicht nur mit Hemden, sondern auch mit Schuhen und Stiefeln und Sandalen und Hausschuhen; nicht nur mit Unterwäsche, Tischwäsche, Bettwäsche, Kinderbekleidung, Herrenhosen, Damenkleidern, so geht es auch mit Konsumgütern jeder Art, mit Mobiliar, Glas, Kristall, Porzellan, Pfannen, Tiegeln, Töpfen, Werkzeugen, mit Schreibpapier, Lampen, Vorhängen, Möbelstoffen. Mit diesen ständigen Veränderungen in der Bekleidung und bei Gebrauchsgegenständen mußten auch hier der Kaufmann und der Fabrikant und mit ihnen alle ihre Angestellten rechnen. Hier aber kam noch ein anderes, schwerwiegendes Moment hinzu. Die Zehntausende von Fabriken eines großen Landes in ihrer Gesamtheit bilden die Industrie. Sie stellen alles her, was das Land benötigt und mit dessen Export ins Ausland etwas zu verdienen ist. Diese Zehntausende von Fabriken sind ein einziges großes Räderwerk. Da werden nicht nur Stoffe aller Art produziert, Leinen,

Wolle, Garne, nicht nur Kleidungsstücke jeder Art, Konserven, Küchengerät, Möbel, Papier, Handwerkszeug, Maschinen, Sportutensilien, Boote und Schiffe, Glas und irdene Schüsseln, Fensterrahmen und Autos und Autoersatzteile, Karren und Omnibusse, Pferdegeschirr und Flugzeuge, Nägel und Nähmaschinen, Bücher und Koffer, Sensen und Eisschränke, Radios und Tanks, Öfen und Badewannen, Fahrräder, Treibriemen und Dampfkessel, Lokomotiven und Handtaschen – wer vermöchte die Tausende und Abertausende von kleinen und großen Dingen aufzuzählen, die eine ausgebaute und gutentwickelte Industrie herstellt. Keine Fabrik ist unabhängig. Jede bezieht von anderen Teile, Stoffe, Zubehör und Werkzeug. Es sind Zehntausende von Fabriken und Hunderttausende von verschiedenen Artikeln. Die Industrien mittlerer Länder besitzen dieses lückenlose Räderwerk nicht. Eine Reihe von Dingen kann nicht produziert werden, weil es an der Großindustrie – Waffenfabriken, Werften, Hochöfen u. a. – fehlt und weil für mancherlei Artikel der Bedarf des Landes zu gering ist. Die Dinge werden nicht produziert, aber der Fabrikant und der Kaufmann kennen genau die Bezugsquellen. Das Land mit 1 Million Araber, von denen ein großer Teil einen sehr niedrigen Lebensstandard hat, und seiner halben Million Juden, die erst nach und nach gekommen sind und deren Wurzeln noch nicht tief im Boden stecken, hat nur wenige Fabriken, und auch diese wenigen Fabriken stehen noch auf wackligem Grund. Der Kaufmann ist einerseits von Herstellern und vom Importeur abhängig, andererseits vom Publikum, seinen Wünschen und seiner Kaufkraft.

Jemand hat eine Mineralwasser- und Fruchtsäftefabrik in Mitteleuropa betrieben. Er kommt nach Palästina mit Kapital. Er geht auch hier an die Errichtung einer Mineralwasser- und Fruchtsäftefabrik. Der Bau und die Einrichtung stoßen auf Schwierigkeiten. Die Verkehrswege und die Verkehrsmittel sind rückständig. Das Telefonnetz ist nicht ausgebaut. Die Baumeister leisten nicht das, was sie in anderen Ländern leisten, weil ihre Hilfskräfte und Arbeiter nicht genügend ausgebildet sind und weil das Baumaterial den Wünschen des Fabrikanten nicht entspricht. So ist es auch mit den Maschinen, den Bottichen, der Büroeinrichtung. Noch vor der Eröffnung der Fabrik hört der Unternehmer, daß zwei andere Unternehmen seiner Branche infolge finanzieller Schwierigkeiten schließen, daß aber eine weitere Fabrik soeben erbaut wird. Der Fabrikant ist ein zäher Mann, er weiß Schwierigkeiten zu begegnen. Trotzdem sieht er sich nach einiger Zeit gezwungen, die Fruchtsäfteerzeugung einzustellen. Und wenige Wochen später ist auch die Mineralwassererzeugung sinnlos geworden, da inzwischen ein Großimporteur erschienen ist, gewaltige Werbung macht und ausländisches Mineralwasser erheblich billiger liefert. Unser Mineralwasserfabrikant muß sein Unternehmen verkaufen, für einen Bruchteil dessen, was er hineingesteckt hat. Das kleine Kapital, das er jetzt in der Hand hat, will er nicht riskieren. Er nimmt daher einen Posten an als Vertreter einer Kognakfabrik. Zwei Jahre lang besucht er Firmen und bezieht Provisionen. Eines Tages bietet sich ihm Gelegenheit, sich wieder selbständig zu machen. Man offeriert ihm ein großes, gut eingerichtetes Kaffeehaus. Die Mittel, die er noch besitzt, reichen gerade zur Übernahme aus. Er will tatsächlich Kaffeehausbesitzer werden. Seine Frau weint: »Wir haben fast unser ganzes Vermögen mit der Mineralwasserfabrik verloren. Willst du jetzt auch noch den Rest verlieren, damit wir als Bettelleute dastehen?« »Glaubst du, es ist ein Vergnügen, Schnapsreisender zu sein? Ich erzähle dir ja nichts, ich will dir das Herz nicht schwer machen. Wenn du wüßtest, was ich alles zu hören bekomme, würdest du nicht wollen, daß ich weiter den Kognak vertreibe. Jüngst schlug einer auf den Tisch und brüllte: ›Das ist heute schon der dritte Schnapsreisende. Ich habe es satt, dazu ist meine Zeit zu kostbar. Belästigen Sie mich nicht mehr.‹ Und einer sagte zu mir: ›Ihr Iwrit ist nur ein Herumgackern. Kommen Sie zu mir, wenn Sie anständig Iwrit können.‹ Dabei bin ich überzeugt, daß mein Iwrit besser ist als seines.« »Das sind Ausnahmen. Die meisten deiner Kunden sind hochanständig zu dir. Du hast einen guten Posten. Warum willst du das bißchen Kapital, das wir noch haben, riskieren? Schau dir unsere Bekannten an. Von denen, die mit Geld ins Land kamen, haben viele es verloren, weil sie sich auf riskante Unternehmungen einließen. Es ist hier leider nun mal nicht anders. Ich bitte dich dringend, laß deine Hand von dem Kaffeehaus. Du hast mir selbst erzählt, daß es im Laufe von drei Jahren achtmal den Besitzer gewechselt hat. Willst du der neunte sein, der sein Geld verliert?« Der frühere Mineralwasserfabrikant und nachmalige Kognakvertreter übernahm das Kaffeehaus. Es hatte achtmal den Besitzer gewechselt, alle acht hatten ihr Geld verloren. Unter der Führung des neunten Besitzers wurde es ein gutbesuchtes Lokal, das sich sehr rentierte. Der Mann hatte einen Geschäftsführer, einen Tischanweiser, einen Büfettleiter, zahlreiches Bedienungs- und Küchenpersonal. Die Frau führte die Kasse. »Ihrem Lokal sieht man es an«, sagte ein Fremder, »daß Sie von frühester Jugend auf im Gastwirtgewerbe tätig sind und kein Neuling. Gelernt ist gelernt.«

Labile Wirtschaftsverhältnisse

Das ist eine typische Erscheinung der Jahre 1900 bis 1940 in Palästina: Kaufleute und Fabrikanten, die ins Land kommen, gründen ein neues Unternehmen oder kaufen ein altes oder beteiligen sich an einem alten und verlieren dabei entweder alles oder einen großen Teil dessen, was sie besaßen. Auf diese Weise entstehen Seifenfabriken, Marmeladefabriken, Schuhfabriken, Textilfabriken, Bierbrauereien, Schnapsbrennereien, chemische und pharmazeutische Fabriken, Möbel-, Metall-, Glas-, Korbwaren-, Lederwaren-, Kartonagen-, Spielzeug-, Konservenfabriken, tausend andere Fabriken, angefangen von den winzigsten Betrieben, in denen nur vier Leute arbeiten, bis zu stattlichen Fabriken mit mehr als hundert Arbeitern. Sie entstehen und verschwinden, werden verkauft, werden auf andere Artikel umgestellt und wieder verkauft. So werden neue Läden eröffnet, alte Läden verkauft. Das Straßenbild wechselt fortwährend. Das Herrenmodegeschäft geht von Hand zu Hand. Immer wieder versucht ein neuer Unternehmungslustiger sein Glück. Dann macht man aus dem Herrenmodegeschäft eine Drogerie. Auch sie wechselt einige Male den Besitzer, bis aus der Drogerie ein Delikateßgeschäft wird. Ein Kaufmann legt sein ganzes Geld in Porzellanwaren an, die er aus Japan importiert. Er wirft Tassen, Teller, Service zu Spottpreisen auf den Markt und verdient damit eine Stange Geld. Mit dem zweiten Porzellanimport hat er weniger Glück, da der Markt versorgt ist und da sich auch andere Importeure billige Ware aus Japan haben kommen lassen. Zwei weitere Importe machen ihn zum armen Mann.

Es ist natürlich nicht so, daß jeder, der sein Kapital in eine Fabrik oder ein kaufmännisches Unternehmen steckte, alles verlor, aber daß einer ein Unternehmen gründete, das von Anfang an florierte und sich stetig entwickelte, war selten. Die Geschichte fast aller Fabriken und kaufmännischen Unternehmen hier zeigt, daß es Zeiten gab, da sie vor dem Ruin standen, da sie verschuldet waren, da immer wieder der Besitzer wechselte.
So waren die Verhältnisse im Jahre 1939: Lebensmittel und Konsumgüter gab es im Überfluß, die Läden waren vollgepfropft mit Waren. Alles war enorm billig. Für 1 Piaster konnte man so viele Orangen haben, wie man tragen konnte. 20 Eier kosteten 5 Piaster. Ochsenfleisch war spottbillig, aber ein großer Teil der Bevölkerung kaufte verschämt oder offen Kamelfleisch, weil dieses noch billiger war. Elektrisches Licht, Gas, Miete, Möbel, alles war außerordentlich billig, aber Gehälter und Löhne waren so niedrig, daß sich kaum einer etwas kaufen konnte. »Donnerwetter«, sagte einer, »der Junge ist erst einundzwanzig Jahre alt und verdient schon 5 Pfund im Monat als Monteur. Muß ja ein tüchtiger Bursche sein.« Einer, der ein Monatseinkommen von 20 Pfund hatte, war ein wohlhabender Mann. Wer 1000 Pfund besaß, galt als reich.

Ein bitterer Neubeginn

So kamen wir also in schwere und bedrückende Verhältnisse, und wir empfanden sie auch als schwer und bedrückend. Alles war anders als in Europa. Die Menschen erschienen uns hart und mitleidlos, weil sie konventionelle Phrasen ablehnten. Sie bemühten sich nicht, liebenswürdig zu scheinen, sie fühlten sich frei von konventionellen Zwängen und nahmen kein Blatt vor den Mund.

Ich möchte gern einen guten Büroposten. Ich bin gewandt in jeder Art der kaufmännischen Korrespondenz. Als Buchhalter, Stenotypist, Büroleiter, Personalchef würde ich sicherlich keine Firma enttäuschen.
Sehr schön. Aber die Grundvoraussetzung ist natürlich, daß du Iwrit sprechen und schreiben kannst.
Woher soll ich Iwrit beherrschen? Ich habe zu Hause ein wenig He-

bräisch gelernt, und hier nehme ich dreimal in der Woche an einem Abendkurs teil. Ich kann einige Vokabeln, ein wenig Grammatik; die Schilder in den Straßen buchstabiere ich. Das ist aber auch alles.
Dann wirst du bestimmt keinen Büroposten bekommen.
Gibt es keine Büros, in denen es genügt, wenn man Deutsch und Englisch kann? Ein wenig spreche ich auch Französisch.
Nein, das gibt es nicht. Iwrit ist nun einmal die Landessprache. Jedermann hat Verständnis dafür, daß der Mensch, der neu hierhergekommen ist, noch nicht Iwrit spricht. Fließend und klar spricht nur die Jugend. Die Älteren bleiben in der Sprache unbeholfen und unsicher. Bei der nächsten Generation wird das anders sein.
Was soll ich also machen?
Das mußt du selbst wissen. Wenn du einen guten Posten in einem Büro haben willst, dann mußt du in erster Linie Iwrit lernen, und zwar so intensiv wie möglich.
Was verstehst du unter intensiv?
Nicht einen Kurs zwei- oder dreimal in der Woche. Das reicht nicht. Wenn jemand eine fremde Sprache lernen will, muß er mindestens ein Jahr lang täglich acht bis zehn Stunden pauken, es sei denn, er ist ein Sprachgenie.
Du meinst also, ich solle ein Jahr lang weiter nichts tun als Iwrit lernen?
Ich meine gar nichts. Ich sage nur, daß du erst dann wirklich Iwrit kannst, wenn du ein Jahr lang gründlich gelernt hast.
Versetz dich bitte in meine Lage. Über Nacht ist Hitler in die Tschechoslowakei eingefallen. Ich mußte fliehen, zusammen mit meiner Frau und meinen Kindern. Sonst wären wir umgebracht worden. Wir haben nur das nackte Leben gerettet; wir sind völlig mittellos nach Palästina gekommen. Wir haben keine Existenz, wir haben nichts zum Leben, und da sagst du, ich solle vor allem ein Jahr lang intensiv Iwrit lernen. Wenn man eine Sprache intensiv erlernen will, dann muß man einen freien Kopf haben und auch die Zeit dazu. Wir müssen doch leben, wir müssen doch essen. Ich habe eine Frau und zwei Kinder, ein 4jähriges Mädchen und einen 14jährigen Sohn.
Ich verstehe. Da wird dir nichts anderes übrigbleiben, als vorläufig auf eine leitende Stellung in einem Büro zu verzichten.

Du hast leicht reden. Ich habe nichts anderes gelernt als kaufmännische Büroarbeit.
Ja, diese Kenntnisse werden dir erst dann weiterhelfen, wenn du die Sprache beherrschst.
Und inzwischen soll ich verhungern?
Du sprichst wie ein kleines Kind. Du bist noch jung und stark. Du wirst arbeiten müssen, körperlich arbeiten. Du wirst von vorne anfangen müssen, in einem anderen Beruf.
Schöne Aussichten das. Bin ich dafür in das Land gekommen?
Du sagst selbst, du bist ins Land gekommen, um dich vor Hitler zu retten.
Aber ich wollte mich nicht ins Elend retten.
Was man unter Elend versteht, ist relativ. Wenn du schwere körperliche Arbeit ein Elend nennst, dann lebt der größte Teil der Menschheit im Elend.
Das ist ein schwacher Trost.
Ja, hast du denn wirklich gedacht, du könntest hier genau da anfangen, wo du dort aufgehört hast?
Nein, ich wußte, daß es schwer sein würde, aber ich habe nicht gedacht, daß es hier eine Unmöglichkeit sei, eine normale Existenz aufzubauen.
Das ist keineswegs eine Unmöglichkeit. Es scheint mir, daß du meine Existenz als normal ansiehst, wohl auch die der meisten Menschen, die du auf der Straße siehst. Die meisten haben schwer zu ringen gehabt und haben auch heute noch zu kämpfen.
Ich hätte gedacht, daß die Menschen, denen es selbst genauso ergangen ist wie mir und die daher wissen, wie unsagbar bedrükkend derartige Verhältnisse sind, Verständnis für unsereinen haben müßten und ihm daher helfen sollten.
Helfen sie dir nicht? Lassen sie dich verhungern?
Nein, verhungern lassen sie mich nicht, schon im eigenen Interesse. Das würde ihnen selbst schaden, wenn hier die Leute auf der Straße verhungerten.
Die Firma, die dir einen leitenden Büroposten übertragen würde, handelte gewissenlos. Man kann die Arbeit eines Monteurs nicht einem Menschen übertragen, der von technischen Dingen keine Ahnung hat, und wer nicht Iwrit spricht, ist hier in einem Büro un-

brauchbar, es sei denn als Fensterputzer oder für die Reinigung der Büroräume. Dein gesunder Menschenverstand muß dir sagen, daß dir fürs erste nichts anderes übrigbleibt, als körperliche Arbeit zu suchen.

Ich bin seit drei Wochen im Land, und ich habe schon versucht, Schwarzarbeit zu finden. Das ist nicht leicht; mal ein paar Stunden, wenn man Glück hat, ein paar Tage hintereinander. Aber das sind für die Dauer unmögliche Zustände.

Und deine Frau?

Meine Frau arbeitet als Oseret, fünf Tage in der Woche acht Stunden, einen Tag vier Stunden. Wenn das nicht wäre, dann wären wir buchstäblich verhungert.

Sie ernährt also vorläufig die Familie. Auch das ist kein Ausnahmefall. Bei den Neuen ist es vielfach so. Das braucht dich nicht zu bedrücken. Du bist daran nicht schuld, es wäre dir ja lieber, du würdest verdienen und deine Frau könnte den Haushalt führen und für die Kinder sorgen.

Ich sehe, daß du von der Lage der Menschen, die neu ins Land gekommen sind, keine Ahnung hast. Sonst würdest du nicht von Haushaltsführung und Kindererziehung sprechen. Das hat bei uns alles aufgehört. Unser Leben ist ein elendes Vegetieren. Wir haben für vier Personen ein möbliertes Zimmer. Die Familie, der die Wohnung gehört, hat noch zwei weitere Zimmer vermietet. Küchenbenutzung haben wir nicht. Wie es mit Bad und Toilette steht, die annähernd zwanzig Personen benutzen, kannst du dir wohl denken. Wenn wir kochen, dann kochen wir auf einem Primuskocher in unserem Zimmer. Die Kinder würden in dieser Umgebung verkommen. Der Sohn ist deshalb seit drei Tagen von uns weg. Die ALIYAT HANOAR hat ihn in einem Kibbuz untergebracht. Weißt du, was das bedeutet für Eltern, einen Sohn zu verlieren? Und das kleine Mädchen wird von uns in der Frühe um 8 Uhr in ein Wizoheim gebracht und abends um 6 Uhr wieder abgeholt. Du mußt den tiefen Fall verstehen, den wir getan haben. In Prag war ich Prokurist bei einer großen Firma, Prokurist mit hohem Gehalt und Tantiemen. Wir hatten eine 5-Zimmer-Wohnung, Dienstmädchen, in der Küche einen elektrischen Herd und einen Frigidaire, eine eigene Waschküche. Jetzt hausen wir schlechter als Proletarier in Europa, meine Frau ist ein gewöhnli-

cher Dienstbote, und ich laufe mir die Schuhsohlen ab, um drekkige, schwere Arbeit tun zu dürfen.
Ist deine Frau auch so verbittert wie du?
Nein, seltsamerweise hat sie keinen Blick für unseren abgrundtiefen Sturz. Sie ist guter Dinge und tröstet mich.
Ich finde, du verdienst es nicht, getröstet zu werden. Du hast ein schweres, drückendes Leben auf dich genommen, weil dich sonst Hitler umgebracht hätte. Denk daran, daß viele tausend Menschen dieses Los freiwillig auf sich genommen haben, Menschen, die ruhig und sorglos, unter guten wirtschaftlichen Verhältnissen in ihrer alten Heimat hätten bleiben können. Du meinst, deine Frau habe keinen klaren Blick. Du irrst dich. Wer unklar und verworren sieht, das bist du. Für dich dreht sich alles nur um die Frage: Wie kann ich es anstellen, daß ich mit meiner Familie weiter so lebe wie in Prag? Gutes, sicheres Einkommen, angesehene Position, große, moderne und praktisch eingerichtete Wohnung, Dienstpersonal, gut geführter Haushalt, reichliches und gutes Essen, behagliches Familienleben. Mit einem Schlag ist dir das alles geraubt worden. Du bist geflohen. Das, was du hattest, hattest du dir in Jahrzehnten aufgebaut. Nichts ist gerettet worden. Du mußt von vorne anfangen, neu aufbauen. Dein erster Aufstieg ging so vor sich: gute Erziehung im Elternhaus, gute Schule, lernen und wieder lernen, langsames Hineinwachsen in den kaufmännischen Beruf, Schaffung einer Wohnung, Heirat, Kinder, stattliches Einkommen. Als du als Achtzehnjähriger aufzubauen begannst, warst du wendig und kräftig, bereit, Demütigungen zu ertragen und dich unterzuordnen, du warst arbeitsam und vor allem unabhängig. Der Vierzigjährige, belastet oder beglückt mit einer Frau und zwei Kindern, ist nicht mehr so wendig und kräftig wie der junge Mann und anscheinend auch nicht bereit, Demütigungen zu ertragen und sich unterzuordnen, und er ist empfindlich geworden, ungerecht und unduldsam. Deine Frau wird es leichter haben mit ihrem Optimismus als du mit deiner Schwarzseherei. Ich bin überzeugt davon, daß man dir in manchen Dingen schon geholfen hat. Daß man deinen Sohn in einem Kibbuz aufgenommen hat und deine Tochter tagsüber im Wizoheim erzieht und verköstigt, das ist außerordentlich viel, und du Undankbarer sagst, man hat dir deine Kinder weggenommen. Nirgends kann ein junger Mensch besser lernen und

zur Freiheit und zum Sinn für den Wert und die Schönheiten des Landes erzogen werden als im Kibbuz, die Betreuung im Wizoheim gleicht der im schönsten Familienkreis. Du bist verbittert und siehst alles mit grauen Augengläsern. Schau dir die Kinder auf der Straße an, wie sauber, gepflegt und wohlgelaunt sie herumtollen, schau dir die jungen Leute an, groß, kräftig, schön, lebenshungrig und tatenfroh. Schau uns ältere Leute an, wie zufrieden wir sind und mit welcher Liebe wir am Land hängen. Du sagst, du hättest Hitler erlebt, die grauenhafte Hölle, wir aber hätten nichts durchgemacht. Die Unruhen, die Kämpfe zwischen Juden und Arabern seien ein Kinderspiel gewesen, es seien im Laufe von vielen Jahren ja nur einige hundert Juden getötet worden. Du übersiehst, daß wir täglich, stündlich in der Gefahr schwebten, aus dem Hinterhalt von einer feindlichen Kugel getroffen zu werden, daß die Autos und Omnibusse nur gepanzert und unter Bedeckung über die Chausseen fahren konnten, daß Dörfer und Siedlungen wie im Krieg bewacht werden mußten, daß Überfälle auf die Arbeitenden an der Tagesordnung waren. Du übersiehst, daß es fast keinem von uns erspart geblieben ist, schwere und schmutzige Arbeit zu verrichten, um schwere und schmutzige Arbeit betteln zu müssen. Gewiß, in den großen und gesicherten Ländern ist das Leben bequemer, reicher, ruhiger und luxuriöser als in einem Land, das erst aufgebaut wird, dessen Landwirtschaft und Industrie erst entstehen, dessen Verkehrswege und Verkehrsmittel noch primitiv sind, das an Luxus noch nicht denken kann. Aber ich wiederhole: Schau dir unsere Kinder und unsere jungen Leute an, schau dir die zufriedenen Gesichter auf der Straße an. Das Glück hängt nicht ab von Wohlleben und von Luxus. Unsere Arbeit, der Aufbau unseres Landes und der eigenen Existenz geben uns viel mehr Glück, als es die reichgedeckten Tische, die eleganten Wohnungen der Leute in saturierten Ländern vermöchten. Deine Frau und deine Kinder – ich bin überzeugt davon, daß auch sie bald zu den Glücklichen und Zufriedenen gehören werden. Was aus dir wird, das hängt von dir ab.

Derartige Diskussionen fanden 1939 statt. Sie waren mitunter außerordentlich unerquicklich. Denn manche von den Neuen schimpften und brüllten und tobten und gebärdeten sich, als habe man sie um ihr gutes Recht betrogen. Und viele von den Alten, den Eingesessenen zeigten ihnen, daß sie ihnen im wüsten und unlogischen Toben ebenbürtig waren: Warum seid ihr nicht bei Hitler geblieben? Wir haben euch nicht gerufen. Ihr gehört nicht ins Land, schert euch hinaus.

4

Palästina im Zweiten Weltkrieg

Der Krieg bricht aus

Als wir ankamen, war der Krieg bereits ausgebrochen. Hitler verwüstete Polen. Wo er erschien, da wüteten Tod und Schrecken. Die Engländer und die Amerikaner aber begannen erst jetzt zu rüsten. Die Juden in Palästina waren begeistert, daß der Krieg ausgebrochen war, daß es nun Hitler an den Kragen ging. Sie waren die friedlichsten aller Menschen. Immer hatten sie erklärt, Krieg dürfe es unter keinen Umständen geben, für einen Krieg gebe es keine Entschuldigung. Diesen Krieg aber hatten sie herbeigesehnt. Er war für sie eine Notwendigkeit. Solange Hitler auf dieser Erde seine blutige Tyrannei ausüben konnte, solange er friedliche Länder überfallen und vernichten konnte, war diese Erde nicht wert, von der Sonne beschienen zu werden. Sie selbst, die Juden, wollten nicht untätig zusehen, sie wollten für die Gegner Hitlers alles tun, was in ihren Kräften stand, ihre Söhne und Töchter auf die Schlachtfelder schicken, ihr Land, ihre Felder, ihre Wirtschaft in den Dienst des Krieges stellen.
Vorläufig aber merkte man in Palästina noch nicht viel vom Krieg. Das Leben ging seinen gewohnten Gang. Man mußte sich damit begnügen, Zeitungen und Extrablätter zu studieren, den Radionachrichten zu lauschen, an den temperamentvollen Kriegsdebatten auf der Straße, in der Familie, in allen Kreisen teilzunehmen.

Es war Anfang Dezember 1939. Wir waren zu dritt ins Land gekommen, ich, meine Frau und mein 17jähriger Schwager, der Bruder meiner Frau, für den wir verantwortlich waren. Unsere Zukunft erschien uns sicherer als die der meisten Frossulaner. Wir hatten Berufe, die wir nach unserer Meinung auch in Palästina ausüben konnten, und wir dachten, nicht mittellos ins Land gekommen zu sein. Schon einige Wochen vor dem Einmarsch Hitlers in die Tschechoslowakei war es uns klar gewesen, daß ein Weiterleben in der Tschechoslowakei für Juden unmöglich war. Ich hatte meinen

Wohnsitz in Prag und eine Verlagsfiliale in Paris. Ich war der Besitzer der in deutscher Sprache gedruckten Wochenzeitschriften *Der Schöne Roman* und *Die Große Romanzeitung*, der in tschechischer Sprache gedruckten Zeitschriften *Krasny Roman* und *Pohadkove Noviny* und der in französischer Sprache gedruckten Zeitschrift *Le Beau Roman*. Einige Wochen vor der Okkupation der Tschechoslowakei flog ich in die Schweiz, um dort meine Zeitschriften *Der Schöne Roman* und *Die Große Romanzeitung* zu verkaufen. Nach langwierigen Verhandlungen kam ein Vertrag zwischen mir und einem großen Berner Verlag zustande, dem zufolge der Berner Verlag die beiden Zeitschriften für einen Betrag von 80.000 Franken kaufte. Der Betrag sollte nach Maßgabe der wöchentlich verkauften Exemplare gezahlt werden. Für je 10 000 verkaufte Exemplare soundso viele Franken. Die Zeitschriften hatten viele Zehntausende von Abonnenten. Im Verlauf von 1 bis 1½ Jahren würde der Betrag voll gezahlt sein. Außerdem hatte ich noch Außenstände in der Schweiz, in Frankreich, England, den USA.

Eine billige Wohnung in Tel Aviv

Wir fuhren mit den anderen Frossulanern von Sarafand ins Beth Olim, ließen uns dort registrieren und nahmen dann Zimmer in einem bescheidenen Hotel. Die ersten Tage benutzten wir dazu, uns Tel Aviv anzusehen und Verwandte in Jerusalem und Rechowot zu besuchen. Dann machten wir uns auf die Wohnungssuche. In Tel Aviv gab es damals kaum ein Haus, an dem nicht Schilder angebracht waren: Wohnung mit 1, 2 oder 3 oder 4 Zimmern zu vermieten – Unmöbliertes Zimmer zu vermieten – Möbliertes Zimmer zu vermieten. Wir mieteten uns in einer guten Gegend eine 3-Zimmer-Wohnung für eine Monatsmiete von 4½ Pfund. Da standen wir nun in der leeren Wohnung mit den Rucksäcken, die wir mitgebracht hatten. Wir stellten eine Liste der Dinge auf, die wir unbedingt benötigten, und eine zweite Liste, die die Gegenstände enthielt, die allmählich angeschafft werden sollten. Wir, die gewohnt waren, in normalen bürgerlichen Wohnungen Europas zu leben, staunten darüber, was alles zu einem Haushalt gehört: Betten oder Couches, Tische, Stühle, Hocker, Schränke, Lampen, Teller, Schüsseln, Waschgefäße, Eßbesteck, Küchenbesteck, Küchengeschirr, Gläser, Flaschen, Öfen für die Zimmer, Petroleumkocher, Gasherd, Eisschrank, womöglich auch Schreibtisch, Teppiche, Vasen, Bilder, Vorhänge und viele Dutzende andere Gegenstände. Wir kauften Couches für 1 Pfund und 1½ Pfund, Schränke für 1 bis 2 Pfund, Tische, Stühle, Küchengerät. Eine ganze Woche lang kauften wir. Man geht hier nicht in ein großes Möbelgeschäft, das einem eine Zimmereinrichtung liefert oder herstellt. Man geht in einen Laden, in dem Wandregale verkauft werden, in einen, der Tische und Stühle feilhält, einen, der Bettgestelle anbietet. Damals war es so, daß jeder Ladeninhaber beglückt war, wenn man ihm etwas abkaufte, und daß er sich sofort bereit erklärte, von dem niedrigen Preis nochmals 10 oder 20 Prozent nachzulassen, wenn er merkte, daß einem der Preis zu hoch war. Besondere Schwierigkeiten machte der Transport vom Geschäft zur Wohnung. Man mußte mit einem Sabal – Lastträger – verhandeln, der einem die verschiedenen Gegenstände auf einem primitiven Karren nach Hause brachte. Wir hatten schon Hunderte von Gegenständen gekauft und konstatierten doch jeden Tag, daß uns noch sehr viel fehlte. Große Schwierigkeiten hatten wir auch mit dem Kochen; denn früher hatten sich weder ich noch meine Frau um die Küche gekümmert. Eine Gemüsesuppe, eine Fleischsuppe, gekochtes Fleisch, Gulasch, Rinderbraten, Schnitzel, Gemüse, Salat, Puddings, Mehlspeisen zuzubereiten ist höchst einfach für den, der es kann. Aber wer die ersten Versuche macht, der steht vor gewaltigen Schwierigkeiten. Immerhin hatten wir es nach wenigen Wochen nicht mehr nötig, ins Restaurant zu gehen, und waren in der Lage, uns ein anständiges Mittag- und Abendmahl zu bereiten.

Monteurlehrling und Modistin

Inzwischen berieten wir stundenlang über unsere Berufsmöglichkeiten. Die Ratschläge, die uns Verwandte und Bekannte erteilten, waren meist gut gemeint, taugten aber nicht viel für uns. Den leichtesten Stand hatten wir mit dem jungen Bruder meiner Frau. Fast ein Kind noch. Er hatte eine Handelsschule besucht und hatte nur einen Wunsch: Automechaniker zu werden. »Aber wenn es euch schwerfällt«, sagte er, »dann gebt mich lieber in einen Kibbuz. Ich gehe ebensogern in einen Kibbuz.« Wir verschafften ihm eine Lehrstelle in einer großen Autowerkstatt. Er mußte sich verpflichten, drei Jahre zu lernen, das erste Jahr ohne Bezahlung, im zweiten Jahr sollte er monatlich ein halbes Pfund bekommen, im dritten Jahr ein ganzes Pfund. Er kam jeden Abend verdreckt von Öl und Schmiere nach Hause, hundemüde, ließ es sich aber nicht nehmen, dann noch im Haushalt zu helfen, beim Kochen, Zimmerreinigen, Geschirrwaschen, Einkaufen. Die Werkstatt war gut und solide, er war begeistert. Man war mit ihm so zufrieden, daß er schon nach einem halben Jahr das Monatsgehalt von einem halben Pfund bekam. Als er das erste halbe Pfund nach Hause brachte, strahlte er: »Ich bin froh, daß ich jetzt meinen Lebensunterhalt verdiene.« Er war ein Kind. Er ist es erfreulicherweise lange Zeit geblieben und hat sich dann zu einem aufrechten und fröhlichen Menschen entwickelt. Ihm wurde Palästina schnell zur Heimat. Nach seiner Lehrzeit arbeitete er noch einige Jahre in anderen Werkstätten, dann gründete er mit zwei gleichaltrigen Burschen eine eigene Werkstatt, die anfangs schwer zu kämpfen hatte, sich dann aber behauptete. Trotz schwerer Krisenjahre, trotz Krieg und tausend Hindernissen ist sie heute ein gesundes und angesehenes Unternehmen, ein Beweis für die Aufstiegsmöglichkeiten junger Leute in diesem Land.

Der Plan meiner Frau, einen Hutsalon zu eröffnen, ließ sich nicht so schnell realisieren. Zwar war es nicht schwierig, in der Wohnung eine Werkstatt und einen Probiersalon einzurichten, aber die Beschaffung des notwendigen Handwerkszeugs und des Zubehörs schien unmöglich. Es gab keine Grossisten; Dutzende von Gegenständen, die die Hutmacherin braucht, waren hier unbekannt. Und jedes einzelne Ding aus dem Ausland kommen lassen – lohnte sich das? Doch vor allem: In den Straßen sah man kaum Frauen, die einen Hut trugen. Die Frauen schützten sich im Sommer gegen die Hitze durch Tücher, Schleier, Sonnenschirme, im Winter gegen die Kälte mit Wollschals und Kapuzen. Nur einige modebewußte Damen, die sich auf Reisen in europäische Länder einzukleiden pflegten, und eine Reihe älterer Frauen, die es noch von Europa her gewohnt waren, einen Hut zu tragen, kamen als Kundinnen in

Frage. Durch Zeitungsinserate und gedruckte Einladungsschreiben, die in die Briefkästen der Nachbarstraßen eingeworfen wurden, gab meine Frau die Eröffnung ihres Hutsalons bekannt. Die alten Damen, die daraufhin erschienen, entstammten einer versunkenen Welt: Sie wollten im Hutsalon vor allem Konversation machen, sich beraten und aus ihren alten, abgetragenen und unmöglichen Hüten neue, moderne Hüte machen lassen, unter der Voraussetzung, daß dieses Modernisieren so gut wie nichts kostete. Der Arbeitstag meiner Frau bestand vor allem aus vielen Stunden, in denen sie sich mit alten Damen über tausend uninteressante Dinge und über die Unmöglichkeit unterhalten mußte, aus einem alten Hut einen neuen zu machen gegen eine Vergütung von 10 Piastern, unmöglich deshalb, weil allein die nötigen Zutaten schon 12 Piaster kosteten. Nach einer einstündigen unfruchtbaren Diskussion verabschiedete sich die Dame mit dem Versprechen, in einigen Tagen wiederzukommen, nachdem sie sich nach billigen Quellen für das Zubehör umgesehen hätte. Nach einer Woche, in der sie in hundert Geschäften nachgefragt und erfahren hatte, daß sie das Zubehör nicht unter 15 Piastern erhalten könne, erschien sie wieder mit der huldvollen Erklärung, sie habe sich entschlossen, für die Umfassonierung 12 Piaster zu zahlen. Nach einigen Wochen, die meine Frau Nerven gekostet hatten und die bewiesen hatten, daß die Ausgaben dieses Hutsalons größer waren als die Einnahmen, wollte sie durchaus den Beruf als aussichtslos an den Nagel hängen. »Warum soll ich nicht auch wie tausend andere«, sagte sie, »einige Stunden am Tag Oseret sein? Eine viel einfachere und weniger aufreibende Tätigkeit als dieser Kampf mit den alten Weibern. Als Oseret weiß ich wenigstens, was ich verdiene. Hutmacherin, das ist für Palästina ein unmöglicher Beruf.« Ich dagegen war überzeugt davon, daß auch der Modistinnenberuf in Palästina Aussichten habe, daß sich die Situation ändern, bessern werde, außerdem konnte ich eine gewisse Überheblichkeit nicht ablegen. Meine Frau als Oseret? Zudem bin ich überhaupt ein Gegner des Berufswechsels. Kurz und gut, ich veranlaßte meine Frau, den Hutsalon nicht aufzugeben. Tatsächlich änderte sich die Situation allmählich. Es wurden hier mehr und mehr Hüte getragen. Die Arbeit meiner Frau, ihr Geschmack und ihre Geschicklichkeit fanden Anerkennung. Anfangs arbeitete der Hutsalon mit Verlust, in den nächsten Jahren brachte er ansehnliche Gewinne. Heute ist der Hutsalon ein angesehenes Unternehmen.

Ist das ein Leben?

Es sagt sich so einfach, und es hört sich so einfach an: Erst ging es schlecht, dann leidlich und zuletzt ganz gut. Aber wieviel Kraft diese dreizehn Jahre von 1939 bis 1952, diese aufreibenden 4748 Tage Kampf ums tägliche Brot gekostet haben, das kann nur der ermessen, der selbst in dieser Zeit in Palästina gelebt hat. Nur er weiß, wie oft er die Flinte ins Korn werfen, den Kram hinschmeißen wollte, wie oft er in der Nacht wachlag und in die Dunkelheit starrte und sich verzweifelt sagte: Ich bin am Ende meiner Kraft; so kann es nicht weitergehen. Und doch hat er es ertragen ...
Da gehen sie über die Straße, stehen sie dicht gedrängt im Omnibus, die Hausfrau, die Mutter, die Großmutter, die Oseret, die Büfettdame, die Flickerin, die Büroangestellte, die Arbeiterin, die Beamtin, die Telefonistin, Lehrerin, Musikerin, Kindergärtnerin, Fürsorgerin, Friseuse, Schneiderin, Büglerin, Geschäftsfrau, Kassiererin, und genauso die Männer; Ärzte, Lehrer, Arbeiter, Kaufleute, Chauffeure, Beamte, Journalisten, Schauspieler, Dreher, Schreiner, Polierer, Konditoren ... Sie alle haben die gleichen schweren Jahre hinter sich. Sie alle fragten sich am Abend, abgekämpft und erschöpft: Ist das ein Leben? Und alle haben es ertragen. Und keiner möchte die Kämpfe missen, und keiner hat im Kampf den Lebenshunger eingebüßt. Ab und zu beneidet einer den anderen, aber bei näherem Hinsehen bemerkt auch der Neider, daß der Beneidete genauso gekämpft und gelitten hat wie er selbst.

Mir ging es, wie gesagt, besser als vielen anderen, da bei mir noch Gelder aus dem Ausland einliefen. Außerdem hatte ich den Vertrag mit dem großen Berner Verlag, nach dem mir der stattliche Betrag von 80.000 Franken – 4000 Pfund – zustand. Große Chancen für eine verlegerische Tätigkeit sah ich nicht. Meine Erfolge in Deutschland und der Tschechoslowakei würden sich hier nicht wiederholen. Ich wußte, daß vor allem der niedrige Preis meiner Romanzeitschriften zu der großen Verbreitung beigetragen hatte.

Ein niedriger Preis aber war in Palästina unmöglich. Hier lebten 450 000 Juden, von denen nur der vierte Teil Hebräisch sprach und las. Auch wenn es 300 000 gewesen wären, hätte das nicht genügt. Selbst wenn es mir gelänge, von 300 000 iwritsprachigen Lesern jeden hundertsten zu gewinnen, dann hätte ich 3000 Bezieher. Eine Auflage von 3000 Exemplaren ist aber nur dann rentabel, wenn man für das Heft einen entsprechend hohen Preis fordert. Populäre Zeitschriften mit populären Preisen bringen erst bei Auflagen von mindestens 20 000 Exemplaren Gewinne.

Schlechte Aussichten für Verleger

Ich besuchte eine der größten Druckereien des Landes und unterhielt mich mit dem Druckereileiter über Papier- und Druckpreise. Der Mann sah sich meine deutschen, tschechischen und französischen Hefte an und ließ sich über die Auflagen berichten. Dann sagte er: »Sehr interessant. Da haben Sie in einer Woche mehr Papier bedruckt, als wir in Palästina das ganze Jahr für Zeitungen, Zeitschriften und Bücher zusammen brauchen. Wir hier haben nicht die Maschinen, um solche Zeitschriften drucken zu können. Abgesehen davon wäre der Heftpreis bei der kleinen Auflage, die Sie hier drucken ließen, dreißig- oder auch fünfzigmal so hoch wie in Europa. Bei einem derartigen Preis hätten Sie bestimmt keinen Absatz.«
Ich sah mir die Druckerei an und staunte über das Alter der Maschinen – einige waren siebzig Jahre alt oder älter – über die Primitivität des Druckmaterials und über die Tüchtigkeit, Zähigkeit und die erfinderischen Einfälle der Drucker. In Europa hätten sich die Buchdrucker geweigert, mit solchen Schnellpressen, solchen Tiegeln und solchen Hilfsmitteln zu arbeiten. Sie hätten sich außerstande erklärt, unter derartigen Bedingungen einen sauberen Druck zu liefern. Diese Drucker hier aber führten täglich acht Stunden lang einen erbitterten Kampf mit ihren Maschinen. Sie kannten ihre Schliche und Tücken, und sie traten ihnen mit raffinierten Methoden entgegen, ruhten nicht, bis sie das Beste aus diesen Veteranen herausgeholt hatten. Übrigens ist es im Laufe der dreizehn Jahre auch mit den Druckereien hier anders geworden. Heute gibt

es eine Reihe von Großdruckereien mit einem schönen, modernen Maschinenpark, und auch mittlere und kleine Druckereien arbeiten mit soliden und dauerhaften Maschinen.

Der Druckereileiter war schon sehr lange im Land, er hatte in Kibbuzim gearbeitet und auf dem Baugerüst, er war Erdarbeiter gewesen, Beamter, Ingenieur, Chausseearbeiter. Er kannte das Land, ihm konnte man nichts vormachen; er kannte die Launenhaftigkeit der wirtschaftlichen Verhältnisse des Landes, die Labilität des Konsums, die Mühseligkeiten der Arbeit. »Hier ist nicht das Glück entscheidend«, meinte er, »wie in Europa und in Amerika. Große Sachkenntnisse und Erfahrungen sind hier wie dort eine Grundvoraussetzung, aber hier, bei der kleinen Bevölkerung und den schwierigen Wirtschaftsverhältnissen, kann man nicht auf einen Glücksfall hoffen. Man muß immer darauf gefaßt sein, durch besonders ungünstige Umstände zurückgeworfen zu werden. An und für sich ist hier der Verlegerberuf ein unmöglicher Beruf, aber welcher Beruf wäre es nicht? Dutzende Verleger haben einen Versuch gemacht und sind gescheitert, manche Beharrliche haben große Vermögen investiert und haben zum Schluß doch resigniert. Es gibt einige wenige Verleger, die von jüdischen Organisationen, von Parteien und Gewerkschaften unterstützt werden, die – rundheraus gesagt – nicht auf eigenes Risiko arbeiten, sondern im Auftrag und im Namen ihrer Gönner. Das sind Unternehmen mit einer guten finanziellen Basis. Das sind Verleger, die mit ihren Parteien, Gewerkschaften, Organisationen eng verquickt sind aufgrund langjähriger Beziehungen. Und dann gibt es einige wenige Verlagsanstalten, die trotz ihrer Unabhängigkeit tatsächlich rentabel arbeiten. Allerdings nur Iwrit-Verleger. Sie arbeiten nicht wie europäische oder amerikanische Verleger mit einem großen im voraus geplanten Verlagsprogramm. Es sind wendige Geschäftsleute, Kenner des Landes und der Bevölkerung, glänzende Psychologen, die von heute auf morgen entscheiden; sie gehen an die Herausgabe eines Buches nur dann, wenn sie überzeugt sind, daß sie die gedruckte Auflage von 1500 Exemplaren absetzen werden. Sie kalkulieren knapp, schätzen genau ein, wie hoch eine Auflage sein darf, die sie tatsächlich verkaufen können. So machen sie keine großen, aber stetige Gewinne.«

Ich sah mir noch andere Druckereien an, unterhielt mich mit Buchhändlern, Schriftstellern, Journalisten; ich stellte unermüdlich Fragen und erhielt unentwegt Ratschläge. Ich erinnerte mich daran, daß Schmeichler zu mir gesagt hatten, meine Erfolge in Deutschland, der Tschechoslowakei und in Frankreich bewiesen, daß ich in jedem Land Erfolg haben müsse. Alberne Prophezeiungen. Ich sah voraus, daß hier für mich kaum etwas zu holen war.

Was ist Reichtum, was ist Geld?

Und dann dachte ich an meine Selbstherrlichkeit als Verleger. Wer hätte es früher wagen dürfen, mir Ratschläge oder Anregungen zu geben? Ich hatte keine Ratgeber gebraucht. Aber war dieses sichere Vorwärtsschreiten wirklich Selbstherrlichkeit gewesen? Resultierte es nicht aus meiner Sicherheit? Geht man in einer Sache nicht sicher und unbeirrt seinen eigenen Weg, dann soll man die Hände davon lassen. Wenn man Ratschläge und Belehrungen braucht, dann ist man ein Stümper.
Die Katze läßt das Mausen nicht. Die Möglichkeit eines Berufswechsels machte mich schaudern. Gründlich Iwrit lernen und dann Beamter werden, in einem Industrie- oder Handelsunternehmen, bei einer jüdischen Organisation oder einer Partei arbeiten – der Gedanke an eine solche Alternative nahm mir jeden Lebensmut. Das erschien mir der Inbegriff alles Trostlosen, alles Hoffnungslosen. Lieber an einer Straßenecke sitzen und den Vorübergehenden die Schuhe putzen, lieber Steine klopfen, Erdarbeiten machen. Ich verjagte alle Schreckensbilder und sann auf Verlagsobjekte, vertiefte mich in Kalkulationen und Möglichkeiten.
Inzwischen waren die ersten Berichte des Berner Verlags eingelaufen. Auch eine erste Zahlung war erfolgt. Aber die Berichte klangen bedrohlich. Österreich ließ zwar die Zeitschriftenhefte ins Land kommen, aber die Importeure und Grossisten erhielten keine Devisenzuteilungen mehr. Sie konnten nicht zahlen. Der Berner Verlag schrieb mir, er habe trotz dieser Schwierigkeiten noch einige Wochen nach Österreich geliefert, dann aber die Lieferungen eingestellt. Das bedeutete, daß die Auflage gesenkt werden mußte. Bald ging es mit der Tschechoslowakei wie mit Österreich, dann

konnten die baltischen Länder nicht mehr beliefert werden, und zu guter Letzt wurde auch der Versand nach Frankreich, nach Elsaß-Lothringen, unmöglich. Damit war die Auflage so gering geworden, daß der Berner Verlag – so leid es ihm in meinem und im eigenen Interesse tue – sich gezwungen sah, das Erscheinen der Zeitschriften vorläufig einzustellen. Aus dem »vorläufig« wurde ein »endgültig«; denn mit dem Fortschreiten des Krieges brauchte Deutschland seine Devisen für alles nötiger als für Romanzeitschriften.

»Was ist Reichtum, was ist Geld?« hatte ich immer überheblich erklärt. Nun erfuhr ich die bittere Antwort: ein Nichts, ein Phantom. Von den 80.000 Franken, die ich als sicheren Besitz betrachtet hatte, war nur der achte Teil eingegangen. Die restlichen 70.000 Franken waren vom Winde verweht. Rücksprachen mit Juristen, Briefwechsel zwischen palästinensischen und Schweizer Juristen, Briefwechsel zwischen einer palästinensischen und einer Schweizer Großbank brachten das gleiche Resultat: Nichts zu machen. Alles war verloren. – Was ist Reichtum, was ist Geld? Ich war ein reicher Mann gewesen, dann war ich nach Palästina gekommen, nicht mehr als reicher Mann, aber immerhin als einer, der einige tausend Pfund Reserve hatte. Jetzt erst war ich einer von den vielen, die in Palästina ganz neu, ganz von unten anfangen mußten.

Mit gesenktem Kopf ging ich aber nur wenige Tage herum, dann hatte ich mich an den Gedanken gewöhnt, ohne Mittel und Reserven arbeiten zu müssen.

Spekulanten haben Hochkonjunktur

Die Kriegsvorbereitungen der Engländer liefen an. Zuerst beorderten sie australische Truppenkontingente nach Palästina. Mit ihrem Erscheinen trat wieder einmal eine Veränderung des Wirtschaftslebens in Palästina ein. Das Militär benötigte Camps, Baracken, Zelte, Häuser, Gelände. Das Straßenbild änderte sich. Bars, Tingeltangel, Sandwichstuben, Trinkhallen, Wurstbuden taten sich auf. Geschenkartikelläden schossen wie die Pilze aus dem Boden. Die Truppen brachten Lebensmittel, Bekleidung und Konsumgüter in großen Mengen mit. Nachschub rollte an; das Militär hat noch nie rechnen und kalkulieren können. Die Hälfte der hereinfließenden Güter gelangte in die Magazine der palästinensischen Händler. Hundert Waren stiegen im Preis, hundert andere sanken. Die Spekulanten hatten Hochkonjunktur. Aus manchen soliden Kaufleuten wurden Spekulanten, sogar Schieber. Auch der Immobilienmarkt profitierte: Grundstücke und Häuser stiegen im Wert. Die Fabriken erhielten Großaufträge von den Truppen und von der Zivilverwaltung. Das Hotel- und Gaststättengewerbe erlebte goldene Zeiten, die Ladenbesitzer hatten alle Hände voll zu tun.

Ein Palästinaführer

Als ich die ersten australischen Soldaten in den Straßen sah und englische Laute hörte, wußte ich, womit ich meine verlegerische Tätigkeit beginnen würde. Ich beschloß, einen *Palästinaführer* in englischer Sprache herauszubringen. Solange Krieg war, würde Palästina niemals entblößt sein von alliierten Soldaten, und immer würden die Schiffe Menschen aus englischsprachigen Ländern bringen, Touristen, die einen Palästinaführer brauchten.

Die wichtigsten Fragen waren: Wer verfaßt den Führer? Wie umfangreich soll das Buch werden? Welches Papier? Welche Druckerei? Welche Auflage? Welche Art von Vertrieb? Wenn ich in Deutschland, in Frankreich, in der Tschechoslowakei ein solches Buch herausgegeben hätte, dann hätte mir die Frage nach dem Verfasser nicht die geringste Schwierigkeit bereitet. Ich hätte gewußt, wer als Autor in Frage kam, ich hätte diese Herren zu einer Unterredung zu mir geladen, mit ihnen Art und Einteilung, Umfang, Honorar und Ablieferungstermin des Manuskripts besprochen, und die Angelegenheit wäre erledigt gewesen. Hier aber mußte ich die Meinungen der verschiedensten Instanzen, Organisationen und Einzelpersonen anhören. Herr Fürchtegott kam nicht in Frage, weil er – wie die Gruppe A erklärte – seiner Gottlosigkeit wegen allgemein verhaßt sei, Herrn Genau erklärte die Gruppe B für den geeigneten Mann, während er nach Meinung der Gruppe C der langweiligste Autor des ganzen Landes sei. Herr Leichthin sei ein Plauderer und nicht geeignet als Verfasser eines seriösen Werkes, Herr Eindring ein Wissenschaftler, dessen Sprache für die breite Masse unverständlich sei. Herr Petu war der Gruppe D verhaßt und Herr Kunz der Gruppe E. Herrn Puhs Englisch sei vorbildlich, meinte die Gruppe F, während die Gruppe G sein Englisch für stümperhaft erklärte. Schließlich wählte ich mir Benjamin Maisler und Samuel Yeivin zu Verfassern, zwei hervorragende Palästinakenner und Altertumsforscher. Papierfrage und Höhe der Auflage: »Um Gottes willen, nur kein glattes Papier«, sagten die einen, »anderes als glattes Papier kommt nicht in Frage«, die anderen. Die Autoren, hervorragende Wissenschaftler, gewandte Stilisten und prachtvolle Menschen, forderten die Zuziehung eines Botanikers für den Abschnitt »Die Flora Palästinas«, eines Zoologen für den Abschnitt »Die Fauna des Landes«, eines Meteorologen für den Abschnitt »Das Klima des Nahen Ostens« und eines Volkswirtschaftlers für den Abschnitt »Die Wirtschaftsverhältnisse in Palästina«. Nicht etwa, daß Maisler und Yeivin nicht imstande gewesen wären, diese Kapitel selbst zu schreiben, aber sie wollten einem Vorwurf der Laienhaftigkeit vorbeugen.

Die Festsetzung der Auflagenhöhe rief endlose Diskussionen hervor. Nach meiner Berechnung war die Herausgabe dieses Führers nur dann eine lohnende Angelegenheit, wenn man 5000 Exemplare druckte. Anfangs ließ ich mich von der Absicht, 5000 Exemplare in Auftrag zu geben, nicht abbringen. Aber als alle Sachverständigen mich beschworen, mich nicht auf eine so verrückte Idee zu versteifen, sondern daran zu denken, daß ich palästinensischen und nicht europäischen Verhältnissen Rechnung tragen müsse, als sie darauf hinwiesen, daß viele Unternehmer hier ihr ganzes Vermögen eingebüßt hätten, weil sie den Markt falsch eingeschätzt hatten, ließ ich mich dazu überreden, die Auflage auf 1200 Exemplare zu fixieren. Die Arbeit der Kartenzeichner, das Klischieren, die Druckarbeiten und die Buchbinderarbeiten, alles war tausendmal schwieriger als in Europa. Nach endlosem Feilschen und Warten und Drängen lag der stattliche Band nach einem halben Jahr vor. Ein in jeder Hinsicht ausgezeichnetes Werk. Nach neun Monaten war die Auflage vergriffen. Eine zweite Auflage herauszubringen war nicht möglich. Im Bild Palästinas waren in der kurzen Zeit so viele Änderungen eingetreten, daß die ganze Arbeit noch einmal von vorne hätte beginnen müssen. Zudem tauchten auch Papierschwierigkeiten auf. Und das Resultat? Viele gute Kritiken, Lob und Anerkennung, Einnahmen und Ausgaben hielten sich die Waage. Ein Jahr ohne Gewinn gearbeitet. Freunde gratulierten mir zu dem gelungenen Anfang. Ich aber sah meine Felle davonschwimmen. Reichtum und Geld – ein Nichts, ein Phantom. Aber wovon leben? Gelder aus dem Ausland hatte ich nicht mehr zu erwarten. Und der Hutsalon meiner Frau? Wenn ich in den Unterhaltungen mit meiner Frau nicht schwer seufzte, sondern lachte, so war dies Schauspielerei. Unsere persönlichen Ansprüche hatten wir auf ein Minimum herabgeschraubt. Wir waren bescheidener und bescheidener geworden und hatten auch schon begonnen, ein Zimmer zu vermieten. Überall werden Zimmer vermietet, in aller Welt. Was ist dabei? Gar nichts. Aber ich empfehle jedermann dringend, wenn es irgendwie geht, sich noch mehr einzuschränken und nicht Zimmer zu vermieten.

Ein Tel Aviv-Führer

Plötzlich waren alle düsteren Gedanken verschwunden; ich war mit einer neuen verlegerischen Arbeit beschäftigt. Ich machte mich an die Herausgabe eines Tel Aviv-Führers, ebenfalls in englischer Sprache, des *Guide to Tel Aviv.* Ich hatte mich mit Rokach, dem Bürgermeister der Stadt, und Nedivi, dem Town Clerk, ins Benehmen gesetzt. Die Herren der Stadt waren begeistert. Ja, ein Tel Aviv-Führer fehlte, es war eine Notwendigkeit, einen Stadtführer zu publizieren. Bilder wurden hergestellt, Karten gezeichnet, Aufsätze geschrieben. Den Hauptaufsatz über Tel Aviv schrieb Nedivi selbst, kompetent und gewandt, einen Aufsatz voll Liebe und Wärme und Begeisterung, frei von Pathos. Die redaktionelle Zusammenstellung war eine ersprießliche Arbeit. Nedivi erwies sich als freundlich und kooperativ. Auch ihn hatte das Leben gebeutelt; er kannte Deutschland, hatte in London studiert, war in der Türkei gewesen. Seit langem war er in Palästina. Das Gelobte Land hatte es auch ihm nicht leichtgemacht. Wie bei fast allen Einwanderern hatte es Jahre gedauert, bis er festen Boden unter den Füßen hatte. Heute war er Stadtsyndikus. Er war die Seele dieser Stadt. Alle Fäden liefen in seinen Amtsräumen zusammen. Es machte Freude, ihn bei seiner Arbeit zu beobachten; er las und telefonierte gleich-

zeitig, er traf seine Entscheidungen rasch und flexibel; auch die lästigsten Bittsteller hörte er freundlich und geduldig an. Allen Bestechungsversuchen trat er energisch entgegen.
Die Stadtverwaltung hatte andauernd Gäste, hohe englische und amerikanische Beamte, Journalisten, Offiziere, Industrielle, Gelehrte. Die Gäste sollten künftighin von der Stadt den neuen Tel Aviv-Führer als Präsent erhalten. Sie würden allmählich sicherlich 2000 Stück, vielleicht noch mehr kaufen, erklärten mir die Herren der Stadtverwaltung. »Allmählich?« fragte ich. »Aber ich kann die Herausgabe nur dann finanzieren, wenn ich eine Festbestellung in Händen habe.« Man redete viel über Budgetschwierigkeiten, über die Notwendigkeit der Abstimmung bei größeren Verpflichtungen. Nach langem Drängen kam eine Festbestellung von wenigen hundert Exemplaren heraus.
Auch der *Guide to Tel Aviv* gefiel allgemein, fand Lob, Würdigung, Anerkennung. Aber auch hier blieb der finanzielle Erfolg aus. Nach geraumer Zeit erst war es soweit, daß die Bilanz kein Minus, aber auch nur ein sehr unbedeutendes Plus ergab.

Der Krieg weitet sich bedrohlich aus – Tel Aviv wird bombardiert

Der Krieg weitete sich bedrohlich aus. Es gehörte eine unerschütterliche Zuversicht dazu, nicht kleinmütig zu werden. Die Armeen Hitlers waren immer tiefer nach Osten vorgedrungen. Es war ein Lichtblick, daß Leningrad und Moskau nicht gefallen waren und daß in Stalingrad der Siegeszug der deutschen Armeen gestoppt worden war. Aber man studierte die Karte und sah, wie riesig die Territorien in Rußland waren, die sich bereits im Besitz Deutschlands befanden. Selbst große europäische Länder waren im Vergleich dazu klein. Und was war aus ihnen geworden? Die baltischen Länder? Erobert von Deutschland. Norwegen? England hatte sich zurückziehen müssen. Hitler hatte Norwegen und Dänemark eingesteckt. Holland, Belgien, Luxemburg? Von Deutschland besetzt. Spanien? Ein Vasallenstaat Hitlers. Die Balkanstaaten? Von Deutschland erobert. Mussolinis Italien? Es war zwar ein Faschistenstaat gewesen, aber Mussolinis Ordnungssinn, Organisationstalent und Kampf gegen die Korruption hatten mir imponiert. Es war frei von Antisemitismus. Und jetzt? Mussolini tanzte nach Hitlers Pfeife, die Apenninische Halbinsel wurde von deutschen Truppen beherrscht. Und am schlimmsten war es Frankreich ergangen. Es war von Deutschland überrannt worden. Das alte, stolze, kultivierte Frankreich unter dem Joch des Barbaren Hitler! England mußte noch glücklich sein, daß es ihm gelungen war, seine Truppen aus Dünkirchen ins Mutterland zurückzubringen. London und die großen englischen Industriestädte wurden jeden Tag und jede Nacht von deutschen Flugzeuggeschwadern bombardiert und meldeten grauenhafte Verluste. Die englische und die amerikanische Handelsflotte wurden von deutschen Unterseebooten dezimiert. Und nun hatte Churchill auch noch verkündet, daß er im Interesse der weiteren Kriegführung den Nahen Osten aufzugeben bereit sei. In Palästina verstummte das Lachen, man hörte den Flügelschlag des Todesengels. Palästina, das Land der Juden, in Hitlers Hand? Dann würde der Sieg Englands und Amerikas für uns zu spät kommen.

Man begnügte sich nicht mit dem Studium der Extrablätter und der Zeitungen, mit dem Anhören der Radionachrichten, mit dem Debattieren über Ziele, Möglichkeiten, Aussichten, Gefahren. Palästina war nicht Kriegsschauplatz, es war Hinterland, Aufmarschterritorium. Der Feind ließ dieses wichtige Gebiet nicht aus den Augen. Er wollte durch Bombenabwürfe das Militär, die Zivilbevölkerung und die Zivilverwaltung treffen, er wollte an Bahnanlagen, Industrieanlagen, Militärcamps, Hafenanlagen Schäden anrichten. Man installierte Abwehrgeschütze und schuf Luftschutzkeller. In jedem Haus wurden Unterstände eingerichtet. Das Leben wurde aus seinem gewohnten Gang gebracht. Tag und Nacht, mitunter zehnmal in 24 Stunden, heulten die Alarmsirenen. Der Verkehr auf den Straßen wurde unterbrochen, die Arbeit in den Fabriken und in den Werkstätten eingestellt, alles floh in die Unterstände und Keller. Die Mütter rissen ihre Säuglinge aus dem Schlaf, die Leute des Luftschutzdienstes räumten die Straßen, trieben alles in die Unterstände. Einmal griff eine Bomberformation das Zentrum der Stadt Tel Aviv an und tötete in wenigen Sekunden 208 Menschen. Viele hundert Verwundete wurden in die Krankenhäuser gebracht. Fast täglich forderten die Bombenabwürfe Opfer.

Die Engländer hatten unmittelbar nach Beginn des Krieges von den Juden und Arabern die Einstellung aller Feindseligkeiten gefordert. Beide Lager kamen der Aufforderung nach. Alle Zwistigkeiten hörten auf. Araberfreunde unter den Juden und Judenfreunde unter den Arabern bemühten sich, Juden und Araber einander näherzubringen. Die Versuche blieben nicht ohne Erfolg, der aber, wie sich später herausstellte, keine Dauer hatte.

Ein großes Heerlager

Aus Palästina wurde ein großes Heerlager. Es kamen Truppen aus Polen, aus Frankreich, aus Neuseeland. Von englischen und amerikanischen Soldaten waren zuweilen Zehntausende im Land. Die Engländer waren gezwungen, neue Straßen zu bauen, Baracken- und Zeltlager anzulegen, Kasernen und Verwaltungsgebäude und Magazine zu errichten. Das Land, in dem damals 1½ Millionen Zivilisten wohnten, beherbergte zusätzlich einige Hunderttausende Soldaten, von denen manche sich nur wenige Tage hier aufhielten, andere blieben Monate, ja Jahre in Palästina. Das Verhältnis zwischen Zivilbevölkerung und Militär war sehr gut. Man veranstaltete Volksfeste, Theatervorstellungen, Konzerte für die Soldaten, man lud sie an den Familientisch und nahm sie herzlich und freundlich in den Kibbuzim auf. Für die Engländer war Palästina als Aufmarschland sehr wichtig. Die Zivilverwaltung wurde ausgebaut, neue Verwaltungsgebäude wurden errichtet. Lebensmittel, Konsumgüter und Rohstoffe für die Industrie flossen nach Palästina. Sie überzogen das Land mit einem Netz von kasernenartigen Gebäuden, die sie als Polizeistationen deklarierten. In einem einzigen Jahr bauten sie nicht weniger als 56 solcher Festungskasernen. Die jüdische Zivilverwaltung – die SOCHNUT – und die englische Verwaltung verhielten sich zueinander korrekt, aber keineswegs freundschaftlich. England hatte ein Weißbuch herausgegeben, das den Verkauf von arabischem Land an Juden untersagte und die Einwanderung von Juden nach Palästina fast gänzlich unterband, in einer Zeit, da Tausende und Abertausende von Juden verzweifelt um Aufnahme flehten. Konnten die Juden angesichts dieser schrecklichen Politik den Engländern freundlich gesinnt sein? Auf der anderen Seite führten die Engländer Krieg gegen Hitler, den

Erzfeind, den Judenwürger. Daß die englische Politik letzten Endes nur für den Krieg betrieben wurde, war eine Sache für sich. Die Engländer wollten sich damit bei den Arabern beliebt machen. Sie überschätzten die Macht und die Bedeutung der Araber und mißverstanden auch ihre Mentalität. Doch die Engländer führten Krieg gegen Hitler, also mußte man ihre Kriegführung mit allen Kräften unterstützen. Die SOCHNUT bemühte sich darum, daß die Juden die Möglichkeit erhielten, eigene jüdische Regimenter aufzustellen. Aber die Engländer wollten dies nicht. So meldeten sich die jungen Juden zum englischen, tschechischen, amerikanischen Militär. Sie waren begeisterte Soldaten. In allen alliierten Formationen waren jüdische Kämpfer: Flieger, Matrosen, Artilleristen, Infanteristen. Unter den Fallschirmspringern gab es viele Juden, zu Kommandos, bei denen mit dem Tode gerechnet werden mußte, meldeten sie sich ohne Zögern. Auf Empfehlung englischer und amerikanischer Generäle, die den Heldenmut dieser jüdischen Soldaten bewunderten, wurde schließlich eine jüdische Brigade geschaffen, die sich insbesondere in den Kämpfen in Italien und Griechenland auszeichnete.

Hochkonjunktur, aber nicht für alle

Auch die jüdische Zivilbevölkerung Palästinas unterstützte die alliierte Kriegführung mit allen Kräften. In der Landwirtschaft und in der Industrie stieg die Produktion sprunghaft. Man stellte Munition und Kriegsmaterial der verschiedensten Art in Tag- und Nachtschichten her. Daß der einzelne dabei profitierte, war eine sekundäre Erscheinung. Der Landwirt, der Industrielle, der Handwerker, der Kaufmann hatten Hochkonjunktur, der Arztberuf war wieder ein guter Beruf. Die Ärzte des Landes hatten nicht mehr nur 1½ Millionen Zivilisten zu betreuen, sondern 2½ Millionen Menschen, auch die Soldaten brauchten medizinische Betreuung. Jüdische Ärzte arbeiteten auf allen Kriegsschauplätzen.
Die Konjunktur kam auch dem Arbeiter zugute und den vielen Menschen, die lange arbeitslos gewesen waren, ehemaligen europäischen Advokaten, Kaufleuten, Staatsbeamten. Die englische Verwaltung benötigte sehr viele Beamte, und man war froh, palästi-

nensische Juden, noch dazu geschickte und zuverlässige Juristen und Beamte für die Zensur, die Post, den Kontrollapparat zu gewinnen.

Es war Hochkonjunktur, aber nicht alle profitierten davon. Was hatte eine Frau von der Hochkonjunktur, wenn ihr Mann Soldat war und sie für drei kleine Kinder zu sorgen hatte? Viele landwirtschaftliche Kleinbetriebe und Werkstätten mußten geschlossen werden, weil die Frau allein die Arbeit nicht bewältigen konnte. Auch Künstler und Wissenschaftler partizipierten nicht an der Hochkonjunktur. Ich ebenfalls nicht.

Für mich war es eine schwierige Zeit. Gewiß hatte der Hutsalon meiner Frau nicht mehr so sehr wie in den ersten Monaten zu kämpfen, aber er war keineswegs ein Unternehmen, das eine Familie hätte ernähren können. Ein Hutsalon ist ein Saisongeschäft. Im Frühjahr denken die Frauen an ihre Sommerhüte und im Herbst an ihre Winterhüte. Im Frühling kommen sie zur Modistin, lassen ihre alten Hüte aufdämpfen, auffrischen, modernisieren; manche lassen sich neue Hüte anfertigen. Das Ganze dauert zwei bis drei Monate. In diesen Wochen ist Hochbetrieb bei der Modistin. Dann hat sie mindestens drei Monate Pause, Ferien, kann sich ausschlafen, Erholungsreisen machen, wenn sie während der Saison so viel verdient hat, daß sie das für den Urlaub nötige Geld zurücklegen konnte. Aber das konnte sie nicht. »Doch«, erzählte ein amerikanischer Einwanderer, »ich habe in New York eine Modistin gekannt, die so viel verdiente, daß sie sich eine Villa und ein Auto kaufen konnte, sie führte das Leben einer großen Dame.« Der Mann hat diese Dame tatsächlich gekannt. Nun, in New York ist alles möglich, aber von 3000 Modistinnen in aller Welt führen wohl 2999 eine recht bescheidene, vielleicht auch dürftige Existenz.

Ein Prachtwerk wird verramscht

Nach dem *Palestine Guide* und dem *Guide to Tel Aviv* gab ich einen Bildband in drei Sprachen heraus: *Palestine and the War – Erez Israel We – Hamilchama.* Ein wirklich schönes Werk. Bei den Vorarbeiten hatte sich gezeigt, daß die Mitarbeit, die Hilfe der englischen Mandatsverwaltung nötig war und ebenso die Hilfe der

Sochnut. Die Mandatsregierung war zur Mitarbeit gern bereit. High Commissioner MacMichael sollte das Vorwort schreiben; Bildmaterial und Klischees würde sie beisteuern und auch die hebräischen Texte fachkundig ins Englische und ins Arabische übersetzen lassen. Sie knüpfte daran nur die Bedingung, daß ihr alle Texte und Bilder vor Drucklegung gezeigt würden, und sie behielt sich das Vetorecht vor. Bei der gemeinsamen Arbeit zeigte sich, daß den englischen Beamten daran gelegen war, das englische und das arabische Element hervorzuheben. Ich stellte wunderbare jüdische Bildseiten zusammen, die Engländer brachten als Gegengewicht noch viel schönere englische und arabische Seiten. Die Sochnut aber erklärte unumwunden: »Entweder die Engländer oder wir. Beide zusammen – unmöglich.« »Gut«, sagte ich, »ich verzichte auf die Mitarbeit der Engländer, wenn ihr mir die finanzielle Grundlage bietet. Verpflichtet euch zur Abnahme von 500 Exemplaren, und ich lasse die Engländer als Mitarbeiter fallen.« Zu einer finanziellen Unterstützung des Projekts war jedoch weder die Sochnut noch die Mandatsregierung bereit. So mußte ich für die Herausgabe Anleihen aufnehmen, Schulden machen. 5000 Exemplare des Werkes auf gutem Kunstdruckpapier herzustellen kostete viel Geld. Ich hoffte, daß man mir dieses Buch aus der Hand reißen werde und daß ich meine Schulden binnen wenigen Wochen würde zurückzahlen können. Ein leichtsinniger Vogel und Schuldenmacher, heißt es. Schulden machen ist für viele also Leichtsinn. Ich verstehe das nicht. Ich finde, daß Schulden die drükkendste Last sind, die es gibt. Autoren und Verleger hoffen immer, daß ihre Bücher reißend weggehen. Man riß mir *Palestine and the War* keineswegs aus der Hand. Der Buchhandel war äußerst zurückhaltend. Fünfzig Piaster, ein halbes Pfund, sagten die Buchhändler mit gerunzelter Stirn, schrecklich viel Geld. Einige Wochen nach dem Erscheinen des Buches waren erst wenige hundert Exemplare verkauft. Meine Schulden stiegen in gigantische Höhen, sie hockten in der Nacht schwer und drückend auf meiner Brust, sie wühlten in meinem Gehirn. In der Legende gibt es Gläubiger, die sanft lächeln, die dem Schuldner Trost zusprechen und ihm freundlich versichern, die Rückzahlung habe Zeit, der Arme solle sich keine Sorgen machen. Meine Schuldner gehörten nicht zu ihnen. Vielleicht waren sie nicht so schlimm, wie sie mir vorkamen. Wenn ich sie sah, wenn eine Aussprache mit ihnen bevorstand, brach mir der Angstschweiß aus. Ich erklärte kleinlaut und schuldbewußt: »Leider sind erst 376 Stück verkauft, ich kann leider noch nicht zahlen.« Wenn der Gläubiger antwortete: »Das ist aber sehr bedauerlich, sieh nur zu, daß ich so schnell wie möglich mein Geld zurückbekomme, ich brauche es dringend«, so begannen die Gegenstände vor meinen Augen sich zu drehen, mir war, als habe man mir einen Keulenschlag auf den Schädel gegeben. Das Atmen wurde mir schwer vor Kummer und Schande. Ja, so dumm war ich, aber es kann keiner aus seiner Haut. Nach einigen Monaten lagen noch immer 4500 Exemplare auf Lager. Ich begann schon, sie als Makulatur zu betrachten. Meine Situation erschien mir verzweifelt. Der verdammte Verlegerberuf! Jetzt hatte ich es aber gründlich satt. Wissenschaftler, Künstler, Journalist, Verleger – Blödsinn! Stiefelwichse mußte man fabrizieren oder Heringe einlegen, Senfgläser verkaufen, Reißverschlüsse, Trikotwäsche, Insektenpulver. Aber nein, wenn man Pech hatte, dann waren Heringe, Stiefelwichse, Reißverschlüsse und Trikotwäsche ebenso unverkäuflich wie das Prachtwerk *Palestine and the War.* Pech? Hatte ich wirklich Pech? War ich nicht ein Tölpel? Ich hatte keinen Riecher mehr, ich verstand es nicht, mich anzupassen; ich war den hiesigen Methoden gegenüber hilflos.

Als bei mir zwei Männer mit dicken Aktentaschen und zerbeulten Koffern erschienen, verschlampt und unrasiert, betrachtete ich mit Mißbehagen das levantinische Gebaren dieser Gestalten. Ob sie sich einmal das Buch *Palestine and the War* ansehen könnten? Sie durchblätterten es langsam: »Was soll das Buch kosten?« »50 Piaster.« »50 Piaster? Viel zu teuer. Da wird es kein Mensch kaufen.« »Lassen Sie das meine Sorge sein. 50 Piaster ist der feste Preis, der Ladenpreis.« »Wir verkaufen die Bücher an Privatkundschaft, wir kennen die Leute genau. Wir wissen, was wir verlangen können. Wir wollen das Buch für 15 Piaster verkaufen und zahlen Ihnen 12 Piaster.« »Nein, das tut mir leid. Das kommt nicht in Frage.« Schließlich boten sie 15 Piaster. Sie würden sofort 100 Stück mitnehmen und 15 Pfund auf den Tisch legen. In der Not frißt der Teufel Fliegen. Sie verstauten ihre 100 Exemplare in ihren Koffern, zahlten, klopften mir gönnerhaft auf die Schulter und versprachen, ihr Möglichstes zu tun. Vielleicht sei das Buch unverkäuflich, dann

wären sie eben die Dummen. Nach zwei Tagen holten sie weitere 40 Stück, in der folgenden Woche 200 Stück. Dann erschienen neue Bücherhausierer. Sie holten 30 Exemplare, 150. Auf einmal gingen die Bücher weg wie warme Semmeln. Nach einem Monat hatte ich die 4500 Exemplare von *Palestine and the War* wie Ramschware verkauft. Mit Mühe und Not konnte ich meine Gläubiger bezahlen. Hätte ich es zum normalen Preis verkauft, dann hätte sich ein Reingewinn ergeben, von dem ich mit meiner Familie ein Jahr lang hätte leben können. So aber hatte ich zugesetzt. Immer wieder erschienen die Hausierer und fragten, ob ich denn nicht noch einige Exemplare hätte. Und das Schönste war: Jetzt bestellten auf einmal auch die Buchhandlungen zum festgesetzten Preis, und auch Auslandsgrossisten, die mein ursprüngliches Angebot abgelehnt hatten, gaben große Bestellungen auf. Zu welchem Preis hatten die Hausierer das Buch verkauft? Sie waren in Büros und Fabriken gegangen und hatten das Buch an die Angestellten und Arbeiter verkauft, für 50 Piaster das Stück! Man hatte ihnen die Bücher aus der Hand gerissen.
Ich hatte die Nase voll. Ich glaubte, so gründlich kuriert zu sein, daß ich nie wieder ein Buch herausgeben würde.

Kann man in einem Land leben, in dem man nur Mißerfolg hat? Habe ich recht, wenn ich das Land für die Mißerfolge verantwortlich mache? Bin ich an den Mißerfolgen nicht selbst schuld? Hätte ich von dem *Palestine Guide* 5000 Exemplare drucken lassen, so wäre er ein gutes Verlagsobjekt gewesen, das mir Gewinn gebracht hätte. Und hätte ich für *Palestine and the War* eine andere Verlagsorganisation geschaffen, hätte ich vor allem mehr Geduld gehabt, so wäre auch dieses Buch ein finanzieller Erfolg gewesen.

Das Land blüht auf

In den Kriegsjahren blühte das Land auf. Die Landwirtschaft litt zwar unter dem Mangel an Arbeitskräften – nicht nur die jungen Männer und viele Männer in mittleren Jahren waren Soldaten, auch sehr viele Frauen trugen Uniform –, aber trotzdem hatte sie sich außergewöhnlich schnell entwickelt. Die Pardessim – die

Orangen-, Grapefruit- und Zitronenplantagen – dehnten sich aus und lieferten überreichlich Früchte. Der Obstanbau, der, als wir nach Palästina gekommen waren, noch äußerst dürftig gewesen war, war intensiviert worden. Die Obstgärten und Obstplantagen lieferten Pflaumen, Aprikosen, Pfirsiche, Äpfel, auch schon Birnen und Erdbeeren. Die Gemüsebauern konnten Zivilbevölkerung und Militär versorgen. Die Landwirte verstanden sich auf den Kartoffelanbau, und auch die Geflügel-, Vieh- und Milchwirtschaft steigerten ihre Erträge. Genauso konnte man von Monat zu Monat die Ausdehnung der Industrie beobachten. Textilfabriken, Margarine- und Ölfabriken, pharmazeutische und chemische Fabriken, Metall- und Werkzeug- und Nagelfabriken, Glasfabriken, Möbelfabriken wurden gegründet, die alten Unternehmen steigerten ihre Produktion. Zwar drosselte die Mandatsregierung den Import aller Waren, insbesondere Luxuswaren, aber die Landwirtschaft erhielt genügend Saat- und Pflanzgut, genügend Rohre und sonstiges Material für die Bewässerung. Die Industrieunternehmen bekamen die Rohstoffe, die sie benötigten. Die Bautätigkeit dagegen kam fast ganz zum Erliegen. Vor allem in Tel Aviv, dessen Einwohnerzahl ständig stieg, mußten die Menschen dichter und dichter aneinanderrücken. Die drei großen Städte des Landes wurden von den Engländern sehr unterschiedlich behandelt. Tel Aviv spielte die Rolle der Stieftochter. Haifa, die bewaldete Bergstadt mit ihren Villen und ihrer schönen Umgebung, wurde, was öffentliche Anlagen, Straßen und Verkehr angeht, bevorzugt, während in Jerusalem, dem Sitz des High Commissioner und der Behörden, großzügige Bauten errichtet wurden und die Stadt in allen Bereichen des öffentlichen Lebens den Vorrang hatte.

Weißbuch und Ausgangssperre

Das Verhältnis zwischen Juden und Engländern hatte sich nicht gebessert. Was allerdings den Krieg betraf, herrschte – wie gesagt – volles Einverständnis. Die Engländer wußten, daß sie sich auf die Juden unbedingt verlassen konnten, während die Araber nur gezwungen und widerwillig auf der Seite der Alliierten standen. Im Kriegseinsatz haben die Juden England jederzeit unterstützt, sie taten alles, was in ihren Kräften stand. Aber die Juden fühlten sich betrogen. England versicherte die Juden zwar seiner Sympathie, und Churchill nannte Chaijim Weizmann seinen Freund, die vom Weißbuch ausgehende Diskriminierung der Juden aber nahm immer mehr zu. Die Welt hörte die ersten Berichte über Hitlers Vernichtungsfeldzug gegen die Juden. Er wolle, hieß es, die Juden aller Länder, die er in seiner Gewalt hatte, nach Polen schaffen lassen, um sie dort wie lästige Wanzen zu vergasen. Säuglinge, Kinder, junge Menschen, Männer und Frauen, Greise, Gesunde und Kranke. Man hielt diese Nachrichten anfangs für absurde Kriegspropaganda; allmählich aber sickerten Meldungen durch, die klar bewiesen, daß diese unvorstellbare Bestialität nicht ein Phantasiegebilde, sondern Wahrheit war.

Unmittelbar nach Beginn des Krieges hatten die Engländer in Palästina gezeigt, daß sie die Macht und den Willen hatten, jeden Widerstand gegen ihre Befehle und Anordnungen mit rücksichtsloser Gewalt zu unterdrücken. In Tel Aviv hatten sich nach einer Protestversammlung gegen das Weißbuch die Menschen empört in den Straßen zusammengerottet. Die Engländer hatten eine Kavallerieeinheit anrücken lassen, berittene Soldaten sprengten durch die Straßen und hieben auf die flüchtende Menge mit scharfen Säbeln ein. Wenn im Lauf der nächsten Monate und Jahre Unruhen zu erwarten waren, verhängten die Engländer einfach über die ganze Stadtbevölkerung Curfew, Ausgehverbot. So stand das gesamte Wirtschaftsleben mitunter 12, 24 auch 36 Stunden still. Während des Curfew erschienen Polizisten und Soldaten in den Wohnungen, ließen sich die Identitätskarten der Anwesenden zeigen und nahmen alle, die sich nicht ausweisen konnten, mit auf die Polizeiwache. Einige Male ließ die Polizei die Bevölkerung straßenweise im Freien unter der sengenden Sonne antreten. Die Erbitterung der Juden wuchs. Die Art, wie die Engländer die Menschen behandelten, empörte jedermann. Und daß England von der Weißbuchpolitik nicht abging, obwohl Hitler die Kinder, Eltern, Brüder der Juden ermordete, das vergrößerte die Kluft unablässig. Juden aus Deutschland, Frankreich, Österreich, den baltischen Ländern, aus Holland und den Balkanländern versuchten, illegal nach Palästina zu gelangen. Manchmal drückten die Engländer auch ein Auge zu, oft aber verhinderten sie die Landung.

Seit zweitausend Jahren werden wir verfolgt, gehetzt, gejagt. Wir waren zerstreut über die ganze Welt. Wenn ein Land in Not war und die Juden brauchte, dann gönnte es ihnen einige Jahrzehnte Ruhe, aber sowie das Land wieder gesund war, begann die Tragödie von neuem: Judenverfolgungen, Pogrome, Raub und Totschlag, Vertreibung. So ist unser Volk zweitausend Jahre lang durch die Welt gewandert; unstet und flüchtig ist es durch die Welt gehetzt worden. Ein selbständiger Judenstaat war unsere große Hoffnung, unsere letzte Zuversicht. In fünfzig Jahren haben wir das Land aufgebaut, unter Entbehrungen und Strapazen, aber nie mutlos, weil wir die Morgenröte der Freiheit sahen. Und jetzt? Die Engländer, die vom Völkerbund, von der Welt als die Beschützer eingesetzt wurden, um den Judenstaat nach außen zu sichern, diese Engländer mit ihrer militärischen Macht haben sich zu Herren des Landes gemacht; sie regieren mit der Knute, sie verhindern mit allen Mitteln die Einwanderung von Juden, die Ausdehnung jüdischen Grundbesitzes, das Weiterleben des Judenstaates. Sind wir nicht heute schon wieder im Exil? Wo haben wir Rechte? Wir sind abhängig und werden vom Feind unterdrückt und ausgebeutet. Wir sind machtlos. Nie wird es uns gelingen, dieses Joch abzuwerfen. Alle Arbeit, die wir geleistet haben, war vergeblich.
Wie kann man so kleinmütig sein und so unverständig! Der Zustand von heute ist vorübergehend. Er wird sich ändern.
Wie soll er sich ändern, wo wir wehrlos sind und die Engländer ihre Macht rücksichtslos gebrauchen?
Weißt du nicht, daß alles fließt auf Erden, daß kein Zustand unabänderlich ist? Die Griechen waren einmal das größte und mächtigste Volk der Erde, die Römer besaßen die Weltherrschaft. Beide haben ihre Macht und ihre Größe eingebüßt. Und die Babylonier, die Syrer, die Ägypter, die Perser, die Karthager? Die Macht und der Glanz und der Reichtum König Salomos waren für die damalige Zeit ein Wunder. Denk an das große Heilige Römische Reich Deutscher Nation, an die Machtfülle der Päpste, an das Osmanische Reich, an die Herrschaft der Mongolen, der Hunnen, der französischen Könige, an die Großmacht Spanien, auch an die vergangene Größe und Bedeutung von Dänemark, Schweden, Portugal. Wir

sind jung und stehen am Anfang. Uns gehört die Zukunft. Wir sind eine neue Welt. Die Aufwärtsbewegung ist nicht eine gerade Linie, immer wieder kommen Rückschläge, aber diese Rückschläge werden wir überwinden. Es werden Veränderungen eintreten, von denen wir heute noch nichts wissen können. Der Gedanke, einen eigenen jüdischen Staat zu gründen, hat seine Wurzeln in den Verfolgungen und Leiden unseres Volkes seit zweitausend Jahren. Wir sind hierhergekommen, um uns und unseren Kindern ein Leben in Frieden und Freiheit zu sichern. Wir dürfen nicht aufgeben. Das Auf und Ab der Wirtschaftsverhältnisse und die jeweiligen politischen Strömungen sind sekundär, untergeordnet. Laß dir über die Knüppel und die Uniformen der Engländer keine grauen Haare wachsen. Die Engländer werden verschwinden, in einem Jahr, in fünf Jahren. Diese Soldaten werden dann wieder in England und in Schottland sein, als Bauern und Arbeiter und Lehrer und Beamte und Fischhändler und Dichter und was sonst. Palästina und die Juden und die Araber und unsere Orangenhaine und Eukalyptuswälder werden für sie nur noch Erinnerung sein. –
Die Widerspruchsgeister und die ewig Unzufriedenen hörten solche Trostreden gern und hofften, daß die Voraussagen in Erfüllung gingen.

Mir machte das strenge Regime der Engländer wenig Sorge. Ich kannte den Krieg. Im Krieg gab es nur ein Ziel: den Sieg. Diesem Ziel hat sich alles unterzuordnen.
Judenfrage und Judenstaat waren für die Engländer im Augenblick zweitrangig. Sie mußten vor allem darauf bedacht sein, sich im Kampf gegen Hitler das Wohlwollen der arabischen Verbündeten zu erhalten. Es war wohl eher ein geschickter Schachzug als feindliche Gesinnung, wenn die britische Regierung die Zuwanderung der Juden verhinderte und der zionistischen Bewegung ihr Wohlwollen entzog.
Sorgen bereitete mir dagegen meine wirtschaftliche Situation. Immer wieder wollte meine Frau versuchen, in den Monaten zwischen den beiden Saisons einen Posten als Hausgehilfin anzunehmen. Immer wieder wehrte ich mich dagegen, obwohl ich wußte, daß es keinen Grund gab, die Arbeit der Hausgehilfin als minderwertig anzusehen, schon gar nicht in Palästina.

5

Klassenunterschiede verschwinden

Die europäische Oseret

Mit dem Oseretberuf hat es hier eine eigene Bewandtnis. Allgemein ist nicht nur der Mann, sondern auch die Frau berufstätig. Sie ist Ärztin, Verkäuferin, Kellnerin, Schneiderin, Sekretärin, Krankenschwester. Sie braucht eine Oseret, einmal in der Woche 2 Stunden, dreimal in der Woche je 3 Stunden, täglich 4 Stunden, täglich 8 Stunden. Hausarbeit wird besser bezahlt als Fabrikarbeit. Oserot sind Frauen aus Deutschland, Österreich, Polen, Rußland, der Tschechoslowakei, Jugoslawien, Bulgarien, Rumänien, vor allem auch Jemenitinnen und Frauen aus anderen Orientländern. Die Oserot aus europäischen Ländern sind eine Kategorie für sich, die Jemenitinnen eine andere Kategorie. Die Oserot aus europäischen Ländern haben vielfach Vertrauensstellungen. Einige Beispiele:

Die Familie ist vor vielen Jahren nach Palästina gekommen. Der Mann war in Deutschland Rechtsanwalt oder Gymnasiallehrer. Sie haben drei Kinder mitgebracht, nur wenig Geld. An einen kaufmännischen Beruf wagte er sich nicht. Man bot ihr einen ganztägigen Oseretposten an. Sie nahm ihn an, die Arbeit war ihr sauer, aber es ging. Sie verdiente so viel, daß die Familie davon leben konnte, zumal der Mann auch gelegentlich Arbeit hatte, als Sekretär, Übersetzer, Hilfspolizist. Zwölf Jahre sind seitdem vergangen. Die Kinder sind groß, 14- bis 17jährig, sie besuchen das Gymnasium, die Mädchen besorgen nebenher den Haushalt. Der Mann ist inzwischen Staatsbeamter, aber das Gehalt reicht keineswegs für eine fünfköpfige Familie. Die Frau ist nach wie vor Oseret in demselben Haus, in dem sie als Oseret angefangen hat. Für konventionelle Begriffe unvorstellbar: Er höherer Staatsbeamter, sie Oseret, die Kinder Gymnasialschüler. Die Frau besorgt nicht den eigenen Haushalt, sondern einen fremden. Einen fremden? Keineswegs. Die beiden Familien sind befreundet. Man schätzt sich. Wenn die Familie des Arbeitgebers Gäste einlädt, wird auch die Oseret mit

ihrer Familie zu Gast gebeten, wenn die Oseret eine Gesellschaft gibt, dann wird auch die Familie des Arbeitgebers eingeladen. Die Oseret sagt nicht Gnädige Frau oder Madame, sondern Mirjam und zu dem Mann Gabriel.
Eine Frau, eine Arztwitwe, begann mit 45 Jahren ihre »Oseretlaufbahn«. Sie ist jetzt, nach fünfzehn Jahren, noch immer Oseret in derselben Familie. Man schätzt sie sehr. Der Mann, ein Kaufmann, bespricht mit ihr wichtige Briefe und Verhandlungen. Die Kinder respektieren und lieben sie.
Die junge Frau A. war zwei Jahre lang Oseret bei ihrer Freundin B. Frau A. hat dann einen Posten als Schneiderin angenommen, sich später selbständig gemacht und geheiratet. Jetzt ist Frau B. Oseret bei Frau A. Sie sind nach wie vor Freundinnen.
Dem älteren Ehepaar A. geht es finanziell sehr gut, es besitzt ein Haus; dagegen geht es der Familie B., mit der sie eng befreundet sind, wirtschaftlich durchaus nicht gut. Herr A. arbeitet in einer Fabrik, Frau A. ist Miedermacherin. »Ich würde mich gern mehr schonen«, sagt die Miedermacherin. »Ich arbeite täglich zehn bis zwölf Stunden, und dann noch die Hausarbeit. Das ist einfach zuviel. Wenn ich wenigstens für ein paar Stunden täglich eine Oseret hätte, aber ich möchte keine Fremde ins Haus nehmen.« – »Ich würde die Arbeit gern übernehmen«, sagt die Freundin. »Zeit habe ich, und wir können das Geld gut gebrauchen. Nimm mich als Oseret.«
Diese und ähnliche Fälle sind hier alltäglich. Die Familie der Oseret und die Familie des Arbeitgebers sind gleichberechtigt, sozial gleichgestellt.

Die Jemenitin als Oseret

Die Oseretarbeit der Jemenitinnen ist ein anderes Kapitel. Sie sprechen zumeist arabisch, gar nicht oder nur wenig iwrit, überhaupt nicht deutsch, englisch oder russisch. Sie sind anders gekleidet. Vielfach tragen sie noch – wie in ihrer früheren Heimat – unter den Röcken bis hinunter zu den Fußknöcheln lange Hosen, meist rot und schwarz gestreift, und große Ohrringe. Sie sind sehr schlank, zart, nervig, häufig auch klein, ihre Hautfarbe ist bräunlich, ihre Ge-

sichtszüge sind fein, wenn auch oft von Tätowierungen entstellt. Die Haare sind tiefschwarz, die Nase schmal, die Augen braun, wehmütig, traurig – jüdische Augen. In ihrer früheren Heimat waren die Verhältnisse erbärmlich; Kleidung, Wohnungen, Nahrung waren erschreckend primitiv. Die Juden wurden von der moslemischen Bevölkerung gequält, ihre Lebensverhältnisse waren womöglich noch schlechter als die der Majorität. Wenn sie nach Palästina verpflanzt werden, dann fühlen sie sich zunächst wie im Paradies, auch wenn man sie in Zelte oder Baracken steckt. Daß sie nach einiger Zeit aufbegehren und bessere Lebensbedingungen verlangen, ist natürlich. Man darf ihnen nicht vorhalten, sie hätten früher viel schlechter gelebt und sollten dankbar dafür sein, daß sie jetzt hier sein könnten. Man hat sie ja nicht hierhergeholt, damit sie Paria sind. Wir haben die Pflicht, ihr Kulturniveau zu heben, ihnen die Quellen der Bildung zu erschließen, ihren Lebensstandard zu verbessern, sie teilhaben zu lassen an unserem Leben.
Im allgemeinen sind sie äußerst genügsam. Ihre Familienverhältnisse sind für unsere Begriffe verworren. In ihrer mohammedanischen Heimat gab es die Einehe nicht, auch ist ihnen Monogamie fremd. Es fällt ihnen nicht leicht, unsere Ehegesetze anzuerkennen. Die jungen Mädchen werden oft schon mit 11, 12, 13 Jahren verheiratet. Die Jemeniten sind gute Väter, die Jemenitinnen gute Mütter, es ist ihr Ziel und ihr Stolz, möglichst viele Kinder zu haben. Es gibt junge Frauen zwischen 22 und 30 Jahren, die schon fünf, auch acht Kinder haben. Das Alter der Jemenitinnen ist schwer bestimmbar. In ihrer Heimat kannte man kein Geburtsregister. Sie wissen ihren Geburtstag nicht, auch nicht ihr Geburtsjahr. Jemenitinnen altern frühzeitig. Oft sind sie schon mit 30 Jahren müde, abgezehrt und verbraucht. Der Orientale läßt seine Frau schwer arbeiten. Von frühester Jugend an haben die Jemenitinnen schwere körperliche Arbeit geleistet. In ihrer Heimat waren die Männer meist Handwerker, Teppichweber, Schuster, Stuhl- und Mattenflechter. Händler sind sie nie gewesen. Hier üben sie ihr Handwerk aus, oder sie sind Sabalim, Lastträger, Möbeltransportarbeiter, befördern Lasten auf kleinen Handkarren, sind Schuhputzer an Straßenecken. Sie suchen Arbeit in Fabriken und bewähren sich als Fabrikarbeiter gewöhnlich sehr gut. Die Jemeniten sind

brave und ehrliche Menschen, man kann ihnen Gepäck und Lasten unbesorgt anvertrauen, den Frauen auch den Haushalt.
Hat man eine Jemenitin als Oseret, so darf man ihre Herkunft niemals vergessen. Die Jemenitin kann nicht lesen und nicht schreiben, kennt die Uhr nicht, vielfach nicht einmal die Geldmünzen; sie kann nicht zählen und nicht addieren. Jemenitinnen sind sehr mißtrauisch. In ihrer alten Heimat haben sie schlechte Erfahrungen gemacht, wahrscheinlich auch in Palästina nicht immer die besten. Vielleicht ist das der Grund, daß sie, auch wenn sie Analphabeten sind, den tariflichen Stundenlohn sehr genau kennen, und keine Jemenitin, nicht die jüngste und nicht die älteste, arbeitet für weniger Geld. Wenn sie in einer Familie mehrere Wochen gearbeitet haben, wollen sie meist günstigere Bedingungen. Mit unendlichem Wortschwall setzen sie dir auseinander, daß du jetzt gesehen haben mußt, daß die Reinigung deiner zwei Zimmer, der Diele, der Küche, des Badezimmers und der Toilette 3 Stunden erfordert. 3 Stunden Arbeit, das sind soundsoviel Piaster. Künftighin wünschen sie diese Piaster unabhängig von der Zeit, die sie arbeiten. Arbeiten sie schnell, so ist es ihr Vorteil, arbeiten sie langsam, ist es ihr Nachteil. Geht man auf ihre Wünsche nicht ein, so sieht man sie nie wieder. Vereinbart wird soundsoviel Arbeit, soundsoviel Geld. Frühstück, Mittagessen – nein. Will man vereinbaren, daß ein Teil des Lohns durch Verpflegung abgegolten wird, so lehnen sie unter allen Umständen ab. Aber sie legen trotzdem Gewicht darauf, daß man ihnen Frühstück gibt, dicke Brotscheiben mit Margarine oder Marmelade, Tee, möglichst mit Milch, etwas Salat, etwas Weißkäse. Fast alles andere lehnen sie ab, denn sie leben streng koscher, und zur Orthodoxie der europäischen Juden haben sie kein großes Zutrauen. Frühstück ist nicht vereinbart, man braucht es ihnen nicht zu geben, und sie verlangen es auch nicht. Aber wenn du die Jemenitin zweimal zu dir kommen läßt, ohne ihr das Frühstück vorzusetzen, so wirst du sie nie wiedersehen. Unsere Begriffe von Vereinbarungen und Verpflichtungen kennen sie nicht. Angenommen, du kommst mit einer jemenitischen Oseret glänzend zurecht, sie arbeitet bei dir ein halbes Jahr, du zeigst ihr, wie zufrieden du mit ihrer Arbeit bist, und sie zeigt dir, wie gerne sie bei dir arbeitet. Plötzlich kommt sie nicht mehr, obwohl sie ihr altes Arbeitskleid bei dir hängen hat. Du brauchst dir über dieses Ausbleiben nicht

den Kopf zu zerbrechen. Es kann sein, daß sie zu einem großen Hauswesen gehört, zu einer Familie, in der nur ein einziger, gewöhnlich ein alter Mann zu befehlen hat. Es kann sein, daß dieser angeordnet hat, daß sie nicht mehr arbeiten geht oder daß sie in einem anderen Stadtviertel arbeiten muß, es kann sein, daß sie Arbeit in einer Fabrik gefunden hat, es kann sein, daß jemand auf der Straße sie angesprochen und zur Arbeit mitgenommen hat. Selbst wenn sie schon drei Jahre in einer Familie gearbeitet hat, kann man sich nicht darauf verlassen, daß sie wiederkommt. Sie kennt keine Bindungen, also teilt sie auch nicht mit, daß sie nicht wiederkommt.

Einmal habe ich eine Jemenitin besucht, auf ihre Einladung hin. Die Familie bewohnte eine große Hütte, überall lagen und hingen Teppiche, Matten, geflochtene Decken. Es gab viele Schemel und Polster, einen Tisch habe ich nicht gesehen. Die Familie war sehr groß, vielleicht dreißig Personen. Vier oder sieben alte Männer, vier oder fünf junge Männer, vielleicht zehn Frauen und sehr viele Kinder, manche europäisch gekleidet, manche mit arabischen Kaftanen. Die meisten hockten auf dem Boden, auf Teppichen, auch auf den Schemeln. Man bot mir unaufhörlich Speisen an. Schüsseln mit Nüssen, Kernen, Samen in Öl und Zucker und rohes Gemüse. Alle aßen und waren anscheinend begeistert von den Delikatessen, von denen ich die meisten ungenießbar fand. Eine andere Welt. Sie sprachen sehr viel zu mir, ich verstand nur wenig.

Das hübsche Negermädchen

Wie verschieden die Welt der Jemeniten von der unseren ist, habe ich ein anderes Mal besonders deutlich gesehen. Meine Frau brauchte eine Oseret. In Tel Aviv gibt es eine Art von Oserot-Markt. Er ist am Eingang zum Schuk, zum Gemüsemarkt. Da hocken die Jemenitinnen auf dem Pflaster, lehnen an den Häusermauern und warten auf Arbeitgeber und Arbeitgeberinnen. Junge und alte Jemenitinnen, 14jährige und 60jährige. Meine Frau ging auf diesen Markt und brachte eine Oseret mit. Als sie schüchtern hinter dem Rücken meiner Frau auftauchte, dachte ich: Welch hübsches Negermädchen. Nein, es war kein Negermädchen, aber der negroide Ein-

schlag war unverkennbar. Eine kleine Wilde, noch nicht heimisch in diesem Land. Meine Frau sagte mir, sie habe sie genommen, weil sie ihr leid getan habe, die anderen hätten sie gestoßen. Meine Frau wurde ausgelacht, als sie diesen Neuling auswählte. Sie war wie ein scheues Reh. Sie muß mit Menschen schlechte Erfahrungen gemacht haben, sie hielt immer die Arme vor der Brust in Abwehrstellung, mit dem Blick zur Tür, fluchtbereit. Meine Frau führte sie behutsam, liebevoll in die Arbeit ein, half mit, und unsere kleine Negerin erwies sich als geschickt und fleißig. Sie gewann bald Zutrauen zu uns, sah mich erstaunt und bewundernd in der Küche arbeiten. Reden konnten wir mit ihr nicht, sie verstand kein hebräisches Wort, und wir verstanden ihre arabischen Laute nicht. Als sie den Boden aufgewischt hatte, erschien sie bei mir in der Küche mit einem Eimer voll Schmutzwasser und fragte mich durch Mienenspiel und mit den Händen, wohin sie das Wasser gießen solle. Ich führte sie in die Toilette und deutete ihr an: hineingießen. Sie sah mich fragend an – machte ich etwa einen Witz? Schließlich schüttete sie das Wasser bedächtig hinein, ich drückte auf den Knopf der Wasserspülung; als das Wasser hervorschoß, fuhr sie erschrocken zurück und wollte davonlaufen. So etwas hatte sie noch nie gesehen, so etwas Unheimliches. Ich drückte noch einige Male auf den Knopf, schließlich lachte sie, erfreut über das hübsche Spiel. Nach einer Viertelstunde erschien sie wieder in der Küche mit einem Eimer voll Schmutz und Abfällen. Wohin damit? Ich ging mit ihr auf den Küchenbalkon und zeigte ihr im Hof die großen Kehrichtkübel. Sie war ratlos. Wie da hinunterkommen? Sie konnte doch nicht in den Hof springen. Ich erklärte ihr: über die Treppe hinunter auf den Hof, über die Treppe, genau wie sie heraufgekommen sei. Sie verschwand durch die Korridortür. Als sie nach zehn Minuten noch nicht wieder zurück war, erschien mir die Geschichte verdächtig. Ich trat auf den Küchenbalkon und hielt Ausschau. Schließlich entdeckte ich sie im Hof des drittnächsten Hauses vor den dortigen Kehrichtkübeln, hilf- und ratlos nach allen Seiten blickend. Als sie mich sah, lächelte sie beglückt und erleichtert und machte sich auf den Rückweg. Sie kletterte über Mauern und Zäune, schwang sich auf Äste, nach einigen Minuten erschien sie, froh, das Abenteuer überstanden zu haben.
Pantomimisch fragte ich sie immer wieder, ob sie etwas zu essen

haben wolle. Sie verstand nicht und dachte schließlich wohl, ich hätte sie aufgefordert, etwas zu essen. Sie holte einen halben Laib Brot aus einem Tuch und begann zu essen. Sie bohrte mit den Fingern in das Innere des Brotes und holte Brocken heraus, die sie in den Mund steckte. Meine Frau gab ihr einen Teller mit Margarine, Brot und Käse und führte sie zu einem Tisch, hieß sie sich setzen und essen. Messer und Gabel benutzte sie nicht. Sie aß alles auf, mit den Händen, mit sichtlichem Appetit.
Bevor sie ging, wollte meine Frau ihr ein Paar Schuhe und einen Rock schenken. Sie war nicht dazu zu bewegen, die Sachen anzunehmen. Wir wickelten ihr den Lohn für ihre Arbeit in ein Stück Papier und schrieben ihr auf ein Blatt unsere Adresse auf. In deutlichen Buchstaben und auf iwrit schrieben wir, sie solle nächste Woche wiederkommen. Wir haben sie nie wieder gesehen.

Ist es schwer, Brücken zu schlagen von der Welt dieser Jemeniten und anderer Orientalen zu unserer Welt? Ich meine nicht. Bei gutem Willen ist es durchaus einfach. Die Tünche unserer Zivilisation ist kein so großes Hemmnis. In Palästina gibt es Jemeniten, die schon 20 oder 30 Jahre hier sind oder noch länger. Ihre Kinder, ihre Enkel sind in Palästina geboren. Es gibt unter ihnen Krankenschwestern, Kindererzieherinnen, Lehrerinnen, Büroangestellte, städtische und staatliche Beamte, gute Kaufleute, Advokaten, Sänger, Schauspieler. Sie arbeiten in Kibbuzim und Moschawim, in Tel Aviv, Haifa, Jerusalem. Sie haben sich mit den Europäern vermischt. Sie führen gute Ehen, haben vortrefflich geratene Kinder. Es sind vielfach besonders schöne, charmante Menschen. Die primitiven Jemeniten, die neu ins Land kommen, fallen durch ihre Friedfertigkeit und Bescheidenheit auf, durch ihren Fleiß, aber auch durch ihr Mißtrauen. Sie arbeiten gerne, wollen sich aber nicht ausnützen lassen. Das ist gut so. Wir müssen sie als gleichberechtigte und gleichgestellte Juden in diesem Land behandeln, denn es ist nun auch ihre Heimat.

Das Gesellschaftsleben der Juden in Palästina

Ich lag auf der Couch und stellte meine Betrachtungen über den Oseretberuf an. Im Nebenzimmer unterhielt sich meine Frau mit

Besuchern über Kinder und Kindererziehung, über technische Errungenschaften der letzten Jahre, über wirtschaftliche Fragen, über neue Bücher. Bekannte und Freunde waren spontan zu uns gekommen, nicht um mit Tee und Sandwiches und Kuchen bewirtet zu werden, sondern um sich zu unterhalten, um sich aussprechen zu können. »Will jemand Tee?« fragte meine Frau. »Ja, das ist ein guter Gedanke«, sagte einer, und meine Frau ging mit zwei anderen Frauen in die Küche, um Tee zu bereiten, während eine andere verkündete: »Ich werde Kuchen besorgen und später das Geschirr spülen.«

Was ist das für eine Gesellschaft? Die Hausfrau unterhält sich mit den Gästen, während der Hausherr im Nebenzimmer auf der Couch seinen Gedanken nachhängt und ein Gast in einer benachbarten Konditorei selbst Kuchen kauft. Hausfrau und Freundinnen servieren, eine andere Freundin wird das Geschirr abwaschen und abtrocknen. Ist das eine Bohemiengesellschaft? Keineswegs. Es ist eine andere Welt. Die Welt von 1900 ist versunken, es gelten neue gesellschaftliche Spielregeln. Kein Mensch nimmt es mir übel, daß ich mich im Nebenzimmer aufhalte. Jeder kann tun und lassen, was ihm beliebt, jeder kann sich kleiden, wie er es will. Die Männer tragen Khaki, lange oder kurze Hosen, einige helle Tuchhosen, Hemden mit offenem Kragen, mit oder ohne Krawatte, einige Frauen leichte Kittel, andere elegante Sommerkleider, Rock und Bluse oder Hose und Bluse. Ich erkenne die Gäste an ihren Stimmen und lasse sie vor mir aufmarschieren:

Der eine war in der Tschechoslowakei Jurist. In Palästina ging er in einen Kibbuz und arbeitete drei Jahre lang im Kuhstall. Dann verließ er den Kibbuz und nahm einen Sekretärposten im Büro eines Bücherrevisors an. Ein intelligenter Bursche mit einem klaren Blick. Was wird aus ihm werden? Damals wußte ich es noch nicht. Heute, da ich dieses Buch schreibe, weiß ich es. Als der Staat Israel gegründet wurde, wurde er Beamter im Handelsministerium. Nach kurzer Zeit übertrug man ihm die Leitung der Devisenstelle. Heute ist er Direktor einer der größten Banken des Landes. Er wird es nicht bleiben. Er ist noch jung. Sein Weg wird weiter nach oben führen. Er weiß, daß er in Amerika oder in England noch bessere Berufsaussichten hätte, aber er will das Land nicht verlassen, er empfindet Israel als eine neue, aufblühende Welt.

Ein Ehepaar: Er ist Mitinhaber einer großen Metallfabrik. Ein reicher Mann. Zwei Jahrzehnte hat er sich abgeschuftet, als Arbeiter, Techniker, Ingenieur, er hat auch in Transjordanien gearbeitet. Seine Frau erzieht die Kinder und führt den Haushalt. »Ja«, sagt sie, »manchmal, nicht häufig, kommt mir meine Hausarbeit eintönig und unbefriedigend vor. Dann habe ich Lust, wieder wie früher als Fürsorgebeamtin zu arbeiten. Aber wem ist damit gedient? Es würde mir nichts ausmachen, daß ich einem anderen Menschen seine Stellung wegnähme. Ich würde mit dem Berufswechsel ja zwei neue Posten schaffen. Ich müßte jemanden für den Haushalt anstellen und jemanden für die Kinder. Eine finanzielle Hilfe für meinen Mann würde das nicht bedeuten. Die beiden Personen würden mehr bekommen, als ich verdienen könnte. Und für die Kinder wäre es auch nicht das Rechte. Lassen wir es also beim alten.«

Ein anderes Ehepaar: Er ist Menahel awoda – Arbeitsleiter in einer Fabrik. In Österreich war er Fabrikbesitzer gewesen. Hier hatte er einige Jahre mit dem Fahrrad für ein Geschäft Käse und Eier und andere Lebensmittel ausgefahren, dann war er Arbeiter in einer Fabrik geworden. Die Fabrikinhaber hatten dem fähigen und zuverlässigen Mann die Leitung der Magazine und die Aufsicht über den Transport der Waren übertragen. Als ein neuer Arbeitsleiter gesucht wurde, bestanden die Kollegen darauf, daß er auch diesen Posten übernahm. Sie schätzten seine Umsicht und Fairneß. Er ist mit Arbeit überlastet, aber sie macht ihm Freude, und er klagt nicht. Seine Frau ist Hausschneiderin. Eigentlich hätte sie es nicht nötig zu verdienen. »Ich kann doch meine Freundinnen nicht im Stich lassen«, sagt sie. »Sie sind es gewöhnt, ihre Kleider, Blusen und Röcke von mir schneidern zu lassen. Ich darf mich nicht zur Ruhe setzen.«

Ein drittes Ehepaar: Er war in Deutschland Gymnasiallehrer gewesen. Hier hatte er keine Anstellung finden können und mußte sich daher sein Brot durch Nachhilfestunden verdienen, während sie – schon mit weißen Haaren – als Buchhalterin in einer Glaswarenfabrik arbeitete. Heute ist er festbesoldeter Lehrer an einem Gymnasium, außerordentlich beliebt bei den Schülern und angesehen bei seinen Kollegen; sie ist Choristin. »Bekommt man ein gutes Gehalt als Choristin?« fragt sie einer. Gehalt? Sie lacht über den guten

Witz. Das Orchester kämpft um seine Existenz. Es hat keine nennenswerten Subventionen. »Wir singen im Chor honoris causa.« Dabei ist sie überanstrengt. Oft zweimal am Tag Probe, stundenlang am Abend auf und hinter der Bühne. Ihre Tätigkeit macht ihr große Freude. »Tausendmal lieber unbezahlte Choristin als bezahlte Stenotypistin oder Buchhalterin.«
Dann ein alter Sprachforscher und Lehrer. Seine Augen sind jung geblieben und leuchten. Iwrit und die Bibel sind ihm zum Lebensinhalt geworden. Er lehnt eine Anstellung an einem Gymnasium oder eine Professur an einer Universität ab, weil er frei und unabhängig sein will.
Ein hochgebildeter Mann, dem zuhören zu dürfen eine Auszeichnung bedeutet. Er gibt nur wenigen Leuten Privatunterricht. Hin und wieder veröffentlicht er einen Aufsatz. »Hat er denn genug zum Leben?« – »Frag ihn nicht. Er kann dann höchst ungemütlich werden. Wahrheit, Schönheit, Freiheit, Unabhängigkeit suche er, alles andere, sagt er, sei belanglos. Ein paar Pfund mehr zum Leben, das sei nur einer Krämerseele wichtig.«

Der alte englische Maler

Auch das gibt es in Palästina: Ein junges Mädchen, das mit der Jugendalijah hierhergekommen ist, arbeitet als Oseret oder Wirtschafterin bei einem alten Engländer, der die Propaganda- und Informationsabteilung der Mandatsregierung leitet. Er war früher Colonel in der englischen Armee. Dann trat er in den Zivildienst. Sein Amt verwaltet er gewissenhaft und korrekt. In seiner Freizeit malt er, hauptsächlich Landschaften, aber auch Genrebilder. Mitunter sehr schöne Sachen. Große Gemälde. »Sie stehen zu Hunderten in unserer Wohnung«, erzählt die Oseret, »er verkauft sie nicht. Er malt nur zu seinem Vergnügen.« – »Und wie ist deine Stellung bei ihm?« – »Ich bin wie die Tochter im Hause. Er legt Wert darauf, daß der Haushalt tadellos geführt wird und gibt mir reichlich Wirtschaftsgeld. Ob Gäste im Hause sind oder nicht, ich esse mit am Tisch und spiele die Rolle der Hausfrau. Lohn oder Gehalt bekomme ich nicht, nur Taschengeld. Er verlangt, daß ich gut gekleidet bin, die Rechnungen bezahlt er. Er wünscht, daß ich in Konzerte und ins Theater gehe und mich mit ihm dann über die Aufführungen unterhalte. Meinen Umgang kontrolliert er. Oft staune ich darüber, wie gut er über meine Freundinnen unterrichtet ist und wie genau er über die Familien Bescheid weiß, in denen ich verkehre. Woher er seine Informationen hat, weiß ich nicht. Er ist steif und förmlich, ein typischer Engländer der alten Schule. Aber er liebt und bewundert Palästina, weil es, wie er sagt, sich losgelöst hat von alten Traditionen und Vorurteilen.« – Als das Mädchen später einen jungen Mann kennenlernte, einen Reisenden, der sie heiraten wollte, bat der alte Engländer den Freier zu sich. Der junge Mann erzählte ihm von seinem Beruf. Er hoffe, sich später selbständig machen und ein eigenes Geschäft gründen zu können. Vorläufig fehle es ihm an den nötigen Mitteln. Der Engländer machte ihm einen Vorschlag: »Sie sind doch ein tüchtiger Verkäufer. Verkaufen Sie meine Bilder. Zehn oder zwanzig möchte ich für mich behalten, alle übrigen können Sie verkaufen, nach und nach. Der Erlös wird in zwei gleiche Teile geteilt. Den einen bekomme ich, der andere wird zurückgelegt als Mitgift für Ihre zukünftige Frau. Wenn Sie alles verkauft haben, heiraten Sie, und von dem Geld gründen Sie ein Geschäft.«

Eine neue Welt entsteht

Ich sinne nach über die sozialen Verhältnisse in Palästina. Ob jemand Fabrikbesitzer, Arbeiter, Oseret, Hausfrau, Gelehrter, Beamter, begütert oder arm ist, spielt gesellschaftlich keine Rolle. Angesehen ist, wer korrekt ist und nicht hinterhältig, wer die Nöte der Mitmenschen sieht und zu helfen bereit ist; gemieden wird, wer krumme Wege geht und betrügt, wer keinen Sinn hat für Schönheit, Gerechtigkeit und Fortschritt und wer ein asoziales Leben führt. Der Sohn eines reichen Fabrikanten arbeitet in einem Kibbuz, die Tochter des Universitätsprofessors ist Gehilfin in einem Kindergarten, der Bruder des höchsten Richters steht in seiner Bude und verkauft Eistütchen an die Kinder. Mit Stolz erzählt die Frau eines bedeutenden Großkaufmanns: »Meine junge Schwester ist wirklich eine tüchtige Person. Sie ist jetzt selbständige Büfettleiterin in einem Café. Ein schwieriger und verantwortungsvoller Posten, aber auch sehr gut bezahlt.«

Ältere Menschen, die aus Europa eingewandert sind, klagen manchmal darüber, daß hier Kinder und Halbwüchsige frech und anmaßend seien und den Respekt vor den Erwachsenen vermissen ließen, daß die Beziehungen zwischen Lehrern und Schülern zu kameradschaftlich und salopp seien, daß es an Autorität und Disziplin fehle. Sie wundern sich darüber, daß in Palästina das Kind wie ein Kleinod gehegt und gepflegt wird, daß jeder stolz und glücklich ist, einem Kind auf der Straße helfen zu dürfen. In der Welt, aus der sie kommen, regierte der Starke, und der Schwache hatte sich ihm bedingungslos zu beugen. In Demut hatte die Frau ihrem Mann zu dienen. Der Knecht, der Arbeiter, der Dienstbote waren Menschen zweiten Ranges. Die Kinder wurden von den Eltern, den Lehrern mit Härte und Strenge erzogen.
Diese Welt ist versunken. Eine neue Welt wird geboren. Nirgends ist das so deutlich zu erkennen wie in Palästina.

Hitlers Siege waren nur Anfangserfolge

Hitlers Siege waren nur Anfangserfolge gewesen. Sein tausendjähriges Reich begann nach zehnjährigem Bestehen schon zu wanken. Hitlers Armeen waren im Osten in solch erstaunlichem Tempo vorgedrungen, daß die Welt den Atem angehalten hatte. Aber jetzt vollzog sich der Vormarsch der Russen nach dem Westen in noch viel größerem Tempo. England und Amerika verwüsteten inzwischen Deutschland mit ihren Bombergeschwadern. Industriezentren, Stadtviertel, Dörfer, ganze Städte wurden zerstört. Hitler brüllte nach wie vor im Radio. Er brüllte vor Wut, man sah förmlich, wie ihm dabei der Schaum auf den Lippen stand. Er kündigte die völlige Vernichtung aller seiner Gegner an, während die deutschen Heeresverbände ungeordnet und verzweifelt vor den Russen flohen, während die deutsche Bevölkerung ganze Stadtviertel in Flammen aufgehen sah und jeden Tag Zehntausende von Opfern der Bombardements zu Grabe getragen wurden. Die Welt erwartete die Invasion der Alliierten in Frankreich.

Die Kriegskonjunktur hielt an. In Palästina wurde viel verdient. Ich aber erhielt für meine verlegerische Tätigkeit zwar Lob und Anerkennung, Gewinne jedoch erzielte ich nicht. Ich gab Dutzende von Büchern heraus, gute Sachen, auch populäre Arbeiten und eine sorgfältig ausgetüftelte Taschenbuchreihe. Einmal schien mir auch der pekuniäre Erfolg sicher. Ich begann mit einer Serie in englischer Sprache: *The Famous Novel*. Es waren kleine, billige Bändchen, die Novellen und Erzählungen von Wilde, Stevenson, Edgar Allan Poe und anderen enthielten. Sie fanden überraschend guten Absatz. Jede neue Ankündigung brachte nennenswerte Grossisten-Bestellungen. Da erklärte die Wirtschaftsabteilung der Mandatsregierung, bei dem allgemeinen Mangel an Papier und Transportmitteln könne sie die Herausgabe dieser Serie nicht mehr gestatten. Eingaben, Klagen, Interventionen hatten keinen Erfolg.

Meine finanzielle Situation zwang mich, einen rentablen Nebenberuf zu suchen. Die Nebenbeschäftigung ergab sich ganz von selbst. Während der Saisonmonate arbeitete im Hutsalon meiner Frau auch eine ihrer Freundinnen. Sie nahm bei uns die Mahlzeiten ein. So hatte ich nicht mehr nur für zwei, sondern für drei Personen zu kochen. Die Freundin bat mich, auch ihren Freund, einen tschechischen Oberleutnant, bei uns essen zu lassen. Der brachte dann einen Kameraden mit. Als unsere Bekannten davon hörten, meldeten sich einige von ihnen ebenfalls als Tischgäste an. Es entstand ein privater Mittagstisch, und im Laufe der Zeit kamen immer mehr Gäste. Schließlich hatte ich jeden Tag 20 bis 30 Menüs zu kochen. Jahrelang führte ich diesen Mittagstisch. Die Wohnung war ein kleines Restaurant. Von 12 bis 14 Uhr gab es Mittagessen, von 19 bis 21 Uhr Abendessen. Ich mußte die Lebensmittel einkaufen, Fleisch, Geflügel, Fisch, Gemüse, Obst, Kartoffeln, Reis, Hülsenfrüchte und hundert Kleinigkeiten, mußte das Gemüse putzen, die Kartoffeln schälen, das Fleisch schneiden, die Fische ausnehmen, Kuchen und Torten backen, die verschiedensten Gerichte kochen, den Tisch decken, den Gästen servieren und alles Geschirr spülen – für 25 Personen 25 tiefe und 25 flache Teller, 25 Kompottschalen, 25 Tassen, 25 Untertassen, einige hundert Messer, Gabeln, Löffel. Auch mit diesem Mittagstisch war nicht so viel zu verdienen, daß

wir uns eine Hilfe hätten leisten können. So mußten meine Frau und ich Zeit und Arbeit genau einteilen. »Um 7 Uhr in der Frühe bin ich beim Kaufmann, um 8 Uhr auf dem Markt – Fleisch, Gemüse und Obst einkaufen –, dann muß ich in der Stadt zwei Druckereien besuchen. Das meiste koche ich schon am Abend vor, aber du mußt dich von 9 bis 11 Uhr um die Küche kümmern, denn vor 11 Uhr bin ich nicht zurück.« – »Gewiß, aber ich muß zwischendurch auch Kundinnen bedienen und einige Hüte zum Anprobieren vorbereiten.« So oder ähnlich ging es jeden Tag.
Am Mittag dann das Servieren, Kochen und Spülen – oft war es eine elende Hetzerei. Aber ich fühlte mich wohl bei dieser Arbeit. Sie erschien mir keineswegs schwer und belastend. Es ist nicht wichtig, welche Arbeit der Mensch leistet, ob die eines Ministers, Gelehrten, Schriftstellers oder Musikers, eines Bauern oder Kochs. Er muß sie nur gern tun. Ich habe allmählich kochen gelernt, und ich darf sagen, daß ich das Kochen mit Lust, Eifer und Interesse betrieb, so engagiert und konzentriert, als handle es sich um die Lösung lebenswichtiger Probleme. Nie kam mir der Gedanke, daß ich zweitklassige Arbeit leiste, daß die Tätigkeit des Verlegers höher stehe als die des Kochs, daß das Kochen ein Beweis für den Niedergang meiner Existenz sei. Das Gelingen meiner Gerichte war mir eine Genugtuung, ich hatte häufig das Hochgefühl, das den Künstler nach der Vollendung eines Werkes ergreift. Ich machte Rinderbraten, Kalbsbraten, Rindergulasch, Paprikagulasch, Rouladen jeder Art, Roastbeef, Steaks, Chateaubriand, ich bereitete Leber auf die mannigfachsten Arten, Herz, Nieren, Kalbsfüße, Sülze, Hirn und Bries und Milz. Ich kochte die Speisen auf hundert verschiedene Weisen und erfand immer neue Zusammenstellungen. Ich glaube, daß meine Suppen nicht zu übertreffen waren, meine Mayonnaisen, Saucen, Salate, Gemüse waren erlesen, ich spielte mit den Gewürzen, kombinierte Kompotte, Puddings und Cremes und buk Kuchen und Torten. Nach einigen Jahren war ich so weit, daß mir kein gelernter Koch mehr etwas vormachen konnte. Ich mußte lächeln, wenn Hausfrauen Rezepte austauschten. Ich brauchte keine Rezepte. Man verlangte von mir Rezepte, ich gab sie, und die Hausfrauen wunderten sich, daß ihnen die Sauce, der Salat, das Ragout, die Pastete nicht gelangen, obwohl sie sich genau nach meinem Rezept gerichtet hatten. Blumenkohl ist

nicht gleich Blumenkohl; wenn die Tomate fleischig ist, operiert man mit ihr anders, als wenn sie wässerig ist. Das Würzen ist eine ganz besondere Kunst, und wer nicht mit Liebe und Hingabe kocht, der wird kein Meister.

Das Wichtigste für mich war die Einteilung meiner Zeit. Als Verleger hatte ich endlose Laufereien, in die Druckereien, zu Papierhändlern, Stereotypieanstalten, Schreibbüros, zur Briefpost, Paketpost – Verhandlungen mit Autoren, Buchhandlungen, Behörden. Und das Essen mußte pünktlich auf dem Tisch stehen. Immerhin brachte der Mittagstisch unseren Lebensunterhalt und die Miete ein, der Hutsalon das übrige; Kleidung, Erholungsurlaub, Kino, Kaffeehaus. Der Verlag war in dieser Zeit ein Verlustgeschäft. Oft fragte mich meine Frau verzweifelt: »Willst du ihn nicht endlich aufgeben, deinen lausigen Verlag?« Aber so nachgiebig ich sonst bin, hier blieb ich hartnäckig, obwohl mir der Verlag nicht nur Arbeit und Mühe, sondern auch Verdruß und Sorgen machte.

Auch der Mittagstisch war nicht immer eine reine Freude. Rechnete man für den nächsten Tag mit 22 Personen, kamen vielleicht nur 18. Aber der Verlust an solchen Tagen glich sich aus, denn dafür kamen an einem anderen Tag, an dem man ebenfalls mit 22 Personen gerechnet und 22 Menüs gekocht hatte, 28 Leute, und wo 22 Menschen satt werden, werden es auch 28. Keiner merkt, daß die Portionen kleiner sind. Es war bei uns nicht wie im Restaurant, selten, daß Fremde erschienen. Fast immer waren es dieselben Leute, ein gewisser Stamm, Leute, die jahrelang bei uns aßen und bei uns wie zu Hause waren, dazu einige, die nur gelegentlich kamen.

Der private Mittagstisch

Es ist nicht jedermanns Sache, an einem privaten Mittagstisch zu essen. Man muß essen, was einem vorgesetzt wird. Man kann sich nicht gehenlassen. Man muß sich auch nach der Zeit richten. Im Restaurant verlangt man die Speisekarte, hat Auswahl, kommt und geht, wann es einem paßt. Wer aber lange Zeit im Restaurant gegessen hat, der weiß, daß das Essen dort meist nach Schablone zubereitet ist, letzten Endes immer dasselbe. Ich kannte meine Leute, wußte, daß dieser kein Gemüse aß, jener nur wenig Suppe, dieser keinen Pudding, jener kein fettes Fleisch, der eine keinen Fisch und der andere keine Torten. Beim Militär und in der Gefangenschaft hatte ich die Erfahrung gemacht, daß Leute aus kleinen und kleinsten Verhältnissen oft heikler und anspruchsvoller waren als solche aus reichen Häusern. Als man uns wochenlang minderwertiges Essen vorsetzte, waren es gerade die einfachen Männer, die schimpften und offensichtlich nur mit Mühe »den Fraß« hinunterwürgten, während Söhne aus wohlhabenden Familien den Napf auslöffelten. Nicht gut, aber was soll man machen, wenn es nichts anderes gibt. Ich machte jetzt die gleiche Erfahrung. Leute, von denen man wußte, daß sie aus angesehenen Familien stammten, aßen mit Appetit, waren nicht wählerisch, während kleine Leute fast immer schwierig waren. Mir waren Gäste, die Feinschmecker waren und Freude hatten an Spezialgerichten, lieber als Gäste, die geistesabwesend und schnell hinunterschlangen, was man ihnen vorsetzte, die nach einer Minute schon vergaßen, was sie gegessen hatten.

Am Tisch sitzt ein einzelner Gast. Er ißt einige Löffel Suppe, schiebt dann den Teller zurück und sagt zu mir: »Nehmen Sie es mir nicht übel, ich kann die Suppe nicht essen, sie ist versalzen.« Ein zweiter Gast erscheint, setzt sich ihm gegenüber. Ich serviere ihm die Suppe, er ißt zwei Löffel und bittet mich um Salz: »Sie haben heute vergessen, die Suppe zu salzen.«
Dieser findet das saftige Filetstück zu blutig, dem anderen ist es zu sehr durchgebraten. Dieser kann Herz, Leber und Nieren nicht essen, jener mag kein Hirn, dieser lehnt Kartoffeln ab, jener Hülsenfrüchte. »Bitte keine Mayonnaise.« – »Bitte viel Mayonnaise.« – »Kann ich noch ein bißchen von der Spargelsuppe haben, sie ist heute vorzüglich«, sagt einer, nachdem er einen Teller von der Suppe gegessen hat, die mit Spargel nicht das geringste zu tun hat. »Leider schmeckt man den Himbeersaft zu sehr heraus«, sagt einer, der eine Weincreme ißt, zu deren Zubereitung kein Himbeersaft verwendet wurde. All das ärgert mich nicht, ich amüsiere mich darüber. Dagegen verdrießt mich vergeudete Zeit, müßiges Warten. Um 1 Uhr haben 15 Leute gegessen, auf drei warte ich noch, einer erscheint um ½2 Uhr, der nächste um 2 Uhr und der

dritte um 3 Uhr. Und um 4 Uhr muß ich mit den Vorbereitungen zum Abendessen beginnen.

Es ist mitunter eine elende Hetzerei. »Du mußt heute ab 1 Uhr servieren und spülen, ich muß um 2 Uhr in der Druckerei sein. Dann soll die Form gedruckt werden, ich muß sehen, ob die Druckfehler korrigiert sind.« Es geht manchmal zu wie in einem Taubenschlag. Ich spüle Geschirr, drinnen sitzen drei Gäste und essen, im Hutsalon werden Damen bedient. Ein Herr will mich sprechen und von mir wissen, ob ich Interesse hätte für ein dreibändiges Werk über sein neues naturphilosophisches System, welches Honorar ich dafür zahlen würde und ob ich bereit sei, das Werk gleichzeitig in englischer und in hebräischer Sprache herauszubringen. Er wolle nicht sofort Antwort haben, ich könne mir die Sache – eine nie wiederkehrende Gelegenheit – ruhig zwei bis drei Tage überlegen. Ich erkläre ihm nicht sofort mein Desinteresse, da ich weiß, daß diese Antwort eine endlose Diskussion zur Folge hätte. Ich bitte ihn, in einigen Tagen wiederzukommen, da ich im Augenblick keine Zeit hätte. Drei neue Gäste wollen bedient werden, ein Hausierer erscheint und gleichzeitig ein Beamter der Stadtverwaltung, der eine Untersuchung darüber anstellen will, wie es komme, daß bei der herrschenden Wohnungsnot ein kinderloses Ehepaar eine Dreizimmerwohnung habe. Ich erkläre ihm, daß die Wohnung nicht von zwei, sondern von drei Personen bewohnt werde, daß wir außerdem den Hutsalon als Schlafstelle an eine weitere Person vermietet hätten und daß die Wohnung gleichzeitig auch Verlag, Bücherlager, Hutsalon, Hutwerkstatt und Speiselokal sei. Er sehe ja selbst, was für ein Betrieb herrsche. Nein, die Erklärung genüge ihm nicht, er wolle Unterlagen, Beweise dafür haben. Während der Verhandlung mit dem strengen Beamten spüle ich Geschirr, schäle Kartoffeln, bediene Gäste. Und zwei Damen begehren Einlaß in den Hutsalon.

Wenn Lebensmittel knapp sind

Leider waren wir mitunter gezwungen, außerhalb der Saison zwei oder drei Mieter, manchmal auch Vollpensionäre aufzunehmen und in der Saison den Hutsalon für die Nacht als Schlafstelle zu vermieten. Von unseren verschiedenen Berufen war der Beruf des Vermieters der lästigste. Das Vermieten war gewinnbringend, aber es raubte uns die Freiheit und das Bewußtsein der Unabhängigkeit. Es ist nicht einfach, unter solchen Verhältnissen zu leben: drei Zimmer zum Wohnen und zwei Untermieter, die Wohnung außerdem als Verlagsbüro, Verlagsexpedition, Hutwerkstatt, Hutprobiersalon und als Speiselokal für Mittags- und Abendgäste nutzen. Es gibt hier noch erheblich beengtere Verhältnisse. Es gibt Dreizimmerwohnungen, in denen drei Familien wohnen, und jede kocht für sich. Eine von den drei Hausfrauen ist Schneiderin, empfängt Kundinnen und probiert Kleider an, eine ist Miedermacherin und empfängt ebenfalls ihre Kundinnen. – Eine andere Schneiderin hat eine Einzimmerwohnung mit Küche. Eine tüchtige und angesehene Schneiderin. Sie beschäftigt 12 Gehilfinnen, diese arbeiten in der Küche, in der Diele und in einem Teil des Zimmers, das durch Vorhänge unterteilt ist. Der Mann arbeitet tagsüber in einem Büro, das Kind ist in einem Kindergarten. Am Abend empfängt das Ehepaar Gäste in der Wohnung.

Der Mittagstisch und das Kochen machten mir Freude, solange es genügend Lebensmittel gab, solange auch das Einkaufen Freude machte. Doch dann begann eines Tages alles knapp zu werden – der Zucker, das Mehl, das Fett, die Marmelade, Eier, Butter, Öl, Obst, Kartoffeln, Gemüse. Fleisch wurde rationiert. Du stehst im Tor, der Metzger schneidet aus deinem Heft die Punkte heraus, dann säbelt er dir für 10 Personen ein kleines Stück Fleisch ab von dem großen Stück, das er hängen hat. Vorderrippe, Lendenstück, Brust, Rücken – davon ist keine Rede mehr. Er säbelt, wie es kommt, die Hauptsache ist: kein Gramm zuviel und kein Gramm zuwenig. Und dann kann man sich den Kopf darüber zerbrechen, ob es praktischer ist, Gulasch oder gekochtes Fleisch oder Braten zu machen oder sogenannte Fleischpflanzerl, die in anderen Gegenden Frikadellen genannt werden, auch falscher Hase, auch deutsches Beefsteak. Gulasch oder Braten haben den Vorteil der Sauce. Je Person zwei Stückchen Gulasch oder eine Scheibe Braten, aber viel Sauce. Gekochtes Fleisch hat den Vorteil, daß man dabei auch eine Fleischsuppe hat. Und bei deiner Überlegung darfst du auch nicht vergessen, daß es häufig keine Zwiebeln gibt und kein Fett und kein Öl, so daß fast immer gekochtes Fleisch das Resultat ist. Ja, wenn man sonst etwas Ordentliches hätte! Aber Eier und Fische kommen nicht in Frage. Eier gibt es zwei Stück in der Woche, manche Woche sogar nur eins. Ab und zu, sehr selten, gibt es Karpfen, sonst nur Fischfilet. Norwegen, Schweden und Dänemark liefern ausgezeichneten Filetfisch, doch man kann ihn nicht täglich essen. Also was soll man essen, was soll man kochen? Der Einkauf nimmt täglich viele Stunden in Anspruch. Was man kochen wird, hängt davon ab, was man bekommt: Spinat oder Salat oder Kartoffeln oder Möhren oder Blumenkohl oder Kraut, ob Öl, Margarine, Milchpulver, Mehl. An Kostbarkeiten wie Nüsse, Äpfel, getrocknete Pflaumen ist gar nicht zu denken. Vor diesem Geschäft steht man eine halbe Stunde an für Tomaten, vor dem nächsten für Käse, im dritten will man rote Rüben ergattern. Das Einkaufen, das Kochen ist kein Vergnügen mehr, auch das Essen nicht. Bis 1948 habe ich den Mittagstisch unter Qualen beibehalten, dann habe ich kurzerhand bekanntgegeben, daß es keinen Mittagstisch mehr gibt. Und habe aufgeatmet.

Verleger – ein risikoreicher Beruf

Daß ich nebenher auch meinen Verlag weiterführte, war eine Sache für sich. Das eine hatte mit dem anderen nichts zu tun. Wenn mich gelegentlich einmal ein Gast nach einem Buch meines Verlags fragte, so gab ich nur unwillig Auskunft. Ich lebte in zwei Welten und dachte gar nicht daran, eine Brücke von der einen zur anderen zu schlagen.
Während ich den Mittagstisch führte, sind in meinem Verlag zahlreiche Bücher erschienen, darunter einige recht bedeutende Arbeiten. So vor allem das letzte Buch Joseph Kasteins, das mir der damals schon schwerkranke Dichter kurz vor seinem Tode übergeben hatte. Dann Felix Theilhabers schon seiner Gesinnung wegen beachtliches Biographienwerk *Judenschicksal,* einige wertvolle medizinische und ins Gebiet der Medizin hinüberspielende Arbeiten von Rosenbaum, Feige, Grushka, Pappenheim und anderen, außerdem verschiedene Gedichtbände. Die Situation hatte sich für mich nicht geändert, aber ich hatte meine Methoden geändert. Ge-

zwungenermaßen. Unter normalen Umständen liest oder studiert der Verleger die Manuskripte, die ihm die Autoren schicken. Wenn ihm ein Werk zusagt und wenn er glaubt, daß er davon so viel absetzen kann, daß er auf seine Rechnung kommt, dann erwirbt er das Manuskript. Er kalkuliert: Honorar für den Autor, Herstellungskosten für 5000 oder 10000 oder 20000 Exemplare, Werbekosten – zusammen soundsoviel. Verkauf von 5000 Exemplaren ergibt die und die Summe. Verkaufe ich weniger als 5000 Exemplare, dann habe ich Verlust. Verkaufe ich mehr, dann erziele ich einen Reingewinn. Das Verlegergeschäft ist in allen Fällen ein Risikogeschäft. Der Verleger *glaubt,* daß das Buch gefallen wird, er *glaubt,* daß es einschlagen wird, er *glaubt,* daß er 5000 Exemplare verkaufen wird. Er kann es aber nicht mit Sicherheit voraussagen. Selbst das Buch des bekanntesten und beliebtesten Autors kann eine Niete sein. Jede Veröffentlichung ist ein Risiko. Ein Verleger muß es auf sich nehmen. Er kann es auch tragen. Wenn er unglücklicherweise bei fünf Büchern zusetzt, entpuppt sich vielleicht das sechste Buch als so zugkräftig, daß der Reingewinn seine Verluste aus den fünf anderen Veröffentlichungen wieder wettmacht. Ich aber war nach den Erfahrungen der letzten Jahre gewitzigt genug, keinerlei Risiko mehr auf mich zu nehmen. Abgesehen davon war ich auch nicht mehr in der Lage dazu. So arbeitete ich nach folgender Methode: Manuskripte, die nichts taugten, die nicht wert waren, veröffentlicht zu werden, wurden sofort zurückgesandt. Wenn mich dagegen ein Manuskript reizte, dann teilte ich dem Autor mit, daß ich gerne bereit sei, die Arbeit zu verlegen, daß ich aber nicht in der Lage sei, das Risiko allein zu übernehmen. Wenn dem Autor an einer Veröffentlichung so viel lag, daß er bereit war, das finanzielle Risiko mit mir gemeinsam zu tragen, das heißt, sich an den Gesamtkosten zu beteiligen, eventuell durch Abnahme einer bestimmten Stückzahl, erwarb ich die Autorenrechte.

Wie schwer es ist, ein neues Buch zu lancieren, sieht man aus den Vorbereitungen zur Herausgabe eines Romans von Max Prager: *Der Gott in dir.* Eines Tages erschien bei mir ein jüngerer Mann namens Max Prager und breitete vor mir seine Schriftstellersorgen aus. Er war von Beruf Schlosser. Das Schlossern war sein Broterwerb. Seine Liebe gehörte dem Schreiben. Er schrieb Romane. Er erzählte mir, er habe schon etwa zwanzig Romane geschrieben, Abenteuerromane, Liebesromane, Kriminalromane, Kulturromane, aber es sei ihm noch nicht gelungen, einen Roman unterzubringen. Er schrieb in deutscher Sprache. Er hatte seine Manuskripte an Dutzende von Verlegern in der Schweiz, in Amerika, Schweden, Holland geschickt. Immer ohne Erfolg. Er hatte den Eindruck, daß kaum jemals ein Manuskript gelesen worden war. Ein- oder zweimal habe es so ausgesehen, daß sich ein Verlag ernsthaft für ein Manuskript interessierte, aber zu guter Letzt habe er es doch zurückgeschickt. Auch verschiedenen palästinensischen Verlegern habe er Manuskripte angeboten – ohne Erfolg. Ich ließ mir einige Manuskripte vorlegen und las sie. Ein talentierter Schriftsteller, gewandt und sicher in der Erzählung, geschickt und ingeniös in der Steigerung, kein Denker, kein Schöpfer, aber sein angeborenes Erzählertalent befähigte ihn, spannende Romane, Detektivromane, Abenteuerromane zu konzipieren. Hätte er vor 1933 in Deutschland geschrieben, hätte er in England, Amerika, Frankreich geschrieben, so hätte er unzweifelhaft einen Verleger gefunden. Es war Dezember 1947. Am meisten interessierte mich sein Roman *Der Gott in dir*. Er spielte in Palästina und beschrieb die Kämpfe zwischen Juden und Engländern. Ein ungeheuer spannender Roman, die Personen so gestaltet, daß man sich mit ihnen identifizieren konnte. Ich vereinbarte mit ihm, die Möglichkeiten einer Subskription zu besprechen. Am Tag nach dieser Vereinbarung las ich in der Zeitung, daß er auf der Straße von einer Kugel getroffen worden war. Ich versprach der jungen Witwe, mein Möglichstes zu tun, um den Roman herauszubringen, zur Ehre des Gefallenen, zur Hilfe für die Familie. Ich wollte den Roman vorerst in der Originalfassung herausbringen, in deutscher Sprache. Eine hebräische Ausgabe sollte folgen. Ich versandte Subskriptionseinladungen an zahlreiche Adressen, ich veröffentlichte Aufsätze über das Buch und den tragischen Tod des Autors in hebräisch- und deutschsprachigen Zeitungen. Eine Reihe von Freunden Pragers bemühte sich um Bestellungen. Das Resultat waren knapp 200 Vorbestellungen statt der erforderlichen 500. Auch Wohlfahrtsorganisationen griffen den Fall auf, sie wollten, um der Familie zu helfen, die Herausgabe unterstützen, aber es blieb beim guten Willen; ich konnte den Roman nicht veröffentlichen.

6

Der Staat Israel entsteht

Das Weißbuch wird nicht annulliert

Doch noch schreiben wir das Jahr 1945. Der Krieg war zu Ende. Eines der traurigsten Kapitel der Weltgeschichte hatte seinen Abschluß gefunden; traurig, schmählich und erniedrigend für Deutschland, höchst traurig aber auch für alle Länder und Völker, denen dieser schreckliche Krieg tiefe Wunden geschlagen hatte. Erschüttert hörte die Welt von den millionenfachen Morden an Zigeunern und Juden, von den unvorstellbaren Greueltaten in den Konzentrationslagern. Sechs Millionen Juden waren umgebracht worden.

Die aus Deutschland und den von Hitler besetzten Ländern geflohenen Juden hatten ihr eigenes Leben retten können, aber es gab kaum eine Familie in Palästina, die nicht die Ermordung von Familienmitgliedern zu beklagen hatte. Tiefe Trauer erfüllte die Menschen, aber auch der unbändige Wille, sich jetzt die nationale Heimstätte für alle Juden zu erkämpfen. Noch immer irrten Hunderttausende Juden in aller Welt umher, saßen in Auffanglagern, suchten nach einer Heimat. Laßt sie herein ins Land! Wir haben Platz und Arbeit für sie. Wir brauchen sie, und sie brauchen uns. Vor allem muß das Weißbuch annulliert werden.

Aber das Weißbuch wurde nicht aufgehoben, seine Bedingungen wurden nicht einmal gemildert. In den Jahren 1939 bis 1945 hatten besonnene Männer darauf hingewiesen, die derzeitige Haltung der Engländer sei vom Krieg diktiert, der Krieg zwinge die britische Mandatsregierung, die Zuwanderung der Juden gering zu halten. Auch ein Teil der Presse mahnte zu Ruhe und Besonnenheit und vertröstete die Erbitterten auf die Zeit nach dem Krieg.

Untergrundkämpfe gegen die Engländer

Die Politik Englands nach dem Krieg war für Palästina verhängnisvoll. England hat seine Verpflichtungen, im Sinne der Balfour-Deklaration an der Errichtung einer nationalen Heimstätte der Juden in Palästina mitzuwirken, nicht erfüllt. Im Gegenteil: England unterstützte die arabischen Interessen, und es versuchte zeitweise, die Einwanderung von Juden zu verhindern. Offiziell erklärten die Engländer, das Land sei wirtschaftlich nicht in der Lage, mehr Menschen aufzunehmen. Die Juden stellten die Zusammenarbeit mit der Mandatsregierung ein. Sie kauften und mieteten Schiffe, waren den Einwanderungswilligen bei den Vorbereitungen zum Verlassen ihres Landes behilflich und brachten die Einwandererschiffe nach Palästina. Tausenden gelang die Landung, Tausende wurden von den Engländern gefangengenommen und in Zypern, zum Teil auch in Mauritius, interniert. Ein Transportschiff wurde sogar zwangsweise nach Deutschland zurückgeschickt. Viele der Einwanderungswilligen kamen bei dem Versuch, illegal ins Land zu kommen, um.

Die Juden sind verbittert. Ein wilder Haß gegen die Engländer breitet sich aus. Sie sind entschlossen, das Land gegen die Engländer zu verteidigen. Mit Wut und Ingrimm sehen sie, wie schmählich England ihnen ihre Loyalität in den Kriegsjahren dankt.

Man legte Minen und sprengte Autokolonnen und Eisenbahnzüge in die Luft, in englische Camps wurden Bomben und Handgranaten geworfen. Die Engländer verhängten über Städte Ausgehverbot, sperrten die Bevölkerung tagelang in die Häuser und ließen sie hungern. Sie drangen in Kibbuzim ein, durchwühlten alles nach Waffen und zerstörten die Einrichtungen von Siedlungen. Wer Waffen versteckt hatte, wurde wie ein Schwerverbrecher behandelt und zu hohen Kerkerstrafen verurteilt. Die Angeklagten verteidigten sich nicht vor den englischen Gerichten. Wir sind die Herren des Landes, sagten sie, ihr seid die Fremden, die Eindringlinge, der Feind, wir schulden euch nicht Rechenschaft. Junge Juden wurden zum Tode verurteilt. Die Gruppen, die das Land verteidigten, STERN, LECHI und andere, verkündeten laut und drohend, der Tod jedes Juden werde mit dem Tod eines Engländers bezahlt werden. Richter, die harte Urteile gesprochen hatten, wurden aus den Betten geholt und gefangengesetzt. Die Engländer peitschten junge Leute aus, die sich an Attentaten auf Brücken und Eisenbahnen beteiligt hatten. Die Juden antworteten mit Auspeitschen von englischen Offizieren. Vor der Vollstreckung von Todesurteilen nahmen die jüdischen Verteidigungsgruppen englische Soldaten als Geiseln. Würden ihre Kameraden gehängt, dann würden auch die Geiseln gehängt werden. Die Engländer hängten die jungen Juden auf, die Juden die englischen Soldaten. Es herrschte Haß und Todfeindschaft, sie schienen unüberwindlich. Schon der leiseste Versuch zur Versöhnung wurde als Verrat an der jüdischen Sache betrachtet. Was die Engländer taten, war verwerflich, niederträchtig, gemein. Nie in der Geschichte ist so tückisch an Juden gehandelt worden wie jetzt von seiten der Engländer – das war das Volksempfinden. Gefährlichere Antisemiten als Attlee und Bevin hat die Welt nicht gesehen, erklärten die Leute in ihrem Haß. Die Engländer nahmen die Führer der Juden, die Leiter der SOCHNUT gefangen und steckten sie hinter Stacheldraht. Das schweißte die Massen eng mit ihren Führern zusammen. Die Wirtschaft des Landes, das Wohlergehen des einzelnen, Kunst und Wissenschaft und Technik, alles war unwichtig geworden. In der Siedehitze gab es nur eines, den Haß gegen England. Journalisten führen kein Sonderleben, sie atmen dieselbe Luft wie die Menschen, für die sie schreiben. Auch die Presse war angesteckt. Und die wenigen Journalisten, die noch nicht erfaßt waren von der allgemeinen Wut und Enttäuschung, die zur Besonnenheit aufriefen, blieben ungehört. Diejenigen, die den Haß schürten, imponierten der Masse. England sei dem Untergang geweiht, schrieben die Hetzer, das Land verfalle, die Wirtschaft sei erledigt, das Prestige sei verschwunden. Befreit unser Land von den Engländern, schrie das jüdische Volk, wir wollen frei sein, Palästina ist unser Land, das Land unserer Väter, hinaus mit dem Feind, befreien wir uns von den Engländern, kämpfen wir, auch wenn wir im Kampf sterben müssen! – Sicherlich ist es unser Ziel, warfen die Besonnenen ein, frei und selbständig zu sein, aber ist es dazu nicht zu früh? Bedürfen wir nicht noch des Schutzes? – Unsinn! schrien die Hasser, wir sind jung und stark und kräftig und mutig, wir wollen nicht Knechte sein, unser ist das Land. Erst wenn wir frei sind, wenn wir die schmachvollen Fesseln Englands abgestreift haben, können wir uns entfalten und entwikkeln. Seit Jahrzehnten haben die Engländer schmählichen Raubbau an unserem Land getrieben. Sie haben unseren Boden ausgeplündert, sie haben sich bereichert an uns. Mit der Post, der Eisenbahn, den Zöllen, den Gerichtsstrafen, Verkehrsstrafen, Lizenzgebühren – sie haben unerhörte Gewinne aus dem Land gezogen. Wenn das aufhört und die reichen Quellen des Landes von uns erschlossen werden, dann werden *wir* die Reichen sein, unsere Landwirtschaft und unsere Industrie werden aufblühen, wir werden ein reiches Land sein. – Und die Ausgaben? warfen die Besonnenen ein. Schließlich kosten Post und Eisenbahn und Straßenbau und Verwaltung doch auch Geld, die Einnahmen sind doch nicht Reingewinn. – Was? Die Engländer haben nie etwas hineingesteckt in das Land. Was hineingesteckt wurde, das haben wir gezahlt, unsere Brüder in Europa, Amerika und Afrika haben Millionen ins Land investiert, und die Gewinne sind nicht uns zugute gekommen, sondern den Engländern, die sich an uns gemästet haben.

Warum zögerten die Engländer, ihre Machtmittel voll einzusetzen? Es wäre doch für sie ein leichtes gewesen, den Brand zu ersticken, schließlich hatten die Juden keine Armee. Warum schlugen sie den Aufstand nicht nieder? Weil sie dann für unabsehbare Zeit das Land hätten besetzt halten müssen; sie wären in Palästina auf Jahre hinaus die verhaßte Okkupationsmacht gewesen, und immer wieder hätte die Untergrundbewegung zugeschlagen und englische Soldaten getötet. Sie konnte nicht vernichtet werden.
Aber es gab noch einen anderen wichtigen Grund. England konnte sich den ungerechten Krieg gegen Israel schon deshalb nicht leisten, weil es moralisch und juristisch im Unrecht war. England war nur der Mandatar. Die Balfour-Deklaration verpflichtete England, die Gründung eines jüdischen Staates zu fördern. Kam es seinen Verpflichtungen nicht nach, so waren die Juden im Recht, wenn sie sich zur Wehr setzten. Die Jahre 1933 bis 1945 waren für kein Volk so verderbenbringend gewesen wie für das jüdische. Die Sympathie der Welt gehörte den schwergeprüften Juden. England konnte es sich nicht gestatten, mit voller Gewalt zuzuschlagen.

Der Jubelschrei der Befreiung

England hatte eine falsche Politik betrieben, zum Teil aus Angst vor den arabischen Staaten hatte es gegen die Juden ungerecht gehandelt, keineswegs aus Antisemitismus, sondern aus politischen Motiven, die sich als falsch erwiesen. Sie erwiesen sich als falsch in jeder Hinsicht. Durch diese falsche Politik hat England seinen Einfluß auf das Land verloren, die falsche Politik hat ihm durchaus nicht die Sympathien der arabischen Staaten, vor allem nicht die Sympathien Ägyptens, eingetragen, im Gegenteil, die Abneigung der Araber wuchs, die arabischen Staaten stehen heute sowenig auf der Seite der Engländer wie je. Als die britische Regierung 1947 einen eigenen Plan zur Lösung der Palästinafrage vorlegte, wurde dieser Plan von Juden und Arabern verworfen. England rief den Sicherheitsrat der Vereinten Nationen an. Für die Juden folgten Monate größter Spannung, heißesten Hoffens. Publikum und Presse diskutierten unermüdlich alle Möglichkeiten. Würde die UNO den Juden zu ihrem Recht verhelfen? Am 31. August 1947 empfahl die UNO die Zweiteilung des Landes: Freiheit und Selbständigkeit für Palästina – ein Teil den Arabern, ein Teil den Juden. Die britische Regierung beschloß die Beendigung ihres Mandats und die Zurückziehung ihrer Truppen zum 14. Mai 1948. Das Land der Juden geriet in einen Freudentaumel; die Begeisterung war so groß, daß selbst die Griesgrämigsten mitgerissen wurden, der Jubelschrei der Befreiung war so durchdringend, daß er in die entferntesten Winkel der Erde drang.

Das Wutgeheul der Araber

Auf den Jubelschrei der Juden folgte ein Wutgeheul der Araber. Die arabischen Führer erklärten, die Juden wollten ihnen ihr Land, ihren Staat, ihre Freiheit stehlen, ihr Eigentum wegnehmen, ihnen ihre Frauen rauben, sie seien ihres Lebens nicht mehr sicher. Die arabische Hetzpropaganda kannte kein Maß noch Ziel. Palästina, Cis- und Transjordanien – das seien historische arabische Stätten, die ältesten Länder der Geschichte. Sie, die Araber, seien früher dagewesen als Abraham und Isaak und Jakob. Niemand in der Welt wolle sie haben, diese Juden, nur sie in Palästina hätten die Heimatlosen aufgenommen. Und jetzt wolle man sie, die rechtmäßigen Eigentümer, hinauswerfen und den Juden, den Fremdlingen, das Land schenken. Aber nein, sie ließen sich das nicht gefallen. Widerstand bis zum Äußersten, Tod und Verderben den Fremdlingen, den Juden. Aus den Höhen schossen sie auf Jerusalem, aus Jaffa in die Straßen von Tel Aviv, sie überfielen Kibbuzim und Moschawim und raubten Viehherden. Noch hatten die Engländer das Land nicht verlassen, es war November und Dezember 1947, noch war Palästina englisches Mandatsgebiet. Erst im Mai 1948 sollte England das Land – geteilt – den Juden und den Arabern übergeben.

Die Juden werden zum Krieg gezwungen

Mit dem UNO-Beschluß begann für die Juden der Krieg, dessen Führung dadurch erschwert war, daß offiziell die Juden keine Armee, keine Waffen, keine Munition haben durften. Die Juden wurden von den Arabern angegriffen. Die Engländer hatten, solange ihr Mandat bestand, für Gesetz, Ordnung, Sicherheit, Schutz zu sorgen. Sie hatten daher die Pflicht, die kriegerischen Handlungen der Araber mit allen Kräften zu unterbinden. Statt dessen verhielten sie sich in den Kämpfen zwischen Juden und Arabern neutral, mitunter standen sie unverkennbar auf der Seite der Araber. Der Feind versperrte und demolierte Zufahrtsstraßen zu jüdischen Siedlungen, so daß diese von der Umwelt abgeschnitten waren. Man schickte Konvois zu den Isolierten. Die Araber griffen, oft mit starken Kräften, die Konvois an und brachten ihnen große Verluste bei. So wurde der Yehiam-Konvoi im März 1948 aus dem Hinterhalt überfallen, und 48 junge Juden fielen diesem Überfall zum Opfer. Im Dezember '47 wurde ein Verstärkungstrupp, der den Kämpfern der Kfar Etzion zu Hilfe kommen wollte, überfallen, wobei 35 Juden getötet wurden. Auf dem Weg nach Atarot wurden im März '48 17 junge Leute getötet. Besonders schwer zu leiden hatten Etzion, Tirat, Zvi, Yehiam, Kfar Szold, Kfar Uriyah, Hartuv und Neve Jaacov. Die Beschießung der Städte Tel Aviv und Haifa durch die Araber wurde immer stärker. Täglich fielen in den Straßen dieser Städte Menschen den feindlichen Kugeln zum Opfer. Im Dezember '47 richteten die arabischen Arbeiter in der Haifaer Ölraffinerie, einem der größten palästinensischen Unternehmen, ein grauenhaftes Blutbad unter ihren jüdischen Arbeitskollegen an, mit denen sie viele Jahre hindurch friedlich zusammen gearbeitet hatten. 39 Juden wurden getötet, viele schwer verwundet. Am schwersten zu leiden hatte Jerusalem. Die Stadt hatte keine Verbindungsstraßen mehr zu den jüdischen Teilen Palästinas. In Jerusalem, dem Sitz des High Commissioner und aller britischen Behörden, zeigten die Engländer ganz offen, daß sie auf der Seite der Araber standen. So hatten die Juden hier an zwei Fronten zu kämpfen. In einer der Hauptstraßen Jerusalems, der im jüdischen Teil gelegenen Ben-Yehuda-Straße, erfolgte im Februar 1948 eine schwere Explosion, die Dutzende von Häusern demolierte und 57 Juden tötete. Die Juden der Altstadt waren völlig isoliert, mehr oder minder auch die auf dem Skopusberg und die in Jeminmoshe und in Mekor Chaim. Im März 1948 bombardierten die Araber das Gebäude der SOCHNUT und töteten dabei 12 Beamte. Die Juden setzten sich zur Wehr, verteidigten ihre Positionen und griffen arabische Ausgangsstellungen an. Ihr Hauptaugenmerk richteten sie auf den Aufbau und die Organisation ihrer Armee, die Umwandlung ihrer seit vielen Jahren bestehenden Verteidigungstruppe HAGANAH in eine reguläre Armee, was deshalb besonders schwierig war, weil die Engländer, immer noch die offiziellen Herren des Landes, sich der Bewaffnung der Juden widersetzten. Im April und im Mai 1948 nahmen die Kämpfe an Intensität zu. Offiziell beteiligten sich die arabischen Staaten noch nicht am Kampf, aber Syrien und Transjordanien lieferten den Arabern Palästinas Kanonen und schickten ihnen geschulte Offiziere. Der arabische Angriff auf Mischmar ha'Emek wurde von Syrern geleitet, bei ihm wurde zum erstenmal auch Artillerie eingesetzt. Den Juden gelang es, zahlreiche arabische Positionen westlich von Jerusalem zu erobern, im April nahmen sie Tiberias, im Mai Safed. Am 22. April konnte auch Haifa von den Arabern gesäubert werden. Ein jüdischer Angriff auf das mit Tel Aviv verbundene arabische Jaffa wurde von den Engländern vereitelt. Aber sobald die Mandatsmacht das Land geräumt hatte, fiel Jaffa in die Hände der Juden.

Der israelisch-arabische Krieg

Am 14. Mai 1948 wurde der unabhängige Staat Israel ausgerufen. Gemäß dem UNO-Beschluß gab es nun zwei Staaten in Palästina, einen arabischen und einen jüdischen Staat. Als die englischen

Truppen das Land verlassen hatten, fielen die Armeen von fünf arabischen Ländern – Ägypten, Transjordanien, Irak, Syrien, Libanon – in Israel ein, um den jüdischen Staat zu vernichten. Die Welt sah diesem Ringen Goliaths und Davids mit angehaltenem Atem entgegen. 40 Millionen Araber gegen 700 000 Juden, ausgebildete Truppen gegen Menschen, denen es bis gestern verboten war, Waffen zu tragen. Über den Ausgang des Krieges zwischen dem Panther und dem Kaninchen bestand kein Zweifel. Niemand glaubte, daß die Juden sich erfolgreich verteidigen könnten. War es also nicht eine Selbstverständlichkeit, daß die Welt, vereint in der UNO, nicht untätig zuschauen konnte, wie der Panther die Zähne fletschte und die Tatzen hob, um das Kaninchen zu zerfleischen? Die Welt tat nichts, sie hielt den Atem an und sah zu. In heftigen Schlachten wurden die arabischen Armeen zurückgeschlagen, die Belagerung Jerusalems wurde durchbrochen. Das Wunder geschah: 700 000 Juden besiegten 40 Millionen Araber. Die Verluste der Araber waren gewaltig, aber auch die Juden verloren Tausende ihrer Söhne. Die jüdische Luftwaffe bombardierte nicht nur die in Palästina operierenden Heere, sondern auch feindliche Städte, so Kairo, Damaskus, Amman. Doch auch die Luftangriffe der Araber auf jüdische Städte und Siedlungen forderten viele Opfer. Für die Juden war es ein erhebendes Gefühl, daß die ganze zivilisierte Welt nun auf ihrer Seite stand. Man versorgte sie mit Waffen, Munition, Schiffen, Flugzeugen, und aus allen Teilen der Erde strömten junge Juden ins Land, um mitzukämpfen. Der Krieg wurde Mitte Juni unterbrochen durch eine Waffenruhe, die vom Sicherheitsrat der Vereinten Nationen überwacht wurde und die 30 Tage dauerte. Nach Ablauf dieser Waffenruhe zeigte sich die starke Überlegenheit der jüdischen Armee. Große Teile der arabischen Streitkräfte wurden gänzlich aufgerieben, die Städte Lod und Ramla wurden erobert. Obergaliläa mit Nazareth wurde den Syrern entrissen, die heftigen ägyptischen Angriffe im Süden und syrische Angriffe bei Mischmar Hayarden blieben ergebnislos. Die Juden holten zum entscheidenden Schlag aus. Ein Generalangriff sollte die Altstadt von Jerusalem befreien. Da forderte der Sicherheitsrat der UNO am 18. Juli eine zweite Waffenruhe. Sie wurde anfangs gehalten, allmählich aber entstanden kleine Scharmützel und Gefechte, aus denen sich wieder Kämpfe und Schlachten entwickelten. Im Oktober '48 eroberten die Juden in einer Schlacht mit den Ägyptern die Städte Beerscheba und Majdal. Damit war der Negew in ihren Händen, aber die Kämpfe um dieses große Gebiet dauerten bis März 1949, bis die Araber endgültig erkannten, daß sie Verzicht leisten mußten. Die arabischen Staaten sahen sich gezwungen, am 3.6.1949 einem Waffenstillstandsabkommen zuzustimmen.

Der Krieg hat furchtbare Leiden über Israel gebracht. Die ständigen Luftangriffe forderten hohe Opfer unter der Zivilbevölkerung. Die Freude über die eigenen Siege war beeinträchtigt durch die Trauer der Familien und des ganzen Volkes um die Opfer des Krieges.

Normalerweise folgt einem Waffenstillstand der Friedensschluß. Dem israelisch-arabischen Waffenstillstandsabkommen ist niemals ein Friedensvertrag gefolgt. Die Araber verharrten in ihrer Feindschaft. Auch nach der Aufnahme des neuen Staates Israel in die Vereinten Nationen erklären die arabischen Staaten, für sie existiere kein Staat Israel.
Israel hat wirtschaftlich schwer zu ringen. Und die arabischen Staaten geben die Hoffnung nicht auf, daß der jüdische Staat, der militärisch nicht zu besiegen war, allmählich wirtschaftlich erdrosselt werden könne.

Ernüchterung nach dem Sieg

Die Ereignisse des Zweiten Weltkrieges, die Untergrundkämpfe gegen die Engländer und der israelisch-arabische Krieg waren so tiefgreifend und für jeden einzelnen so entscheidend, daß das Leben des Individuums und seine Bedürfnisse in den Hintergrund gedrängt wurden. Jetzt aber begann sich das Leben wieder zu normalisieren, und es zeigte sich, daß es dürftig und armselig geworden war. Die Juden waren selbständig, sie hatten ihren eigenen Staat; kein Fronherr konnte ihnen Vorschriften machen – hatten sie nicht allen Grund, glücklich, zufrieden, stolz zu sein? Hitler und seine Schergen waren vernichtet worden, und die Juden hatten ihr Teil zum Sieg beigetragen. Die Mandatsherrschaft, die allmählich drückend und unerträglich, unheilvoll geworden war, war beendet. Der jüdische Staat, der nach dem ursprünglichen UNO-Beschluß verhängnisvoll klein hätte sein sollen, hatte sich ausgedehnt und war um wertvolle Territorien gewachsen. Die arabischen Staaten, die sich angeschickt hatten, die Juden Israels »ins Meer zu werfen«, waren besiegt worden, und Israel hatte der Welt bewiesen, daß seine Menschen stark und mutig und stolz waren. Und die Welt war tatsächlich voll Anerkennung und Bewunderung. Die Sympathie der ganzen Welt gehörte diesem tüchtigen neuen Staat.

Es ist verständlich, daß im Volk die Frage auftauchte: Wem ist das Hauptverdienst an diesem glänzenden Sieg über die Araber zuzuschreiben? Die große Masse wußte es: Nur dem Zusammenwirken aller, nur dem Mut, der Entschlossenheit und der Selbstlosigkeit aller war diese Großtat zu verdanken. Wenn Liebediener und Schmeichler die Entschlossenheit und die Umsicht einiger Führer heraushoben, und wenn diese Führer, angespornt durch die Lobgesänge, sich und ihre Leistungen überschätzten, so ist auch das verständlich.

Die kleinen Miseren des Alltags

Als sich herausstellte, daß es mit unserer Wirtschaft, mit unserer Währung, unserer Industrie, unserem Handel, unserer Landwirtschaft bergab ging, wir den Riemen enger schnüren mußten, da waren wir keineswegs verzagt. Wir waren durch die Hölle des Nazismus gegangen und hatten in den Untergrundkämpfen und im Krieg mit den Arabern gesiegt – was konnte uns eine vorübergehende wirtschaftliche Depression schon groß anhaben? Man nimmt Entbehrungen und Elend einen Monat, ein halbes Jahr willig auf sich, zumal wenn die Zukunft volle Schüsseln verspricht, aber der Mensch murrt und wird unzufrieden, wenn er nach ein, zwei, drei Jahren konstatieren muß, daß aus dem vorübergehenden ein Dauerzustand geworden ist und daß die Lichter, die er in der Ferne leuchten zu sehen wähnte, verschwunden sind. Nicht alle warfen die Flinte ins Korn, aber viele. Manche schwankten zwi-

schen Zuversicht und Verzagtheit; es gehörten Weitblick und stärkste Willenskraft dazu, hoffnungsfreudig zu bleiben.
Jede einzelne dieser Miseren ist an und für sich bedeutungslos und erträglich. Aber in ihrer Gesamtheit und in ihren tausend Ausstrahlungen erdrücken die endlosen Mängel den Lebensmut. – Es ist kein Toilettenpapier vorhanden. – Große Sache das! Man kann sich mit Zeitungspapier behelfen. – Es gibt keine Watte, erst in ein paar Wochen wird es wieder welche geben. – Einige Wochen wird es auch ohne Watte gehen. – Zwei von meinen Tellern haben einen Sprung, und wir haben auch nur noch zwei Suppenteller. – Schadet nichts, es geht auch so. – Ich habe keine Windeln mehr. Die wenigen Windeln, die mir meine Freundinnen überlassen konnten, sind schon morsch und fadenscheinig. Aber ich hoffe, daß mir der Onkel aus England welche schicken wird. – Nur Kussa heute mit Bratkartoffeln? – Iß sie mit Andacht. Es sind meine letzten Kartoffeln. – Ich bin empört über die Fleischverteilung. Seit vier Wochen hat es kein Fleisch gegeben. Diese Woche 100 Gramm pro Person. Wir vier Leute 400 Gramm. Unser Fleischer hat mir fast nur Fett und Flechsen gegeben. Er sagt, er müsse es herunterschneiden, wie es kommt. – Du, bei den Leuten nebenan ist der Mann schwer erkrankt. Die Ärzte sagen: Aureomycin. Aber es gibt keines. Schwarz könnten sie einige Pillen bekommen, aber sie würden ein Vermögen kosten. – Für die Kindersandalen habe ich meine letzten Punkte hingegeben, und nach 14 Tagen waren sie kaputt. – Der Filetfisch ist ganz gut, aber jeden zweiten Tag Fischfilet – grauenhaft. – Du mußt ihn mal kochen, mal in Lebeniasauce anrichten, mal panieren. – Panieren? Ich habe längst kein Fett mehr. – Wenn ich wenigstens ein Stückchen Schokolade für das Kind hätte! – Wir müssen uns mit Streichhölzern eindecken, unser Kaufmann gibt jedem Kunden nur mehr zwei Schachteln. – Keine Kuverts mehr, kein Briefpapier, keine Schnur, kein Packpapier, keine Socken. – Die Straßen werden immer schlechter. – Und die Schlangen an den Omnibushaltestellen werden immer länger. Manchmal muß man acht Wagen vorbeilassen, drei viertel Stunden warten, bis man sich in einen Wagen quetschen kann. Drinnen sind die Menschen aneinandergepreßt wie die Heringe. Es können nicht genügend neue Omnibusse gekauft werden, weil es an Devisen fehlt, und die alten stehen vielfach in der Garage, weil es an Reparaturmaterial fehlt. –

Die Hausfrau läuft verzweifelt den halben Tag in der Stadt herum, um etwas für ihr Gemüsesüppchen zu ergattern. Die Möbel und das Badezimmer und die Toilette und die Fenster sind reparaturbedürftig, sieh dich nur um, überall sind die Häuser und Gärten verwahrlost ...
Ist das alles wirklich unerträglich? Ist es wirklich unerträglich, daß die Elektrizitätswerke so wenig Strom liefern können, daß die Hausfrau nur einige Stunden am Tag kochen und bügeln kann? Ist es wirklich unerträglich, daß die Gasgesellschaft mitunter 14 Tage keine neuen Gasflaschen liefern kann? Ist es wirklich unerträglich, daß es nur zweimal im Monat je 100 Gramm Fleisch gibt, im Jahr nur 2400 Gramm? Ist es wirklich unerträglich, daß es keine feuerfesten Milchflaschen und keine Fußbadewannen und kein Leukoplast gibt? Ist es wirklich unerträglich, daß es nur zwei Eier in der Woche gibt? – Kleinigkeiten, Äußerlichkeiten, lache darüber!

Aber dem jungen Mädchen, das heiraten möchte und seinen Liebsten nicht heiraten kann, vergeht das Lachen. Der Bräutigam ist Dreher in einer Fabrik. Er verdient ordentlich und kann allein gut davon leben. Für zwei würde es nicht reichen, doch die jungen Leute sind sich darüber einig, daß auch sie arbeiten wird. Die Eltern des Bräutigams sind in einem Kibbuz. Er selbst wohnt zusammen mit einem Kollegen in einem möblierten Zimmer. Die Eltern des jungen Mädchens haben eine Zweizimmerwohnung, die bis vor kurzem von vier Menschen bewohnt wurde, von den Eltern und den beiden Töchtern. Voriges Jahr hat die ältere Tochter geheiratet. Das Paar konnte keine Wohnung bekommen, daher überließen die Eltern den jungen Leuten eines der beiden Zimmer, und sie selbst und die zweite Tochter schliefen im anderen Zimmer. Jetzt will auch die zweite Tochter heiraten, aber die Heiratspläne scheitern an der Wohnungsfrage. Zu den Eltern der Braut können sie nicht ziehen. Eine eigene Wohnung, eine Einzimmer- oder eine Zweizimmerwohnung, das ist unerschwinglich. Es würde Tausende kosten, und die jungen Leute haben nicht so viel Geld. Sie könnten eventuell ein, wenn auch dürftig möbliertes Zimmer bekommen, doch die Monatsmiete für dieses möblierte Zimmer würde die Hälfte des Monatsverdienstes des jungen Mannes verschlingen. Und die Vermieter stellen zwei Bedingungen: Es darf nicht gekocht werden, und es darf keine Wäsche gewaschen werden. Außerdem gelten sie als streitsüchtige Menschen. Es ist ein schwacher Trost für Braut und Bräutigam, daß es Tausenden ebenso geht.

Auch dem Mann ist das Lachen vergangen, der den größten Teil seines Vermögens in den Bau eines Mietshauses steckte. Während des Bauens fehlte es plötzlich an Zement, und der Bau mußte zwei Monate unterbrochen werden. Dann fehlte es an Balken, an Sperrholz, Eisenbeton, Steinfliesen. Dann kam eine neue Bauordnung, die Lizenzen mußten erneuert werden. Der Mann hatte schon doppelt soviel gezahlt, wie ursprünglich vereinbart war. Nachdem schon fast zwei Jahre an dem Haus gebaut worden war und weder ein Ende des Bauens noch ein Ende der Zahlungen abzusehen waren, gab er den Bau auf. Er überließ die Bauruine ihrem Schicksal.

Die meisten Mängel und Fehler sind Kleinigkeiten, aber wenn sich das tägliche Leben aus tausend Kleinigkeiten zusammensetzt und alle diese Kleinigkeiten Ärger und Verdruß bringen, dann verliert auch der Philosoph die Ruhe und der Spaßvogel den Humor.
Anfangs, im ersten Jahr nach dem Krieg mit den Arabern, stritten es noch sehr viele ab, daß die äußeren Lebensumstände schlecht seien und daß die Organisation der Wirtschaft zu wünschen übrig lasse. Heute bestehen keine Meinungsverschiedenheiten mehr über die Frage, ob die äußeren Lebensumstände hier unerfreulich sind oder nicht. Aber die Meinungen über die Gründe dieser Wirtschaftsdepression sind geteilt.

7
Ein schwieriger wirtschaftlicher Anfang

Die UNO hat nicht geholfen

Aus nichts wird nichts, sagt man. Wenn man 700 000 Menschen die Freiheit gibt, wenn man ihnen das Territorium für einen souveränen Staat überläßt, so hat man damit nur halbe Arbeit geleistet. Die UNO hat es sich leichtgemacht. Die in der UNO zusammengeschlossenen Staaten hätten helfen müssen. Heute noch stehen 700 000 Menschen unter fremder Oberherrschaft, morgen überläßt man sie ihrem Schicksal. Ein Staat ohne Apparat, ohne Geld, ohne Währung, ohne die Möglichkeiten, die Voraussetzungen für die Entwicklung einer Landwirtschaft und einer Industrie zu schaffen. Aber hätte die UNO ihre Pflicht getan, hätte sie 1000 Millionen Dollar oder 1500 Millionen Dollar zum Aufbau des Staatsapparates, zur Schaffung einer gesunden Währung und zur Schaffung einer Infrastruktur als Anleihe gegeben und selbst in den ersten Jahren für die richtige Verwendung gesorgt, dann wäre alles anders gekommen. Es ist allerdings anzunehmen, daß die UNO, selbst wenn sie gewollt hätte, diese erheblichen Summen nicht aufgebracht hätte. Eher wäre dies einzelnen großen Staaten möglich gewesen. Wie dem auch sei, man hat für den Staat Israel nichts, aber auch nicht das geringste getan. Der Vater hat sein Kind für mündig und selbständig erklärt. Nur ein bettelarmer oder ein steinharter Vater schickt sein Kind hilf- und mittellos in die Welt. Die meisten Juden in Palästina erkannten nicht, daß man an ihnen grausam und hart handelte, indem man ihnen das Territorium überließ und sie als unabhängig erklärte, ohne ihnen die Mittel zum Aufbau des Staatsapparats, zur Schaffung einer gesunden Währung und der Basis für Handel, Industrie und Landwirtschaft zur Verfügung zu stellen.

Doch wer hätte es erkennen sollen? Der Mann auf der Straße, der Arbeiter, der Bauer, der Schriftsteller, der Künstler, der Journalist, der Universitätsprofessor?

Wissenschaftlich beweisen konnte die dringende Notwendigkeit solcher Hilfe natürlich niemand, auch niemand in dem neuen Staat Israel. Aber instinktiv gefühlt haben es hier wohl viele. Doch man erklärte sie als Schwarzseher und Pessimisten. Man wies auf die Großtaten der letzten Jahre hin. Man hatte das Unglaubliche zustande gebracht und sich der Mandatsmacht entledigt. Man hatte noch viel Unglaublicheres vollbracht: Man hatte die arabischen Staaten besiegt. Glaubten die Schwarzseher und Pessimisten wirklich, man werde nicht auch mit den wirtschaftlichen Schwierigkeiten fertig werden? Wer solche Heldentaten vollbrachte, der würde wohl auch imstande sein, eine gesunde Wirtschaft aufzubauen. Die Männer, die in schweren Jahren die Führer gewesen waren und deren Umsicht, Kraft, Beharrlichkeit und Konsequenz auch der Sieg über den Mandatar und über die arabischen Staaten zu verdanken war, übernahmen die Führung des Staates, und es zeigte sich wieder einmal, daß große Staatsmänner, gute Diplomaten, umsichtige Heerführer oft keine Wirtschaftspolitiker sind.

Diskussion über die Wirtschaftspolitik

Bist du der Meinung, daß die Männer, die von Anfang an an der Spitze des Staates standen, nicht die richtigen Männer waren? Du sagst doch selbst, daß es unmöglich war, ohne Staatsapparat, ohne Geld, ohne Währung, ohne die Voraussetzungen für die Entwicklung von Industrie, Landwirtschaft und Handel vorwärtszukommen?

Ich greife diese Männer keineswegs an, unzweifelhaft waren und sind sie fähige Köpfe. Aber erstens geht es nicht immer nach den Köpfen der Minister, da sind oft einflußreiche Organisationen – Gewerkschaften, Arbeitgeber – und auch die Journalisten, deren Macht sich häufig als stärker erweist als die der Minister. Und dann müssen die Minister befähigte Beamte für die Ressorts finden. Das ist sehr schwer. Daran, daß das Leben dürftig geworden ist und daß die Wirtschaft nicht vorwärtskommt, ist eine Reihe von Faktoren schuld. Aber einer der wesentlichsten Faktoren ist der, daß die Wirtschaft nicht von den richtigen Männern geführt worden ist.

Du hältst also doch unsere Minister für unfähig?

Keineswegs. Im Gegenteil, das Temperament, der Mut und der

Weitblick insbesondere des Ministerpräsidenten imponieren mir. Hätten wir eine gesunde Wirtschaft, ich bin überzeugt davon, wir könnten eine bessere Regierung nicht finden. Aber unsere Wirtschaft ist nicht gesund. Wo die Regierung anpacken will, da stößt sie auf unüberwindliche Schwierigkeiten. Es fehlen die Fundamente der Wirtschaft. Und was ich unserer Regierung vorwerfe, ist, daß sie, als sie nach ein, zwei Jahren ihre Inkompetenz in Wirtschaftsfragen erkennen mußte, die Ressorts für Finanz-, Wirtschafts- und Sozialpolitik nicht fachkundigen Leuten übertragen hat.

Und glaubst du tatsächlich, daß andere es besser gemacht hätten?

Das weiß ich nicht. Schlechter jedenfalls kaum.

Ich bin überzeugt, daß unter den gegebenen Verhältnissen kein Mensch es hätte besser machen können.

Das ist eine sehr gewagte Behauptung. Natürlich kann ich dir nicht sagen, wer die richtigen Männer gewesen wären, und sicher nicht, wie sie es hätten schaffen können. Wüßte ich es, so wäre ja ich selbst der geeignete Mann. Ich gebe dir folgendes zu bedenken: Es ist von sehr bedeutenden Nationalökonomen, Finanzpolitikern und Historikern erklärt worden, es habe sich vielfach gezeigt, daß erfolgreiche Bankdirektoren und Manager von Industriekonzernen durchaus keine guten Finanzminister sein müßten. Eine Norm läßt sich nicht finden. Der Mann, der in der Lage wäre, der Wirtschaft Israels neue Ideen und Impulse zu geben, ist vielleicht heute in einem Kibbuz mit der Finanzverwaltung betraut, oder er sitzt als Prokurist in einer Textilfirma, und sein Chef hält die Vorschläge seines Prokuristen für überspannt. Außerdem gebe ich zu bedenken: In unserer Situation dürfen die Minister für Finanzen und Wirtschaft nicht parteigebunden sein. Sie müssen frei schalten und walten können. Dazu brauchen sie weitgehende Vollmachten. Der Ministerpräsident muß ihre Maßnahmen unterstützen und mit seiner Autorität für ihre strikte Durchführung sorgen.

Gut, lassen wir das vorläufig. Vielleicht hast du recht. Ich möchte vorerst etwas anderes von dir wissen. Du sagtest vorhin, eine Reihe von Faktoren habe unsere Wirtschaft bergab geführt. Welche anderen Faktoren meinst du?

Das will ich dir sagen. Wir haben von der Unmöglichkeit gesprochen, einen Staat aufzubauen, ohne zuerst die Fundamente zu schaffen. Der neugegründete Staat Israel aber stand vor dem Nichts, wenn er auch den Krieg gegen die Araber gewonnen hatte. Nicht wenige junge Leute waren gefallen, andere verwundet, Häuser und Felder waren verwüstet. In einer solchen Situation hätte es die wichtigste Aufgabe des Staates sein müssen, die Fundamente für den Aufbau des Finanzwesens und der Wirtschaft zu schaffen. Dieser neugeborene Staat aber war trotz des Waffenstillstands umgeben von Feinden, unerbittlichen und unversöhnlichen Feinden. Ausbau der militärischen Streitkräfte und Ausbildung der Bevölkerung zum Heeresdienst waren wichtiger als alles andere. Wenn du sagst, ich würde unsere Minister boshaft kritisieren, so will ich dir entgegnen, es kann kein Mensch unsere Minister dafür mehr bewundern als ich, daß sie sich durch keine Widerstände davon abbringen ließen, dem Ausbau der militärischen Streitkräfte alles andere in Israel unterzuordnen. Das Brüllen der Parteien, das Jammern der Industrie, das Flehen der Landwirtschaft, die Wut der nach Lebensmitteln verlangenden Bevölkerung – nichts konnte sie beirren, sie schufen ein glänzendes Heer, für die Streitkräfte war ihnen nichts zu teuer, mochte das Volk noch so sehr nach Fleisch und die Industrie nach Arbeitskräften und Rohstoffen schreien. Wie recht sie hatten, das hat sich im Laufe der Jahre deutlich gezeigt. Die arabischen Staaten standen und stehen sprungbereit, aber sie haben Angst vor unseren Streitkräften. Und das Ansehen, das Israel heute in der Welt genießt, ist nicht zum wenigsten auf unsere militärische Schlagkraft zurückzuführen. Die Welt war voll Sympathie für Israel, man zollte dem jungen Staat Bewunderung und Anerkennung. Ausländisches Kapital war bereit, in den Aufbau einer leistungsfähigen Industrie groß zu investieren. Man hatte vollstes Vertrauen in unsere Wirtschaft. Als aber die Währung abglitt, als sich herausstellte, daß die Finanz- und Wirtschaftspolitik des Staates stümperhaft war, problematisch, daß man herumexperimentierte und manipulierte, da sanken auch das Vertrauen und die Hilfsbereitschaft. Dem Militäretat hatte sich alles unterzuordnen. Für Industrie und Landwirtschaft fehlte es an Rohstoffen, für die Bevölkerung an Fleisch, Fett und Textilien, für die Beamten konnten nur geringe Gehälter aufgebracht werden, aber der junge Leutnant und der junge Oberst mußten gut besoldet sein. Du siehst, daß ich die Schwierigkeiten der Staatsführung nicht verkenne.

Ein sehr wesentliches Moment kam noch hinzu: die Alijah, die Einwanderung. Mit Recht verlangte die jüdische Bevölkerung, die Grenzen Israels für alle Juden zu öffnen, die draußen in der Welt in Bedrängnis lebten. Dafür hatte man ja den Judenstaat, den Staat Israel, erkämpft. Er sollte die ständige, dauerhafte Heimat sein, nicht nur für die Juden, die bereits hier lebten, sondern für alle Juden, die in Israel zu leben wünschten. Nicht die Juden, die wohlsituiert, wohlhabend oder gar reich in Nord- und Südamerika, in Australien, Neuseeland, England, Schweden lebten, zog es nach Israel, sondern die arme, zum Teil schwerer Diskriminierung ausgesetzte Judenheit in Jemen, Irak, Marokko, Tripolitanien, Rumänien, Bulgarien, Ungarn, dann die noch immer in DP-Lagern internierten Opfer Hitlers, darunter viele Afrikaner und Asiaten. Aber es ist nicht damit getan, daß man die Grenzen öffnet, daß man die Erklärung abgibt: Ihr könnt hereinkommen. Man muß diesen armen Menschen zunächst die Möglichkeit zur Ausreise, zur Auswanderung schaffen. Man muß dort, wo sie leben und wo ihre Eltern und Vorfahren lebten, Büros einrichten, man muß mit den Regierungen verhandeln, man muß Schiffe und Flugzeuge mieten oder kaufen, den Leuten bei der Auflösung ihrer alten Existenz behilflich sein, man muß sie hier empfangen, ihnen Aufenthaltsmöglichkeiten schaffen, Baracken- und Zeltlager errichten, sie die ersten Wochen, Monate, ja Jahre betreuen, verpflegen, ernähren, sie neue Berufe erlernen lassen, ihnen Arbeitsmöglichkeiten schaffen, ihnen die Anpassung an die hiesigen Verhältnisse erleichtern. Das alles kostet Geld, Geld und nochmals Geld. Vielleicht noch mehr Geld als der Krieg. Der Staat Israel hatte kein Geld, die Bevölkerung Israels war im Laufe der Jahre ärmer und ärmer geworden. Man wandte sich an das Ausland, an die mehr oder weniger wohlhabenden Juden in der ganzen Welt. Man wandte sich an sie nicht demütig, sondern fordernd: Es ist eure *Pflicht,* für die Möglichkeit der Einwanderung dieser herabgewürdigten Juden zu sorgen. Die Alijah war Sache der SOCHNUT, nicht Sache der Regierung. Warum? Das ist schwer zu erklären. Ein Staat innerhalb eines anderen Staates? Irgendwie hat diese Zweiheit einen unerfreulichen Hintergrund. Die Juden außerhalb Israels waren nicht kleinlich. Sie stellten Tausende und Tausende von Dollars zur Verfügung, die Tausende rundeten sich zu Millionen. In wenigen Jahren wurden jedenfalls viele hundert Millionen für die Einwanderung gespendet. Und sie kamen auch in gewaltigen Mengen, die Juden, die in Israel eine neue Heimat suchten; Hunderttausende kamen. In den ersten Jahren schon waren es 800000. Man könnte denken, nun ja, die Einwohnerzahl einer europäischen Großstadt; für das kleine Israel aber eine enorme Zahl. Schau dir eine Gruppe von 200 Einwanderern an, die mit Kisten, Säcken, Pappkartons, gehüllt in Fetzen und Tücher, mit hungrigen Augen auf dem Bahnhof herumhocken. Der ganze Bahnhof ist voll von ihnen. Und von solchen Gruppen kamen nicht weniger als 4000 ins Land, in das Land, das kaum seine alten Einwohner ernähren konnte. Da kamen Ärzte und Lehrer, Techniker und Ingenieure und Chemiker, leider verschwindend wenige von diesen Berufen. Größer schon war die Zahl derer, die ein einfaches Handwerk ausüben konnten. Nicht unbedeutend war auch die Zahl derer, die in der Landwirtschaft zu gebrauchen waren, die vom Säen und Ernten, von der Geflügelzucht und vom Vieh etwas verstanden. Auch viele kleine Händler kamen ins Land, weniger Kaufleute nach europäischen oder amerikanischen Maßstäben, meist levantinische Hausierer. Der größte Teil aber hatte überhaupt keinen Beruf. Es kamen Männer und Frauen, Säuglinge, Kinder, Halbwüchsige, Erwachsene, Greise. Zum großen Teil erbarmungswürdige Gestalten. Oft verdeckten die Lumpen und Fetzen nicht die Blöße. Hohle Wangen, tiefliegende Augen, eingefallene Brust. Unterernährte und kranke Menschen. Viele mit eitrigen Augenlidern, viele mit Geschwüren bedeckt, viele verschmutzt und verwahrlost. Der größte Teil Analphabeten. Viele hatten von den hygienischen Einrichtungen der Neuzeit noch nie etwas gehört, geschweige denn gesehen. War es nicht eine selbstverständliche Pflicht, die Armen und Elenden aufzunehmen, ihnen zu helfen? Sicher, Geld und Reichtum bedeuten nichts. Aber gib den Armen einen Laib Brot, wenn du selber keinen hast! Die 700000, denen die Luft ausging und die nach den Fleischtöpfen Argentiniens und den Konfitüren Südafrikas und den Wurstkonserven der USA und den Schokoladentafeln der Schweiz zu schielen begannen, sollen 800000 Verschmachtende ernähren, ihnen eine neue Existenz schaffen. Es wäre schon eine große Leistung für einen blühenden und reichen Staat gewesen, für uns war es ein fast unmögliches Unterfangen. Wo beginnen? Es fehlte an Kindergärtnerinnen, Lehrern, Lehrerinnen, Sanitätspersonal, Schwestern, Ärzten, an Sozialfürsorgern, Köchinnen, Büropersonal. Man tat, was man konnte. Man brachte sie in Häusern und alten Schulen unter, man baute für sie Zelt- und Barackenlager, Küchen und Sanitätsbaracken und Kindergärten. Die Geschickteren unter ihnen konnten in den Städten und Dörfern Arbeit finden. Viele waren geeignet, in Kibbuzim und Kwuzot zu arbeiten. Man schuf neue Siedlungen, neue Kibbuzim und besiedelte diese mit Neueinwanderern. Man versuchte zu errechnen, was jeder von diesen Neuen kostete, bis er seine eigene Existenz hatte. Der eine errechnete: 200 Pfund, der andere errechnete: 2000 Pfund. Ein müßiges Unterfangen. Man tat, soviel man konnte, und gab, soviel man konnte. Ein Faß ohne Boden. Man hätte das Zehnfache ausgeben können, es hätte nicht gereicht. Die Finanzlage des Staates war katastrophal, die Regierung hatte keinen Überblick mehr. Man lebte buchstäblich von der Hand in den Mund. Wenn die Metallindustrie Zeter und Mordio schrie: Wir brauchen Rohstoffe, bewilligt uns die Devisen, seit einem Monat stehen die Maschinen still, dann mußte gehandelt werden, denn wenn die Metallindustrie brachlag, hörte auch die Bautätigkeit auf, und tausend kleine Werkstätten anderer Branchen standen still. Inzwischen drohten die Lehrer mit Streik, weil sie seit Monaten kein Gehalt bekommen hatten. Oder die Städte erklärten, sie seien zahlungsunfähig, wenn der Staat nicht sofort helfe. Oder die Ärzteschaft erklärte, die Menschen stürben, weil die Kapazität der Krankenhäuser nicht ausreiche, es müßten beschleunigt Krankenhäuser gebaut werden. Nur ein Teil der Kinder könne in den Schulen aufgenommen werden. Es fehle an Medikamenten. Die Geflügelzucht müsse eingestellt werden, wenn nicht Futter beschafft werde. Es fehle an Zement, erklärten die Bauunternehmer. Wir brauchen mehr Schiffe – die Häfen müssen ausgebaut werden – Flugzeuge müssen gekauft werden. Wollt ihr die Verbrecher frei herumlaufen lassen, oder entschließt ihr euch endlich dazu, neue Gefängnisse zu bauen? Was nützt es uns, daß ihr Telefonapparate habt kommen lassen, wenn ihr uns nicht die Mittel für den Bau der Telefonanlagen bewilligt? – Wir können das Gemüse und das Obst nicht bearbeiten, sagten die Konservenfabrikanten, wenn wir kein Blech haben, das Gemüse verfault.

Wer aber die Zeltlager besuchte, in denen Neueinwanderer hausten, der vergaß seine eigenen Sorgen. In den Zelten stand Bettgestell an Bettgestell, und auf ihnen hockten die Menschen, Männer und Frauen und Kinder, und stierten vor sich hin. Vielfach ungekämmt, unrasiert, ungewaschen. Es war ihnen alles gleichgültig geworden. Auf den Betten, unter den Matratzen, zwischen den Betten lagen Wäsche und Kleidungsstücke und Kisten und Schuhe und Seife und Lebensmittel. Zwischen den Zelten hockten vor Primuskochern und Waschkesseln Menschen und wuschen und kochten, im Sommer halbnackt und schweißtriefend, im Winter zum Schutz gegen die Kälte in die unmöglichsten Kleidungsstücke gehüllt. Sie verlangten eine Wohnung und lohnende Beschäftigung. Da man sie von Monat zu Monat vertröstete, waren sie trotzig und böswillig geworden. Sie verweigerten die Arbeit im Lager und ließen Wege und Zelte verkommen. Ärzte und Lehrer hatten einen schweren Stand. Vielfach hielten diese Menschen fest an ihren alten Gebräuchen und Sitten, wollten vom Schulunterricht nichts wissen, weigerten sich, das Kind ins Spital zu geben, schütteten die Medizin weg und wehrten sich gegen Diätvorschriften. Gewiß gab es unter diesen Neuen auch tüchtige, einsetzbare Menschen. Manche Siedlungen, in denen nur Neueinwanderer arbeiteten, kamen sehr gut vorwärts. In Fabriken, Buchdruckereien und Werkstätten entwickelten sich viele zu zuverlässigen und geschickten Arbeitern. Auch manche Kinder lernten schnell und versprachen Gutes für die Zukunft. Die levantinischen Händler dagegen ließen nicht von ihrem Geschäftsgebaren und brachten dem Handel des Landes keinen Gewinn.

Äußerlich unterschieden sich die Neuen sehr wesentlich von den Alten. Der mongolische, der negroide, der arabische Einschlag war unverkennbar. Böswillige und ungerechte ehemalige Europäer sprachen wegwerfend von den Schwarzen und nannten sie Gesindel. Warum mußten wir, sagten sie, zu den 700 000 Juden das Jahres 1948 noch all diese Schwarzen hereinnehmen? Damit sie uns unser Brot wegfressen, damit unsere ohnehin so knapp bemessenen Lebensmittelrationen um die Hälfte gekürzt werden, damit wir uns für das faule Gesindel, das nicht arbeiten will, abrackern müs-

sen und damit wir uns auf der Landstraße vor jedem Entgegenkommenden fürchten müssen? – Pfiffige Rechner aber meinten: Unsere Sammlungen im Ausland standen immer unter der Devise: Für die Alijah in Israel. Für die Alijah in Israel sind viele Hunderte Millionen Dollars ins Land geflossen. Meint ihr, das Geld sei für die Alijah verwendet worden? Keineswegs, das Geld ist in die Taschen der Bonzen geflossen, zum Teil hat es der Staat für seine Zwecke verwendet. – Ängstliche befürchteten, daß der Einfluß der Schwarzen allmählich so überhandnehmen könne, daß die Weißen, die Europäer, an die Wand gedrückt würden.
Auf alle Fälle erkannte der Staat, dessen Wirtschaftspolitik eine Seiltänzerei geworden war, dessen Militäretat nicht gekürzt werden konnte, der trotz aller Schwierigkeiten dafür zu sorgen hatte, daß der Verkehr, wenn auch primitiv, aufrechterhalten wurde und daß Industrie und Landwirtschaft weiter arbeiteten, dieser von Krisen geschüttelte Staat erkannte, daß er die Alijah stoppen mußte. Im Frühjahr 1952 drosselte man die Einwanderung, sorgte dafür, daß monatlich nur mehr wenige Tausend ins Land kamen. Inzwischen hatte sich der größte Teil der Neueinwanderer in die Verhältnisse geschickt, mehr als drei Viertel von ihnen lebten in den Städten, in den Dörfern und Siedlungen und führten teilweise eine nicht schlechte, teilweise eine immerhin erträgliche Existenz; die heute noch in den Lagern Hausenden – eine recht stattliche Zahl – werden für Jahre hinaus eine große Sorge und Belastung für den Staat und die Gesamtheit bleiben.

Die Israelis denken mit Kummer an die vielen Zehntausende, die hinter dem Eisernen Vorhang wie Gefangene leben und die noch immer hoffen, daß sie einmal in Israel zu sich selbst finden werden. Der Staat sucht unausgesetzt nach Gelegenheiten, auf die Staaten hinter dem Eisernen Vorhang einwirken zu können, daß sie diese Menschen freigeben.

Die Beamtenschaft wächst und wächst

Die Alijah gehört also auch zu den Faktoren, die daran schuld sind, daß es unserer Wirtschaft so schlecht geht? Hätte der Staat diese große Alijah nicht in die Wege leiten sollen?

Die Aufnahme aller, die nach Israel kommen wollten, war für den Staat genauso eine selbstverständliche Pflicht wie der Aufbau des Heeres und der Luftwaffe. Allerdings hat er das Ausmaß der Alijah unterschätzt. Er hat sie zu spät gestoppt, und er hat die Organisationen, die die Einwanderung durchführten und die für die Eingliederung der Neuankömmlinge verantwortlich waren, nicht unter Kontrolle gehalten. Ich habe das vorhin schon angedeutet. Die Regierung sah Dutzende von schwerwiegenden Fragen und Aufgaben vor sich, sie wollte mit allen fertig werden, und in ihrer Wirtschafts- und Finanznot wurde sie des Durcheinanders und der Planlosigkeit in der Finanzpolitik nicht Herr. In dieses Kapitel gehört auch unser Beamtenapparat. Der Staat Israel ist notleidend und arm. Aber er versteht es nicht, sich in seine beengten Verhältnisse zu schicken, sich nach der Decke zu strecken. Er lebt über seine Verhältnisse. Der Staatsapparat ist viel zu groß, die Beamtenschaft ist viel zu aufwendig, obwohl die Beamten schlecht besoldet sind. Der Laie schüttelt den Kopf, wenn er sieht, wie die Bürokratie aufgebläht wird. Die Zahl der Staatsbeamten, der Beamten der Kommunen, der SOCHNUT, der Funktionäre der Gewerkschaften, Krankenkassen, Parteien und sonstigen Institutionen ist viel zu groß. Unsere Gesandtschaften und Konsulate kosten uns mehr, als wir uns leisten können. Von Zeit zu Zeit verspricht der Staat den Abbau der Bürokratie, aber nach einigen Monaten stellt sich immer wieder heraus, daß die Zahl nicht geringer, sondern größer geworden ist. Man versucht, 1000 oder 2000 Beamte abzubauen. Man schreibt ihnen Kündigungsbriefe. Jeder einzelne wehrt sich mit Händen und Füßen. Dem einen wird gekündigt, weil er zu alt ist. Was, zwölf Jahre habe ich dem Staat gedient, weit über meine Kräfte gearbeitet, und jetzt wollt ihr mich zum Dank auf die Straße werfen? Er schreit Zeter und Mordio, seine Arbeitskollegen schreien mit, der alte Mann sei unentbehrlich, aber sein Vorgesetzter, der Arbeitsleiter, liege den ganzen Tag auf der faulen Haut. Kurz und gut, die Kündigung wird vergessen. Für einen anderen Gekündigten setzt sich eine Partei ein, für einen dritten eine andere Partei, für einen vierten die Gewerkschaft, für einen fünften ein Minister, für einen sechsten ein Industrieller, mit dem es sich die Regierung nicht verderben will. Auf diese Weise sind sie auch Beamte geworden, in ihre Ämter gekommen. Da waren Hunderte, Tausende, die sich tatsächlich in vergangenen Jahrzehnten um das Entstehen des jüdischen Staates verdient gemacht hatten und die man jetzt, da der Traum Wirklichkeit geworden war, nicht vor der Tür stehenlassen konnte. Und da waren Hunderte und Tausende, die sich um die Entwicklung einer Partei verdient gemacht hatten. Hatte man ihnen gegenüber keine Verpflichtungen? Und die anderen Parteien waren sehr wachsam. Was, nur euren Leuten gebt ihr Posten, und unsere Leute sollen zuschauen? Und da man gerecht sein wollte, gab man auch den Leuten der anderen Parteien Posten, und der Beamtenapparat schwoll immer mehr an. Anfangs hatte man es noch nicht erkannt, daß der Staat kein Krösus war, daß er arm war wie eine Kirchenmaus. Man war überzeugt, daß man es sich leisten könne, den armen verdienten Veteranen der zionistischen Sache ein auskömmliches Beamtendasein zu gewährleisten. Da man aber auch arbeitsame junge und geschulte Kräfte benötigte, wurden auch solche eingestellt. Das ist alles zu verstehen, wenn es auch nicht zu billigen ist. Das ist alles im Laufe der Jahre organisch gewachsen, wenn es auch ein ungesundes Wachstum war. Erkannten die Minister diese Mißstände nicht? Was der Mann auf der Straße erkennt, das muß der Minister doch erst recht erkennen. Ist er zu schwach, die Mißstände zu beseitigen? Ja, er ist kein Diktator. Wir sind ein demokratischer Staat. Und unser Staat gleicht mehr einer großen Familie, als dies bei anderen Staaten der Fall ist. Man kann den hilfsbedürftigen Vetter nicht mit schönen Worten abspeisen, man muß ihm wirklich helfen. Und auch wenn der Minister sich in die Brust wirft und mit unerbittlicher Strenge vorgehen will, so scheitert er trotz aller Willenskraft an einer Reihe von Instanzen, die ebenso energisch sind wie er. Da ist die SOCHNUT, deren Einfluß nicht zu unterschätzen ist. Dann die Gewerkschaft, die HISTADRUT. In großen und mächtigen Staaten hat es sich schon gezeigt, daß große und mächtige Staatsminister ihren Willen nicht gegen die Gewerkschaften durchsetzen konnten. In Palästina ist die HISTADRUT ein starker und mächtiger Faktor geworden. Ohne sie wäre der Judenstaat nicht entstanden. Ohne sie wäre er undenkbar. Sie hat ungeheure Verdienste, und sie leistet auch heute Gewaltiges für die arbeitende Bevölkerung. Doch die Wege des Staates sind nicht immer die Wege der Gewerkschaft. Manchmal kann der Staat die Gewerkschaft überzeugen, manchmal die

Gewerkschaft den Staat. Dann führen ihre Wege zusammen. Aber wenn es keine Übereinstimmung gibt und wenn der Kampf mit harten Bandagen geführt wird, dann bleibt meist der Minister auf der Strecke. Auch die Industriellen und ihr Verband können gefährliche Gegner sein. Die Religiösen lassen sich ebenfalls nicht umgehen. Und letzten Endes entscheidet der Volkswille, der wohl leicht zu beeinflussen ist, der aber doch mitunter hartnäckiger sein kann, als es dem Minister lieb ist.

Also einen Diktator! rufen einzelne. – Nein, der Himmel bewahre uns vor einem Diktator! Lieber wollen wir auf Bratwürste und ungeflickte Pyjamas verzichten als auf unsere Freiheit, darauf, daß wir freie Menschen sein dürfen und sagen können, was uns beliebt. Wir wollen keinen Hitler und keinen Stalin. Ja, für die Lösung der Finanz- und Wirtschaftsfragen brauchen wir einen Mann mit diktatorischen Vollmachten, der sich aber nicht anmaßt, uns unsere persönliche Freiheit zu nehmen. Seine diktatorischen Maßnahmen werden sich als segensreich für die Währung, den Staatshaushalt, für die Ausbalancierung von Import und Export, für Verkehr, Handel, Industrie und Landwirtschaft erweisen. Die Auseinandersetzungen zwischen den Parteien, zwischen den Interessenvertretungen der Arbeitgeber und der Arbeitnehmer interessieren diesen Mann nicht. Gewiß, Interessenvertretungen sind notwendig. Der einzelne Arbeiter ist machtlos, die Gesamtheit der Arbeiter ist stärker als das Kapital, die Gesamtheit der Arbeitgeber gibt den Unternehmern Macht. In keinem Land aber sind Parteien, sind Interessenvertretungen weniger notwendig als in Israel, dem Land, in dem soziale Gegensätze kaum noch existieren, in dem man die Ausbeutung durch Solidarität verdrängen wird. In den Zeiten der wirtschaftlichen Not tritt der Egoismus des Menschen stärker hervor, das ist eine bekannte Tatsache. Die krassen Parteigegensätze, die du heute bei uns siehst, sind eine Folge der wirtschaftlichen Not. Verschwindet diese, dann verblassen auch die Gegensätze. Die wirtschaftliche Not hemmt die unternehmerische Initiative, sie hemmt auch den Leistungswillen der Arbeiter. Was interessiert mich der Unternehmer? sagt in der Notzeit der Arbeiter. Wenn ich arbeite, will ich entsprechend bezahlt sein. – Wenn ich keine Rohstoffe habe und wenn mein Maschinenpark veraltet ist, sagt der In-

dustrielle, dann wird mein Betrieb unrentabel, und ich kann die überzogenen Lohnforderungen der Arbeiter nicht erfüllen. Und beide verfolgen die Regierungsmaßnahmen mit Erbitterung, halten dem Staat seine Fehler vor und übersehen, daß nicht nur das Finanz- und Wirtschaftsgebaren der Regierung an dem Notstand schuld ist, sondern auch andere Faktoren.
Der Staat sucht dem Notstand durch ein Bündel von Maßnahmen, vor allem durch Bewirtschaftung zu begegnen. Dazu müssen neue Ämter und neue Beamtenstellen geschaffen werden. Die unproduktive Bürokratie schwillt weiter an.

Die Bürokratie hemmt Export und Investitionen

Die Beamten sitzen nicht untätig herum, sie wollen ihre Existenzberechtigung beweisen. Der Unternehmer hat tausend Vorschriften zu beachten, er wird mit einer Flut von Anordnungen, Fragen, Informationsbogen, Befehlen überschwemmt. Wenn ein Verleger fünf Bücher ins Ausland schicken will, wird er von einem Postamt zum anderen geschickt, bis ihm das Zollamt schließlich erläutert, daß er die Bücher ohne Exportlizenz nicht wegschicken könne. Man erklärt ihm, wo er sich die Fragebogen verschaffen kann, die er zur Beantragung einer Exportlizenz ausfüllen muß. Die Fragebogen wollen genaue Details über Papierqualität, über Gewicht, Inlands- und Auslandspreis, über alle möglichen internen Angelegenheiten des Verlegers wissen. In siebenfacher Ausfertigung sind sie an dieses oder jenes Amt zu schicken. Glaube nicht, daß du, die Exportlizenz in Händen, die Bücher dem Zollamt übergeben kannst. Das Zollamt erklärt dir, daß nun die Bank an der Reihe ist. Die Bank hat die Rechnung zu prüfen und dafür zu sorgen, daß der Betrag wirklich in Devisen eingeht und daß der Exporteur nicht den Betrag im Ausland stehen läßt. Und dann muß sich die Bank verpflichten, dafür zu sorgen, daß der Staat die Devisen im Austausch gegen Israelische Pfund erhält. Der Umrechnungskurs, der zugrunde gelegt wird, ist miserabel. Der Exporteur, dem man solche Schwierigkeiten in den Weg legt, verliert die Lust, die Bank hat keine Freude an solchen Geschäften. Laß die Hände vom Exportieren, sagt sich der Unternehmer, es springt dabei nur Ärger und Arbeit heraus. Dabei hat Israel nichts nötiger als den Export, und der Staat verkündet täglich, er tue alles, um den Export zu fördern. In allen Ämtern herrscht ein unglaublich sturer Bürokratismus, den der freiheitsliebende Israeli aus tiefster Seele haßt. Meine Devisenlage ist sehr prekär, erklärt der Staat. Ich kann es nicht zulassen, daß jemand irgendeine Ware ins Ausland schickt, wenn ich nicht die Garantie habe, daß ich dafür Devisen erhalte. Daher diese komplizierten und sinnlosen Maßnahmen. Trotzdem gibt es für gerissene Exporteure tausend Schliche und krumme Wege, um die Devisenvorschriften zu umgehen. Sie zwingen nur die gesetzestreuen Bürger und Unternehmer, vom Exportieren Abstand zu nehmen.

Nicht viel anders ist es mit der Währungs- und Investitionspolitik. Unmittelbar nach Beendigung des israelisch-arabischen Krieges, als das Ausland uns uneingeschränkte Sympathie und volles Vertrauen entgegenbrachte, da gab es eine nicht zu unterschätzende Zahl von Einwohnern unseres Landes, die große Vermögen besaßen, Zehntausende, Hunderttausende, Millionen von Pfunden. Der Chauffeur, der Bäcker, der Lehrer, der Kunstmaler, der Schriftsteller, der Arzt, sie alle wurden nicht so reich, daß sie Kapital ansammeln konnten. Das gelang nur den mit allen Wassern gewaschenen Spekulanten, den gewissenlosen Finanzgenies, die sich auf Kosten der Allgemeinheit skrupellos bereicherten. Hätte der Staat es verstanden oder hätte der Staat damals die Absicht gehabt, die Situation zu nutzen – es ist schwer zu entscheiden, welcher Ausdruck am Platz ist –, so wäre alles anders gekommen. Hätte er die ausländischen Investitionswilligen mit offenen Armen empfangen und hätte er es verstanden, eine gesunde Währung zu schaffen, so wären große Auslandskapitalien ins Land geflossen und hier sinnvoll investiert worden, und auch unsere Spekulanten hätten ihr Geld hier angelegt und es nicht im Ausland arbeiten lassen. Unsere in Finanz- und Wirtschaftsfragen unerfahrene Regierung glaubte, in erster Linie den Arbeitern helfen zu müssen, und sie glaubte, man helfe der Arbeiterschaft, wenn man den Unternehmer drossele. Ja, sagte die Regierung, du kannst dein geplantes Industrieunternehmen hier errichten, mein lieber Investitionswilliger, wenn 51 % der Anteile der Gewerkschaft oder einer von der Gewerk-

schaft kontrollierten Gesellschaft gehören und 49% dir, dem Fabrikunternehmer. – Vorfabrizierte Häuser willst du hierherschikken, lieber Unternehmer? Sehr schön, aber übersieh nicht, daß wir ein großes und stolzes Volk sind, das Herr im eigenen Hause bleiben will. Unsere Bedingungen: 51% einer staatseigenen Wohnungsbaugesellschaft, 49% dir selbst. Die Investoren zogen sich zurück, das Auslandskapital blieb aus, die Währung geriet ins Wanken, und die Spekulanten legten ihr Kapital im Ausland an.
Die Schuldenlast wurde immer drückender. Industrie, Handel, Landwirtschaft, Verkehrswesen stagnierten, die Produktion ging zurück. Viele Betriebe mußten Konkurs anmelden.

Es flossen immer noch kleine und große Beträge nach Israel, mitunter im Wert von Hunderten Millionen Dollar. Die Beträge wurden gesammelt, geschenkt, gestiftet, als Anleihe gegeben. Ein nutzloses Unterfangen. Die Schwierigkeiten auf allen Gebieten waren so groß geworden, daß selbst eine bedeutende Anleihe nur eine kurzfristige Besserung brachte. Wenn ein Kaufmann seinen reichen Verwandten erklärt, sein Unternehmen sei nicht mehr liquid und die Sachverständigen hielten zur Behebung aller Schwierigkeiten den Betrag x für unbedingt notwendig, so erfüllt die Hilfe dieser reichen Verwandten nur dann den erwünschen Zweck, wenn sie ihrem Vetter die Summe als Darlehen mit langjähriger Laufzeit zur Verfügung stellen. Wenn sie ihm aber diesen Monat einen kleinen Scheck schicken, in einem Vierteljahr einen größeren, dann wieder einen kleineren, so ist dem Unternehmen mit diesen Almosen nicht gedient. Wenn alle Beträge, die dem Staat Israel in den Jahren 1948 bis 1952 zur Verfügung gestellt wurden, ihm auf einmal – bei Staatsgründung – gewährt worden wären, so hätte wirtschaftlich alles anders kommen können. So aber halfen sie kein Jota. Im Gegenteil, sie verschleierten die Notlage, und die Rückzahlung der Anleihen und die Zahlung der Zinsen schafften neue Miseren.

Alle leiden Not

Unter dieser wirtschaftlichen Notlage leidet jeder einzelne Bürger. Es ist ein Irrtum zu glauben, daß der Reiche von dieser Notlage unberührt bleibe. Er besitzt vielleicht eine besteingerichtete Stadtwohnung, ein Wochenendhaus in der Nähe der Stadt, vielleicht noch eine Villa im Norden des Landes, er besitzt ein Auto, beste Radioapparate, Telefon, jede Sorte von elektrischen Geräten. Aber der Mangel an Brennstoffen hat zu Verordnungen geführt, denen zufolge das Auto nicht an allen Tagen der Woche benutzt werden kann. Es fehlt an Ersatzteilen. Die Reparaturwerkstätten arbeiten wegen dieses Mangels langsamer und weniger zuverlässig. Der Telefonapparat hilft dem reichen Mann nicht, wenn die Bekannten und Freunde keinen Anschluß haben und wenn selbst viele Kaufleute telefonisch nicht zu erreichen sind. Auch die elektrischen Geräte funktionieren nur zu gewissen Stunden. Der reiche Mann muß bei einer Vergnügungs- und Erholungsreise auf komfortable Hotels und Luxusrestaurants verzichten. Der reiche Mann findet eine Entschädigung für diese Entbehrungen in Auslandsreisen. Man findet ihn in Tirol und in der Schweiz, in Schweden und Dänemark, Italien, Frankreich, England, in den Vereinigten Staaten und in Zypern. Der Mittelstand aber kann sich eine Auslandsreise nicht leisten. Von den Menschen, die vor 1940 ins Land gekommen sind, haben 90% die Landesgrenzen in Jahren und Jahrzehnten nicht überschritten. Das Leben der Reichen wird von der Not und den Mängeln unserer Wirtschaft berührt, nicht mehr. Das Leben der gesamten anderen Bevölkerung aber steht im Zeichen der Not, das Leben des Mittelstands wie das der Armen und der Ärmsten. Man staunt über den Nachbarn, der sich ein Kilo Pfirsiche oder Birnen kauft. Ein unerhörter Luxus. – Den Leuten kann es nicht schlechtgehen. Ich weiß positiv, daß sie sich jede Woche ein Kilo Fleisch kaufen. Eine fleißige und sparsame Familie, er Chauffeur eines Fabrikanten, sie Inhaberin eines Schneidersalons. Man sieht, daß man mit Fleiß und Beharrlichkeit vorankommen kann. In zwölfjähriger Arbeit haben sie es dahin gebracht, daß sie sich für ihre Zweizimmerwohnung Möbel kaufen können, Couches, Tische, Stühle und Schränke, und daß sie sich zudem den Luxus eines Frigidaires gestatten.

Die Wirtschaftsnot des Landes tritt jedem einzelnen täglich in hundertfacher Gestalt entgegen, sie belästigt ihn von morgens bis nachts und zermürbt ihn. Das Eis für den Eisschrank muß sich die Hausfrau in der Frühe auf der Straße vom Eiswagen holen. Der Eiswagenmann klingelt, und auf sein Klingelzeichen stürzen alle Hausfrauen wie die Wilden auf die Straße, es bildet sich eine lange Schlange vor dem Wagen. Dann rennt die Hausfrau zum Bäcker, um Brot oder Brötchen für das Frühstück zu erstehen. Auch beim Bäcker wartet eine lange Schlange. Dann rennt sie mit ihren Lebensmittelkarten zum Kaufmann um Margarine oder Marmelade oder Weißkäse. Eier gibt es nicht zum Frühstück, denn die zwei Eier, die es je Woche und je Person gibt, werden für die Kinder benötigt. Die Hausfrau macht die Kinder für Schule oder Kindergarten zurecht, sie bereitet die Wäsche vor – dabei muß sie mit der Seife unendlich sparsam umgehen – um 9 Uhr morgens ist sie abgearbeitet und abgehetzt und hat noch nicht einmal die Zimmer in Ordnung gebracht. Einen großen Teil ihrer Zeit verbringt sie mit dem Einkauf. Eier, Margarine, Öl, Kokosfett, Reis, Marmelade, Zukker, Seife, Spiritus, sie erhält alles nur bei einem bestimmten Kaufmann aufgrund ihres Lebensmittelhefts. Für jede dieser Waren schneidet der Kaufmann Punkte aus dem Heft. Unsere Hausfrau, die das Glück hat, schon die siebente in der Schlange zu sein, wartet, bis die sechs Frauen vor ihr abgefertigt sind, dann kommt sie an die Reihe. – Margarine? – Nein, vielleicht Ende der Woche. – Zukker? – Nein. – Reis? – Nein. – Grieß? – Nein. – Haferflocken? – Nein, aber 100 Gramm Corn-flakes für jedes Kind. – Gott sei Dank. – Haben Sie ein Säckchen mit? – Können Sie es mir nicht so geben? – Leider nein, kommen Sie wieder mit dem Säckchen, ich habe keine Tüten. – Beim Gemüsehändler, bei dem sie eingetragen ist, sieht es noch viel schlimmer aus. Es stehen ihr für jeden Haushaltsangehörigen 250 Gramm Möhren und 1 Kilo Kartoffeln und 250 Gramm Zwiebeln zu, aber im Laden drängen sich mehr als 50 Menschen, und nur drei Verkäuferinnen bedienen. Nachdem sie mehr als eine halbe Stunde gewartet hat, hört sie, daß die Zwiebeln ausgegangen sind und daß wahrscheinlich erst übermorgen neue eintreffen. Die Zwiebeln waren ihr das Wichtigste vom Einkauf gewesen. So beschließt sie, vorerst zum Fischhändler zu gehen, bei dem es 250 Gramm Fischfilet geben soll. Der Weg zum Fischhändler ist zu weit, sie muß fahren. Die Schlangen an den Omnibushaltestellen sind unübersehbar. Zwischendurch fahren Scherut-Taxis vor, in denen man zwar hohe Gebühren zahlen muß, auf die sich aber trotzdem die Wartenden wie die Furien stürzen. Das Taxi hat nur

5 Sitzplätze, aber es werden 7, auch 8 Personen hineingequetscht. Wenn die arme Hausfrau gar noch zur Krankenkasse gehen muß oder zur Kasse der Elektrizitätsgesellschaft oder auf die Post, so weiß sie, daß an diesem Tag ihr ganzer Haushaltsplan über den Haufen geworfen wird. Da scheint es also der Mann viel besser zu haben, der seine 8 Stunden im Büro, im Amt, in der Fabrik arbeitet? Nein, er hat es auch nicht besser. Die unmöglichen Verkehrsverhältnisse bringen es mit sich, daß aus den 8 Stunden 9 oder 10 werden. Dann kann er die häuslichen Angelegenheiten nicht seiner Frau allein überlassen. Es müssen staatliche und städtische Steuern gezahlt werden, Miete, vielerlei sonstige Abgaben, man muß zur Post gehen. Ein Paket abzuholen nimmt oft viele Stunden in Anspruch. Wenn der Stuhl nicht repariert wird, sagt die Frau, können wir Brennholz aus ihm machen. Ich habe es gestern schon bei zwei Tischlern versucht, beide habe ich nicht angetroffen. Heute kann ich es unmöglich besorgen. Ich muß mir von der Krankenkasse eine Bestätigung holen, und ein Händler in Jaffa hat mir für heute ein Wachstuch versprochen. Ob ich das alles heute noch schaffe, weiß ich nicht. – Der Mann trägt den Kehrichtkübel in den Hof, er leert den Wasserbehälter des Eisschranks, er gruppiert jeden Abend die Möbel um, damit die Couch ausgezogen werden kann, er hilft in seiner freien Zeit beim Kochen und beim Geschirrspülen. Obwohl er in der Fabrik in seinen 8 Stunden fleißig und unermüdlich arbeitet, schafft er nur das, was ein Arbeiter in einem anderen Land in 5 Stunden schafft, weil auch hier hundert selbstverständliche Voraussetzungen nicht gegeben sind.

Ein grauenhafter Leerlauf auf allen Gebieten. Schlechte und geringe Leistungen, obwohl alle Menschen unausgesetzt arbeiten und geschickt sind. Eine Fülle unproduktiver Arbeit, weil es an allen Ecken und Enden hapert.
Ich habe in zwei Druckereien zu tun und in einer Buchbinderei. Kleinigkeiten. In einer Druckerei will ich mich erkundigen, ob 100 Bogen einer bestimmten Papiersorte aufzutreiben sind, in der zweiten Druckerei will ich bitten, den Satz noch nicht abzulegen, sondern stehenzulassen. In der Buchbinderei will ich veranlassen, daß nicht 400, sondern 500 Bücher gebunden werden. Unter nor-

malen Umständen wären diese drei Sachen vom Schreibtisch aus in fünf Minuten telefonisch zu erledigen. Hier erfordern sie einen anstrengenden halben Tag. Ich habe sechsmal den Omnibus zu benutzen, muß große Strecken zu Fuß gehen, stehe endlose Zeit in der Schlange und kann von den drei Dingen nur zwei erledigen, da in der einen Druckerei der für meinen Auftrag zuständige Mann auf ein Amt vorgeladen ist, so daß man nicht weiß, ob er zwei Stunden oder zehn abwesend sein wird.
Wir leisten hier in zehn Stunden nur fünf Stunden produktive Arbeit, der Rest ist Leerlauf.

Die Voraussetzungen für eine leistungsfähige Wirtschaft fehlen

Wir möchten, daß unser Land wirtschaftlich floriert, daß wir eine stabile Währung haben, einen geordneten Staatshaushalt, eine leistungsfähige Industrie, eine Landwirtschaft, die nicht nur die gesamte Bevölkerung versorgt, sondern darüber hinaus exportiert, und einen soliden Handel. Für alle diese Dinge fehlen die nötigen Voraussetzungen. Es fehlt nicht an fleißigen und geschickten Menschen und an gutem Willen. Was fehlt, sind die ausreichende Versorgung mit Elektrizität, die ausreichende Bewässerung und das sichere Verkehrsnetz. Wenn diese drei Faktoren nicht vorhanden sind, können Handel, Industrie und Landwirtschaft sich nicht so entwickeln, wie wir es wünschen, und ohne gesunde Landwirtschaft, Industrie und Handel können wir keine geordneten Staatsfinanzen und keine stabile Währung haben. Die Sicherstellung einer zuverlässigen und allen Anforderungen genügenden Versorgung mit elektrischem Strom, die Schaffung ausreichender Bewässerungsanlagen und eines modernen Verkehrswesens, das sind keine Kleinigkeiten. Nur der Fachmann kann beurteilen, was alles dazu gehört, daß immer genügend elektrischer Strom vorhanden ist, auch in den abgelegensten Winkeln des Landes, und daß der Strom so billig ist, daß er auch die Mittel des kleinen Mannes nicht übermäßig belastet. Noch viel komplizierter und kostspieliger ist es, für ausreichende Bewässerung des landwirtschaftlich nutzbaren Bodens im ganzen Land zu sorgen. Dazu bedarf es einschneidender Maßnahmen. Flüsse müssen umgeleitet, Kanäle neu ge-

baut werden. Der grandiose Lowdermilk-Plan erregt allgemeine Bewunderung. Es existieren noch andere Bewässerungspläne. Der Laie vermag ihre Vorzüge und Nachteile nicht gegeneinander abzuwägen. Die Durchführung jedes einzelnen ist eine großartige Leistung. Und die gewaltigste aller Aufgaben ist die Schaffung eines modernen Verkehrsnetzes, der Bau neuer Fernstraßen, die Erweiterung des Nahverkehrsnetzes, der Bau einer Untergrundbahn in der Großstadt Tel Aviv. Es ist ein langer und kostspieliger Weg zurückzulegen, bis man die 20-km-Strecke Tel Aviv-Rechowoth, für die man heute zwei bis drei Stunden benötigt, in einer halben Autostunde bequem schafft. In alle Vororte muß man schnell und mühelos gelangen können. Telefon, Telegraf und Post müssen so ausgebaut werden, daß jeder mit jedem jederzeit in Verbindung treten kann.
Selbst wenn die gewaltigen Mittel zur Bewältigung dieser Aufgaben vorhanden wären, würde ihre Durchführung enorm viel Zeit erfordern. Inzwischen müssen Industrie und Landwirtschaft weiterarbeiten. Ob die Durchführung eine Milliarde Dollar erfordert oder drei Milliarden – das eine steht fest: Solange wir nicht eine funktionsfähige Stromversorgung, ausreichende Bewässerungsanlagen und ein modernes Verkehrs- und Kommunikationsnetz geschaffen haben – so lange werden Industrie und Landwirtschaft sich nicht großzügig entwickeln, so lange wird es dem Landwirt, dem Fabrikanten, dem Arbeiter und dem Rentner wirtschaftlich nicht gutgehen, so lange wird der Import ein Vielfaches des Exports betragen, so lange wird unsere Regierung sich nicht um Kunst, Wissenschaft, Bildungswesen, Hygiene kümmern können, sondern wird alle Kräfte auf den wirtschaftlichen Aufbau des Landes konzentrieren müssen, ob sie in Finanz- und Wirtschaftsfragen kompetent ist oder nicht.

Ist die Wirtschaftsnot nur vorübergehend?

Die Sache sieht ziemlich hoffnungslos aus. In den vergangenen Jahren hat man uns Hunderte Millionen Dollar gegeben, geschenkt, geliehen. Das alles hat nicht geholfen, unsere Wirtschaftslage zu verbessern. Und jetzt fließt der Segen nur noch spärlich.

Die Welt wird immer zurückhaltender. Es ist nicht zu erwarten, daß uns jemand die Milliarden zur Verfügung stellt, mit denen wir alle diese Voraussetzungen schaffen könnten. Und da es keinen Stillstand gibt, sondern nur Fortschritt oder Rückschritt, befürchten die meisten, daß die wirtschaftliche Notlage Israel in den Abgrund führen wird. Ist derjenige, der überzeugt ist, daß diese wirtschaftliche Depression nur eine vorübergehende Erscheinung ist, der überzeugt ist, daß sie genau so verschwinden wird, wie sie gekommen ist, der überzeugt ist, daß Israel die Zukunft gehört, daß wir in gar nicht so ferner Zukunft unsere gesunde Wirtschaft als eine Selbstverständlichkeit empfinden und uns wieder um viel wichtigere Dinge kümmern können, ist derjenige, der von alledem überzeugt ist, ein unverbesserlicher Optimist, oder ist er der Mann mit Weitblick, der Mann, der wirtschaftliche Dinge richtig beurteilen kann?

Das deutsche Kaiserreich war eine starke Macht. Die Hohenzollern saßen fester im Sattel als irgendeine andere Dynastie. Der Erste Weltkrieg hat die Monarchie und die Hohenzollern wie Strohhalme hinweggefegt. Herzls Judenstaat war eine Utopie, und seine Anhänger hat man als Narren verspottet. Und aus der Utopie wurde der Staat Israel. Als Gottfried Keller sich vergeblich bemühte, für seine Gedichte einen Verleger zu finden, und sie schließlich auf eigene Rechnung drucken ließ, hätte niemand gedacht, daß er einer der berühmtesten Dichter seiner Zeit werden würde. Die Inflation in Deutschland nach dem Ersten Weltkrieg stürzte die Wirtschaft in ein solches Chaos, daß kein Wirtschaftspolitiker, kein Staatsmann und kein Finanzexperte einen Ausweg wußte, und doch war sie eine vorübergehende Erscheinung, über Nacht war sie verschwunden. Das bolschewistische Regime in Rußland erschien den logisch Denkenden als eine Eintagsfliege, und es besteht nun schon seit 35 Jahren, und die Sowjetunion ist eine Weltmacht geworden. Wie sollten wir uns von der Zwangsherrschaft der Engländer, ihrer Weißbuchpolitik je befreien können? Und die Engländer legten das Mandat nieder. Wie sollten 700 000 Juden mit 40 Millionen Arabern fertig werden? Und die Juden gewannen den Krieg.

Die Menschen selbst, ihr Wille, ihr Charakter, ihre Zähigkeit und ihre Ausdauer sind stärker als alle politischen und wirtschaftlichen Schwierigkeiten. Nicht Klima und Bodenschätze haben die Vereinigten Staaten geformt, sondern die Menschen, die aus allen Teilen der Welt nach Amerika geströmt waren, die Siedler, die Pionierarbeit leisteten.
Die entscheidende Frage ist: Wie sind die Menschen in Israel? Sind sie zäh und fleißig, sind sie müde und fatalistisch, sind sie stark oder schwach? In jeder menschlichen Gemeinschaft finden sich Gute und Schlechte, Dumme und Gescheite, Rückständige und Fortschrittliche, Faule und Fleißige, Stolze und Servile, Duckmäuser und Offenherzige, Pessimisten und Optimisten, Fröhliche und Traurige, Gerechte und Ungerechte, Hochmütige und Demütige, Mißtrauische und Vertrauensselige. Man hüte sich vor Verallgemeinerungen. Und doch findet der scharfe Beobachter, daß Grundeigenschaften, die in einem Bevölkerungskomplex zurücktreten, im anderen dominieren. Die Beobachtung ist subjektiv. Objektive Feststellungen sind nahezu unmöglich. Über manche Grundeigenschaften der in Israel lebenden Juden sind die Meinungen geteilt. Über andere wiederum sind sich alle Beobachter einig. Manche halten die Juden für auffallend rücksichtslos, barsch, unfreundlich, egoistisch, abgeneigt, sich der Not des Mitmenschen anzunehmen. Manche halten die Juden für geizig, kleinlich, unfroh, amusisch. Aber niemand wird ihnen absprechen wollen, daß sie betriebsam, zäh, strebsam, energisch sind, nicht lässig, gleichgültig, uninteressiert.
Daß sie dem oberflächlichen Betrachter auffallend rücksichtslos, barsch, unfreundlich, egoistisch erscheinen, abgeneigt, sich der Not des Mitmenschen anzunehmen, hat vor allem vier Gründe. Die Verfolgungen und Leiden, die sie vor ihrer Einwanderung nach Israel ertragen mußten, und das harte Leben in Israel selbst – Weltkrieg, Untergrundkämpfe, israelisch-arabischer Krieg –, das hat sie hart gemacht. Der zweite Grund ist, daß in der israelischen Gesellschaft die konventionelle Lüge und die Phrase verhaßt sind. In Frankreich hört der Einflußreiche das Gesuch des Bittstellers geduldig und scheinbar interessiert an und sagt zum Schluß: On fera

le possible, obwohl er gar nicht daran denkt, einen Finger für den Bittsteller zu rühren. Der Engländer sagt: I will do my best. In Israel sagt man: Bemühen Sie sich nicht, es ist zwecklos. Ich werde mich für die Sache nicht verwenden. Ein dritter Grund ist, daß jeder von seinen eigenen Bestrebungen, Zielen, Sorgen, Plänen so in Anspruch genommen ist, daß er sich in das Leben eines Mitmenschen nur dann einmischen wird, wenn äußerste Not am Mann ist, nicht wenn es sich um Lappalien handelt. Und der vierte, der Hauptgrund ist die wirtschaftliche Notlage, der tausendfältige Mangel. Der Mann, der in verbissenem Ärger mit unzähligen Widerwärtigkeiten zu kämpfen hat, und die Hausfrau, die trotz ihres Fleißes und ihrer Ausdauer ihr Haus herunterkommen sieht, sie sind nervös und nicht in der Lage, ihre kostbare Zeit mit Höflichkeiten zu vergeuden.

Und wenn manche die Juden in Israel für geizig, kleinlich, unfroh, amusisch halten, so sehen sie nicht in die Tiefe. Geizig? Die Hausfrau, die um jedes Gramm Fleisch und Fett, jedes Ei, jedes Stückchen Schokolade, jeden Löffel Marmelade zu ringen hat, verwahrt ihre dürftigen Vorräte ängstlich vor jedem Zugriff, hütet ihr bißchen Leinen, Wolle und Tuch wie kostbare Güter, und der Mann, der trotz aller Überstunden und Nebenarbeiten sich im Jahr kaum so viel zurücklegen kann, wie man für einen neuen Anzug bezahlt – sind sie wirklich geizig, wenn sie ihren Gästen dünnen Tee vorsetzen statt der letzten Tassen Kaffee, die sie von ihrer halbleeren Dose Nescafé brauen könnten? Sind sie kleinlich, wenn sie die Nachbarin bitten, ihnen die zwei Zwiebeln zurückzugeben, die sie ihr vorige Woche borgten? Sind sie unfroh und amusisch, wenn sie sich am Abend, abgekämpft und abgehetzt, nicht über einen neuen Gedichtband oder moderne Tanzkunst unterhalten wollen, sondern angesichts der zu knapp bemessenen Teuerungszulage ihrem Ärger über die Regierung Luft machen wollen?

Es ist ein hervorstechendes Charakteristikum der Menschen in Israel, daß sie betriebsam, zäh, strebsam, energisch sind, fleißig, aufmerksam, interessiert. Ein so hervorstechender Zug, daß er jedem auffallen muß. Der Landwirt, der uninteressiert seine Arbeit verrichtet, existiert hier nicht. Der Bauer studiert landwirtschaftliche Fachzeitschriften, er ist ständig darauf bedacht, die Qualität seines

Gemüses und Obstes zu verbessern. Grünfutter, Aufzucht des Viehs und des Geflügels, Bewässerung, Düngungsmethoden, das sind für ihn nicht feststehende, unverrückbare Vorgänge, er verfolgt die Verbesserungsmethoden, die man in Kalifornien anwendet, neue Getreidezüchtungen in Rußland, die Forschungen in Rechowoth. Er begnügt sich nicht damit, daß er 30 Dunam Boden hat und 12 Kühe. Er will seinen Meschek, seinen Hof, verbessern und vergrößern. Er besucht häufig die landwirtschaftliche Abteilung der Sochnut, die Einkaufsgenossenschaften, Darlehenskassen, auch Versuchsinstitute, er scheut keinen Weg und kein Warten, wenn es sich um seinen Hof handelt. Der Knecht, der gedankenlos die Anweisungen seines Bauern ausführt und allenfalls am Sabbat sich erholt und amüsiert, dieser Knecht aus vergangenen Zeiten existiert hier nicht. Der Knecht bleibt bei seinem Bauern nur dann, wenn er das Gefühl hat, auf diesem Hof praktisch und theoretisch etwas dazuzulernen. Gute Bezahlung, der Löhnung des Fabrikarbeiters entsprechend, ist Voraussetzung. Aber die gute Bezahlung allein genügt nicht. Auch er will neue Methoden, neue landwirtschaftliche Maschinen kennenlernen. Es kommt sogar vor, daß der Knecht dem Bauern den Vorschlag macht, er wolle irgendein brachliegendes Stück Land von ihm pachten und es in seiner freien Zeit bebauen oder es durch ein Familienmitglied bebauen lassen. In den Kibbuzim und Kwuzot ist es nicht anders. Dieser arbeitet im Kuhstall, jener im Ziegenstall, wieder andere bei den Pferden, in der Schaf-, Kaninchen-, Geflügelzucht, im Bananenhain, beim Gemüseanbau. Abgesehen davon, daß sie alle ihre Spezialarbeit nicht zur eintönigen Beschäftigung werden lassen, sondern gleich den freien Bauern und Knechten ständig auf Meliorationen bedacht sind – sie sind darüber hinaus die Glieder einer großen Kooperative. Der Kibbuz ist ihr Eigentum, und die Männer und Frauen, die von den Kibbuzmitgliedern gewählt sind als Finanzverwalter, Arbeitseinteiler, Einkäufer, Verkaufsleiter, Kulturleiter müssen Männern und Frauen Rechenschaft geben, die ihre Arbeit mit sehr kritischen Augen betrachten und die ständig auf das Wohlergehen und das Florieren ihres Kibbuz bedacht sind. Es kommt vielfach vor, daß Menschen nach einer drei-, fünf-, auch zehnjährigen Tätigkeit im Kibbuz ihren Kibbuzgenossen Lebewohl sagen und es mit einer anderen Existenz versuchen. Die Triebfeder dieses Wechsels ist

fast immer das Verlangen, schneller und besser vorwärtszukommen, sich ungehemmter entfalten zu können.
Dieses starke Streben, nach oben zu kommen, reich zu werden, sich zu entfalten, ist im ganzen Land zu beobachten, in den großen Städten, in den Kleinstädten, den Dörfern, den Siedlungen, beim Arbeiter, Handwerker, Kaufmann, Angestellten, Beamten, Lehrer, Künstler, beim manuellen und geistigen Arbeiter, bei Männern und Frauen. Diese Ausdauer und Zähigkeit, die im Laufe von 3000 Jahren die Juden trotz einer ununterbrochenen Leidensgeschichte vor dem Untergang bewahrte, diese Ausdauer und Zähigkeit, die nach 2000 Jahren Heimatlosigkeit diese Menschen dazu trieb, das alte, längst verfallene Heimatland wieder aufzusuchen, um es neu aufzubauen, diese Ausdauer und Zähigkeit drückt dem Land den Stempel auf, diese Ausdauer und Zähigkeit wird dafür sorgen, daß aus einem wirtschaftlich schwer ringenden Land wieder ein wirtschaftlich gesundes Land werden wird.

Eigenwohl ist Voraussetzung für Gemeinwohl

Dieses Streben ist nach Meinung oberflächlicher Beobachter krasser Egoismus und kommt der Gemeinschaft nicht zugute. Das ist eine irrtümliche Auffassung. Sie ist geprägt von Ideologien vergangener Zeiten.
Als die Arbeiterbewegung Mitte vorigen Jahrhunderts entstand, war ihr erklärtes Ziel, den Arbeitern und Bauern allgemeine und politische Bildung zu vermitteln, damit sie sich besser in der neuen Welt der Industriegesellschaft zurechtfänden. Außerdem sollte der Aufbau einer starken Gewerkschaftsorganisation die Durchsetzung der sozialen Gleichberechtigung ermöglichen. Aber die politische Agitation des Kommunismus und Sozialismus bemächtigte sich dieser Bewegung und predigte Klassenhaß und die Zerschlagung der kapitalistischen Gesellschaft.
Eine besonders unmenschliche Arbeitsideologie propagierte der Nationalsozialismus mit seinem Motto: Gemeinnutz geht vor Eigennutz. Es besagt: Du hast nicht in erster Linie für dich und deine Familie zu arbeiten, sondern du hast das Gemeinwohl, das Wohl der Gesamtheit, der Nation über alles zu stellen. Mit diesem nieder-

trächtigen Argument kann jeder jeden bespitzeln, kritisieren, verleumden und diffamieren. Der Ausbeuter kann alle Forderungen seiner Arbeiter mit der hämischen Bemerkung abschmettern: Ihr sollt nicht euer eigenes Wohl im Auge haben, sondern das Wohl der Gesamtheit, in erster Linie das Wohl des Werkes, in dem ihr arbeitet – also das Wohl des Unternehmers. Der Funktionär der Partei oder ihrer Berufsvertretungen wirft sich in die Brust und erinnert den Arbeiter, den Handwerker, den Landwirt, den Lehrer daran, daß sie alle nur für sich selbst arbeiten, während er unermüdlich und selbstlos für die Gesamtheit wirke. In Wirklichkeit aber ist es so, daß die Gesamtheit aus gelernten Arbeitern und ungelernten Arbeitern besteht, aus Bauern und Lehrern, Geistlichen, Ärzten, Hausangestellten, Künstlern, Beamten, aus Scherenschleifern, Schuhputzern, Kellnern, Schauspielern, Wissenschaftlern und Forschern, Matrosen, Offizieren, Telefonistinnen, Gärtnern, Schriftstellern, Zeitschriftenwerbern und Sozialfürsorgerinnen, Ministern, Hausierern und Bardamen. Je gewissenhafter, geschickter, fleißiger und engagierter der einzelne seinen Beruf ausübt und pflegt, desto mehr dient er dem Gesamtwohl. Gemeinnützig handelt nicht, wer seinen Beruf mürrisch, lieblos und lässig ausübt und lieber in Vereinen, Organisationen, Versammlungen über Kommunal-, Partei- und Regierungsgeschäfte debattiert, Dinge, von denen er nichts versteht.

Aber du kannst doch nicht behaupten, daß ihr alle eine gemeinnützige Arbeit verrichtet? Du zum Beispiel stehst von morgens bis abends in deinem Laden, wiegst Zucker und weiße Bohnen und Mayonnaise ab, zählst die Heringe in deinem Heringsfaß, schneidest Punkte aus den Lebensmittelheften und freust dich am Abend, daß du mit deinen Tageseinnahmen die Ausgaben für den nächsten Tag bestreiten kannst. Das ist kleine und egoistische Arbeit. – Und was tust du den ganzen Tag? Sechs Stunden unterrichtest du Knaben und Mädchen in Grammatik, bringst ihnen mühselig die Grundlagen der Sprache bei, zwei Stunden bereitest du dich auf den Unterricht vor. Das ist deine Arbeit, dein Broterwerb. Was tust du für das Land, für die Allgemeinheit? – Und du, nimm es mir nicht übel, deine ärztliche Praxis ist keine große Sache. Du sagst den Müttern, sie müßten den Stuhlgang ihrer Kinder regulieren, du verschreibst Kalziumtabletten und erklärst dem Herzleidenden, er brauche mehr Ruhe. Das ist Handwerk, Broterwerb. Wo bleibt die schöpferische Kraft, wo das Wirken für das Land?

Was sind das für alberne Redensarten. Wir brauchen 6000 Lehrer, aber nur 500 Journalisten, nur sechs Generäle; 50 Parteisekretäre sind schon zuviel, und wenn wir 20 Minister haben, so ist das Vergeudung öffentlicher Mittel, ineffektiver Bürokratismus. Es sollen nicht alle organisieren wollen, sie sollen lieber am Webstuhl sitzen oder Kartoffeln anbauen. Das Regieren ist Sache der von den gewählten Volksvertretern eingesetzten Regierung. Die Aufforderung an den einzelnen, mehr für die Gesamtheit, für das Gesamtwohl zu wirken und zu arbeiten, ist abwegig. Die Zeitumstände und die wirtschaftliche Not bringen es ohnehin mit sich, daß sich der einzelne zuviel um die Gesamtheit, um die Regierung, um seinen Nachbarn kümmert. Er steckt seine Nase nicht zuwenig, sondern zuviel in fremde Töpfe. Der israelische Witz ist charakteristisch: Am Eingang zum Rekrutenlager ist eine Tafel angebracht, auf der zu lesen steht: Den neueintretenden Rekruten ist es verboten, den Generälen Ratschläge zu erteilen.

Fleiß allein reicht nicht

Aber auch über die Art der Erfüllung der Berufspflichten sind die Meinungen geteilt. Der Maschinensetzer in der Buchdruckerei, der sich an die Setzmaschine setzt, von der er weiß, daß sie ordnungsgemäß geheizt und temperiert ist, ordnungsgemäß geölt, von der er weiß, daß sie untadelig arbeitet, daß sie reibungslos funktioniert, tut sich leicht, wenn er das saubere, in jeder Beziehung einwandfreie, auf gutem, weißem Papier getippte Manuskript zu setzen hat. Ein Maschinensetzer dagegen, der erst die uralte und mangelhaft reparierte Setzmaschine mühselig in Gang bringen muß, eine Maschine, bei der sich die Buchstaben unaufhörlich »verheddern«, die bei jeder zweiten Zeile neu justiert werden muß, der Maschinensetzer der sich mit einem handgeschriebenen und unübersichtlichen Manuskript abzumühen hat, der kann unmöglich dasselbe Resultat erzielen wie der unter günstigen Voraussetzungen arbeitende Kollege.

Mit den Handwerkern ist es nicht anders. Da gibt es kleine Werkstätten, in denen Schlosser, Dreher, Schweißer, Elektriker, Bürstenmacher, Installateure, Spengler, Tischler, Automechaniker, Kürschner, Schuster, Glaser, Buchbinder, Gewindedreher, Uhrmacher sich bemühen, gute Arbeit zu leisten. Wenn auf sie geschimpft wird, wenn bemängelt wird, ihre Arbeit sei keineswegs zufriedenstellend, sie würden zu teuer arbeiten, sie würden Termine nicht einhalten, sind die Beanstandungen in den meisten Fällen berechtigt. Aber sie berücksichtigen nicht die Bedingungen, unter denen der Handwerker zu arbeiten hat, wie schwer es für ihn ist, sich das Material, das er benötigt, zu beschaffen, wie dürftig sein Handwerkszeug ist und wie armselig seine Werkstatt, wieviel unnütze Laufereien er zu machen hat, um mit der Arbeit zu Rande zu kommen. Am Fleiß und am Geschick und an der Zähigkeit des Handwerkers liegt es nicht, wenn die Arbeit nicht so ausfällt, wie sie der Kunde und der Handwerker selbst haben möchten. Es liegt vielmehr an der schlechten Wirtschaftslage, die sich nicht bessern kann, wenn die Voraussetzungen für eine gesunde Wirtschaft fehlen. So geht es auch dem Lehrer, dem Musiker, dem Schauspieler, Journalisten, Fotografen, dem Gastwirt, dem Kaufmann.
Was nützt der Fleiß, wenn der Automonteur einen schweren Unfallschaden reparieren soll und ihm hundert Teile, die er dazu braucht, fehlen, wenn er keinen Platz hat, sich zu drehen und zu wenden, wenn ihm plötzlich der Strom abgesperrt wird und wenn sein Gehilfe zu einer Reserveübung eingezogen wird? Was nützt dem Konfektionär sein guter Geschmack, sein Organisationstalent und seine Ausdauer, wenn Stoffe, Farben, Material aller Art fehlen? Wir wissen es aus Europa und aus Amerika, daß große Finanzinstitute von Juden geleitet werden, große Industriewerke, Warenhäuser und Textilhäuser. Die Juden waren und sind gute Schauspieler, hervorragende Musiker, ausgezeichnete Journalisten. In der Textilbranche, insbesondere in Polen und in der Tschechoslowakei, auch in Sachsen und Schlesien, waren Juden erfolgreiche Produzenten, glänzende Verkäufer, solide und geschätzte Arbeiter, als Diamantenschleifer und Glasbläser waren sie weltweit anerkannt. Und hier? Woran fehlt es hier? Nein, von 1900 bis 1940 ging es aufwärts, in Sandwüsten wuchsen Städte, aus kleinen Werkstätten wurden große Industriebetriebe, aus dürftigen landwirtschaftlichen

Siedlungen landwirtschaftliche Großbetriebe. Die Israelis haben ihren Fleiß, ihre Zähigkeit und ihre Geschicklichkeit nicht eingebüßt, aber die fehlenden Voraussetzungen und die daraus entstandenen Mängel haben zur Folge, daß Fleiß, Zähigkeit, Ausdauer, Geschicklichkeit und Geschmack sich nicht entfalten können.
Wer in Ruhe nachdenkt, wird zugeben, daß nicht Nachlässigkeit oder Überheblichkeit des Chauffeurs die Ursachen dafür sind, daß jede Omnibusfahrt zur Qual wird, nicht Faulheit des Tischlers, daß das bestellte Regal drei Wochen zu spät geliefert wird, nicht Unachtsamkeit des Installateurs, daß die Wasserleitung nicht funktioniert. Er wird zugeben, daß die Mängel, unter denen seine eigene Arbeit leidet, auch die anderen an solider Arbeit hindern. Aber weil uns diese tausend Mängel von früh bis abends wie feine Nadeln stechen, wie Zahnschmerzen quälen, sind wir gereizt und ungerecht. Der Minister, der begreiflicherweise tun und reden muß, als seien diese Mängel nicht vorhanden oder als seien sie zumindest nicht so gefährlich, leidet unter ihnen genauso wie alle anderen. Minister, sagt man, müßten sich beherrschen können und müßten jedes Wort auf die Waagschale legen. Einer der führenden israelischen Minister, dessen Temperament und Schaffenskraft vorbildlich sind, hat einmal in seiner Wut darüber, daß es von allen Seiten Vorwürfe hagelte und daß man ihn persönlich für alle Mißstände verantwortlich machte, den Spieß umgedreht und gesagt, die Hälfte der Bevölkerung sei faul, arbeite nur in die eigene Tasche, nichtsnutzige Menschen. Ich nehme an, daß er die Menschen hier liebt und schätzt und daß er von ihrem Fleiß, ihrer Zähigkeit und ihrem Streben überzeugt ist. Wenn ihm in einer ruhigen Stunde ein Fremder erklären würde, ein großer Teil der Menschen hier sei faul, unnütz, dumpf und stumpf, so würde er sich sehr energisch dagegen wehren und sehr eindringlich darauf hinweisen, wie fleißig, strebsam und tüchtig diese Menschen sind. Die Mutter darf zu ihren Gästen sagen, ihr Söhnchen sei ein frecher Lausbub, ein Galgenstrick. Aber die Gäste dürfen ihr nicht zustimmen: Ja, es hat keine guten Anlagen, man darf sich von seiner Zukunft nicht viel versprechen.

Der fleißige und tatkräftige Mensch, der sich entwickeln und entfalten will, arbeitet für das Gesamtwohl, für die Gemeinschaft, indem er für sich arbeitet und mit allen Kräften danach strebt, daß sein Einkommen seiner Leistung entspricht, daß er für seine Arbeit die gebührende Anerkennung findet. Das dient einem gemeinnützigen kulturellen Zweck, sagen die Arrangeure eines Vortrags. Lieber Herr Professor, lieber Vortragender, dürfen wir annehmen, daß du mit Rücksicht auf den gemeinnützigen kulturellen Zweck den Vortrag gratis hältst? Der Vortrag würde normalerweise mit 10 Pfund oder 25 Pfund oder 100 Pfund honoriert werden. Wie kommt der Vortragende, der Professor, der geistige Arbeiter, dazu, auf seine 10 oder 25 oder 100 Pfund zu verzichten? Macht man auch jedem Zuhörer den Vorschlag, für den gemeinnützigen kulturellen Zweck 10, 25 oder 100 Pfund zu stiften?

Es liegt in der Natur unserer Wirtschaftsverhältnisse, daß der Arbeitgeber, der Unternehmer ein größeres Einkommen hat als der Arbeiter und Angestellte. Trotzdem neigt man dazu, von den geistig und manuell Arbeitenden größere Opfer zu fordern. Der Schauspieler, Sänger, Musiker, Schriftsteller, Gelehrte soll unentgeltlich für eine gute Sache spielen, singen, vortragen. Auch die Arbeiter sollen einen Tageslohn für eine gute Sache stiften. Aber niemand würde es wagen, dem Bauunternehmer vorzuschlagen, das geplante Kulturinstitut unentgeltlich zu bauen, weil es doch einer guten Sache dient.

Es ist vollkommen berechtigt, daß der fleißige und strebsame Arbeiter danach trachtet, einen möglichst hohen Lohn zu erhalten. Auch der Arzt, der Lehrer, der Künstler, der Beamte, der Kaufmann, der Landwirt, der Unternehmer wollen möglichst viel verdienen. Wer eine Leistung erbringt, wird dafür bezahlt. Der Lehrer unterrichtet und wird dafür bezahlt, der Arzt untersucht die Kranken und wird dafür bezahlt, der Beamte führt die Devisenvorschriften durch und wird dafür bezahlt, die Köchin bereitet die Mahlzeiten und wird dafür bezahlt, der Unteroffizier lehrt die Soldaten die Handhabung des Maschinengewehrs und wird dafür bezahlt. Es dreht sich in tausenderlei Diskussionen, Verhandlungen, Prozessen, Streitigkeiten um die Höhe der Bezahlung. Gemeinhin findet der, der zu zahlen hat, daß er über Gebühr viel zahle, während der, der zu fordern hat, der Ansicht ist, daß er von Rechts wegen mehr bekommen müsse. Die Bezahlung der Arbeiter richtet sich danach, ob das Unternehmen floriert oder nicht, ob Mangel oder Überfluß an Arbeitskräften, gelernten und ungelernten Arbeitern besteht und ob die Organisation der Arbeiter, die Gewerkschaft, ihre Diskussionen und Kämpfe mit den Unternehmern geschickt und zäh führt oder nicht. Die Tüchtigkeit besteht nicht immer nur in Energie und Zähigkeit. Die Besoldung der Beamten wird von den Lohnverhältnissen der Arbeiterschaft sozusagen ins Schlepptau genommen. Was der Produzent und der Kaufmann in normalen Zeiten für ihre Ware erhalten, das richtet sich nach Angebot und Nachfrage. Angebot und Nachfrage sind abhängig von der wirtschaftlichen Situation der Arbeitnehmer, denn sie bilden das Gros der Konsumenten. Der Preisregulierer »Angebot und Nachfrage« ist eine so naturgegebene Institution, daß es in normalen Zeiten kaum Diskussionen über die Preisgestaltung gibt. Wenn Wein in Hülle und Fülle vorhanden ist, dann sinkt der Weinpreis, denn der Kaufmann will seine Ware absetzen. Fehlt es an Gummi, dann wird Gummi teurer. Wenn aber, wie das in unserer augenblicklichen Wirtschaftsnot der Fall ist, Mangel an Waren jeder Art besteht und wenn zudem der Wert des Geldes sinkt, dann existieren keine normalen Kauf- und Verkaufsverhältnisse mehr, und folglich gibt es auch keinen Preisregulierer mehr. Wenn nur der vierte Teil dessen an Seife produziert werden kann, was das Publikum benötigt, und wenn aus Devisenmangel Seife nicht eingeführt werden kann, dann zahlt die Hausfrau für ihre Seife jeden Preis, den man ihr abverlangt. Und der Kaufmann, der sieht, daß der Seifenpreis von Monat zu Monat steigt, während der Wert des Geldes von Monat zu Monat sinkt, zieht es vor, die Seife zu horten und mit dem Verkauf auf für ihn noch günstigere Preise zu warten.

Man soll nicht verallgemeinern, aber im Durchschnitt ist der fleißige, zähe, ausdauernde und aufstrebende Mensch kein Verschwender. Wenn die Juden auch zu Großzügigkeit in der Fürsorge für ihre Kinder neigten, so waren sie doch in erster Linie auf das Horten von Geld, das Ansammeln von Kapital bedacht; denn in der zweitausendjährigen Verfolgung und Wanderschaft konnten sie sich nur durch Ansammeln von Geld am Leben erhalten. Dieses

Haushalten konnten wir auch in Palästina in den wirtschaftlich einigermaßen normalen Zeiten beobachten. Als aber 1948 der wirtschaftliche Notstand einsetzte, der Wert des Geldes sank und der Warenmangel sich auf allen Gebieten auszubreiten begann, da änderte sich das plötzlich, jetzt hortete man nicht mehr Geld, sondern Ware. Die um hundert Dinge verlegene Hausfrau stürzte sich auch auf Waren, für die sie sich bis dahin nie interessiert hatte. »Für alle Fälle.«

Arbeiten die Menschen, die möglichst viel verdienen wollen, der Arbeiter, der Landwirt, der Beamte, der Kaufmann, der Fabrikant, nur in die eigene Tasche? Die Gegenpartei sorgt ohnehin jeweils dafür, daß die Bäume nicht in den Himmel wachsen. Beim Arbeiter ist die Gegenpartei der Arbeitgeber, beim Arbeitgeber sind es die Arbeiter, beim Produzenten die Konsumenten. Beim Kaufmann die Käufer.

Der Kaufmann sieht seine Substanz schwinden. Er verkauft Strümpfe. Er hatte vor kurzem 300 Paar eingekauft und sie mit Gewinn verkauft. Die Gewinnspanne war angemessen und normal gewesen. Er hatte für das Paar 40 Piaster erlöst. Als er sich aber mit neuer Ware eindecken wollte, war nichts mehr aufzutreiben. Schließlich erklärte sich ein Grossist bereit, ihm 100 Paar für je 70 Piaster zu überlassen. Der Kaufmann sah voraus, daß, wenn er diese 100 Paar, für die er selbst 70 Pfund gezahlt hatte, für das Doppelte verkaufte, daran also 100 % verdiente, daß er für den Erlös – 140 Pfund – nicht mehr 100 Paar Strümpfe würde einkaufen können. Die Warenknappheit und das Sinken des Geldwertes haben dem Kaufmann den Boden unter den Füßen weggezogen. Die normalen Grundsätze des Handels existieren nicht mehr. Zu welchem Irrsinn und zu welcher Unmoral eine ungehemmte Inflation führen kann, das haben die chaotischen Zustände in Deutschland in den Jahren 1920 bis 1923 deutlich genug gezeigt.

Wenn der Staat rationiert

In normalen Zeiten soll sich der Staat sowenig wie möglich in die Wirtschaft einmischen. Läßt er sie unbehelligt, so kommt das der Wirtschaft und jedem einzelnen zugute. Er hat lediglich Auswüchse, zum Beispiel Monopolisierungen, zu verhindern.

In Zeiten der wirtschaftlichen Not, der wankenden Währung, des sichtbaren Warenmangels aber muß der Staat dafür sorgen, daß der geringe Vorrat an Fett, Fleisch, Butter, Mehl, Milch, Eiern, das bißchen Stoff, Leder, Geschirr, das vorhanden ist, nicht von den wenigen Reichen und den cleveren Leuten den Armen und weniger Gewitzten weggeschnappt wird und so die Masse der Bevölkerung das Nachsehen hat. Unser Staat hat diese Aufgabe übernommen. Eine ganz einfache Organisation ist das, sagte sich der Staat. Erstens muß dafür gesorgt werden, daß von dem wenigen, das wir haben, nicht ein Teil ins Ausland verschoben wird, also Ämter, die den Export regeln, Exportlizenzen geben oder verweigern. Zweitens muß jeder dem Staat melden, welche Vorräte er hat, wieviel Holz, Glas, Blei, Kupfer, Eisen, Blech, Zement, Autos, Papier, Karton, Silber, Mehl, Reis, Eipulver, Konservendosen usw. Ein neues Amt wird das alles registrieren, und wenn der Kaufmann oder der Fabrikant den Staat anschwindelt, dann wird ihm die Ware, die er nicht gemeldet hat, beschlagnahmt. Drittens darf der Warenbesitzer künftighin nicht mehr an jeden Beliebigen verkaufen, sondern der Staat wird vorschreiben, an wen er verkaufen darf. Viertens müssen, damit keine chaotischen Zustände entstehen und damit das Volk auch sein Minimum an Lebensmitteln und Kleidung und Schuhen erhält, Höchstpreise festgesetzt werden. Fünftens darf nicht jeder importieren, was er will; denn wir brauchen unsere Devisen für lebenswichtige Dinge und für die Rohstoffe für Industrie und Landwirtschaft; wir wollen sie nicht verwenden für die Einfuhr von Markenporzellan und Perserteppichen und Gobelinstoffen. Alle Vorschriften wurden erlassen. Alle Ämter wurden gegründet, und einige tausend Beamte setzten sich in Positur ...
Es wurden Höchstpreise festgesetzt für Kartoffeln, Möhren, Rettiche, Gurken, Orangen, Melonen, für Margarine und Öl, Fett, Tee, Kaffee, Eier, Graupen, Bohnen, Linsen, Milch, Kakao, Gefrorenes, Limonade, Soda, Fleisch und Fisch und Ölsardinen und Käse und Brot und Semmeln und Puddingpulver und Ersatzkaffee und getrocknete Pflaumen und Tische und Stühle und Kinderbetten und Bratpfannen und Kühlschränke und Einweckgläser und Taschentücher und Kleiderstoffe und Sandalen und Taschenmesser und Bücher und Spielsachen und Glühbirnen und Wäscheklammern und Papierscheren. Und wenn einer 10 Tonnen Linsen importieren

wollte, dann wurden endlose Untersuchungen angestellt, ob die Einfuhr notwendig sei, ob es nicht zweckmäßiger sei, Erbsen zu importieren, ob der Preis für die Linsen nicht zu hoch sei und ob Linsen nicht auf dem Tauschweg oder mit Hilfe leichter beschaffbarer Devisen zu haben seien. Und wie es komme, daß der Antragsteller jetzt auf einmal Linsen importieren wolle, während er früher nie Linsen importiert habe. Und es waren noch weitere 10 Anträge auf den Import von Linsen gestellt worden. Auf einmal war der Markt überschwemmt mit Linsen, denn es war schwierig, die Kompetenzen der verschiedenen Ministerien abzugrenzen. Dem einen, der billige Gefrierfische importieren wollte und die Ware mit langfristigem Kredit bekommen konnte, wurde die Lizenz nicht erteilt, weil kurz zuvor einem anderen Antragsteller die Bewilligung auf Einfuhr von gewaltigen Mengen Gefrierfisch erteilt worden war, allerdings gegen Barzahlung in Dollar. Leider stellte es sich heraus, daß dieser Importeur kein Fischfachmann war, sich hatte hereinlegen lassen und daß ein großer Teil der Ware verdorben war.

Und die Verteilung der Rationen war auch nicht so einfach. 1000 Gramm Fett pro Person jeden Monat. An einem Tag für 1,5 Millionen Menschen, also 1500 Tonnen Fett an einem Tag, das ist unmöglich. Teilen wir das Land in drei Bezirke, einer bekommt sein Fett in den ersten 10 Tagen des Monats, der nächste in den nächsten 10 Tagen und der dritte Bezirk in den letzten 10 Tagen des Monats. Aber das klappte auch nicht, denn die Margarine- und Ölfabriken hatten ihre Rohstoffe nicht rechtzeitig erhalten, oder es waren Maschinen defekt geworden, und sie konnten wegen Mangels an Ersatzteilen nicht instand gesetzt werden. Keine Verteilung klappte, oft mußten die Menschen 3 Monate lang auf die ihnen fest zugesagten Rationen warten. Brot war nicht rationiert worden, aber einmal war in den Brotgeschäften so viel Brot vorrätig, daß die Leute es nicht aufkaufen konnten und die Ware verschimmelte, ein andermal liefen die Menschen verzweifelt von Laden zu Laden und konnten keinen Laib auftreiben. Eine Fabrik, die erweitert werden sollte, mußte plötzlich die Montage der Maschinen stoppen, weil die Devisen nur für einzelne Maschinenteile bewilligt worden waren. Mitten im Bauen mußten die Bauunternehmer fehlender Materialien wegen den Bau einstellen.

Ganz einfache Sache, die Rationierung, dachte der Laie und dachte die Regierung, da auch die Regierenden Laien waren. In Wahrheit aber eine ungemein schwierige Angelegenheit, die größtes Organisationstalent, eiserne Disziplin, unbedingte Gerechtigkeit, hervorragende Beobachtungsgabe, Feinhörigkeit für die Bedürfnisse der Bevölkerung, aber auch der Landwirtschaft und der Industrie erforderte. Man wollte die 1,5 Millionen Menschen lenken, Arbeiter, Angestellte, Beamte, Landwirte, Händler, Fabrikanten, Reiche und Arme, Männer und Frauen und Kinder, die Gutmütigen und die Bösartigen; man wollte das Volk lenken und dirigieren und wurde von den Teilen der Masse dirigiert, die am meisten Einfluß und Rücksichtslosigkeit besaßen. – Nein, nein, Kartoffeln müssen auf alle Fälle billig sein, das ist Volksnahrung. Nicht mehr als 4 Piaster das Kilo. – Unmöglich, schrien die Landwirte, damit können wir nicht existieren. Vergeßt nicht, daß die Kosten für Transport und Säcke enorm gestiegen sind, daß auch die Einkaufsgenossenschaft und der Grossist und der Gemüsehändler etwas verdienen wollen. Wir bekämen nicht mehr als 2 Piaster für das Kilo. Da würden wir zusetzen. – Schluß, sagte die Regierung diktatorisch. Es bleibt bei 4 Piaster. – Dafür gab es ein Jahr lang keine Kartoffeln mehr auf dem Markt. Nur die Reichen konnten sich auf dem Schwarzmarkt für das Zehnfache des Höchstpreises Kartoffeln kaufen. Dann waren die vielen Kranken da, Zuckerkranke, Lungenkranke, an Ulcus Leidende, Menschen, die nach einer schweren Operation wieder zu Kräften kommen mußten. Für diese Kranken und Erholungsbedürftigen gab man Krankenkarten aus, die zum Bezug von Fett, Butter, Eiern, Fleisch, Wurst, Zucker berechtigten. Die ausgehungerte Bevölkerung kämpfte erbittert um Krankenkarten, bis allmählich ein Drittel aller Leute Krankenkarten hatte. Dann wieder wurde die Ausgabe von Krankenkarten so eingeschränkt, daß die Ärzteschaft sich beschwerte. Und die Säuglinge und die kleinen Kinder? Mußten sie nicht Zusatzrationen erhalten – Zucker, Milch, Kakao, Corn-flakes, Reis? Und die Schwangeren? Brauchten Sie nicht erhöhte Rationen? Und konnte man dem Schwerarbeiter zumuten, mit 100 Gramm Fleisch für 14 Tage auszukommen? – Auch die Zuteilung von Importlizenzen war keine einfache Sache. Was lebensnotwendig ist, das bestimme ich, sagte der Staat. Aber die Reibereien zwischen den Textil-, Metall-, Konserven-, Glasfabriken, zwischen Kooperativen und Einzelunternehmern, zwischen Produzenten und Konsumenten waren so heftig geworden, daß man nicht mehr ein noch aus wußte und zehn Gruppen unrecht tat, wenn man der Forderung einer Gruppe gerecht wurde.

Erst als es kaum noch Gemüse und Obst gab, als Wäsche und Kleidung und Schuhe nicht mehr aufzutreiben waren, als die Inflation zu galoppieren begann, als die Masse der Neueinwanderer laut zu protestieren anfing, erkannte die Regierung, daß ihre Wirtschaftspolitik falsch war. Sie baute das Kontrollsystem ab, sie überließ die Preisgestaltung für einen großen Teil der Waren den Produzenten und den Konsumenten, für andere Waren setzte sie Höchstpreise fest, die den Landwirten und den Produzenten das Weiterarbeiten ermöglichten, sie machte aus der Inflation eine Deflation, und sie gebot der Einwanderung Halt. Damit hörte das bösartige Geschwür auf zu wachsen, aber von einer Gesundung der Wirtschaft konnte noch nicht die Rede sein. Nach wie vor produzieren wir so wenig, daß wir auf den Großimport angewiesen sind, daß wir gezwungen sind, Geschenke und Stiftungen zu erbetteln und uns um Anleihen zu bemühen.

Erst müssen die Voraussetzungen für das gedeihliche Wirken von Landwirtschaft, Industrie und Handel geschaffen werden: Elektrizität, Bewässerung, Nachrichtenwesen und Verkehrsmittel, erst dann werden Währung, Finanzwirtschaft und Staatshaushalt normal funktionieren, und erst dann wird sich zeigen, wie groß die Leistungskraft der Bevölkerung Israels ist und welche Welt sich aus ihren Ideen und Leistungen entwickeln wird.

Neue Hoffnung

Augenblicklich glauben und hoffen viele, daß die Wiedergutmachungszahlungen, die Westdeutschland an Israel zu leisten hat, imstande sein werden, die Grundlagen für die Entwicklung des Landes zu schaffen. Die Regierung hat einen berühmten Mann aus Amerika kommen lassen, der die Wirtschaftssituation des Landes und die Finanzlage des Staates prüfen und ein Konzept für die Gesundung unserer Wirtschaft erarbeiten sollte. Der Mann kam zu

demselben Resultat wie jeder gute Beobachter: Vor allem für eine zuverlässige Stromversorgung, ausreichende Bewässerung und ein modernes Nachrichten- und Verkehrsnetz sorgen. Erst wenn dieses Fundament steht, kann aufgebaut werden. Der Staat ist fest entschlossen, den Rat des Fachmanns zu befolgen. Aber ob er stark genug ist, den Pressionen der Interessenvertretungen und der Parteien standzuhalten, ob er den Mut hat, das Volk darben zu lassen und gleichzeitig Flüsse umzuleiten, Eisenbahnen zu bauen, Verkehrswege zu erschließen? Ob er den Mut haben wird, trotz ungeordneter Finanzen alle die großen Vorhaben zu planen und zu verwirklichen? Der größte Teil der Bevölkerung bringt den neuen Plänen Mißtrauen entgegen. Die Menschen sagen: Was nützt es uns, wenn dieser grandiose, zu unserer armseligen Existenz so gar nicht passende Rahmen geschaffen wird, dessen Konstruktion viele Jahre dauern wird, wenn wir inzwischen verkümmern? So argumentieren auch Landwirtschaft und Industrie. Sie bedenken nicht, daß die Schaffung dieser Voraussetzungen eine starke Belebung zahlreicher Industriezweige bringen wird. Metallfirmen, Holzfirmen, Steinbrüche, Bauunternehmungen jeder Art, Tausende von kleinen Werkstätten werden kostbares Rohmaterial und profitable Aufträge erhalten. Arbeitskräfte werden gesucht sein. Arbeitslosigkeit wird es nicht mehr geben. Und der Ausbau von 10 Industriezweigen fördert 100 weitere, denn die Industrie ist ein großes Räderwerk. Die Wiedergutmachungszahlungen bekommt der Staat, kein anderer als der Staat. Die Materialien und die Maschinen, die er kommen läßt, verkauft er an die Unternehmer. Wenn er unter diesen Umständen seinen Haushalt nicht in Ordnung bringt und seine Währung nicht stabilisiert, dann ist ihm nicht zu helfen. Freilich darf er nicht, wie es den Anschein hat, den Versuch machen, die grandiosen Projekte von 2000 neuen Beamten leiten zu lassen; er soll haushälterisch mit dem Geld umgehen und dem Rat von erprobten Fachleuten und Finanzexperten folgen.
Es ist schlimm genug, daß die wirtschaftliche Notlage jeden einzelnen, den Armen und den Reichen, den Arbeiter, die Hausfrau, den Gelehrten, den Arzt, die Säuglingsschwester, dazu zwingt, sich mit finanziellen und wirtschaftlichen Dingen über Gebühr zu beschäftigen, sich mit ihnen unwillig und verbissen auseinanderzusetzen, daß ihm für die wesentlichen, die schönen Dinge des Lebens Zeit

und Muße fehlen. Es ist schlimm genug, daß der Staat, der hochfliegende Pläne hatte und Großes, Schönes, Fortschrittliches vollbringen wollte, sich mit Rationierungen, Restriktionen, Währungsproblemen, Devisenvorschriften, Erteilung von Import- und Exportlizenzen und tausend anderen unerquicklichen Dingen abplagen muß. Es ist traurig genug, daß der, der über Israel und seine Entwicklung schreiben will, die Finanz- und Wirtschaftsnot des Landes nicht als Randproblem behandeln darf.

Das Kind betrachtet die wirtschaftlichen Kämpfe der Erwachsenen als Spiel, sie erscheinen ihm nicht anders als sein eigenes Kinderspiel. Hier in Israel leidet das Kind nicht unter der Not, auch wenn die Bevölkerung von ihr erdrückt wird. Das Kind und sein Wohlbefinden sind für die Erwachsenen das Wichtigste auf der Welt. Wo Kinder im Hause sind, da verzichten die Erwachsenen auf ihre Ration Eier, Milch, Butter und stecken sie den Kindern zu. Wenn der schwarze Markt noch so verpönt ist und noch so scharf kontrolliert wird, so kaufen die armen Eltern doch zu horrenden Preisen Fleisch, Butter, Geflügel, Obst für ihre Kinder. Und der Richter, vor dem der Sünder steht, der sich des schwarzen Markts bedient hat, hört verlegen den Ausführungen des Verteidigers zu, daß die Mutter das Huhn auf dem schwarzen Markt nur für die Kinder erstanden hat, und verhängt die mildeste Strafe, die das Gesetz zuläßt. An der Statistik der Säuglings- und Kindersterblichkeit in Israel ist nicht zu erkennen, daß es im Lande eine Wirtschaftsnot gibt.

8

Israel – die Heimat der Juden

Die Welt der jungen Menschen

Die jungen Menschen, die Wohlleben und Luxus niemals kennenlernten, die den reichgedeckten Tisch und die luxuriöse Wohnung nur vom Film her kennen, finden ihre arme Behausung, ihre dürftige Kleidung und Nahrung – Gemüse, Salate, Brot und Nudeln – durchaus angemessen und nicht kümmerlich und änderungsbedürftig. In ihnen wohnt die ruhige Zufriedenheit der Glücklichen, sie sind nicht nervös und gereizt, sie freuen sich ihrer Jugend, ihrer Kraft, ihres Tätigkeitsdrangs, der Kameradschaft, die sie nicht nur im engen Kreis, sondern im ganzen Land finden. Sie hören das Jammern der Älteren über Wirtschaftsnot und Entbehrungen höflich an, und sie lachen nur aus Mitleid nicht über die endlosen Tiraden. Sie besuchen die Schule, das Gymnasium, die Universität in Jerusalem, das Technikum in Haifa, landwirtschaftliche Schulen, Handelsschulen, technische Kurse, Handwerkerkurse, sie sind Arbeiter, Gesellen, Handwerker, Angestellte, sie besitzen eigene Unternehmen, Werkstätten und Läden, sie sind Verkäufer und Reisende, sie sind Soldaten, Sergeanten, Offiziere, Matrosen, Schiffskapitäne, Militärflieger, Zivilflieger, Omnibusfahrer, Taxichauffeure, Sportlehrer, Volksschullehrer, Sozialarbeiter, Sanitäter, sie arbeiten als Hausgehilfinnen, Säuglingsschwestern, Kindergärtnerinnen, Fabrikarbeiterinnen, Köchinnen, Kellnerinnen, Stewardessen, Beamtinnen, Laborantinnen, Friseusen, Schneiderinnen, Verkäuferinnen. Großstädtische Jugend und Jugend vom Dorf, das sind keine Gegensätze. Sie sind hier gekleidet wie dort, sie haben dieselben Ansichten und Interessen, sie sind weder Zionisten noch Patrioten, aber sie lieben das Land mit ganzem Herzen, so selbstverständlich wie eine Mutter dem Kinde dient, ohne ihre Liebe in die Welt hinauszuposaunen.

Sie sind das wahre Israel, die neue Welt, die Zukunft. Sie haben für das Land gekämpft, es erobert. Es gehört ihnen. Sie sprechen akzentfrei Iwrit, dessen Konsonanten und Vokale sich aus dem Mund der in fremden Ländern Geborenen immer fremd anhören. Sie sind anders als die Gymnasiasten, Studenten, Techniker, Gehilfen, Arbeiter, Beamten in anderen Staaten. Sie sind nicht anmaßend, sondern frei, nicht überheblich, sondern selbstbewußt, sie sind schön und schlank und groß, sie sind anmutig und graziös, ihr Lächeln ist scheu, ihr Lachen und ihr Spiel sind laut und ungehemmt, ihre Kraft will den Himmel stürmen. Sie fürchten sich nicht vor der sengenden Sonne und nicht vor Wolkenbrüchen. Sie lieben das Theater, den Film, das Radio, die Musik und vor allem Tijulim – Ausflüge, Touren, Wanderungen. In Lastwagen, die für 30 Personen Platz haben, stehen und liegen und sitzen sie, 70 Mädchen und Burschen, klatschen und singen und können sich nicht lassen vor Übermut und Lebenslust. Die lateinischen und griechischen Klassiker begeistern sie nicht so sehr wie die modernen Sprachen – Englisch, Französisch, Deutsch, Russisch –, es macht ihnen Spaß, sie fließend zu sprechen und zu schreiben. Sie lesen viel und gern, vor allem Technisches, Abenteuerliches, Historisches, aber auch Philosophie und Psychologie interessiert sie. Vor dem Pathos und der Phrase und der konventionellen Lüge haben sie eine unüberwindliche Abneigung. Ein schöner Roman, gute Musik, eine gutgelungene Theatervorstellung begeistert sie. Während die älteren Leute immer müde und abgehetzt sind, haben sie immer und für alles Zeit, nichts ist ihnen zuviel. Unannehmlichkeiten gehen sie nicht aus dem Weg. Wenn an den Omnibushaltestellen, an denen die Busse nach dem Süden und dem Norden abfahren, unendliche Schlangen stehen und die Älteren verärgert und verstimmt, verdrossen und mißgelaunt sind, so beobachten sie interessiert und belustigt das lebhafte Treiben ringsherum, und sie stürzen sich mit Begeisterung in den Kampf um die wenigen Sitzplätze.

In der Arbeit sind sie konzentriert und interessiert. Eintönigkeit in der Arbeit lieben sie nicht. An neuen Projekten, neuen Methoden, technischen Kniffligkeiten haben sie ihre Freude. Mathematik und Naturwissenschaften lieben sie im allgemeinen mehr als Geisteswissenschaften, das Konkrete ziehen sie dem Abstrakten vor. Sie interessieren sich für alles, was im Ausland vorgeht, in England und in Amerika und in Japan, vor allem für technische Neuerungen in diesen Ländern. Aber daß in Amerika die Menschen besser essen und besser gekleidet sind, komfortabler wohnen, das läßt sie

gleichgültig. Auto, Flugzeug, Eisenbahn, Schiffahrt, das sind Sachen, für die sie sich begeistern. Sie treiben viel und gern Sport. Wenn sie beim Rundfunk beschäftigt sind oder wenn sie journalistisch arbeiten, dann halten sie sich nicht an altbewährte Methoden, sie geben sich als Redakteure und Journalisten frei und ungehemmt, sie bemühen sich um eine persönliche Note. Obwohl sie viel lesen und studieren, sind sie sehr gesellig. Kameradschaft ist ihnen eine Selbstverständlichkeit. In Rudeln ziehen sie am Abend durch die Straßen, stehen vor den Gasosbuden, lecken mit Hochgenuß ihre Eistüten, schlürfen den Saft aus den Orangen, essen Melonen. Sie haben immer Appetit und können mit Begeisterung sechs Stück Kuchen hintereinander verschlingen, von denen die ewigen Nörgler behaupten, sie seien ungenießbar.
Beobachtest du das Treiben um den Dizengoffplatz in Tel Aviv, wenn es dunkel geworden ist, so siehst du, wie die jungen Mädchen und die Burschen aus allen Seitenstraßen strömen, frisch und rank und sauber, kokett und anmutig, unternehmungslustig und erwartungsvoll, und wie sie sich allmählich zusammenfinden und wie glücklich und zufrieden sie sind. Mit Blindheit muß man geschlagen sein, wenn man nicht sieht, wie gesund, schön, apart diese jungen Mädchen von sechzehn, achtzehn, zwanzig Jahren sind. Ihre Kleidung ist hell und praktisch – Rock und Bluse, Leinenkleid –, an ihren nackten Füßen tragen sie blaue, grüne, weiße, schwarze, rote Sandalen oder Sandaletten, ihr Haar ist schwarz, braun, blond, semmelblond, rötlich, sie tragen es aufgesteckt oder locker herabfallend, Gretchenfrisur, Pagenkopf, wuschelige Lokkenfrisur. Sie sind wie junge Mädchen überall in der Welt, in ihren Augen blitzen Schelm, Humor, Frohsinn. Nein, von Degeneration keine Spur.

Wenn man im Sommer abends an einem Kaffeehaus vorbeigeht, dessen Tische unter freiem Himmel stehen, an einem Lokal, in dem Hunderte von jungen Menschen kalte Getränke schlürfen, dann sieht man, wie wenig soziale Unterschiede es hier gibt. Die jungen Männer tragen ein am Hals offenes, leichtes Hemd, helle Hose oder Khakihose, die jungen Mädchen und Frauen sind fast ausnahmslos leicht und geschmackvoll, apart gekleidet, obwohl ihr Kleidungsbudget meist lächerlich klein ist. Da gibt es nur äußerst wenige stumpfe, ausdruckslose Gesichter. Suche zu ergründen, welches von diesen jungen Mädchen Studentin ist, Schneiderin, Verkäuferin, Hausgehilfin, Krankenschwester, Lehrerin. Du wirst keinen Unterschied erkennen, auch keinen Anhaltspunkt dafür finden, ob es die Tochter eines reichen Fabrikanten oder eines Arbeiters ist.

Jugend im Kibbuz

Noch interessanter ist es, die Jugend in den Kibbuzim zu beobachten. Die Kibuzzim betreiben hauptsächlich Landwirtschaft: Gemüsebau, Obstbau, Getreidebau, Viehzucht, Geflügelzucht, Schafzucht, Milchwirtschaft. Daneben haben einzelne Kibbuzim auch Industriebetriebe, Möbelfabriken, pharmazeutische Fabriken, Schlossereien, Steinbrüche, Kistenfabriken, Konserven- und Fruchtsäftefabriken. Der größte Teil der Leute arbeitet in der Landwirtschaft, der kleinere Teil in den Fabriken und Werkstätten. Es sind also Industrie- und landwirtschaftliche Arbeiter. Aber die kulturellen, wissenschaftlichen, künstlerischen Leistungen vieler Kibbuzarbeiter sind erstaunlich. Der Kibbuznik arbeitet 8 oder 10 Stunden im Kuhstall, im Pardess, in der Schlosserei, der Arzneimittelproduktion, ohne Entgelt. Der Kibbuz finanziert alle Ausgaben: Lebensunterhalt, Kleidung, Ausbildung. Der Kibbuznik braucht sich nicht um die Betreuung seiner Kinder, nicht um die Zubereitung seiner Mahlzeiten zu kümmern. Die meisten Menschen in den Kibbuzim sind an allem interessiert, was im Land vor sich geht. Vor allem die jungen Kibbuzniks sind wißbegierig. Die großen Bibliotheken in den Kibbuzim stehen nicht als Schmuckstücke da, sie werden eifrig benutzt. Beste Lehrer, Zeichner, Musiker, Pädagogen geben Kurse. Es gibt Kibbuzim mit sehr beachtlichen Orchestern. Ich habe Bilderausstellungen gesehen mit Werken von hervorragenden Künstlern, die Maler waren Kibbuzmitglieder; lebhafte und fein stilisierte Aufsätze über die verschiedensten Wissensgebiete in den Zeitungen Israels wurden von Kibbuzmitgliedern verfaßt. Ein Teil unserer fähigsten Staatsbeamten und Diplomaten ist aus den Kibbuzim hervorgegangen. Den Leuten in den Kibbuzim ist das Vorwärtskommen keineswegs erschwert.

Würden sich die Siedlungen auf ihren landwirtschaftlichen Betrieb und auf ihre Industrien beschränken, so wäre es nicht so gut bestellt um das Kulturleben in diesen Gemeinschaften und um die künstlerischen und kulturellen und wissenschaftlichen Bestrebungen der einzelnen Kibbuzmitglieder. Aber alle diese Kibbuzim fördern die individuellen Interessen. Die Bibliotheken, Kurse, Vorträge geben Anregungen. Manche Kibbuzim lassen ihre Mitglieder auch an wissenschaftlichen und künstlerischen Vortragszyklen und Seminaren in den Städten des Landes und sogar im Ausland teilnehmen.

In einem Kibbuz, der hauptsächlich Fischzucht betreibt, arbeitete ein junger Mann als Fischer. Bei einem gemeinsamen Bekannten traf ich ihn häufig. Er fiel mir auf durch seine Schweigsamkeit und Bescheidenheit und durch die gelegentlich schüchtern hervorgebrachten gescheiten Bemerkungen. Der Mann verließ eines Tages den Kibbuz, um in der Fischkonservenfabrik eines Privatunternehmers zu arbeiten. Nur ein Jahr lang, dann war er wieder in seinem Kibbuz. »Sie haben sich nicht wohl gefühlt allein, in der privaten Wirtschaft? Das Gemeinschaftsleben im Kibbuz sagt Ihnen mehr zu?« fragte ich ihn. »Beides hat seine Vorteile«, antwortete er zögernd. »Und es ist wohl schwer«, fuhr ich fort, ihn auszufragen, »in den schweren Zeiten sein Auskommen zu finden?« »Das nicht«, antwortete er. »Die Löhne sind gut. Wenn man bescheiden lebt, kann man sich sogar einiges zurücklegen. Aber für mich war es so, daß ich außerhalb des Kibbuz viel weniger mein freier Herr war als im Kibbuz.« »Das verstehe ich nicht.« »Ich spreche eigentlich nicht gerne davon, aber ich will versuchen, es Ihnen zu erklären. Ich bin Schriftsteller, philosophischer Schriftsteller. Das zu sein kann sich eigentlich nur ein reicher Mann leisten oder ein Kibbuznik. Von der Schriftstellerei, namentlich vom Schreiben philosophischer Betrachtungen, kann man nicht leben. Ich schreibe für mich, zu meinem Vergnügen, es befriedigt mich, es verschafft mir Genugtuung. Im Kibbuz arbeite ich acht Stunden in der Fischzucht, eine schöne Arbeit, die mir übrigens auch Zeit läßt, meinen Gedanken und Träumereien nachzuhängen. Im Kibbuz habe ich mein eigenes Zimmer, um mein Essen und um meine Kleidung brauche ich mich nicht zu kümmern. In meiner freien Zeit kann ich ungestört lesen und studieren und schreiben. Draußen aber, wenn ich, wie man sagt, mein freier Herr bin, muß ich um die Erhaltung meines Arbeitsplatzes bemüht sein, und in meiner freien Zeit muß ich mich um mein Zimmer, meine Wäsche, meine Kleider, Schuhe, um mein Essen, mein Frühstück, um vielerlei Kleinigkeiten kümmern. Ich bin der Sklave meiner eigenen Wirtschaft. Ich finde kaum Zeit und Gelegenheit zum Lesen, Schreiben, Studieren. Ob das, was ich schreibe, einmal veröffentlicht wird oder nicht, das interessiert mich im Augenblick nicht. Die Gemeinschaft gibt mir Freiheit, das selbständige, sogenannte freie Leben legt mir Ketten an.«

Spinnt man die Gedanken und Betrachtungen dieses Fischer-Philosophen weiter aus, so sieht man, wie der Mensch, der unermüdlich an der Verbesserung seiner wirtschaftlichen Existenz arbeitet, im Laufe der Zeit sein eigener Sklave wird. Ob die Jugend im Land das instinktiv fühlt oder ob die Segnungen des Wohllebens ihnen nicht als Segnungen erscheinen, ist gleichgültig. Die jungen Leute streben nach Gütern, die nicht käuflich erworben werden können, sie suchen Schönheiten, die unabhängig sind von der wirtschaftlichen Existenz, sie glauben nicht daran, daß die Stärke und die Macht, die sich auf Hab und Gut und Geld und Reichtum aufbauen, von Dauer sind.

So scheinen ihr Sinnen und ihr Trachten, ihre Bestrebungen, ihre Anschauungen, ihr Gefühlsleben, ihr Geistesleben, ihre Weltanschauung strikt entgegengesetzt der Welt der Alten, der Welt ihrer Väter zu sein. Sind die Gegensätze aber wirklich so kraß? Scheinbar ja. Doch wurde diese Welt der Väter nicht geprägt vom Klang der Bibel, dem Klang des Judentums, vom Echo der christlichen Lehre, dem Echo alter Kulturen, dem Echo des Humanismus? Selbst wenn für viele Generationen Gebet und Ritual bloße Formeln waren, so stand hinter ihnen doch die Anerkennung des Höheren, die Furcht vor Gott, der Urgewalt, und damit auch das Streben, sich Gott, der Urgewalt, in demütiger, gehorsamer Gestalt zu nähern. Hinter ihnen standen tiefe Gefühle, Logik und Gelehrsamkeit und tiefes Wissen. So haben die Gettojuden des Mittelalters und der Neuzeit bei all ihrer materiellen Betriebsamkeit in ihrer Kasteneinteilung, die bei ihnen genauso vorhanden war wie bei anderen Völkern, Gemeinschaften, Nationen, Staaten, den Gelehr-

ten und den Frommen den höchsten Rang eingeräumt. Wenn er fromm und gelehrt war, wenn er in die Tiefe der einzigen von ihnen anerkannten Gelehrsamkeit eindrang, in die jüdische Lehre, dann durfte er sich fernhalten vom Ringen um Erwerb. Man ging mit Respekt um den in den Talmud Vertieften herum und nahm es gerne auf sich, für ihn zu arbeiten, Geld zu verdienen. Auch der reichste Kaufmann kannte kein höheres Ziel, als seine Tochter mit dem Zaddik, dem Frommen und Gelehrten, verheiraten zu können. Die Wunderrabbi waren dem jüdischen Volk Fürsten, Könige. Im 19. Jahrhundert, in der Assimilationszeit, hat der ungebildete Assimilationsjude keine andere Möglichkeit, zu Ansehen und zu Geltung zu gelangen, als durch Hebung seiner wirtschaftlichen Existenz, durch Ansammeln von Reichtum. Aber auch er hat das Gefühl, daß der Arzt, der Advokat, der Rabbiner, der Künstler, der Gelehrte höher stehen als er, der nur Geld verdienen kann. Der reiche Kaufmann und der reiche Bankier lassen ihre Söhne studieren, verheiraten ihre Töchter mit Akademikern. Der Jude der Alten Welt strebt nach materiellem Gewinn, Wirtschaft und Kapital sind sein Lebenselement, aber – eingestanden oder uneingestanden – er sehnt sich danach, daß er sich frei machen kann von den Sklavenketten der Jagd nach dem Reichtum. Sohn und Tochter will er unter allen Umständen frei halten von diesen Ketten.
So ist die Weltauffassung der allein nach wirtschaftlichem Wohlstand strebenden älteren Menschen und der der Wirtschaft spottenden Jugend letzten Endes gar nicht so verschieden. Der Unterschied ist nur der, daß der Alte das wirtschaftliche Streben für seine unverrückbare Pflicht hält, während der rücksichtslose Junge keineswegs gewillt ist, eine solche Pflicht anzuerkennen. Daher ist für den Alten die Wirtschaft das Primäre, für den Jungen etwas Sekundäres. Das läßt sich auch im Äußeren, im Gebaren, in der Haltung, in den Gesichtszügen erkennen. In der Jugend in Israel ist ein neuer Typ erstanden.

Es gibt keinen einheitlichen jüdischen Typus

Die Juden im 19. Jahrhundert und im ersten Drittel des 20. Jahrhunderts in Deutschland, Österreich, der Tschechoslowakei, Polen, Litauen, den Balkanländern, Rußland sind vom Typ her sehr verschiedenartig, selbst der polnische, der russische Jude und der Jude in den Balkanländern bildet keinen einheitlichen Typ. Neben Menschen, die alle Merkmale des Slawen aufweisen, sehen wir in Deutschland außerordentlich viele Juden mit hellem, rötlichem Haar, gerader Nase, auch Stupsnase, hellen Augen, schlankem, großem Körperwuchs. Daneben viele Durchschnittstypen, ähnlich der Masse der Nichtjuden in Deutschland, die eine Mischung aus Germanen, Slawen, Romanen, Wenden und vielen anderen Stämmen und Volksgruppen sind. Die antisemitische Hetzpropaganda in Deutschland hat eine Karikatur des Juden in den Vordergrund gerückt, die häßlich und unsympathisch wirken sollte und auch wirkte: große, krumme Nase, stechende, gierige Augen, krauses Haar, krummer Rücken, kleiner Wuchs, lange Krallenfinger, krumme Beine. Juden dieses Typs – abgesehen von der karikierenden Übertreibung – gab es in Deutschland tatsächlich, von den 500000 Juden in Deutschland vielleicht 50000. Der Pöbel genoß diese Zerrbilder mit Wonne. Die armen Menschen dieses Typs hatten viel zu leiden inmitten der mitleidlosen Spottlustigen und Hasser. Daß das Gros der Juden in nichts den Karikaturen glich, das wußte die breite Masse nicht. Sie erkannte sie nicht als Juden und ging achtlos an ihnen vorüber. Daher der bekannte Satz, den jeder hundertmal zu hören bekam: Was, Sie sind Jude? Sie sehen aber gar nicht so aus.

Im Laufe von 2000 Jahren hat sich das Aussehen der Juden geändert. Klimatische, biologische Einflüsse haben sich bemerkbar gemacht. Trotz freiwilliger und unfreiwilliger Absperrung hat auch Blutmischung stattgefunden.

Hier in Israel vollzieht sich eine starke und schnelle Wandlung. Eine neue Generation ist im Land geboren. Gettoexistenz und Assimilation gibt es nicht mehr. Die jungen Juden sind nicht mehr gedrückt, ängstlich und verschüchtert, wie es die Gettokinder waren, sie sind nicht mehr krampfhaft bemüht, ihren Kern, ihre Wurzeln, ihr Elternhaus, ihre Religion, ihre Abkunft zu verbergen, zu beweisen, daß sie so kerndeutsch seien wie der Deutsche, deutscher als der Deutsche, so französisch wie der Franzose, noch französischer, so russisch wie die Russen, noch russischer, sie haben von ihrem ersten Schrei an freie Luft geatmet, sie sind freie Menschen, sie sind die Herren im eigenen Land, ihrer Entwicklung stehen keine Hindernisse im Weg. Die Jugend hat sich verändert. Überall begegnet man blonden, weißblonden, flachsköpfigen Kindern. Sie sind größer als die jüdischen Kinder früher waren, der Brustkorb ist breiter. Die Merkmale des Gettojuden sind verschwunden. Es ist nicht nur eine Veränderung der Gesichtszüge erkennbar, es scheint auch eine Veränderung des Skeletts, der Schädelform einzutreten.

Sind die Juden eine Rasse?

Über das Thema, ob die Juden eine eigenständige Rasse sind, die sich 2000 bis 3000 Jahre rein erhalten hat, oder nicht, ist viel geschrieben worden. Die Literatur über diesen Fragenkomplex ist sehr groß. Die Meinungen sind geteilt. Eine Lehrmeinung bejaht die rassische Eigenständigkeit der Juden. Eine andere behauptet, anthropologisch sei ein jüdischer Typus, eine jüdische Rasse nicht zu erkennen. Diese letztere Ansicht hat die Oberhand gewonnen; fast alle Gelehrten der letzten Jahrzehnte sind sich in dieser Ansicht einig. Vertreter der Theorie von den Juden als Rasse sind Ignaz Zollschan, der Autor des Werkes *Das Rasseproblem unter besonderer Berücksichtigung der theoretischen Grundlagen der jüdischen Rassenfrage,* I. M. Judt mit seinem Werk *Die Juden als Rasse* und R. Andree mit seinem Buch *Volkskunde der Juden.* Andree schreibt: »In anthropologischer Hinsicht sind die Juden eines der interessantesten Objekte, denn mit gleicher Sicherheit läßt sich kein Rassetypus durch Jahrhunderte so zurückverfolgen wie gerade die Juden, und kein zweiter zeigt eine solche Konstanz der Formen, keiner hat so lange der Zeit und den Einwirkungen des Lebensraumes widerstanden als dieser. Selbst verhältnismäßig starke Beimischungen fremden Blutes wurden überwunden, es ergab sich aus den Mischungen kein neuer Typus, keine Amalgamierung fand statt, sondern das semitische Blut trug in der entschiedensten Weise den Sieg davon, und der alte monumentale Judenkörper blieb ebenso erhalten wie der alte mit ihm fortererbte jüdische Geist. Wer einen Blick auf ägyptische und assyrische Monumente wirft, auf denen Juden vor ein paar tausend Jahren mit meisterhafter Sicherheit dargestellt wurden, dem kommt der Glaube an die

Unveränderlichkeit des jüdischen Typus, und er wird angeregt zu vergleichen, indem er dort die Porträts von Leuten zu sehen glaubt, welche heute noch in Fleisch und Blut unter uns einherwandern. Mag der Jude noch so sehr Sprache, Kleidung, Sitten und Gebräuche der Völker, unter denen er zerstreut wohnt, angenommen haben, er bleibt sich doch überall im wesentlichen gleich – alles jenes ist nur ein Übergang, unter dem der permanente Hebräer fortlebt, derselbe in seinen Gesichtszügen, seinem Körperbau, seinem Temperament, seinem Charakter.«

Dagegen haben die Forschungen von S. Weissenberg, M. Fishberg, Franz Boas, Walter Krause und von vielen anderen ergeben, daß von einer Konstanz der Rasse nicht die Rede sein kann. M. Fishberg erklärt in seinem großen Werk *Die Rassenmerkmale der Juden*, daß er in seinem Bemühen, die Rassenmerkmale der Juden zu ermitteln, zu einer langen Reihe negativer Resultate gelangt sei. Es habe sich kein typisches Merkmal gezeigt, das den Nachkommen der alten Hebräer unveränderlich anhaftet oder das ihnen fehlt. Die Rassentypus-Homogenität der Juden sei nichts als Mythos. Höchstens könnte man einen sozialen und psychischen Typus, nicht aber einen anthropologischen erkennen. »In Europa gibt es viele Judentypen, und eine ziemliche Proportion der Juden ist anthropologisch von slawischem, indogermanischem, turanischem, mongoloidem, negroidem und anderem Typus. Die Juden haben während ihrer 2000jährigen Wanderungen in verschiedenen Teilen der Welt fast überall neue Rassenelemente aufgenommen und dem Judenheitskörper einverleibt. Man kann also von ethnischer Einheit der modernen Juden oder von einer jüdischen Rasse so wenig wie von ethnischer Einheit der Christen oder Mohammedaner reden oder von einer unitarischen, kalvinistischen oder evangelischen Rasse. In den Adern der Juden Deutschlands, Österreichs und Englands fließt mehr indogermanisches Blut, wenn etwas Derartiges überhaupt existiert, als in denen der ›arischen‹ Süditaliener, Griechen, Armenier und anderer dunkelfarbigen ethnischen Einheiten.«

Gegen die Konstanz einer jüdischen Rasse sprechen auch die von dem New Yorker Anthropologen Franz Boas an Nachkommen jüdischer Einwanderer aus Europa angestellten Untersuchungen. Sie erstrecken sich auf Juden aus Süditalien, die dem Mittelmeertypus angehören, auf mitteleuropäische Juden, die mittlere Größe, kurzen Kopf und hellere Farbe besitzen, auf Juden aus Nordwesteuropa, Menschen hohen Wuchses, langköpfig, mit heller Haut und blondem Haar, und endlich auf osteuropäische Juden, die in mancher Hinsicht den mitteleuropäischen Juden ähneln. Die Untersuchungen haben gezeigt, daß die körperlichen Merkmale der in Amerika geborenen Nachkommen dieser Einwanderer sich von denen ihrer Eltern unterscheiden. Die Unterschiede zeigen sich schon in früher Jugend und bleiben das ganze Leben hindurch bestehen. Jeder europäische Typus ändert sich dabei auf besondere Weise. In Amerika geborene Juden haben längere, schmälere Köpfe als die in Europa geborenen, das Gesicht ist schmäler, Körperlänge und -gewicht sind größer. In keinem der Typen aber zeigt sich eine nennenswerte Änderung der Haarfarbe. Vor allem bei den jüdischen Einwanderern zeigt sich, daß der Kopfindex der in Europa Geborenen immer fast der gleiche ist, einerlei wie alt das Individuum zur Zeit seiner Einwanderung war. Dies ist natürlich zu erwarten, wenn die Einwanderer ganz oder fast ganz erwachsen sind. Es ist aber merkwürdig, daß auch Kinder, die im Alter von einem Jahr oder von wenigen Jahren nach Amerika kommen, den charakteristischen Kopfindex der in Europa Geborenen bewahren. Bei europäischen Juden beträgt er etwa 83, bei amerikanischen Juden, die kurz nach Ankunft der Eltern in Amerika geboren sind, 82 und fällt bei deren Kindern, also den Enkeln der Einwanderer, auf 79. Mit anderen Worten, der Einfluß der amerikanischen Umwelt macht sich sofort bemerkbar und wirkt sich um so stärker aus, je größer der Zeitraum ist, der zwischen der Einwanderung der Eltern und der Geburt des Kindes liegt. Franz Boas ist also ein Gegner der Theorie von der Konstanz einer jüdischen Rasse und weist durch exakte Messungen ihre Veränderlichkeit in bezug auf die Schädelform nach.

Die gleiche Ansicht vertritt der Professor für Hygiene an der Universität Leipzig Walter Krause, wenn er ausführt, unsere heutige Rassenlehre gehe von der Voraussetzung aus, daß die sogenannten Rassenmerkmale beständig seien. Anhand eines umfangreichen Zahlenmaterials stellte er diese Theorie in Zweifel. Sie stimme schon nicht bei der Körpergröße. So erheblich seien je nach Zeit und Ort die Unterschiede innerhalb einer sonst gleichartigen Be-

völkerung, daß man zu ihrer Erklärung einen starken Einfluß der Umweltbedingungen annehmen müsse.
Besonders aufschlußreich sind die Ergebnisse, die man bei Auswanderern beobachtet hat. Während in Europa der Deutsche 3–4 cm kleiner ist als der Engländer, verschwindet dieser Unterschied, wenn Angehörige dieser Völker nach Nordamerika ausgewandert sind, also unter gleichen Bedingungen leben. Vielleicht ebenso groß ist die Veränderlichkeit der Kopfform, die man für das wichtigste Rassenmerkmal zu halten pflegt. Man war bisher meist geneigt, zeitliche und örtliche Unterschiede, die sich innerhalb eines Volkes finden, durch dessen Zusammensetzung aus verschiedenen Rassen und durch Auslesewirkungen zu erklären, unterschätzte dabei aber offenbar den Einfluß der Umweltbedingungen. Krause hat für die deutschen Gebiete die Angleichung der jüdischen Kopfform an diejenige der deutschen Bevölkerung der jeweiligen Region festgestellt, analog dazu, wie sich die Kopfmaße von Deutschen verändern, die in eine andere Provinz ausgewandert sind. Daraus erhellt, daß die Kopfform weit stärker beeinflußt wird durch den Geburtsort als durch Vererbung seitens der Eltern. Welcher Art diese Einflüsse sind, das anzugeben sind wir vorläufig kaum imstande. Die Tatsachen zwingen uns aber, die Kopfform nur mit erheblichen Einschränkungen als Kriterium der Rassenzugehörigkeit zu betrachten.

Die Veränderungen, die in Israel vor sich gehen, beobachtet auch die Wissenschaft mit großem Interesse. Die Universität Jerusalem hat hier ein weites und bedeutsames Wirkungsfeld. Es handelt sich nicht um Anpassung an ein Wirtsvolk. Welches sollte dieses Wirtsvolk sein? Etwa die Araber, die nicht unter uns leben und in ihren Lebensgewohnheiten mit uns nichts gemein haben? Nein, sowenig der Typus des heutigen Amerikaners eine Angleichung an den Indianertypus darstellt, sowenig kommt eine Angleichung des jüdischen Typus in Israel an den Arabertypus in Frage. Oder die wenigen Zehntausende Juden, die früher in Palästina lebten, Thoraschreiber, Talmudgelehrte, Lehrer, Hersteller von Andenken und Ritualgegenständen? Nein, sie sind im großen Strom der Siedler und Einwanderer völlig untergegangen. Der neue Typus ist noch im Entstehen begriffen, aber seine Grundform ist schon deutlich erkennbar. Er ist groß und schlank, elastisch, behend, kräftig. Ängstliche Gemüter beobachten seinen unbändigen Freiheitsdrang, sein Selbstbewußtsein mit Besorgnis. Wird diese Jugend nicht viel von der geistigen Kraft des Judentums einbüßen, wird sich aus ihr nicht ein Volk von wilden Streitern und rücksichtslosen Draufgängern entwickeln? Diese Befürchtung ist unbegründet. Es liegen durchaus keine Anzeichen dafür vor, daß in unserer Jugend ein wildes Rowdytum heranwachse. Wenn sie sich körperlich schön und stark entwickelt, so muß darunter das Geistige und Seelische nicht leiden, im Gegenteil, es läßt uns hoffen, daß die gesunde körperliche Entwicklung auch die Geisteskräfte zur Blüte bringen wird. Selbstverständlich ist diese Jugend nicht über einen Leisten geschlagen. Wir finden hier dieselbe Vielgestaltigkeit wie überall auf der Welt. Aber der Unterschied in der äußeren Erscheinung zwischen dem 40jährigen Juden aus Polen und dem 40jährigen Juden aus Jemen ist viel stärker ausgeprägt als der zwischen dem 10jährigen in Israel geborenen Kind einer jemenitischen Mutter und dem 10jährigen in Israel geborenen Kind einer aus Deutschland stammenden Jüdin. Die Unterschiede verwischen sich.

Viele Ältere sind entwurzelt

Ältere Leute, die hier heimatlos bleiben, die nicht Wurzeln schlagen können und deren Sinnen nicht in die Zukunft geht, sondern zurück in die Vergangenheit, haben Mitleid mit dieser Jugend. Ah, sagen sie, was haben wir für eine schöne Jugend gehabt. Gepflegte Häuser, luxuriöser Lebensstil, das beste Theater, großartige Oper, Reisen ins Gebirge und an die See, Bälle voll Eleganz und Vornehmheit, die Herren im Smoking und im Frack, die Damen in großer Abendtoilette, Karneval, Skitouren und Schlittenpartien, Festsoupers, Volksfeste. Diese armen Alten verstehen die Jugend ebensowenig wie das Land. Diese fröhliche und stürmische Jugend würde die Herren in Frack und Zylinder als Panoptikumfiguren empfinden, die Unterkunft im Kibbuz entspricht ihnen viel mehr als die im Luxushotel, und ihre Ausflüge finden sie ebenso herrlich wie vor einigen Jahrzehnten ihre Großeltern die Luxusbadeorte. Nicht die Jugend in Israel ist bemitleidenswert, sondern das Häufchen der vergrämten älteren und alten Leute, die sich in der neuen

Zeit und in dem neuen Land nicht zurechtfinden können. Sie haben den Versuch gemacht, Hebräisch zu erlernen, und haben nach einiger Zeit das Bemühen als aussichtslos aufgegeben. Sie wundern sich darüber, daß sie einmal in der Schule Englisch oder Französisch erlernen konnten. Aber, sagen sie, dieses Iwrit ist eine unmögliche Sprache, ein asiatisches Idiom. Mit 15 Jahren konnten sie noch spielend lernen, mit 65 Jahren nicht mehr. Sie schimpfen über den Gemüsehändler, der ihnen eine Melone angedreht habe, die innen verfault gewesen sei, über das Schuhgeschäft, in dem sie ein Paar Schuhe gekauft haben, die zu eng seien, die Drogerie, in der man ihnen für ein Stück Seife einen viel zu hohen Preis berechnet habe, über die Post, in der sie eine halbe Stunde haben stehen müssen, um einen Expreßbrief aufzugeben, über die Omnibusfahrt, weil da zwei Lausbuben rücksichtslos gerangelt haben und einer ihnen auf die Hühneraugen getreten habe; sie sind verbittert über die enge Wohnung, über die hohen Preise, das schlechte Essen, die Bekleidung, den Lärm und die Unhöflichkeit der Menschen. Daß sie sich in diesem Land nicht wohl fühlen, das liegt – so glauben sie – nicht an ihnen, sondern an dem Land. Daß die Jugend laut und fröhlich ist, das verdrießt sie ebenso wie die sengende Sonne im Sommer und der endlose Regen im Winter. Ihre einzige Freude ist die Erinnerung. Die Interesselosigkeit, mit der die Menschen ihr Schwärmen vom Gesellschaftsleben in Frankfurt am Main und der Blüte der elterlichen Textilfabrik in Lodz und dem Umfang des Holzhandels an der Wolga anhören, ist für sie ein Symptom der Verständnislosigkeit der heutigen Welt. Sie sind keine lächerlichen Figuren, sie sind die bemitleidenswerten Opfer einer Epoche, die ihnen ein ruhiges und zufriedenes Leben im Alter verwehrt. Glücklich dagegen die, die mutig und entschlossen unter die Vergangenheit einen Strich setzten und trotz ihrer grauen Haare und ihrer Altersfalten auf festem Boden stehen, die Entwicklung verfolgen und an ihr mitarbeiten. Ältere und alte Leute im Kibbuz, die die Wäsche besorgen, in der Küche arbeiten, im Kinderhaus helfen, geschickt und gewandt Maurerarbeiten verrichten, Wände und Möbel anstreichen und Freude an ihrer Arbeit haben. Wir fühlen uns wohl und glücklich im Kibbuz, erzählen sie, man braucht uns hier.

Es gibt zahlreiche alte Leute, die von öffentlicher Unterstützung leben, die mit dem Leben im Altersheim, mit den Beträgen, die sie von verschiedenen Hilfsorganisationen beziehen, zufrieden sind, es gibt Alte, die berufsmäßige Bettler sind, die an Omnibushaltestellen, an belebten Plätzen, an Wohnungstüren betteln. Kein leichter Beruf, der Beruf des Bettlers, vielen erscheint er verächtlich, vielen bemitleidenswert.

Die Überlebenden der Vernichtungslager

Israel ist auch zur Heimat geworden für Tausende, bei denen die eintätowierten Nummern auf dem Arm zeigen, daß sie einmal dem Tode ins Auge gesehen haben, wochenlang, monatelang, jahrelang. Der irrsinnige Fanatismus eines aller Menschlichkeit baren Tyrannen hatte sie in eines der Vernichtungslager geworfen, wo sie sehend, wachend, ohne Hoffnung darauf warten mußten, vom Leben zum Tode befördert zu werden, bei vollem Bewußtsein vergast zu werden gleich lästigen Wanzen. Der grausamste Verbrecher hat gesühnt, wenn er in der Todeszelle die Schritte des Henkers hört. Der Mensch, dem man den Todesstempel auf den Arm tätowierte, der damit gezeichnet war als Todeskandidat, der sein Leben verwirkt hat nicht für eine Untat, die er begangen, sondern dafür, daß er als Jude geboren wurde, dieser Mensch, der nur durch einen Zufall der grausigen Ermordung entging, dieser Märtyrer, der schon im Grabe lag, der schon abgeschlossen hatte mit dem Leben, der es nicht fassen konnte, als der Zufall ihn aus der Todesumklammerung ins Leben zurückrief, ihm gebührt unsere Ehrerbietung, unsere Achtung, er soll sich in unserer Liebe sonnen, unser Bruder, unsere Schwester sein. Das Leben geht seinen Gang, und was war, das versinkt. Die Märtyrer, meist junge Leute zwischen 20 und 40 Jahren, Frauen und Männer, sind mitten unter uns, in Khakihosen, Arbeitsgewändern, Sommerkleidern, elegant und unelegant, groß und klein, dick und dünn, vergnügt, lachend, gleichgültig, müde, ausgeruht, traurig, liebend und geliebt, verheiratet, verliebt, genau wie wir anderen, als Oseret, Arbeiter, Schlosser, Landwirt, Kellner, Lehrer, Ladeninhaber, Konditor, Anstreicher. Der Gedanke, daß sie vom Tode gezeichnet waren, daß sie schon im Grabe lagen, erfüllt sie noch immer mit Schrecken, aber sie leben

unter uns, genau wie wir mit Sorgen und Hoffnungen, Freuden und Leiden in die Zukunft blickend. Mitunter aber fahren sie mitten in der Nacht aus dem Schlaf hoch, stöhnen, sie haben wieder den Schornstein vor sich gesehen, den rauchenden Schornstein im Krematorium, in dem man die Leiber der Vergasten verbrannte. Im Umgang mit ihnen dürfen wir nie vergessen, daß sie den Stempel des Todgeweihten auf dem Arm eingraviert tragen.
Den größeren Kindern zeigt man die Tätowierung und versucht, sie ihnen zu erklären. Die Kleinen betrachten die Tätowierten scheu von der Seite. Hitler und seine Bestialitäten sind für sie Legende. Die Zeiten sind für sie verklungen, sie haben etwas Märchenhaftes, Unwirkliches. Auch das Getto gehört für sie dazu, obwohl sie hier noch Gettojuden mit langen Bärten, Schläfenlocken, Kaftanen, schwarzen Kniestrümpfen und Pelzbaretten herumlaufen sehen. Sie bestaunen sie wie exotische Tiere. Für sie existiert nur die Gegenwart. In die Zukunft, nach der sie sich sehnen, blikken sie mit Erwartung und Hoffnungsfreude. Sie erhoffen sich das Paradies. Die Vergangenheit ist für sie wie eine interessante Geschichte. Was ihnen Eltern und Großeltern von ihrer Kindheit erzählen, was sie von der Geschichte der Juden hören, der Geschichte orientalischer Völker, der Geschichte Roms und Griechenlands, des Mittelalters, was sie von den grausamen Kämpfen gegen die Kolonialvölker, den amerikanischen Befreiungskriegen hören, das hat für sie mit den Realitäten des Lebens kaum etwas zu tun. Für sie ist das Leben schön, und die Zukunft wird noch viel schöner sein. Wenn sie Sorgen und Schmerzen haben und plärren und toben, so sitzt das nicht tief. Nach wenigen Minuten können sie schon wieder jauchzen und tollen vor Übermut.

Josef und Benjamin

Meine beiden Kinder, der 5jährige Josef und der erst 7 Monate alte Benjamin, sind typische israelische Kinder. Daß sie mir die Welt bedeuten, liegt nicht an ihrer Wohlgeratenheit, darüber bin ich mir im klaren. Die Affenliebe von Mutter und Vater findet man in der ganzen Welt beim Menschengeschlecht. Aber mir scheint, daß sie nirgends so deutlich in Erscheinung tritt wie in Israel. In allen Städten und Dörfern ist der israelische Vater mit seinem Sprößling im Kinderwagen ein gewohntes Bild. Seine Freunde begleiten den Vater, laufen neben dem Kinderwagen her und nehmen teil am Wohlergehen und am Jauchzen des Kindes. Der Vater wickelt das Kind, er badet es, er gibt ihm die Flasche. Das Baby im Kinderwagen wird von allen Besuchern betrachtet und begutachtet, bestaunt und bewundert. Es ist nicht das Kind seiner Eltern, es ist *aller* Kind, *unser* Kind. Überall höre ich, wie man von den Äußerungen, Spitzbübereien, Gescheitheiten der Kinder erzählt. Obwohl ich weiß, daß Eltern, die von ihren Kindern erzählen, den Zuhörern vielfach lästig fallen, kann ich mich nicht beherrschen und erzähle auch von meinen Kindern. Der kleine Josef hat auf der Straße eine tote Katze gesehen. »Hast du gesehen, Aba, sie hat Blut vor dem Mund gehabt. Wird man sie nicht ins Krankenhaus bringen? Wird der Arzt sie wieder gesund machen?« Nach einigen Stunden, auf dem Rückweg, liegt das überfahrene Tier noch an derselben Stelle. Josef betrachtet es erschrocken, er hört, wie Passanten sagen: Die Katze ist tot. Er stellt hundert Fragen an mich. Sterben – tot sein, das beschäftigt ihn in den nächsten Wochen in hohem Maß. Er ist schwer bekümmert darüber, daß alle lebenden Wesen sterben müssen. Schließlich ruft er zornig aus: »Das Sterben muß abgeschafft werden. Du wirst sehen, Aba, es wird auch noch abgeschafft werden.« Für Witze, lustige Streiche, Schelmereien hat er immer Sinn. Kunzim – lustige Sachen – zu treiben, dazu ist er nie zu müde. Aber es kommt vor, daß er Dinge, die die Erwachsenen als komisch empfinden, durchaus nicht als komisch ansieht. »Wenn ich einmal groß bin«, erklärt er mir wichtigtuerisch, »weißt du, so ganz groß bis zum Himmel hinauf, und wenn dann alle Leute Angst vor mir haben, weil ich so groß bin, und wenn dann für mich ein eigenes Haus gebaut werden muß, weil ich für ein gewöhnliches zu groß bin, und wenn dann die Kinder vom Kindergarten zu mir kommen, weil sie mit mir spielen wollen, und wenn sie dann sehen, daß ich bis zum Himmel hinauflange –« Ich unterbreche den Wortschwall lachend: »Wenn, wenn, wenn. Wenn meine Großmutter Räder hätte, dann wäre sie ein Omnibus.« Er starrt mich mit offenem Mund an und sagt dann nachdenklich: »Das ist doch kein Witz, das ist Unsinn. Wenn die Großmutter Räder hätte, dann wäre sie kein Omnibus, dann wäre sie eine Rollschuhläuferin.«

Der kleine Benjamin strahlt über das ganze Gesicht, wenn er den großen Bruder sieht, vor allem wenn Josef mit ihm Kunzim macht. Der Große nimmt auf die Zartheit des Kleinen keine Rücksicht, er zerrt ihn an den Beinen, er kugelt ihn herum, und er wirft ihm Kissen auf das Gesicht. Der Kleine aber jauchzt über diese herrlichen Späße.

Ich singe den Kleinen Kinderlieder vor mit meiner krächzenden Stimme. Beide aber finden meine Stimme höchst melodiös. Benjamin starrt mit kugelrunden Augen auf meinen Mund und bemüht sich, mit seinem Mündchen die Laute nachzubilden. Josef blickt weltentrückt vor sich hin und träumt. Ich singe: Schlaf, Herzenssöhnchen, mein Liebling bist du. – Josef kann die Eifersucht nicht unterdrücken und fragt: »Meinst du Beni oder mich?« »Euch alle beide.« »Warum singst du dann Herzenssöhnchen? Das ist doch nur einer.« In der Psyche und in der Gedankenwelt des Babys glaubt er sich besser auszukennen als sein Vater. »Warum sprichst du zu Beni immer deutsch, Aba? Du kannst mir glauben, daß er dich nicht versteht, er versteht nur Iwrit.«

Josef ist der Herr des Hauses. Seine Egozentrik ist unerschütterlich. Er hat Dutzende von Chawerim und Chawerot – Kameraden und Kameradinnen –, er spielt mit ihnen im Kindergarten, auf der Straße, in den öffentlichen Gärten, er bringt sie scharenweise mit nach Hause. Sie sind ausnahmslos genauso selbstbewußt wie er, genauso gesund, lebhaft und ausgelassen: Chanah und Dorit und Lea und Nomi und Gabi und Dani und Raja und Ruth und Gidi und Jizchak und Dwora und Jael und Rachel und Pinkas und Gila, Dori, Siwa, Roni. Er hat sie alle in sein Herz geschlossen. Sie sagen zu meiner Frau: Ima schel Jossi. Und zu mir: Aba schel Jossi. Und er sagt: Ima schel Ruth. Und: Aba schel Raja.

Die Erinnerungen lügen

Die armen Alten der versunkenen Welt betrachten die gesunden und frischen und lebhaften Kinder mit Bedauern und sagen bekümmert: Die armen Kinder wissen noch nicht, wie schwer das Leben ist. Gut, daß sie von der Zukunft noch keine Ahnung haben. Nur zwei Eier die Woche, fast kein Fleisch, und die unerschwinglichen Preise. Ja, wenn sie in Amerika sein könnten oder in England oder in Kanada! Die Kinder aber fragen neugierig: Ist es in Amerika, in England, in Kanada auch so schön wie in Israel? – Für die armen Alten existiert hier weiter nichts als die wirtschaftliche Notlage. Daß hier der Geist und die Kraft ungebrochen sind, daß die Jugend schäumt vor Lebenslust und Tatendrang, daß sie die Ausdauer hat, der wirtschaftlichen Notlage Herr zu werden, das zu erblicken, dazu sind ihre Sinne und ihre Augen zu müde. Sie haben die Demütigungen vergessen, unter denen sie in Deutschland, Polen, Rußland zu leiden hatten, den Existenzkampf, den sie in ihren jungen Jahren zu bestehen hatten; sie sehen nur mehr die behagliche Wohnung, in der sie einen reichen Tisch decken durften. Von Amerika, England und Kanada wissen sie nur, daß dort »jeder« eine eigene Villa hat, »jeder« ein Auto, »jeder« sein Telefon, seinen Kühlschrank und seinen Fernsehapparat.

Ihnen ist Israel ein Land, das in Elend und Not stöhnt, in dem die Menschen unter sengender Sonne schwerste Sklavenarbeit verrichten und in dem es weder Erholung noch Vergnügen gibt. Im Gegensatz dazu standen in den europäischen Ländern, in denen sie früher lebten, überall die Tischleindeckdich, Milch und Honig flossen auf der Straße, alle waren schwerreich, schwelgten in Genüssen, und was sie anfingen, das glückte ihnen. Das Land der Erinnerung trägt einen Glorienschein. Und dieses Paradies existiert auch heute noch. Nord- und Südamerika, Kanada, Neuseeland, die skandinavischen Staaten, Holland, England – alles Paradiesländer, die ihren Bewohnern Reichtum, Wohlleben, Glück garantieren. Sie haben vergessen, daß es für den jungen Kaufmann in Deutschland äußerst schwer war, einen guten Posten als Handlungsreisender zu bekommen, er mußte sich mit seinen Musterkoffern durch zahllose Dörfer schleppen, um der bäuerlichen Bevölkerung die Schuhwichse, die Hosenträger, die Margarine, die Seife seiner Firma anzudrehen. Erst nach vielen Jahren der Bewährung vertraute man ihm rentablere Posten an. Herr Leopold Geranienstock ist nicht von heute auf morgen der große und angesehene Direktor des Leipziger Warenhauses geworden. Viele Jahre des Kampfes, der Entbehrungen, der Enttäuschungen, Demütigungen und Entsagungen haben ihn allmählich hinaufgeführt, und die Zahl derer, die trotz der Jahre des Kampfes, des Fleißes, der Entbehrungen,

Enttäuschungen und Demütigungen den Aufstieg nicht schafften, sondern in den Niederungen blieben, die Zahl dieser vergeblichen Kämpfer ist hundertmal größer als die des kleinen Häufchens der Sieger. Wechselsorgen und Schulden und Bankmahnungen und Kreditkündigungen und Klagen und Konkurse, Liquidationen, Zwangsvergleiche, Verluste – der Weg des Kaufmanns war mit diesen unerquicklichen Dingen gepflastert. Haben die Anbeter der alten Zeit das alles vergessen? Nach der Referendarzeit und nach bestandenen Schlußprüfungen hat man dem jungen Juristen keine rentable Advokatenkanzlei geboten. Ob er eine Staatsstellung anstrebte oder sich als junger Rechtsanwalt niederließ, ob er Sozius eines anerkannten Advokaten werden wollte oder sich um einen Syndikusposten bewarb – immer standen seinem Aufstieg hundert Hindernisse im Weg. Er hat lange, lange Jahre zähneknirschend und verzweifelt gedienert, bis er soweit war, daß man vor ihm dienerte. Und die meisten blieben bei der dürftigen und niederdrükkenden Existenz. Sicher gab es in der Medizin Universitätsordinarien, deren Wort in der ganzen Welt Geltung hatte und die ein großes Haus führten, aber die Statistik aus den Jahren 1890 bis 1930 zeigt, daß der Durchschnittsarzt, insbesondere wenn er Kinder hatte, sich Sorgen machen mußte, wenn die Anschaffung eines neuen Anzugs nötig war. Haben diese Menschen vergessen, wie es in der Straßenbahn, in der Lokal-Eisenbahn, in der Untergrundbahn aussah? Können sie sich an die Gerüche und an die Elendsgestalten nicht mehr erinnern, die den Verkehrsmitteln den Stempel aufdrückten? Erinnern sie sich nicht mehr an die Straßen, in denen das Proletariat wohnte? Diese engen Straßen und Vorstadtgassen, in denen halbnackte und in Fetzen gehüllte Kinder, hohlwangig und mit aufgeschwemmten Bäuchen, sich balgten und schrien, in denen die vorzeitig gealterten Frauen in dreckigen Kleidern, mit Holzpantinen, ungekämmten Haaren, mit bösen oder mißtrauischen Augen Wäsche wuschen, sich zankten, ihren Kindern nachjagten? Da gab es Elendsquartiere, in denen mehrere Familien zusammen hausten, auf mit Lumpen und Fetzen bedeckten Holzpritschen schliefen, ohne Licht und Wärme vegetierten, in denen es nur verbeulte Töpfe gab, statt Tellern und Gläsern Scherben, in denen die Hausfrau eine Wurst sorgfältig verstecken mußte vor den vielen hungrigen Mäulern des Hauses.

Unzweifelhaft ist der Lebensstandard in Amerika und in anderen Ländern höher als der augenblickliche Standard des Landes Israel. Aber in sozialkritischen Romanen amerikanischer Autoren, die mit wachen Augen beobachten, werden häufig Bilder gemalt, die zur Besinnung mahnen sollten. Theodore Dreisers Roman *Schwester Carrie* enthält eine Szene, die zu denken gibt. Ein guter Mensch, der helfen möchte, aber selbst ein armer Schlucker ist, postiert sich jeden Abend, wenn es dunkel geworden ist, in einer belebten Straße New Yorks und ruft den Passanten zu, sie möchten den Armen helfen, mit 10 Cents könne einem Obdachlosen für eine Nacht ein Quartier verschafft werden. Die armen Obdachlosen kennen ihren Wohltäter. In langen Reihen stehen sie neben ihm und warten, bis die Passanten so viel gespendet haben, daß der Wohltäter seine Sammeltätigkeit beenden kann. Es dauert mitunter einige Stunden. Auch bei Kälte und strömendem Regen steht der Mann auf der Straße, und hinter ihm einige hundert Obdachlose. Ist die Sammlung beendet, dann marschiert der Mann ins nächste Obdachlosenquartier, und die Schar der Elenden hinter ihm. Im Obdachlosenquartier sind für diese Nacht 20 Betten frei. Die ersten 20 der Hilfesuchenden werden eingelassen, der Wohltäter zahlt für die 20 Matratzen, und weiter geht es mit der Schar der Armen zum nächsten Obdachlosenasyl. Bis alle für diese Nacht versorgt sind. – Warum Dreiser diese Szene schildert? Er erzählt das Leben eines Mannes, der Geschäftsführer einer renommierten Bar war. Viele Jahre. Ein angesehener und in seinem Fach sehr tüchtiger Mann. Er verliert seinen Posten, wenn auch nicht ohne eigene Schuld, und muß sich mit einer bescheideneren Stellung begnügen. Es geht schnell bergab. Er wird ein kleiner Weinreisender. Schließlich ist er froh, wenn er in einer Bierbrauerei Kisten tragen darf. Dann wird er arbeitslos, verliert sein Zimmer. Er gehört zu denen, die in der Nacht bange darauf warten, daß der Wohltäter sie ins Obdachlosenasyl führt. – Vom Elend und der Ausweglosigkeit des Arbeitssuchenden, von Verzweiflung und unsagbarer Not erzählt Steinbeck in seinem großen Roman *Früchte des Zorns* am Beispiel besitzloser, wandernder Farmarbeiter. In Israel gibt es viel Not und Elend, aber doch kaum diese grauenhaften, zum Himmel schreienden Qualen und Ungerechtigkeiten; denn Hunderte von Sozialinstitutionen, Tausende von selbstlosen Helfern und Helferinnen sind bemüht, Elend und Leid, auch das stille, sich verbergende, zu suchen und es zu lindern.

Wo ist die Heimat der Juden?

Ja, es steht fest, daß der talentierte Kaufmann, der findige Unternehmer, der geschickte Handwerker größere Entwicklungsmöglichkeiten in Amerika hat als in Israel. Aber trotz aller Entbehrungen des täglichen Lebens atmet der Mann hier eine freiere Luft. Die Diskussionen darüber, ob Israel die wahre Heimat des Juden sei oder nicht, ob er unter anderen Völkern nicht auch seine Heimat haben könne, sind nach allen Richtungen hin und von jedem Gesichtspunkt aus geführt worden. Der Vertreter Israels argumentiert: In mehr als 2000 Jahren sind die Juden gewandert, sie lebten in Rom, Griechenland, Babylonien, Alexandrien, Karthago, in Persien, in den nordafrikanischen Ländern, in den arabischen, spanischen, russischen, polnischen, deutschen, überall in der Welt. Eine Generation ist oft fünfmal ausgewandert. Manchmal blieben drei Geschlechter, selbst zwölf Generationen in einem Land, doch das Ende war immer das Weiterwandern. Verfolgt die Geschichte der Juden in aller Welt zurück, überall seht ihr den ewigen Wanderer, den ewig Heimatlosen. Unwillkürlich drängt ihr euch zusammen, in Alexandrien, in Rom, in Worms, Lissabon, Amsterdam, Hamburg, Frankfurt, Breslau, Warschau, Lodz, Odessa, Bukarest, Budapest, in New York und Montevideo und London, weil ihr euch vor den anderen fürchtet, weil letzten Endes nur die Juden eure Landsleute sind. Die Geschichte von 2000 Jahren muß euch gezeigt haben, daß euer jetziger Aufenthaltsort nicht eure Dauerheimat ist. Wollt ihr nicht endlich Schluß machen mit der Wanderschaft? In den meisten Ländern seid ihr nach Verfassung und Gesetz zwar gleichberechtigt, in Wahrheit aber seid ihr nur geduldet. Im Lauf der 2000 Jahre haben sich viele Juden assimiliert, sie sind aufgesogen worden von anderen Gemeinschaften. Auch heute streben viele die Assimilation an. Meist gelingt sie nicht. Ist das eine Lösung?
Der Diskussionspartner erwidert: Zugegeben, die ewige Wander-

schaft. Aber sie gilt nicht für das Individuum. Der einzelne Jude war seßhaft in Alexandrien, Rom, Córdoba, Frankfurt, Prag, Bukarest. Er war dort heimisch. Das Problem der Wanderschaft – wenn auch in kleinerem Maßstab – gilt für alle Völker. Ihr seht das am deutlichsten daran, daß die im Zentrum Europas, in Deutschland lebenden Menschen sich aus Dutzenden von Rassen zusammensetzen, ihr seht das an Amerika, in das über hundert Millionen Menschen aus aller Welt strömten. Wie oft mögen die Generationen vor ihnen gewandert sein! Israel haltet ihr für die endgültige Heimat? Denkt ihr daran, daß ständig Staaten gebildet werden, Staaten verschwinden, ständig Völker groß und stark werden, große Völker sterben?

Niemand kann in die Zukunft schauen. Was in fünfzig, hundert, zweihundert Jahren aus den Juden Israels, Amerikas, Südafrikas geworden sein wird, wer kann das wissen? In der Wanderung haben sich die einen nach Norden gewandt, die anderen nach Süden, Osten, Westen. Jeder hat ein anderes Ziel für das richtige gehalten. Die Folge dieser Wanderungen war: ein Leben als Taxichauffeur in Johannesburg, als Journalist in Chicago, als Universitätsprofessor in Los Angeles, als Diamantenschleifer in Amsterdam, als Lastträger in Saloniki, als Höhlenjude in Tripolis, als Rabbi in Aden, als Oberst in Israel. Die Folge dieser Wanderschaft war eine Vielheit von Muttersprachen: das Aramäische, das Arabische, das Griechische, das Persische, das Spanische, das Spaniolische, das Deutsche, das Jiddische, das Türkische, das Portugiesische, das Polnische, das Russische, das Englische, das Neuhebräische.

In Tel Aviv lebt, still und bescheiden, zurückgezogen und unbekannt, ein Dichter, dessen unveröffentlichte Arbeiten vielleicht später einmal entdeckt und bewundert werden, Yehuda Louis Weinberg. Von ihm stammen die Verse:

Immer gibt es Für und Gegen,
Das dich treibt und das dich hält –
Auch an jenen Scheidewegen,
Wo des Loses Würfel fällt.
Zukunft ist ein blindes Spiel,
Undurchsichtig ihre Weiten.

Ob die recht haben, die ihr Leben auf Israel setzen, die in Israel die neue Welt suchen, oder diejenigen, die sich fürchten, in diesem kleinen, von feindlichen Nachbarn bedrohten Land zu leben – Zukunft ist ein blindes Spiel.

Glossar

Abaya(-s)	mantelartiger Umhang der Araber
Alijah	Einwanderung nach Palästina
Arbakanfot	kleiner Gebetsmantel
Bar-Mizwa	»Sohn der Pflicht«, religiöse Mündigkeit der Knaben nach Vollendung des 13. Lebensjahres
Berit Mila	Beschneidung
Brocha	Segensspruch
Chanukka	Lichterfest
Gemara	(um 600 n. Chr.) bildet gemeinsam mit der Mischna den Talmud
Jom Kippur	Versöhnungsfest
Kibbuz(-im)	kollektive ländliche Siedlung
Kwuzah(-ot)	Kleinform des Kibbuz
Mazza(-ot)	ungesäuertes Fladenbrot, das zu Pessach gegessen wird
Meschek	Bauernhof
Mischna	erste Aufzeichnung des jüdischen Religionsgesetzes (um 200 n. Chr.)
Moschaw(-im)	ländliche Siedlung, bei der der Staat Eigentümer, der Siedler Erbpächter ist
Oseret(-ot)	Hausgehilfin
Pardess(-im)	Obstplantage
Purim	Freudenfest zur Erinnerung an die Errettung des jüdischen Volkes durch Esther
Raschi	Rabbi Schelomo ben Jizchak (1040–1105), Bibelkommentator in Troyes
Rosch Haschana	jüdisches Neujahrsfest
Simchat Thora	Thora-Freudenfest
Tallit (Talles)	Gebetsmantel
Tefilla(-in)	Gebetsriemen, die zum Morgengebet an Kopf und Arm getragen werden
trefe	nach den jüdischen Speisevorschriften unerlaubt, unrein. Gegenteil von koscher